国家自然科学基金项目·管理科学与工程系列丛书

一种新型的企业间组织

——高技术虚拟产业集群

高长元　张树臣　杜　鹏　著

国家自然科学基金项目"高技术虚拟产业集群运行模式研究"（项目编号：70873029）
国家自然科学基金项目"基于云环境的 IT 产业联盟知识转移与共享机制研究"（项目编号：71272191）
黑龙江省高等学校哲学社会科学创新团队建设计划（项目编号：TD201203）

科　学　出　版　社

北　京

内 容 简 介

随着网络经济的快速发展，产业集群原有的地理优势逐渐被弱化，基于网络环境形成的虚拟产业集群优势越来越明显。因此，本书在国内外高技术与高技术产业、高技术产业集群、虚拟产业集群相关研究成果的基础上，对高技术虚拟产业集群的内涵与特征进行界定，对其运作过程展开研究，构建高技术虚拟产业集群运行模式的整体体系框架。在该体系框架下，本书对高技术虚拟产业集群的组织、社会网络、知识管理、合作竞争及信息系统平台进行深入介绍。本书为高技术企业跨区域合作及协同创新提供理论指导和解决方案，对政府制定高技术产业可持续发展政策具有借鉴意义，同时对新型产业组织模式的研究也具有一定的理论价值。

本书可供高技术产业集群相关领域管理人员、高校科研人员和相关专业研究生阅读与参考。

图书在版编目(CIP)数据

一种新型的企业间组织：高技术虚拟产业集群 /高长元，张树臣，杜鹏著. —北京：科学出版社，2017.1

ISBN 978-7-03-049625-6

Ⅰ.①一… Ⅱ.①高… ②张… ③杜… Ⅲ.①高技术产业－产业集群－研究 Ⅳ.①F264.2

中国版本图书馆 CIP 数据核字(2016)第 200399 号

责任编辑：马 跃 / 责任校对：彭 涛
责任印制：徐晓晨 / 封面设计：无极书装

科 学 出 版 社 出版

北京东黄城根北街 16 号
邮政编码：100717
http://www.sciencep.com

北京京华虎彩印刷有限公司 印刷

科学出版社发行 各地新华书店经销

*

2017 年 1 月第 一 版 开本：720×1000 1/16
2018 年 4 月第二次印刷 印张：20 1/2
字数：410 000

定价：98.00 元

(如有印装质量问题，我社负责调换)

前　　言

自 20 世纪 90 年代以来，全球基于网络的通信技术开始迅猛发展，国际经济一体化进程也明显加快，地理集中式的传统产业集群方式已经不能更好地适应企业的发展需要。因此产生了一种新的产业集群模式，即以组织接近来代替传统的地理接近，利用先进的网络技术把分散在世界不同地方的企业与组织，按照行业价值链重新整合在一起，该产业集群被定义为虚拟产业集群（virtual industry cluster，VIC）。

然而虚拟产业集群仍然具有一定的局限性，如集群中不同地域成员之间的运输成本较高、成员之间的基础设施跨地域共享困难，但是在高技术领域范围内，高技术企业（high-tech enterprise，HTE）间的这种高技术层次方面的经济活动更适应虚拟产业集群这样的组织形式：一方面，高技术企业活动大多与高技术紧密相连，而高技术又具有高渗透性和高扩散性，高技术企业间可以更加方便、快捷、安全地通过网络或其他的通信方式来进行各种交易活动，高技术企业还更加重视技术共享，通过竞争和合作来实现高技术产品的研发以及生产的规模效应。另一方面，高技术产品以技术、知识、专利等这些无形产品为主，其有形的高技术产品也呈现体积小、标准规范、便于运输的特点。因此，为了使全球范围内与"高技术"相关的资源得到快速、有效的优化整合，高技术领域内具有相互关联（互补、竞争）的企业与机构依托先进的网络技术在虚拟空间的聚集，形成上游、中游、下游结构完整（从原材料供应到销售渠道甚至最终用户），外围支持产业体系健全，充满创新活力的有机体系，即高技术虚拟产业集群（high-tech virtual industry cluster，HTVIC），可使全球范围内与"高技术"相关的资源得到快速有效的优化整合，为集群中的经济活动提供无限的合作与竞争的空间。

目前虚拟产业集群理论尚处于起步阶段，尤其是针对高技术产业领域的研究，还没形成完整的理论体系与管理模式。针对这一问题，在完成国家自然科学基金项目"高技术虚拟产业集群运行模式研究"（编号：70873029）的基础上，本书从产业演进协同创新的角度出发，根据高技术产业的特点，研究网络环境下高技术虚拟产业集群的运行模式，用以指导高技术虚拟产业集群的运作与发展。

全书共分为 7 章。第 1 章对高技术虚拟产业集群进行系统概述，介绍高技术虚拟产业集群的产生背景，从高技术、高技术产业、高技术产业集群、高技术虚拟产业集群等方面总结国内外研究进展。

第 2 章对高技术虚拟产业集群的内涵与特征进行界定，对其基本类型进行分析，并基于价值网理论（value net theory）构建高技术虚拟产业集群运作过程模型，从合作与竞争、网络、知识管理、信息系统四个研究视角，构建高技术虚拟产业集群运行模式的整体体系结构。

第 3 章介绍高技术虚拟产业集群的组织类型及结构特征，将高技术虚拟产业集群视为由多个网络成员节点按照彼此间复杂经济活动关系在网络空间上构成的动态、开放的组织网络。在分析高技术虚拟产业集群组织网络复杂性的基础上，归纳总结出该组织网络的影响因素与运作框架，运用复杂网络理论构建体现该组织网络运行模式的双向择优网络运行模型，并进行具体的仿真分析，以检验高技术虚拟产业集群组织网络的无标度特性。

第 4 章从高技术虚拟产业集群社会网络（social network）的内涵与特征出发，对其社会关系进行分析，并分别从信任、契约、协调三个视角建立高技术虚拟产业集群社会网络运行模式。

第 5 章对高技术虚拟产业集群知识管理进行系统的研究。首先，根据高技术虚拟产业集群知识网络的特征，建立基于本体的高技术虚拟产业集群知识网络地图，分析知识网络知识共享的影响因素与动因，从知识网络层次角度出发，构建高技术虚拟产业集群知识网络的知识获取模式、知识共享模式、知识扩散模式；然后，在明确高技术虚拟产业集群知识转移含义的基础上，从知识差距识别机制、知识溢出（knowledge spillovers，KS）机制、知识学习机制的角度出发，设计高技术虚拟产业集群知识转移框架，通过对知识差距分类、知识溢出活动的影响因素和知识学习的驱动因素进行分析，提出相应的弥补、保障和促进策略；最后，通过分析高技术虚拟产业集群知识资本增值的基本问题，从提升序参量的角度提出高技术虚拟产业集群知识资本增值机制框架，从知识资本存量形成与增加方面构建知识资本价值创造机制，从人力资本价值提取、组织资本价值提取及关系资本价值提取三个方面构建知识资本价值提取机制。

第 6 章对高技术虚拟产业集群成员间合作与竞争活动进行系统研究。首先，结合 Value Net 理论与演化博弈论的方法研究高技术虚拟产业集群成员间合作与竞争关系，从高技术虚拟产业集群成员间合作活动的影响因素出发，设计由信任机制、资源共享机制和协调机制构成的高技术虚拟产业集群成员间合作机制。然后，在界定高技术虚拟产业集群成员间竞争机制的含义的基础上，综合分析高技术虚拟产业集群成员间竞争活动的影响因素，进而提出由垄断控制机制与恶性竞争控制机制构成的高技术虚拟产业集群成员间竞争机制。最后，基于知识显隐性转化（socialization externalization combination internalization，SECI）理论，构建高技术虚拟产业集群合作竞争对技术创新的影响模型，分析合作竞争的技术创新效应；基于 Lotka-Volterra 理论，建立高技术虚拟产业集群合作与竞争对集群品牌演化的影响模型，分析合作与竞争的集群品牌效应。

第 7 章依据高技术虚拟产业集群信息系统平台的设计目标与总体需求，运用 ASP. Net 及 SQL 数据库等工具，对准入退出管理平台、信任关系管理平台、合作竞争管理平台及公共服务管理平台进行设计和实现。

本书由高长元负责全书体系设计和统稿，并负责第 1 章、第 2 章和第 3 章的撰写。张树臣负责第 4 章和 5.1 节和 5.3 节的撰写。杜鹏负责第 6 章的撰写，程璐负责 5.2 节的撰写，祁凯负责第 7 章的撰写。本书的出版得到了科学出版社和诸多学者、专家的支持和帮助，在此向他们表示衷心的感谢，同时感谢参考文献的作者。由于作者的写作水平有限，书中若有不足之处恳请广大读者批评指正。

目　　录

第 1 章

导　　论

1.1　高技术虚拟产业集群产生背景

随着经济全球化步伐的加快和信息技术的迅猛发展，企业的经营环境及发展空间发生了深刻的变革，企业的外部拓展更加倾向于网络化的虚拟运作方式，原有地理集中式的产业集群在全球化活动空间和现代网络经济环境下的竞争优势正逐渐减弱，全球研发、跨地域产业链的整合及协同运作已经形成，基于网络环境所形成地域分散的产业集群新形势已渐成趋势。因此，一种基于组织接近的复杂网络关系，以现代通信技术与网络技术为连接纽带，将参与集群虚拟化运营的企业或组织相整合的新产业组织形式应运而生，并被定义为虚拟产业集群。

虚拟产业集群概念的提出是人们对其研究的出发点。1997 年，在欧盟 EU's ALFA 计划资助下，由巴西圣保罗大学、墨西哥蒙特雷科技大学、德国亚琛大学、瑞典圣加伦大学、意大利威尼斯大学和英国纽卡斯尔大学针对中小企业协作系统项目(cooperation of small and medium enterprises，COSME)组成的网络化课题研究组构建了一个全球虚拟业务框架(global virtual business，GVB)，并首次提出了虚拟产业集群的概念：它是快速构建与运作虚拟企业的基础平台，是由具有一定专长的企业组成的集合体，主要功能是通过调节企业的核心能力，参与虚拟企业运作，从而使成员分享市场机遇的企业群体。1999 年，由瑞士的洛桑大学、伯尔尼大学、瑞士信息技术联邦委员会和瑞士电信股份有限公司共同开发虚拟企业普遍运用的合作项目(virtual enterprise generic applications，VEGA)，把 VEGA 看做基于商业网络支持的具有相互依赖性质的特定企业的聚集，并可快速灵活地形成虚拟企业的潜在成员池。

在国内，李帅等(2003)将虚拟产业集群定义为具有一定专长各类企业组成的集合体，通过提供与调节成员企业的核心能力参与虚拟企业运作，使成员企业分享市场机遇和参与全球商务。吕坚等(2003)将虚拟产业集群定义为能有效结合产业集群和虚拟企业两者优势的全新组织模式，利用先进的信息技术支撑系统，使企业集群通过虚拟场景展现各类产品服务。罗鸿铭和郝宇(2004)认为，虚拟产业群是指同一产业的高新技术企业，打破企业边界，利用网络化的优势，借助于伙伴企业的能力，以双赢或多赢的方式集聚，产生纵向或横向的聚集效应。王纬和梁嘉骅(2007)提出虚拟产业集群是指产权独立、地域分散、生产相同或同类产品或生产同一价值链上不同产品的有密切关联的企业和组织的集合，是由企业间复杂经济活动所构成的网络，并实现了地缘关系的超越，突破了一般产业集群的地理边界。孙耀吾等(2007)认为虚拟集群是指基于网络的、以现代通信技术为主要交流手段、以合作创新与共同发展(如共同主导和创新技术标准等)为目的和内容的相互关联的企业与组织在虚拟空间的集聚。

从上述定义中不难总结出虚拟产业集群具有一些共性特征，其共性特征有：①虚拟产业集群具有跨地域性的特征。②虚拟产业集群是通过"组织接近"的形式，把分布在不同地域的企业联结成群。③虚拟产业集群依托先进的网络技术。

由于虚拟产业集群的虚拟运营特性，使原有一定地区内或地区间高度密集的产业链条得以延伸，将分散在世界各地的企业或组织按照彼此间经营活动关系相连接，最终形成以虚拟产业集群成员为节点，成员间各种经营活动关系为连接边的虚拟集群复杂网络系统。通过对虚拟集群复杂网络系统的协调管理，从根本上摆脱时间和空间限制，将更大空间范围内各集群成员的分散资源进行有效整合，同时凭借集群成员间有效合作及适度竞争的社会关系，迅速提高虚拟产业集群内的知识流动速率，促进科技成果转化的效率。作为一种全新的经济组织形式，虚拟产业集群将原有产业集群地理集中优势转化为较低的交易成本和信息资源迅速共享而获得的市场竞争力。虚拟产业集群内的经济活动更加趋向于以高效益、高智力、高投入、高风险、高潜能为主要特征的知识密集及技术密集的高技术领域经济活动：一方面，高技术领域内经济活动的主体大多为高技术企业及其相关组织、机构，同时又由于高技术具有高渗透性和高扩散性，高技术企业间可以更加方便、快捷、安全地通过网络或其他的通信方式来进行各种交易活动，通过组织间学习与技术共享，以深入合作与适度竞争来实现高技术产品的研发以及生产的规模效应。另一方面，高技术产品以技术、知识、专利等这些无形产品为主，其有形的高技术产品也呈现了体积小、标准规范便于运输的特点。

因此，为了使全球范围内与"高技术"相关的资源得到快速、有效的优化整合，高技术领域内具有相互关联(互补、竞争)的企业与机构依托先进的网络技术在虚拟空间的聚集，形成上游、中游、下游结构完整(从原材料供应到销售渠道其至最终用户），外围支持产业体系健全，充满创新活力的知识密集型及技术密集型的网状有机体系——高技术虚拟产业集群。

1.2　高技术虚拟产业集群研究进展

1.2.1　高技术与高技术产业的研究进展

高技术（high technology）的概念是在 20 世纪中叶最早出现于经济、科技最发达的美国，而后流传于世界，成为现代社会中使用频率最多的词汇之一。高技术具有不定形性和发展变化快等特点，加之人们所处的社会环境及所持的理论框架不尽相同，因此在什么是高技术的问题上人们往往会有不同看法，尚没有形成统一的规范化定义。目前，人们所说的"高技术"是一个复合型概念，包含着多重含义，不仅具有技术范畴含义、经济范畴含义，同时还包含社会范畴含义。

首先，从技术的结构层次和知识水平的角度来看，高技术是"尖端""新兴""前沿"的技术，是以科学最新成就为基础的技术。在美国《韦氏新国际词典》与美国《科学政策工作词汇汇编》中均将其认为是使用或包含尖端方法或仪器用途，比其他技术具有更高的科学技术创新。

其次，在经济学视角下，认为高技术是在经济过程中发挥重要作用的核心技术。日本学者认为高技术是建立在当代尖端技术和下一代科学技术基础上的技术的总称；美国一些专家认为，高技术是从经济的角度对一类产品、产业或企业的技术评价术语：凡是研究和开发经费占产品销售额比例、科技人员在雇员中的比重、产品的技术复杂程度这三项指标超过一定标准的产品，被称为高技术产品，生产经营这类产品的企业则被称高技术企业。

最后，从社会学与哲学的含义看，高技术是一种社会活动，标志着一种社会形态和社会变革，是技术规范转换过程中由社会选择出现的一种具有新的发展方向的技术。

我国对高技术的定义是："建立在综合科学研究基础上，处于当代科学技术前沿的，对发展生产力，促进社会文明，增强国家实力起先导作用的新技术群，具有明显的战略性、国际性、增值性及渗透性，是知识、人才与资金密集的新技术群。"其发展过程是先进技术的研制及其与其他生产因素相结合形成现实生产力，并促进整个经济发展的动态过程，贯穿高技术研究、高技术商业化开发和高技术应用扩散三个层次（胡学刚，2000）。

"十二五"期间，中国 863 计划重点支持信息技术、生物和医药技术、新材料技术、先进制造技术、先进能源技术、资源环境技术、海洋技术、现代农业技术、现代交通技术和地球观测与导航技术十个高技术领域的研究开发（research and development，R&D）工作。2016 年 1 月 29 日，科学技术部、财政部、国家税务总局发布的关于修订印发《高新技术企业认定管理办法》的通知中，将国家重点支持的高新技术领域修改为电子信息、生物与新医药、航空航天、新材料、高技术服务、新能源与节能、资源与环境、先进制造与自动化。

在围绕上述领域所展开的高技术研究、开发、推广、应用的基础上，形成对国家和地区经济、社会和军事有重大影响的新兴产业现代科学技术群，将其称为高技术产业。高技术具有高投入、高效益、高智力、高竞争、高风险的特点。对高技术产业的定义，一般要同时考虑技术人员的比例和 R&D 费用的比例。高技术产业的就业技术人员在总就业人数中的比例应大于所有制造业比例的平均值的 6.3%，R&D 费用在总销售额中的比例应大于所有产业比例的平均值的 3.1%。因此，高技术产业是指以相同或相近高技术构成的产业群体或者是围绕高技术而生成的新兴产业群体（蔡莉和王新，1997）。

从世界范围看，目前对高技术产业的界定尚无国际公认的标准。一般地，根据经济社会发展的实际，不同国家往往采用不同的界定方法和标准来划分本国的高技术产业。

在美国，高技术产业主要依据专业技术人员的比例和销售收入中用于研发的投资比例来界定；在英国，高技术产业被界定为一组包含信息技术、生物技术和许多其他位于科学和技术进步前沿的产业群；在法国，经济学家认为只有当一种新产品使用生产线生产，具有高素质劳动力队伍，拥有一定的市场且已形成新分支产业时才能称为高技术产业；在澳大利亚，高技术产业被界定为投入大量研究与开发经费，与科学技术人员联系紧密，生产新产品的过程，并且有科学和技术背景的产业；在日本，日本长期信用银行将高技术产业界定为技术密集度高，革新速度快，能有效地节约资源和能源，并且因其增长能力强，能拥有一定的未来市场规模和对相关产业产生波及和带动作用的产业群体。

按照经济合作与发展组织（Organization for Economic Co-operation and Development，OECD）定义，高技术产业是指 R&D 经费占产品销售额的比例远高于各产业平均水平的产业。OECD 在 20 世纪 80 年代将 R&D 经费占总产值的比例高于 4% 的行业划分为高技术产业，90 年代后将这一标准提高到 8%，OECD 成员都按该组织确定的划分标准统计高技术产业并进行国际比较。

为了使高技术产业指标具有国际可比性，目前国际上普遍以 OECD 定义的高技术产业为基础，建立相应的评价指标。我国从 2000 年起采用 OECD 对高技术产业的定义，2002 年国家统计局颁布《高技术产业统计分类目录》，将我国高技术产业按 OECD 的 2001 年新分类进行了调整划分，确定核燃料加工、信息化学品制造、医药制造业、医疗仪器设备及器械制造、航空航天器制造、通信设备、电子计算机及办公设备制造业、仪器仪表制造业及公共软件服务等为高技术产业。此外，国家发展和改革委员会同国务院有关部门联合发布的《当前优先发展的高技术产业化重点领域指南》自 1999 年首次发布以来，已经连续发布了 5次。2011 年度指南中确定了当前优先发展的信息、生物、航空航天、新材料、先进能源、现代农业、先进制造、节能环保和资源综合利用、海洋、高技术服务十大产业中的 137 项高技术产业化重点领域，并将高技术服务首次作为重点发展领域纳入指南当中，其中，信息有 15 项，生物有 17 项，航空航天有 6 项，新材料有 24 项，先进能源有 13 项，现代农业有 18 项，先进制造有 21 项，节能环保和资源综合利用有 9 项，海洋有 6 项，高技术服务有 8 项。重点内容体现了发展高技术产业、大力培育发展战略性新兴产业，推进产业结构优化升级、促进经济发展方式转变，应对全球气候变化的新需求。该指南的制定对指导各部门、各地方开展高技术产业化工作，促进产业结构调整、加快经济发展方式转变，引导社会资源投向等发挥了重要作用。

1.2.2　高技术产业集群研究进展

国外学者关于高技术产业集群的研究主要表现在以下几个方面。

(1)高技术产业集群的产生动因、组成及演化方面。Steven(2008)以美国加利福尼亚州生物医药产业集群为例，运用社会网络理论从成员自组织、成员关系及投融资体系三方面阐述高技术产业集群的产生与发展。Alsleben(2006)阐述了高技术企业聚集与高技术产业集群的区别并以德国为例进行了案例分析。Murphy(2007)将高技术产业集群与技术含量低的产业集群相对比，并指出了它们之间的区别与联系。

(2)高技术产业集群的技术创新与合作方式方面。Trevor(2007)阐述了技术创新和知识溢出渠道对高技术产业集群发展的影响。Iuan(2007)阐述了高技术产业集群知识管理中的技术创新与技术溢出的主要问题。Hendry 和 Brown(2006)研究了高技术产业集群企业间和企业与研究机构间技术创新的合作方式。

(3)高技术产业集群对区域经济发展的促进作用方面。Smolinski 和 Pichlak(2009)围绕波兰清洁能源高技术产业，制定了促进高技术企业、政府、科研机构合作的相关创新政策，为区域创新及竞争起到推动作用。Rees(2005)论述了区域间的合作为集群企业提供了基础研究、产品技术以及资金支持，能够弥补当地供给不足。

(4)高技术产业集群的政策支持方面。Chen(2006)以中国台湾生物制造产业为研究对象，通过多目标决策的方法，对高技术产业集群政策的选择进行了详细的分析。Kuchiki(2005)认为集群政策应包括互相影响、风俗习惯、集群文化和发展路径等集群政策。

国内学者对于高技术产业集群的研究主要集中在以下几个方面。

(1)高技术产业集群形成机理方面。赵卓慧(2008)认为微观主体的创业活动是高技术企业集群发育的动力。段薇和宋宇(2008)从高技术产业中企业家精神激发日趋重要的特征出发,提出企业家精神激发是不同区域高技术产业发展的共同内核。彭澎和蔡莉(2007)提出影响高技术产业集群形成的主要因素有区位禀赋、产业特性、市场需求、企业家和机遇。

(2)高技术产业集群模型构建及发展模式方面。薛伟贤等(2009)根据高技术产业集群中新企业衍生基础和方向的不同对其模式进行比较研究。曹小红等(2008)提出了基于高技术产业集群的模仿创业决策机理模型。彭澎和刘倩(2006)认为高技术产业集群的发展模式分为市场主导型及政府扶持型。

(3)高技术产业集群的创新机理与知识溢出方面。曹路宝等(2011)对基于U-I关系的高技术产业集群创新网络进行研究。李琳和韩宝龙(2011)从多维邻近视角出发探讨了地理邻近、认知邻近对高技术产业集群创新的影响机制。付丹等(2009)构建了高新技术产业集群区域创新系统互动演化的布鲁塞尔模型。朱伟民(2009)从网络关系的角度研究高技术产业集群中创新与学习的关系。朱秀梅(2008)以知识溢出、企业吸收能力、集群社会资本、企业创新绩效为基本要素,构建了高技术产业集群创新的微观理论模型。王文平等(2007)从集群中知识共享与创新资源投入关系入手,建立集群公共知识和企业的私有知识对产出的影响分析模型。

(4)高技术产业集群竞争优势及政策研究方面。胡振华和阳志梅(2010)基于知识观从网络视角解析集群企业竞争优势的动因,提出集群企业竞争优势获取的机理与解析模型。李柏洲和付丹(2008)应用产业组织理论的 SCP 框架,系统地分析了高新技术产业集群竞争优势。叶峥和郑健壮(2007)认为高技术产业集群的集群政策主要侧重于风险投融资、"产学研"合作机制及中介机构和行业协会等"第三方"配套机制的完善,以优化集群动力机制和改善集群环境。

目前,国内外学者关于高技术产业集群形成与运行模式、集群的技术创新与知识溢出以及政策调控等问题已经做了详细、系统的论述,但是本书认为关于高技术产业集群研究还有待进一步深入。

(1)有关高技术产业集群的产生动因及形成机理的研究大多从高技术产业集群自身的特征及影响因素等方面入手,而对高技术产业集群本身组织形态产生及运行过程的研究较少。

(2)尽管有学者对高技术产业集群虚拟化问题进行了初步探讨,但是对于高技术产业集群虚拟化运行机制并未做深入研究。

(3)国内外学者对于具有高知识含量及高技术特性的高技术产业集群的知识网络的研究仍有待进一步深入。对高技术产业集群虚拟化运作的研究仍处于初级阶段，高技术产业集群虚拟化的表现形式、运行模式、治理机制等问题均有待深入研究。

1.2.3　虚拟产业集群研究进展

国外学者对虚拟产业集群的关注源于对虚拟企业及全球化虚拟商务框架等内容的研究：1997 年由欧盟 EU'S ALFA 资助研究的 COSME 的虚拟商务框架模型提出虚拟产业集群是快速构建与运作虚拟企业的基础平台，是由具有一定专长的企业组成的集合体，通过提供与调节企业的核心能力，参与虚拟企业运作，从而使成员分享市场机遇的企业群体（Molina and Bremer，1998）。

1999 年由瑞士的洛桑大学、伯尔尼大学、瑞士信息技术联邦委员会和瑞士电信股份有限公司共同开发 VEGA，把 VEGA 看做基于商业网络支持的具有相互依赖性质的特定企业的聚集，并快速灵活地形成虚拟企业的潜在的成员池（Bremer and Molina，1999）。Passiante 和 Seeundo（2002）对集群虚拟化产生的条件进行了深入的分析。Tracey（2003）也认为集群可以超越地理区域并由空间上延伸的网络组成。

Galeano 和 Molina（2005）针对虚拟产业集群核心竞争力展开研究，构建了虚拟产业集群核心竞争力管理过程模型。Tommaso 和 Rubini（2007）认为通过整合跨区域产业价值链形成虚拟产业集群，提高区域整体竞争能力。Hall 和 Eckert（2008）运用工作流过程建模方法对虚拟产业集群内电子商务运营模式提供了有效支持。Broser 等（2009）为搭建虚拟产业集群信息服务平台，设计了该服务平台需求分析框架。

通过总结可以看出，国外虚拟产业集群的研究多集中在虚拟产业集群的产生机理、组织模式的创新、虚拟集群整体竞争力管理、虚拟产业集群信息管理模式以及经济增长与产业集群的关系研究、基于产业集群的产业政策和实证研究方面。

国内学者对虚拟产业集群的研究主要集中在以下几个方面。

（1）传统集群虚拟化发展方面。彭宇文（2012）、林菌密（2007）提出将虚拟组织引入传统产业集群的相应措施；郑健壮（2006）认为集群组织虚拟化是基于组织角度解决集群风险的一个有效途径；夏亚民和翟运开（2007）提出了高新区培育虚拟产业集群的途径。

（2）虚拟产业集群产生机理及演化方面。王娜（2010）运用复杂网络对虚拟产业集群的网络演化进行研究。金潇明和陆小成（2008）认为网络效应经济所引发的虚拟产业集群克服了传统产业集群的空间、信息、资源等要素聚集的地域限制。宋昱雯等（2007）认为虚拟产业集群内部的竞争与协同是自组织系统演化的动力。

（3）虚拟产业集群运行模式研究方面。李斌和韦传勇（2012）对虚拟产业集群的发展模式及路径进行了研究。庞俊亭和游达明(2011)运用虚拟产业集群理论提出了提升集群创新能力、打造集群品牌、构建多中心网络群落的风险规避路径。高长元和程璐(2011a)对高技术虚拟产业集群的产生与组织模式进行研究。吴秋明和李运强(2008)从集成管理理论的角度,提出虚拟产业集群管理创新的新思路。宋昱雯和于渤(2008)对虚拟产业集群成员的构成及实现的形式进行分析。王帆(2008)提出适合我国产业集群和中小企业现状的虚拟产业集群的构建策略和运作管理模式。

(4)虚拟产业集群实际应用领域。Shao(2010)以阿里巴巴为例,对基于网络发展的虚拟产业集群进行了分析。郭小蓉和靳共元(2009)提出建立山西省虚拟煤炭产业集群的构想和政策建议。杜漪等(2009)提出动漫产业发展应采取虚拟集群化发展的新思路。

从文献上看,国内外学者从不同角度对虚拟产业集群进行研究,主要集中在虚拟产业集群的概念界定、运行模式及虚拟产业集群不同应用领域等方面。虽然国内外学者对虚拟产业集群的构建和运作机理进行了大量研究,但现有成果仍未形成完善的虚拟产业集群理论体系,同时在虚拟产业集群实际组建及运行中仍有以下问题未解决。

(1)缺乏对虚拟产业集群整体及组成部分的运行机制研究;缺乏各成员之间的经济活动关系对虚拟产业集群组织结构影响的研究。

(2)缺乏对虚拟产业集群组织结构内在社会关系及各成员之间社会网络的研究;依托有利的网络学习共享能力,对虚拟产业集群内知识的流动及扩散过程的动力学研究目前仍较少。

(3)如何提高虚拟产业集群内竞争能力及创新能力,提升集群整体发展水平,同时如何制定配套的公共服务体系及政策服务体系。

1.2.4　高技术虚拟产业集群研究进展

高技术产业集群与虚拟产业集群的研究成果为高技术虚拟产业集群的研究奠定了基础,但由于高技术虚拟产业集群的组织接近性、合作形式多样性、知识与技术密集性、高融资性等特征,其研究内容与传统产业集群相比更加具有独特性。哈尔滨理工大学管理学院虚拟集群研究团队针对高技术虚拟产业集群的管理理论及其运行模式展开研究:2009年对高技术产业集群与虚拟产业集群的国内外研究现状进行归纳整理,分析高技术虚拟产业集群系统的产生机理,对其概念进行界定,并研究其构成要素,并根据调查研究和理论分析结果对高技术虚拟产业集群进行分类,总结不同类型集群的特点。2010年侧重对高技术虚拟产业集群成员准入退出机制、信任机制、知识转换机制及投融资方式的研究。2011年侧重对高技术虚拟产业集群网络运行模式、公共服务体系及信息系统平台的研究等。

高技术虚拟产业集群的研究工作主要包括以下几个方面。

第一，高技术虚拟产业集群基本问题的研究。课题组成员先对课题中涉及的基本概念(如高技术产业集群、虚拟产业集群、运行模式、知识转移、合作与竞争等概念)进行查新，然后相互交流、分析、研究，最终确定出适合本书研究的基本概念，并给出了高技术虚拟产业集群的定义。

围绕高技术虚拟产业集群基本概念，结合高技术产业集群与虚拟产业集群固有属性，总结出高技术虚拟产业集群的本质特征。在此基础上，根据组织形式与空间结构的不同、集群内高技术产品的性质、集群内成员的关系，对高技术虚拟产业集群的类型进行划分。运用复杂系统自组织理论及资源优势互补理论深入分析高技术虚拟产业集群的构成要素及各要素之间的相互关系，深入研究高技术虚拟产业集群形成的动因与机理(高长元和程璐，2011a)。针对高技术虚拟产业集群的准入退出流程、成员间信任关系、合作与竞争关系、知识转移过程、投融资体系、竞争力评价、公共服务体系等问题，分析高技术虚拟产业集群跨地域虚拟化的基本运作过程，并以此形成高技术虚拟产业集群运行模式的主体框架。

上述高技术虚拟产业集群一系列基本问题的研究，使人们对高技术虚拟企业的发展现状及研究内容有了较为清晰的认识，为高技术虚拟产业集群运行模式的进一步研究奠定了基础。高技术虚拟产业集群是课题组在理论总结与实地调研后首次提出的一个新的基本概念，这一概念的提出对我国高技术产业依据网络经济要求改变传统运行模式、促进高技术企业跨区域合作进行协同创新提供理论指导和解决方案，同时对政府制定高技术产业可持续发展政策具有借鉴意义，对新型产业组织模式的研究也具有一定的理论价值。

第二，高技术虚拟产业集群准入退出机制研究。高技术虚拟产业集群的准入及退出机制是成员进入及退出高技术虚拟产业集群的一道屏障，集群将竞争力相对低、信誉差、相互协同性不高的成员挡在集群外，同时选择拥有一定竞争优势、信誉良好、相互协调性高的潜在成员加入集群，这样保障了高技术虚拟产业集群的稳定性和竞争优势(高长元和王京，2011)。

高技术虚拟产业集群准入退出机制应包括：①组成要素。分析高技术虚拟产业集群准入退出机制的作用对象，通过选择不同类型的企业和机构，保证拥有大量差异化的成员。②成员进入或退出高技术虚拟产业集群的方式分析。高技术虚拟产业集群成员不同的进入或退出方式决定了它们会通过不同的途径进入或退出集群。③高技术虚拟产业集群准入退出流程设计。针对成员进入或退出高技术虚拟产业集群的不同方式，设计相应流程。④高技术虚拟产业集群准入退出评价。高技术虚拟产业集群拥有准入退出机制，意味着集群并非是完全自由开放，而是有效开放，即通过规则审查成员，限制其进出，促使集群在不断变化中远离平衡态。⑤高技术虚拟产业集群准入退出策略。通过分析成员进入或退出高技术虚拟产业集群的原因，采取相应的激励策略(或约束策略)鼓励企业进入(或限制成员退出），进一步达到吸引负熵、减少内部熵增的目的，并且放大涨落，保障集群稳步有序地成长。

第三，高技术虚拟产业集群信任机制研究。高技术虚拟产业集群中的信任是指在高技术虚拟产业集群中集群成员的一种具有风险性的决策行为，即信任是一种行为或行动，而不单纯是一种心理状态或理性计算的结果。而现实的社会经济环境和虚拟的网络空间环境都是一种低度信任环境。这使集群内成员间不信任程度加大，难以形成长期稳定的合作，严重阻碍了高技术虚拟产业集群的发展（张树臣和高长元，2013a）。

高技术虚拟产业集群信任具有基于网络的信任、高风险性、高脆弱性、信任半径较大等特征，基于以上分析，设计了由信任产生机制与信任激励与保障机制构成的高技术虚拟产业集群信任机制。

第四，高技术虚拟产业集群成员间合作与竞争机制。高技术虚拟产业集群作为一种全新的集群形式，可将全球范围内与高技术价值链关联的资源进行快速、高效的整合，同时为集群中的成员提供无限的合作和竞争空间。高技术虚拟产业集群成员间合作与竞争活动带动了高技术虚拟产业集群资源的合理配置，加速了集群内物流、信息流、资金流和人才流的流动，促进了集群的技术创新进而提高了整个集群的竞争力。对高技术虚拟产业集群合作竞争机制的研究分别从成员间合作与竞争系统分析（高长元和王京，2014a），由信任机制、资源共享、协调机制构成的合作机制以及由垄断控制与恶性竞争控制构成的竞争机制等方面展开。

第五，高技术虚拟产业集群知识转移机制研究。高技术虚拟产业集群以"组织接近"代替了"地理接近"，"高技术""虚拟化"的特点决定了其成员间的活动以知识活动为主，成员间的交流与合作都伴随着知识的转移活动，并且知识转移是集群技术创新的前提、基础与重要途径。成员间在合作前提下的知识转移活动可以推动知识资源在集群范围内的互补与共享，使集群内成员企业集群知识优势提高创新能力、体现集群竞争优势。对知识转移机制的研究从知识转移的过程出发，从知识差距识别、知识溢出和知识学习三个阶段对知识转移机制进行深入分析，并从技术创新角度对知识转移的效应进行了分析及评价（高长元和程璐，2010；高长元和王京，2014b；王京和高长元，2013）。

第六，高技术虚拟产业集群互助投融资模式研究。高技术虚拟产业集群的成员以中小型高技术企业为主，这些企业多数处于起步阶段，技术创新、技术商品化及大规模生产等，都需要大量而持续的资金投入。但是作为中小型企业，其自有资金远远不能满足企业的发展需要，因此亟须拓展融资渠道。

高技术虚拟产业集群互助投融资本质是融资企业间互助融资，以及融资企业与投资主体间结成的基于互惠互利和长期合作的关系型投融资模式。该研究主要包括高技术虚拟产业集群互助投融资运作模式（高长元和刘蕾，2010；刘蕾等，

2011)、互助投融资风险防范(高长元和刘蕾，2012)、互助投融资信任保障三方面(刘蕾和高长元，2011)。

第七，高技术虚拟产业集群竞争力评价体系研究。基于波特的钻石理论并结合高技术虚拟产业集群竞争力的特点，构建了高技术虚拟产业集群竞争力模型，对高技术虚拟产业集群竞争力的内容从高技术因素、集群虚拟因素、集群组织因素与其他相关因素四个方面进行总结与描述。进而，从高技术要素、虚拟要素、竞争力集群要素、相关辅助要素等方面，对该竞争力模型进行详细分析，进而构建高技术虚拟产业集群竞争力评价的一、二级指标体系。评价方法选择三角模糊数法，最终得出高技术虚拟产业集群竞争力评价的具体结果，即可知道集群竞争力所处于的水平。

第八，高技术虚拟产业集群公共服务体系服务研究。所谓"高技术虚拟产业集群公共服务"，是指为了使高技术虚拟产业集群内各成员更好、更及时、更全面、更节省使用成本地享受高技术虚拟产业集群为其提供的专享的公共服务，利用现代通信和网络技术，借助高技术虚拟产业集群公共服务信息平台，向高技术虚拟产业集群成员提供不受时间和空间限制的全天候、全方位的信息咨询、仪器共享、创业孵化、投融资及外部软环境等公共服务。高技术虚拟产业集群公共服务体系服务研究主要包括公共服务体系功能设计、公共服务体系服务内容设计、公共服务供给方式设计等内容。

第九，高技术虚拟产业集群网络运行模型研究。在高技术虚拟产业集群中，分散在世界各地的高技术企业、科研院所、高校、中介服务机构、政府及行业协会等虚拟集群成员按照彼此间动态变化的经济活动、社会活动、知识活动相连接，形成以高技术虚拟产业集群成员为网络节点，成员间各种联结关系为连接边的高技术虚拟产业集群网络。在高技术虚拟产业集群网络内，依据高技术虚拟产业集群网络节点间联结关系的不同及其所承载内容的不同，高技术虚拟产业集群网络可划分为组织网络、社会关系网络及知识网络，且三种网络分别从虚拟集群组织运作、社会关系维护、知识流动方面构建出高技术虚拟产业集群的整体网络运行框架。

第十，高技术虚拟产业集群知识资本增值机制。高技术虚拟产业集群以高技术企业为核心，创新是其发展的根本动力，因此知识资本成为重要的生产要素，目前对知识资本的研究局限于企业角度，对于高技术虚拟产业集群知识资本的研究比较少见，而且知识资本是能够带来价值的价值，在松散组织高技术虚拟产业集群中，存在多个成员知识资本和集群整体角度的知识资本，如何从整体角度实现高技术虚拟产业集群知识资本的增值是具有重要意义的研究。

高技术虚拟产业集群知识资本增值机制的研究正是立足于高技术虚拟产业集群整体，研究其知识资本的价值创造机制，即增值机制，从以下问题出发：高技术虚拟产业集群知识资本为什么会增值，如何带来增值，如何实现具体的增值过程，如何对增值效果进行评估，如何在增值过程中利用"虚拟"化，充分体现虚拟集群的优势。目的在于构建高技术虚拟产业集群知识资本增值机制，从知识资本角度入手，借助虚拟化的形式推动高技术产业集群的发展。

第十一，高技术虚拟产业集群资源整合机制研究。资源整合活动的范围、主客体、内容、动力和特征，基于资源观基础理论提出由资源识别、资源获取、资源配置和资源利用四部分构成的高技术虚拟产业集群资源整合过程模型，并在此基础上构建高技术虚拟产业集群资源整合机制的总体框架。首先，从资源与战略环境相匹配的角度出发，设计由市场机遇识别、资源体系识别、缺口资源获取构成的高技术虚拟产业集群资源识别与获取机制。其次，在明确高技术虚拟产业集群资源配置含义及内容的基础上，分析高技术虚拟产业集群资源配置的特殊性，进而提出由资源共享机制(Gao et al.，2013；姜晓丽等，2013)、资源计划机制(姜晓丽和高长元，2012)和资源协调机制构成的高技术虚拟产业集群资源配置机制识别、缺口资源获取构成的高技术虚拟产业集群资源识别与获取机制。最后，基于租金理论，从关系和能力的角度分析高技术虚拟产业集群的资源利用的价值创造机理，并给出以技术创新为目标的高技术虚拟产业集群知识资源利用路径，基于杠杆理论提出 HTVIC-MICKS 资源综合利用模式，并构建基于绩效参考模型(performance reference model，PRM)框架的高技术虚拟产业集群资源利用绩效评估模型。

第十二，高技术虚拟产业集群运行管理信息平台。传统产业集群的成员由于地域相对集中，成员间交流主要方式有面谈、电话、信函等，并且其共同的地域成为成员活动行为的载体，成员可以很容易了解集群发展状况和成员间的信息。高技术虚拟产业集群的成员需打破地理限制，实现在虚拟空间的集聚，解决跨地域成员间的沟通难题，因此，对高技术虚拟产业集群来说，必须要为跨地域成员之间建立沟通、合作的网络运行管理信息平台，该平台是高技术虚拟产业集群的基础，是成员合作交流的主要媒介和行为载体，是成员了解集群发展状况的主要途径。针对上述高技术虚拟产业集群运行模式的主要内容的需求，该运行管理信息平台共包含准入与退出平台、信任机制管理平台、合作与竞争网络管理平台及公共服务信息平台等主要子平台(Jiang and Gao，2011；姜晓丽和高长元，2011)。

1.3　本章小结

本章内容是全书的基础，分析了高技术虚拟产业集群的产生背景，从高技术、高技术产业、高技术产业集群、高技术虚拟产业集群等方面对国内外研究现状进行归纳整理，本章的研究内容为高技术虚拟产业集群的研究奠定基础。

第 2 章

高技术虚拟产业集群基本概念
和研究体系

2.1 高技术虚拟产业集群

高技术产业是一种典型的知识及资本密集型产业,而高技术企业多为中小型企业,单个企业在技术创新和融资方面势单力薄,因此更需要一种新的合作形式以实现跨地域的人才、技术、信息和资金的整合。同时,高新技术产品大多属于创新型产品,具有需求不确定性高、生命周期短、对生产的柔性化程度要求较高等特点,这就要求企业之间需要有一种更快捷、更灵活的分工合作模式,以突破时间和空间的限制,形成虚拟团队和广泛的协作网络,从而适应外部技术和市场环境的迅速变化。近些年来,网络通信技术的发展与普及为高技术企业的跨地域合作提供了技术基础;同时,高技术产业集群的成员企业间具有很强的产业关联性和稳定的合作关系,在正式和隐性契约同时存在的情况下,企业间的信任和承诺便成为维持集群内企业所形成的长期关系的纽带,使高技术企业间更容易形成一种特殊的互信互助关系,这就为高技术虚拟产业集群的存在和发展提供了现实依据。在上述条件的支撑下,高技术虚拟产业集群应运而生。本书首先对高技术虚拟产业集群的含义进行界定,进而分析得出其特征。

2.1.1 高技术虚拟产业集群内涵

高技术虚拟产业集群是一种基于网络环境的,以现代信息和通信技术为主要交流手段,以合作创新与共同发展为目的,在高技术领域内具有合作与竞争关系的相互关联的企业与组织,打破地理限制在虚拟空间内集聚,具有规模效应与竞争优势的知识密集型与技术密集型空间经济组织。

高技术虚拟产业集群可表达为 $HTVIC = (X \mid P)$,其中,$HTVIC$ 为高技术虚拟产业集群；X 为高技术虚拟产业集群中的企业或组织，则 $X=(x_1, x_2, x_3, \cdots, x_n)$，其中，$i=1, 2, 3, \cdots, n$，$x_i$ 为集群中第 i 个企业或组织；P 为高技术虚拟产业集群中企业或组织满足的约束条件。P 包含以下三个方面的含义。

(1)与"高技术"相关领域内从事与高技术价值链上的同类或不同的经济活动。

(2)地域不受限制。

(3)先进的网络通信技术，共享信息平台。

$HTVIC=(X \mid P)$ 的含义为高技术虚拟产业集群是具有某些公共属性(条件) P 的全体企业或组织 X 的集合体。

高技术虚拟产业集群内的成员主要包括高技术企业、高校、科研院所、中介机构、金融机构、政府相关部门等企业、组织和机构。基于计算机网络和现代通信技术作为主要交流和沟通手段，高技术虚拟产业集群这种组织形式打破了地域限制，形成了集群成员在更大空间、更大范围内的虚拟化协同运作的集聚形式。这种新型的组织形式使高技术企业得以扩展知识获取的来源与渠道，扩大合作伙伴的选择范围，利用集群平台构建快速、低成本的合作创新关系。高技术虚拟产业集群战略能够促使跨区域企业或机构的科技、资本、基础设施、管理、文化等资源动态实现重组和优化配置；发挥政府、高校、科研院所、中介机构、专业和产业协会、金融组织、会计师事务所、律师事务所以及企业的各自优势，提高成员企业的创新能力和创新效率，并最终促进其核心竞争力的保持与提升。

图 2-1 为高技术虚拟产业集群运行组织结构图，展示了集群的结构和运行环境。

图 2-1　高技术虚拟产业集群运行组织结构图

2.1.2　高技术虚拟产业集群特征

与以"地理集中"为特征的传统高技术产业集群相比,高技术虚拟产业集群不仅具备诸如外部规模经济、外部范围经济、聚集经济、速度经济和知识经济等效应,而且还有一些其独具的特征。

1. 虚拟性

高技术虚拟产业集群提出打破传统产业集群的地理限制,以信息通信技术为主要工具,以企业需要的"高技术知识"为纽带,实现了在高技术领域内相互关联的企业与组织在虚拟空间上的集聚。"虚拟性"是高技术虚拟产业集群的重要特征之一。"虚拟性"主要体现在以下两个方面。

(1)沟通与交流手段的"虚拟",利用计算机网络、可视通信设备等"虚拟"手段,帮助分布在不同地域的高技术企业能够通过除"面对面"交流的其他方式进行交流与沟通。这种虚拟化的交流手段丰富了企业间的沟通方式与渠道,并且由于当前计算机技术的发展,存储、检索等功能日益强大,这也就意味着"虚拟"手段不仅能够进行跨空间的交流,还可以实现跨时间的交流,这为高技术企业间的联系拓宽了渠道。

(2)集聚方式的"虚拟",传统集群是基于地理空间上的邻近所形成的,尽管地理邻近带来了沟通、物流等方面的便利条件,但由此也带来了思维模式的固化、创新资源的匮乏。引入"虚拟"沟通手段,实现在"虚拟空间"上的集聚,可以帮助企业扩展交流空间、知识资源的获取途径以及合作创新对象选择方位等。借助"虚拟"空间,将企业置于全球化的学习与研发环境中,帮助企业扩展其活动空间。

2. 动态性

高技术产品具有明显的动态性特征,如市场不稳定,有可能迅速崩溃;占统治地位的标准也许很快就被取代,面临新产品的挑战等。产品的动态性导致高技术企业的动态性,也由此带来高技术虚拟产业集群的组织形式的动态性。高技术虚拟产业集群是由众多地域分散的高技术企业与相关组织机构共同组成的动态系统,凭借其资源优势及丰富的市场机遇,将具有强大的吸引力与影响力,必将吸引大量高技术企业的加入。高技术虚拟产业集群准入退出机制的建立,使其组织边界呈现出动态性与模糊性特征。一方面,虚拟集群新成员的不断加入,使组织规模不断增大,集群整体的资源、技术及知识含量不断提升,从而获取竞争优势;另一方面,成员间的竞争及市场环境的快速变化,使不适应环境的成员不断被淘汰,集群的成员数量总处于变化之中。

3. 敏捷性

在高技术虚拟产业集群内,各集群成员依托网络在虚拟空间内聚集形成高技术虚拟产业集群成员池，为成员间合作伙伴的选择提供基础环境。为抓住市场机遇，集群成员可快速地在高技术虚拟产业集群形成虚拟企业、动态联盟，从而进行跨地域的协同合作。当合作目标实现后，各合作成员依然保持互信关系，为下次合作奠定基础。

4. 创新性

高技术虚拟产业集群内各成员都是高技术领域企业与相关组织机构。各集群成员围绕高技术产品及相关服务展开合作，其经济活动的本质是对高技术与相关知识的价值实现与增值，因此高技术虚拟产业集群是一种技术密集型与知识密集型的新型产业组织形式，成员间合作过程中的知识溢出、知识传递、知识学习与吸收进一步促进成员企业及集群整体的创新能力。此外，高技术虚拟产业集群内基于互信、平等、认知的合作氛围，有利于形成创新环境，促进创新活动的产生。

5. 对自然资源与传统物流依赖程度较低

在高技术虚拟产业集群内，企业之间的经济活动多与高新技术产品的研发与生产相关，而高技术产品所携带的大量创新知识具有高渗透与高扩散的特性，使高技术虚拟产业集群联盟内各成员企业间的经济活动成为一种基于网络与多维通信方式的方便、快捷、安全的知识交流过程；此外，由于高技术产品以知识含量高、技术密集性强的产品为主，其无形产品便于通过网络传递与交付使用，同时其有形产品呈现出体积小，标准规范等便于运输的特点。同时，高技术虚拟产业集群对自然资源的依赖程度也较传统产业集群弱。但对资金的投入、知识积累和研发的依赖程度却相对较高。

6. 约束性与松散性的统一

高技术虚拟产业集群是网络上的企业集聚，其边界是动态的和模糊的，集群总是处于不断发展变化之中，因此高技术虚拟产业集群是松散性的组织结构。虽然是开放型的动态组织，但是其内部也有一定的规则和制度对其企业及机构的准入退出和经营进行规范和约束，集群企业及机构必须了解和坚持共同制定的规则和制度，通过这种的弹性松散约束关系以维护企业及机构间合作和共享，并对其风险进行有效管理与控制。

7. 融资能力强

高技术虚拟产业集群还将银行、金融组织和风险投资机构也纳入了集群的核心成员中，以解决集群内资金管理以及技术创新高风险的问题。对高技术虚拟产业集群的整体竞争力提升提供了资金保障。

8. 信任机制基础

传统产业集群受地域限制，企业及机构间合作发生在一个相对较小的嵌入性关系网络中，是基于身份特征的信任，这种信任关系相对稳定，具有内敛性和较强的自我约束性。而高技术虚拟产业集群企业及机构间的合作是基于网络的，具有异地性、动态开放性、环境不确定性、及知识技术复杂性等特点，传统集群的信任关系难以满足高技术虚拟产业集群网络空间多维度的知识流动。因此，高技术虚拟产业集群需要一种完善的信任结构体系以支撑其有效运行。

2.2　高技术虚拟产业集群类型与运作过程

2.2.1　高技术虚拟产业集群基本类型

由于所占的视角和侧重点不同，高技术虚拟产业集群可按如表 2-1 所示的标准分类。

表 2-1　高技术虚拟产业集群分类

分类标准	高技术虚拟产业集群类型
发起人	企业主导型集群、政府主导型集群、自发型集群
组织形态	蜂巢型集群、生物链型集群
高技术领域	电子信息集群、生物与新医药集群、航空航天集群、新材料集群、新能源集群等
行业	软件集群、汽车集群、医药集群、煤炭集群、农业集群、建筑集群等
专业化程度	综合型集群、专业型集群
管理化程度	松散型集群、紧密型集群

(1)以发起人不同可分为企业主导型集群、政府主导型集群、自发型集群。企业主导型指的是集群由一个或几个高技术企业根据市场需求等因素组织形成高技术虚拟产业集群，集群运行规则由主导企业制定。政府主导型集群指的是由政府进行招商，规划建设，提供服务吸引成员加入高技术虚拟产业集群，集群运行规则由主导企业制定。自发型集群指的是在无外界干预下，企业和机构通过市场驱动而自发形成和演化的集群，集群运行规则由集群成员共同制定。

(2)以组织形态不同可分为"蜂巢式"结构和"生物链式"结构。蜂巢型集群结构存在一个中心节点在集群中起到类似蜂王的作用，其他成员的活动均围绕中心节点展开，蜂王在则集群生，蜂王死则集群亡。生物链型集群是指成员企业相互合作所构成的结构与生物界的食物链相似。

(3)以高技术领域不同可分为电子信息集群、生物与新医药集群、航空航天集群、新材料集群、新能源集群等。

(4)以行业不同可分为软件集群、汽车集群、医药集群、煤炭集群、农业集群、建筑集群等。

(5)以专业化程度不同可分为综合型集群和专业型集群。综合型集群是指成员分处在不同行业或领域中。专业型集群是指成员多处于某一特定领域内发展起来的特色集群。

(6)以管理化程度不同可分为松散型集群和紧密型集群。松散型集群相应管理机构和管理制度不如紧密型完善。

2.2.2 高技术虚拟产业集群运作过程

在高技术虚拟产业集群内，产业集群的竞争优势已从地理集聚向网络环境下较低交易成本和高技术领域内智力、知识与技术等资源有机整合与持续发展转变。

(1)集群成员依据资源依赖与能力互补原则，以共同关注的高技术产品为导向，在集群成员池内寻找合作伙伴，并建立合作关系，实现高度的专业化分工协作。

(2)由于高技术领域相关知识与技术稀缺性与独占性，集群成员为谋取高收益，在高技术产品的研发、创新等方面存在着激烈的竞争活动。

这种合作与竞争关系相互交织，在企业内部驱动及外部市场环境的共同影响下协同演化，并在产业链各环节搭建起高技术产品价值创造与协同增值的价值体系，形成以顾客价值为核心，以成员间合作与竞争关系为联结纽带，以提升集群整体竞争实力为发展战略的高技术虚拟产业集群价值网。本书将从构建高技术虚拟产业集群价值网合作与竞争视角，对高技术虚拟产业集群运作过程进行深入分析。

高技术虚拟产业集群成员间同时存在的既合作又竞争、既分工又整合的协同运作过程是一种以差异性、互补性为基础，通过市场机遇与需求驱动的以竞争促进合作，并以合作提升高技术虚拟产业集群各成员竞争力，资源优化配置的动态价值创造过程。同时，通过现代通信与网络技术的支撑，使高技术虚拟产业集群打破地理局限在虚拟空间聚集，在合作与竞争活动共同协作的推动下产生协同效应并实现其共同发展目标，促进高技术虚拟产业集群在时间与空间维度的自组织演化和协同发展。因此，为把握高技术虚拟产业集群运作过程，探究高技术虚拟产业集群价值创造本质，揭示高技术虚拟产业集群合作与竞争的规律，本书基于价值网理论构建了高技术虚拟产业集群运作过程模型（张树臣和高长元，2013b），如图 2-2 所示。

如图 2-2 所示，高技术虚拟产业集群底层价值网使集群各成员价值创造范围得到了扩展，并形成了基于合作与竞争协同演化的高技术虚拟产业集群价值创造体系。价值网中各主体在不同网络层次间互动并形成协同运作的网络效应，增强了高技术虚拟产业集群网络整体竞争优势，使价值网内各成员从中获取个体竞争力。同时，在合作与竞争的共同作用下，使高技术虚拟产业集群由无序向协同有序不断演化，并最终成为开放式的复杂网络系统。价值网的构建、协同运作及价值增值是高技术虚拟产业集群价值创造、价值传递、价值实现的核心环节，各环

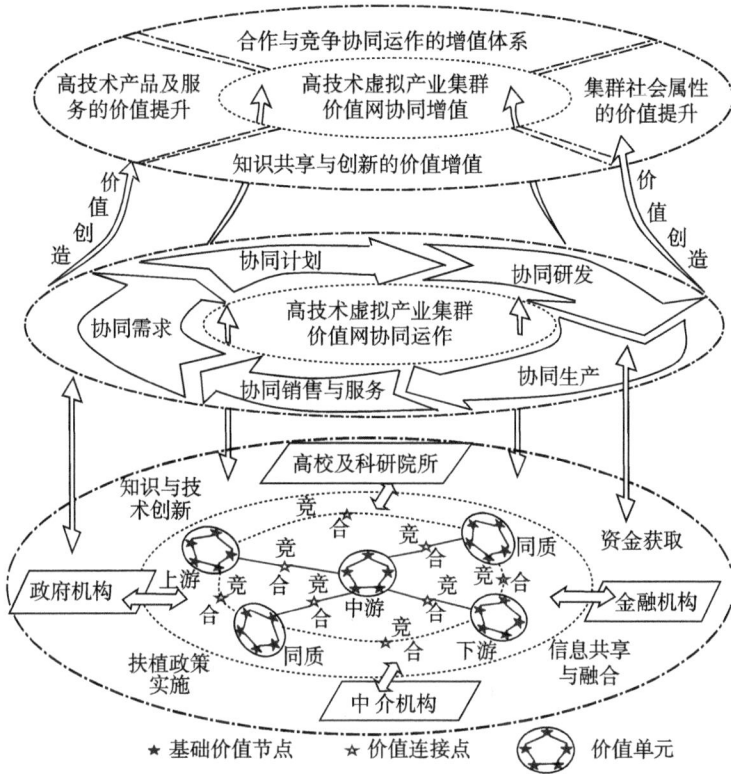

图 2-2　基于价值网的高技术虚拟产业集群运作过程模型

节紧密相关、逐层深入，成为高技术虚拟产业集群运作过程的支撑体系。

1. 高技术虚拟产业集群底层价值网的构建

在基于价值网的高技术虚拟产业集群运作过程模型中，众多跨地域的高技术企业与相关组织机构分散在高技术产业链的上游、中游、下游等环节，并在各环节分别形成了构建价值网的价值单元。价值单元内的高技术虚拟产业集群成员作为基础价值节点同样存在着灵活多样的双赢合作模式，各价值单元由价值连接点相关联并体现彼此间相互合作与竞争的复杂动态关系。由此，在高技术虚拟产业集群价值网内，产业链上下游各环节的价值单元依据高技术产品及相关服务的价值创造流程纵向相连，形成高技术虚拟产业集群纵向价值链，同时在产业链内由从事同类高技术产品研发、生产及销售各环节的虚拟集群成员组成同质价值单元进行横向相连，进而形成高技术虚拟产业集群横向价值链。高技术虚拟产业集群内各种高技术产业纵向与横向价值链条相互交错，基础价值节点、价值单元及价值连接点在虚拟空间密布构成高技术虚拟产业集群价值星系（罗珉，2006；徐玲，2011），并在价值单元合作与竞争活动的相互作用下最终形成促进虚拟产业集群成员个体价值增值与高技术虚拟产业集群整体价值提升的高技术虚拟产业集群价值网。其中，打破地域限制的高校及科研院所、政府机构、中介机构、金融机构共同组成高技术虚拟产业集群价值网的辅助支撑网络，通过与高技术虚拟产业集群基础价值节点及价值单元的双向沟通实现创新性知识、技术与相关人才的输入、高技术产业政府扶植政策的实施、信息迅速共享与融合、创新研发资金的获取，为高技术虚拟产业集群价值网协同运作提供了良好的环境与保障。

在高技术虚拟产业集群价值网内，虚拟产业集群合作与竞争活动转化为价值单元间的合作与竞争关系，并共同作用于纵向价值链与横向价值链上各价值单元。其一，高技术虚拟产业集群价值网内纵向价值链上各价值单元依据高技术产业上下游业务关系展开基础合作。高技术产业上游价值单元在为中游价值单元提供高技术产品生产所需高新技术及相关原材料的过程中，为获取更多收益双方就高新技术转让、原材料出售的交易形式与价格展开基于合作性的博弈竞争。此外，高技术产业下游价值单元在为中游价值单元提供市场信息及销售渠道的过程中更加期望与更多的同质价值单元进行合作，增加销售种类、扩大市场占有率，这使双方又建立起基于合作的竞争关系。其二，高技术虚拟产业集群价值网内横向价值链上经营相同行业的各价值单元间存在着激烈的竞争关系，但由于高技术产品更新速度快、研发生产投入大，市场不确定因素众多，为此必须建立一种基于竞争的合作关系，在新技术研发、知识创新、生产制造等多个领域展开合作，弥补自身不足，以竞争促进合作，淡化价值单元间的差异与界限，有效避免垄断与恶性竞争的产生。

2. 高技术虚拟产业集群价值网协同运作

高技术虚拟产业集群价值网的建立打破了传统价值链线性运作模式，在合作与竞争基础上，使跨地域的虚拟集群成员依据整体价值最优原则相互关联融合，基础价值节点与价值单元在关注自身价值增值的同时更加关注高技术虚拟产业集群整体价值网的价值提升，冲破价值创造环节的壁垒，提高高技术虚拟产业集群价值单元之间的跨地域虚拟化协同运作及其对高技术虚拟产业集群价值创造的推动作用。高技术虚拟产业集群价值网以虚拟集群信息服务平台为支撑体系，实现以市场需求为驱动力的基础价值节点间、价值单元间的信息共享与流程整合，即在高技术产品的市场分析、合作研发、生产制造、售后跟踪及服务、信息反馈等阶段灵活、快速地构建起价值网的价值创造链条。高技术虚拟产业集群各基础价值节点、价值单元依据自身需要选择最具价值增值能力的其他价值节点或价值单元作为合作伙伴，在高技术产品的生命周期内，形成协同运作的"动态联盟"或"敏捷虚拟企业"，使高技术虚拟产业集群价值网协同有序发展。高技术虚拟产业集群价值网协同运作的实质是在高技术虚拟产业集群广泛信息共享的基础上实现的一种新的价值创造过程，各基础价值节点与价值单元基于信息的协同效应在高技术虚拟产业集群内实现了角色与关系的重塑以及跨组织的业务流程再造，这为高技术虚拟产业集群成员合作提供了巨大的价值创造与价值增值空间。

3. 高技术虚拟产业集群价值网协同增值

通过高技术虚拟产业集群价值网的构建与虚拟化协同运作，实现了高技术虚拟产业集群各成员企业价值创造活动在实体空间与虚拟空间的延伸及转换。高技术虚拟产业集群价值网虚拟化协同运作所创造的价值，不仅包含实体空间内各高技术虚拟产业集群基础价值节点、价值单元在合作竞争状态下围绕高技术产品进行的基于物质资源所创造的价值，同时还包含在虚拟空间内由于信息服务平台广泛应用而实现的信息、知识共享与创新，基于价值网虚拟化协同运作的价值增值流程再造，以及基于顾客价值的高技术虚拟产业集群产业链上游、中游、下游高技术企业、高校与科研院所、各地政府、中介与金融服务机构协同运作的开放型商业模式创新所产生的价值。在上述价值创造过程中，各虚拟集群成员以合作为手段、竞争为目标，依据自身核心能力与异质资源在高技术虚拟产业集群价值网内最终形成合作与竞争协同运作的价值增值体系，以此为基础促进了高技术产品及服务价值的快速提升。此外，依托虚拟集群信息服务平台，使高技术虚拟产业集群内相关信息、高新技术、知识等虚拟资源在价值网内得以共享、整合及创新，最终成为价值增值的新核心并实现高技术虚拟产业集群价值创造体系的升级。在高技术虚拟产业集群价值网协同运作、持续增值的基础上，其市场影响力、声誉与信誉程度、品牌优势等社会属性将逐渐形成并迅速扩大，赢得顾客的认可，提高集群产品的占有率和知名度，提高集群的整体竞争实力。

根据上述分析，本书认为高技术虚拟产业集群价值网是虚拟集群各成员组成的利益共同体，是高技术虚拟产业集群运作基础，其中位于各价值创造环节价值单元间的合作与竞争活动成为价值网价值增值的重要源泉。高技术虚拟产业集群价值单元间的合作与竞争的相互协同作用，使高技术虚拟产业集群有序地自组织运行，促进高技术虚拟产业集群网络价值创造效率的提升和各虚拟集群成员价值的增值。

2.3　高技术虚拟产业集群研究体系

2.3.1　高技术虚拟产业集群研究视角

1. 合作与竞争研究视角

从合作与竞争研究视角出发，分析成员间合作与竞争活动的特征，对高技术虚拟产业集群成员间合作与竞争的整体框架进行设计，如图 2-3 所示。

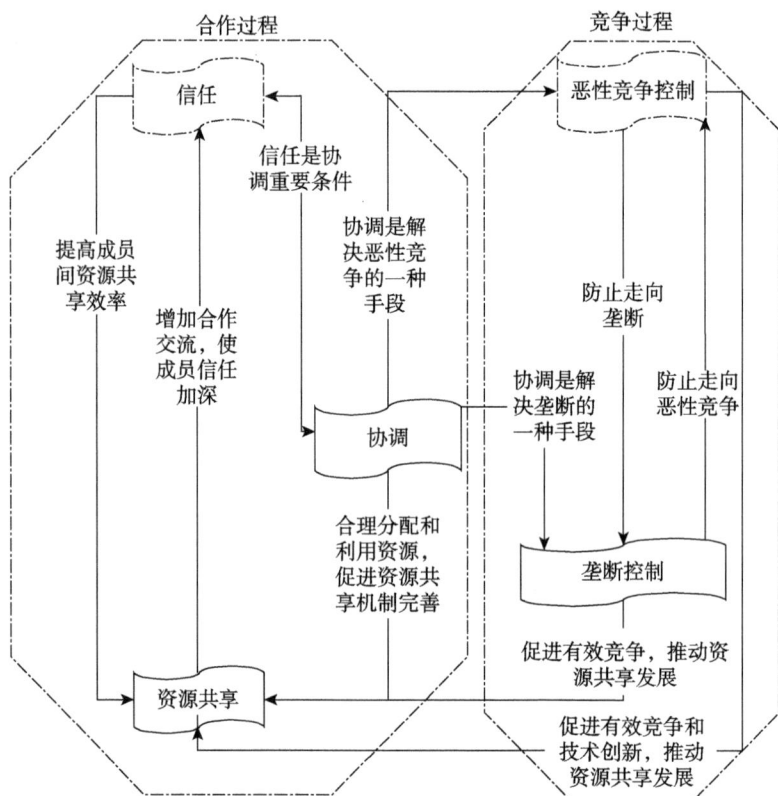

图 2-3　高技术虚拟产业集群成员间合作与竞争的整体框架

　　高技术虚拟产业集群成员间合作与竞争由合作过程、竞争过程两部分组成，合作过程包含了信任、资源共享、协调。竞争过程包含了恶性竞争控制和垄断控制。合作与竞争过程相互联系、相互作用，共同推动集群的发展。信任使成员间信任增强，提高成员间资源共享效率。成员在共享资源时，通过相互交流合作增加对彼此的了解，又会对信任进行加深。此外，信任又是集群成员间协调的重要条件，而通过成员间的协调又将会增加彼此信任，使信任度得到提升。协调使资源的分配和使用更加合理化，促进了成员的合作和资源的共享，推动了资源共享的进一步完善。协调是解决恶性竞争控制和垄断控制的一种手段，通过成员协调有利于集群成员竞争的良性发展。而恶性竞争控制和垄断控制都有利于集群的良性发展，促进技术的创新和资源的共享，因此恶性竞争控制和垄断控制间接地促进了资源共享的发展。恶性竞争和垄断是竞争的两个极端形式，制定恶性竞争控制和垄断控制策略时，要防止集群从一个极端走向另一个极端的情况发生。

　　2. 网络研究视角
　　高技术虚拟产业集群网络运行过程是一个动态过程，伴随着虚拟集群的形成与发展可呈现出阶段性的特征,其网络内涵、网络关系及网络结构也同时发生变化,由此可形成各发展阶段高技术虚拟产业集群网络研究的主要内容,因此对高技术虚拟产业集群网络的研究实质是对网络发展升级过程的研究。根据组织生态学的视角,组织发展是指在组织内部形成完备的稳定状态,在内部推动与外界环境共同影响作用下进化发展,打破原有平衡并创造出新的稳定状态,促进组织间新功能与关系的建立,这一过程可概括为组织发展的耦合过程(coupling process)。

高技术虚拟产业集群网络的耦合过程是指通过阐述网络运行的发展过程来揭示集群内各网络的紧密关联与集成关系。高技术虚拟产业集群网络内各成员在内在动力机制(分工协作、互信氛围、多重协商)与外在环境(市场机遇、政策扶持、技术创新)的共同作用下,重新发生各种耦合关系,组成新的功能耦合网络。高技术虚拟产业集群内成员间多样化的网络关系在集群发展过程中逐渐耦合成为一个更大、更复杂的网络系统。高技术虚拟产业集群网络的耦合过程如图 2-4 所示。

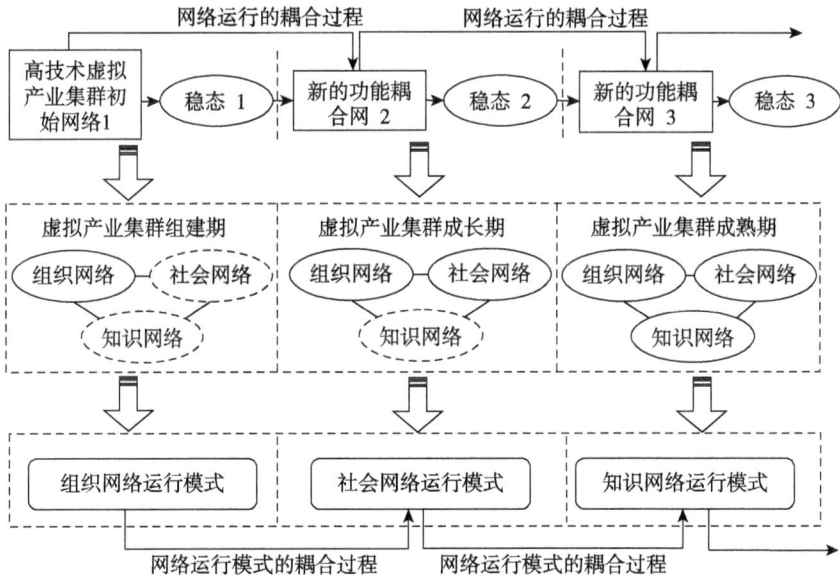

图 2-4　高技术虚拟产业集群网络的耦合过程

伴随高技术虚拟产业集群的发展,虚拟集群网络内存在的组织间经济关系、社会关系与知识关系都发生改变,并在一段时间内耦合成稳定状态,但随着时间推延,三个网络关系将发生变化并促进新的功能耦合产生,使虚拟集群呈现出新的网络关系与结构。从网络运行的视角,高技术虚拟产业集群的发展即可视为存在于高技术虚拟产业集群内的组织网络、社会网络及知识网络相互交织、协同发展的耦合过程。首先，在虚拟产业集群组建期，网络内组织间经济关联关系成为虚拟集群产生与发展的基础，这使组织网络先于社会网络与知识网络在高技术虚拟产业集群迅速发展并形成虚拟集群跨地域的网络组织结构；其次，随着高技术虚拟产业集群进一步发展，虚拟产业集群进入成长期，组织网络发展过程中成员间存在的社会关系在合作过程中的作用日益凸显，使嵌入于组织网络内的社会网络得以发展并形成高技术虚拟产业集群新的功能耦合网；最后，由于高技术产业的特性，高技术虚拟产业集群成员间大量合作促进高新技术与相关知识的流动与创新，提升虚拟集群的知识含量并推动集群发展进入成熟期。此时，由高技术虚拟产业集群网络成员间知识关联关系构成知识网络在组织网络与社会网络的支持下成为推动集群发展的主要力量。因此，通过上述网络运行的耦合过程可将各网络运行模式紧密连接，在集群网络发展的过程中使高技术虚拟产业集群网络运行模式得以集成与整合，并最终成为指导高技术虚拟产业集群跨地域协同运作的管理体系。

根据高技术虚拟产业集群网络运行模式的耦合过程，分析高技术虚拟产业集群组织网络、社会网络、知识网络发展过程中网络的构建、运作以及网络节点的变动情况，研究网络节点间网络关系的变化情况，为高技术虚拟产业集群的发展建立相应的网络运行模式。具体分析高技术虚拟产业集群组织网络的形成及运作规律，从社会网络视角分析成员间稳定、互惠、信任的社会关系，划分高技术虚拟产业集群知识网络的层次，对知识获取、共享及扩散的运行过程进行研究。上述研究内容共同构成了高技术虚拟产业集群网络研究的总体框架，如图 2-5 所示。

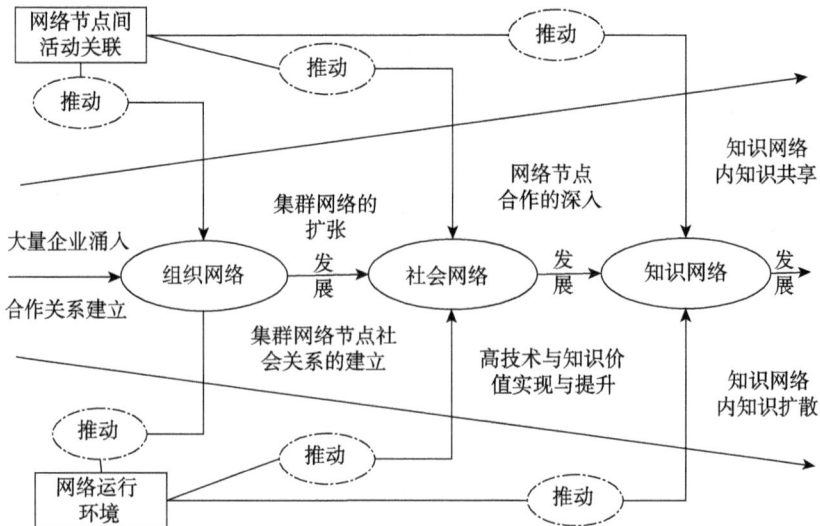

图 2-5　高技术虚拟产业集群网络研究的总体框架

　　高技术虚拟产业集群是一个复杂的经济与社会系统，其网络是由组织间经济关系、社会关系及知识关系构成的功能耦合网。在高技术虚拟产业集群发展的不同阶段，网络成员节点间的某种关联关系将起主要作用，并使集群网络呈现不同的网络关系与结构特征。

　　1）集群组建期的组织网络

　　高技术虚拟产业集群建立初期，大量新成员涌入，成员间经济合作关系迅速建立，集群网络主要体现出以组织间经济关系为代表的网络特征，各网络成员基于跨地域分工协作形成虚拟集群的组织网络。鉴于此，本书通过对组织网络成员节点间微观运行规则的制定，深入研究组织网络发展的特点与趋势，构建双向择优的高技术虚拟产业集群组织网络运行模型，对其进行仿真分析，从而构建起高技术虚拟产业集群组织网络，为高技术虚拟产业集群跨地域运作提供保障。

　　2）集群成长期的社会网络

　　在高技术虚拟产业集群成长期，集群网络进一步扩张，成员间合作互信氛围、契约关系及协商关系的建立成为网络发展的主要问题。此时，虚拟集群网络则以成员间社会关联关系为主要网络特征发展成为高技术虚拟产业集群社会网络。由此，本书从社会网络的视角，在对高技术虚拟产业集群社会网络含义及成员间社会关系分析的基础上，应用信任理论、风险感知理论建立高技术虚拟产业集群社会网络信任模式，采用关系契约理论研究高技术虚拟产业集群社会网络契约模式，并基于 Multi-Agent 建模技术建立高技术虚拟产业集群社会网络协调模式，进而构建起高技术虚拟产业集群社会网络的具体内容，并为成员节点的合作提供良好的环境。

　　3）集群成熟期的知识网络

　　在高技术虚拟产业集群成熟期，集群网络内各成员间深层次的知识连接关系得以凸显，使高技术虚拟产业集群体现出以知识网络为代表的网络特征。因此，本书为实现高技术虚拟产业集群高新技术与知识价值的转化与增值，体现集群的技术密集与知识密集特征，分析网络节点间知识活动的具体内容，构建高技术虚拟产业集群知识网络地图，并在知识网络内建立知识共享模式与知识扩散模式，进而形成高技术虚拟产业集群知识网络的具体内容，以提升高技术虚拟产业集群知识水平，增强集群整体与各成员的核心竞争力。

　　4）集群网络间的关联关系

　　根据高技术虚拟产业集群发展过程与网络研究的总体框架可知，高技术虚拟产业集群网络研究的内容体系包含组织网络、社会网络及知识网络，三个网络随虚拟集群的发展逐层深入，其关联关系如图 2-6 所示。

　　3. 知识管理研究视角

　　高技术虚拟产业集群的成员通过互联网等现代通信技术手段实现了在虚拟空

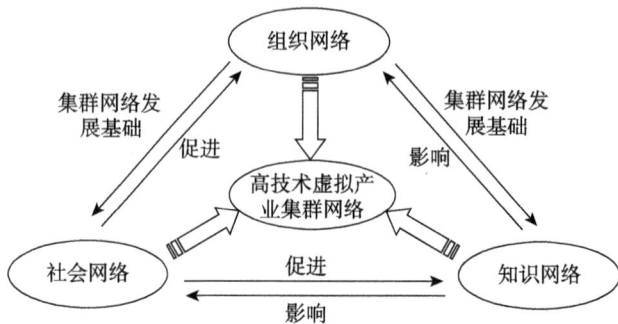

图 2-6　高技术虚拟产业集群网络关联关系

间上的以知识资源的共享与互补为主要目的的集聚。这种"虚拟化"的特点使集群内跨地域的成员之间的知识活动出现了合作伙伴的寻找与选择困难、知识供需之间的不匹配、知识溢出和知识学习效率下降等问题，从而影响了成员间的知识利用效率进而影响技术创新的绩效。

　　本书从知识管理研究视角出发，以"知识集聚"为基础、以企业所需的高技术为纽带，将高技术相关的若干个高技术企业、组织或其他产业集群在空间上的聚集，在空间聚集过程中也吸纳与该高技术相关联的、沿产业链分布的企业或组织。知识是高技术虚拟产业集群成员集聚的重要基础，成员间的知识活动促进了集群成员的创新能力的提升，是集群竞争优势的体现。

　　高技术虚拟产业集群以"组织接近"代替了"地理邻近"，既保持了高技术企业灵活多变、反应敏捷的特点，又能形成群体规模，借助集群优势获得整体竞争力的提升。成员间的知识活动是成员间交流的重要途径，是集群成员利用高技术虚拟产业集群的知识资源的共享与互补特性提升自身竞争力的重要手段。因此从知识管理研究视角出发，对高技术虚拟产业集群知识转移与资本增值展开研究尤为重要。相关研究推动了高技术虚拟产业集群知识资源体系的构建及集群知识资源的共享与互补，提高了知识在不同的个体、团队和组织之间转移活动的效率。

　　4. 信息管理研究视角

　　为使高技术虚拟产业集群实现跨地域运作，为成员之间提供沟通、合作的媒介，本书从信息管理研究视角出发，构建了高技术虚拟产业集群信息系统平台，使集群成员能够通过系统平台进行合作交流以及协商集群内事物，为集群成员提供公共信息服务，为集群的健康发展提供信息保障。高技术虚拟产业集群信息系统平台主要可提供以下几个方面的服务。

　　(1)基础信息服务。基础信息服务主要为集群内高技术企业提供信息系统平台运行所需要的基础环境，解决跨地域信息交流、共享的问题；具有平台接入、平台管理、平台升级、数据管理、安全保障等功能，使集群内高技术企业能够通过加入平台参与集群的虚拟化运作。

（2）经济活动信息支持服务。通过高技术虚拟产业集群准入、退出管理，使集群高技术企业成员能够通过该信息系统平台相互发现，建立起良好积极的伙伴关系。该服务主要包含成员间合作信息与竞争信息，帮助高技术虚拟产业集群成员企业及时、准确地发现市场机遇。

2.3.2　高技术虚拟产业集群运行模式体系结构

随着网络经济的快速发展，产业集群原有的地理优势逐渐被弱化，基于网络环境形成的虚拟产业集群优势越来越明显，特别是以知识密集及技术密集为主要特征的高技术产业集群具有与网络经济联系密切的特点。因此，基于网络环境的高技术虚拟产业集群所独具的跨地域资源整合与配置能力、知识与技术的创新扩散能力、市场风险的共同抵御能力、集群持续竞争能力等优势更加突出。因此，其跨地域虚拟化的运作模式成为研究的关键问题之一。

本书在高技术产业集群、虚拟产业集群研究成果的基础上，从产业演进协同创新的角度出发，根据高技术产业的特点，研究网络环境下高技术虚拟产业集群的运行模式。先将涉及的基本概念（如高技术产业集群、虚拟产业集群、运行模式、知识转移、合作与竞争等概念）进行查新，然后进行分析、整理及归纳，最终确定出适合研究的基本概念，并给出了高技术虚拟产业集群的定义。围绕该定义，结合高技术产业集群与虚拟产业集群固有属性，总结出高技术虚拟产业集群的本质特征；根据组织形式与空间结构的不同、集群内高技术产品的性质、集群内成员的关系，对高技术虚拟产业集群的类型进行划分，并分析高技术虚拟产业集群的构成要素及各要素之间的相互关系，对高技术虚拟产业集群组织形成的动因与机理进行深入研究。针对高技术虚拟产业集群的准入退出流程、成员间社会网络关系、知识转移过程、合作与竞争管理，以及信息系统平台等问题，分析高技术虚拟产业集群跨地域虚拟化的基本运作过程，并以此形成高技术虚拟产业集群运行模式的体系框架，如图 2-7 所示。

上述的对高技术虚拟产业集群一系列基本问题的研究，使人们对高技术虚拟企业的发展现状及研究内容有了较为清晰的认识，为高技术虚拟产业集群运行模式的进一步研究奠定了基础。高技术虚拟产业集群是课题组在理论总结与实地调研后首次提出的一个新的基本概念，这一概念的提出对我国高技术产业依据网络经济要求改变传统运行模式、促进高技术企业跨区域合作进行协同创新提供理论指导和解决方案，同时对政府制定高技术产业可持续发展政策具有借鉴意义，对新型产业组织模式的研究也具有一定的理论价值。

在高技术虚拟产业集群运行模式的体系框架下，抽取其核心研究内容，构成本书主要章节内容结构，其主要内容如下。

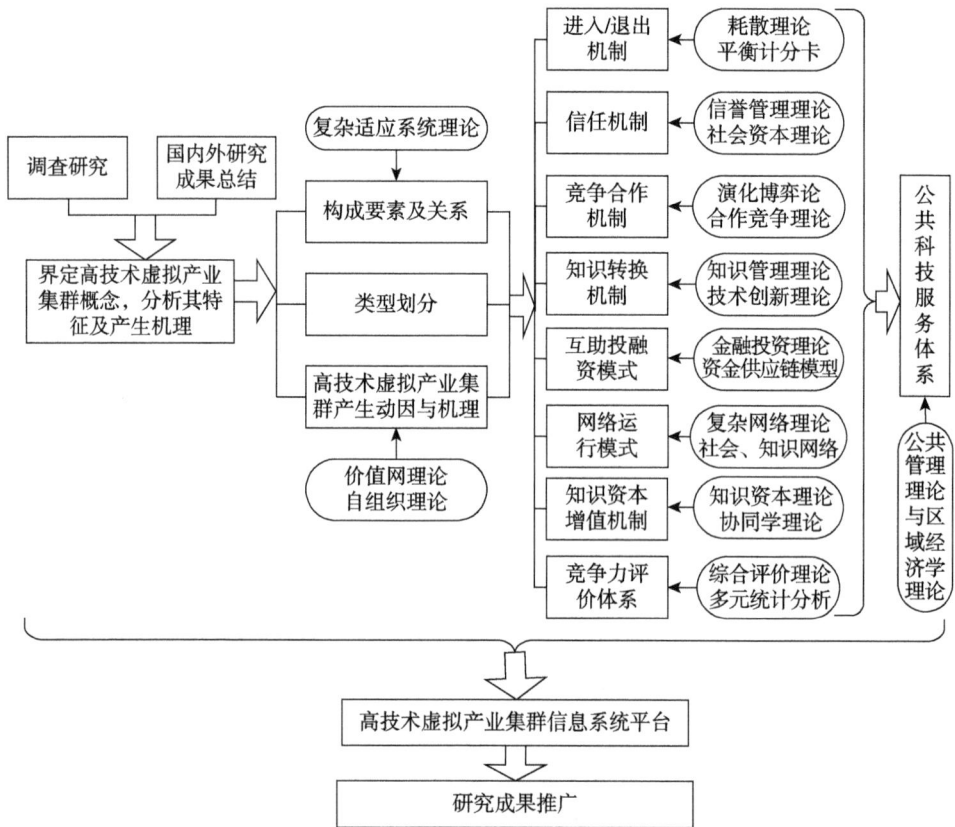

图 2-7   高技术虚拟产业集群运行模式的体系框架

（1）高技术虚拟产业集群组织管理。高技术虚拟产业集群组织管理是本书的基础，由于高技术虚拟产业集群打破了传统产业集群的地域限制，以信息通信技术为主要工具，以企业所需要的"高技术知识"为纽带，实现了在高技术领域内相互关联的企业与组织在虚拟空间上的集聚。因此，作为一种新型产业组织形式，高技术虚拟产业集群组织管理具有较强的创新性与独特性。为此，本书第 3 章针对高技术虚拟产业集群跨地域特性，对其组织类型与结构特征展开研究，运用复杂网络理论和方法研究其组成要素以及各要素之间的相互作用关系，对其组织网络的复杂性、影响因素及组织网络运行模式进行系统性研究。

（2）高技术虚拟产业集群社会网络管理。高技术虚拟产业集群的跨地域特性，使地理分散的集群成员在彼此进行合作过程中的信任关系、契约关系及协调关系变得尤为重要。因此，本书第 4 章从高技术虚拟产业集群成员间社会关系出发，从信任、契约、协调三个视角建立高技术虚拟产业集群社会网络的运行模式。首先，从直接信任、间接信任、信任感知风险（perceived risk）三个维度构建高技术虚拟产业集群社会网络的信任模式；其次，在所建立的关系契约网络的基础上，构建正式契约与关系契约相融合的柔性契约模式；最后，基于 Multi-Agent 理论建立高技术虚拟产业集群社会网络多重协商模式。高技术虚拟产业集群社会网络的建立及其运行模式的搭建，为集群成员社会价值的实现提供了途径，促进了高技术虚拟产业集群的发展。

（3）高技术虚拟产业集群知识管理。高技术虚拟产业集群的建立可以实现技术协同创新和知识集聚效应。因此，集群中需要建立有利于技术创新的良好知识管理机制，从集群知识获取、知识学习与吸收、知识交易、知识保护、知识创新和知识成果转化等方面建立高技术虚拟产业集群的知识管理体系。因此，本书第 5 章对高技术虚拟产业集群的知识网络的运行模式、知识转移机制及知识资本增值展开研究。首先，为高技术虚拟产业集群搭建知识网络，从知识获取、知识共享与知识扩散三个方面对知识网络的运行模式展开研究；其次，从知识的差距识别、知识溢出及知识学习三个方面构建高技术虚拟产业集群的知识转移机制；最后，为了体现知识在集群内不断增值的特性，从知识资本价值创造与提取两个方面构建高技术虚拟产业集群知识资本增值机制。

（4）高技术虚拟产业集群合作与竞争管理。合作与竞争是高技术虚拟产业集群成员间的主要经济活动形式。因此，本书第 6 章针对高技术虚拟产业集群成员间合作与竞争活动的特征，首先，建立由信任机制、资源共享机制以及协调机制构成的高技术虚拟产业集群成员间合作机制；其次，建立由垄断控制机制与恶性竞争控制机制构成的高技术虚拟产业集群成员间竞争机制；最后，从技术创新效应与集群品牌效应两个方面分析高技术虚拟产业集群合作竞争效应。本书为高技术虚拟产业集群成员间合作与竞争的管理提供科学的依据和理论方法的支持，并对高技术虚拟产业集群成员间合作与竞争活动提供理论指导。

（5）高技术虚拟产业集群信息系统平台。由于高技术虚拟产业集群的成员打破地理限制，实现在虚拟空间的集聚，解决跨地域的成员间的沟通困难，因此，对于高技术虚拟产业集群来说，必须要为跨地域成员之间建立可以沟通、合作的网络运行管理信息平台。因此，本书第 7 章对高技术虚拟产业集群信息系统平台展开研究。首先，从该信息系统平台的构建目标和总体需求入手，对信息系统平台的体系架构进行构建；其次，从准入退出、信息关系管理、合作竞争管理与公共服务管理四个方面对该平台进行详细设计；再次，对信息系统平台的网络环境、服务器与客户端的软硬件环境进行描述；最后，运用 Visual Studio .Net 编程语言与 SQL Server 数据库技术，对所构建的高技术虚拟产业集群准入退出平台、信任关系管理平台、合作竞争管理平台及公共服务管理平台进行实现。高技术虚拟产业集群信息系统平台的搭建为其跨地域、虚拟化运作提供了技术支持。

2.4　本章小结

本章首先对高技术虚拟产业集群内涵与特征进行界定，对其基本类型进行分析，并基于价值网理论构建了高技术虚拟产业集群运作过程模型，从合作与竞争视角、网络、知识管理、信息系统四个研究视角，构建高技术虚拟产业集群运行模式的整体体系结构。

第 3 章

高技术虚拟产业
集群的组织

3.1 高技术虚拟产业集群组织类型

高技术虚拟产业集群中，成员间专业化分工，进行合作与竞争活动，获取外部规模经济，形成以下四种高技术虚拟产业集群组织类型。

(1)无中心型。由于高技术虚拟产业集群的虚拟性特征，成员打破地理限制在虚拟集群空间中进行合作与竞争活动，形成五面体结构的 Value Net 模型，此外，更有很多介于合作者与竞争者的潜在进入者存在，都使高技术虚拟产业集群市场结构具有不确定性，如图 3-1 所示。

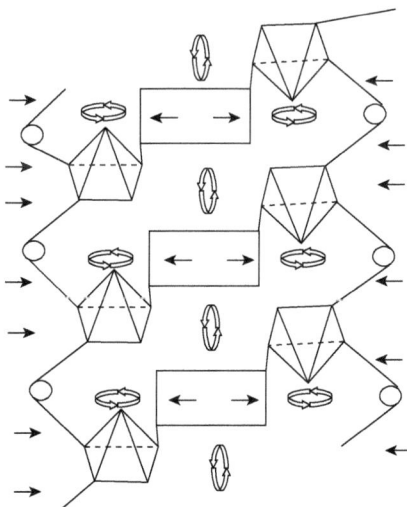

图 3-1 高技术虚拟产业集群无中心型竞争市场结构

无中心型市场结构中，高技术虚拟产业集群的成员规模较小，市场地位相近，在高技术产业链每个环节上，形成正五面体的基础 Value Net 竞争小群体。该种形式市场结构，其成员竞争较为激烈，不易形成垄断，成员通常靠压低价格的方式相互竞争。

(2)多中心型。如图 3-2 所示，高技术虚拟产业集群成员的竞争活动主要围绕若干龙头企业进行，该类型的龙头企业在高技术的研制与生产中起主导作用，并且在营销中具有品牌效应的作用，而集群中的其他成员则为该龙头企业提供相应的配套或服务，从而形成了以若干龙头企业为中心的，多中心型高技术虚拟产业集群市场结构。此种类型的市场结构，成员间容易形成垄断竞争，多个成员相互联合形成垄断集团，研发和生产有差别的同种产品。

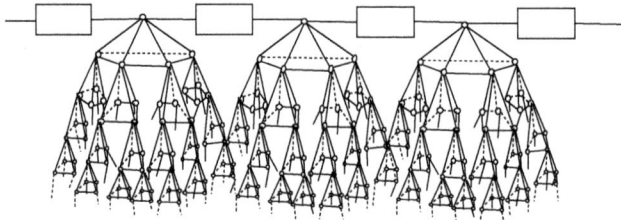

图 3-2　高技术虚拟产业集群多中心型竞争市场结构

(3)中心-卫星型。如图 3-3 所示，该种类型的高技术虚拟产业集群是以某一核心的大企业为主导的高技术虚拟产业集群，该大企业具有绝对的主导作用，集群中的其他成员都与该核心大企业相配套，完全为其服务，核心大企业具有绝对的垄断作用，其他小企业很难与该企业竞争。

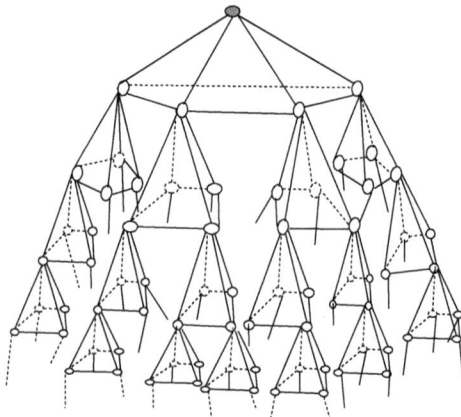

图 3-3　高技术虚拟产业集群中心-卫星型市场结构

(4)混合型。由于高技术虚拟产业集群打破地理限制，全世界的企业和组织都可以选择进入或退出高技术虚拟产业集群，因此高技术虚拟产业集群会呈现混合型的市场结构状态，即在集群中可存在无中心型、多中心型的混合状态，成员间会出现竞争与垄断共存的现象。

3.2　高技术虚拟产业集群组织结构特征

通常，组织结构决定着组织功能。根据系统论观点，结构是系统的关键性问题。系统结构是系统内部各要素的排列组合方式。系统内的各要素，只有依靠结构，才能把孤立的诸要素变为一个系统；只有通过结构的中介，要素才能变成系统的属性和功能。

高技术虚拟产业集群面临的市场环境更加复杂，不确定性因素更多，其组织结构不同于传统的刚性组织结构，也不同于一般的虚拟企业组织结构，高技术虚拟产业集群由于其自身特有的性质，使之处于一种变化更加迅速的领域，其组织结构具有扁平化、界限模糊、自组织等特征。

(1)组织结构扁平化。在高技术虚拟产业集群中，信息技术得到了广泛应用，各集群成员都处在相同的管理对等层面上，同时接受高技术虚拟产业集群委员会的统一协调与管理，取代了传统企业组织中的中层管理者的主要作用，扁平化的组织结构应运而生。它缩短了决策与行动之间的时滞，使组织的适应能力或柔性增强。高技术虚拟产业集群通过打破传统集群地域限制，使高技术虚拟产业集群成员能够根据市场机遇的要求，进行组织和协调，更能发挥集群成员的主动性和创造性等竞争优势，为虚拟集群带来更大的灵活性和适应性。

(2)组织边界模糊化。传统企业为了开展经营活动，往往拥有从原材料供应到运输、生产、销售、后勤、服务等一系列完整的功能，企业界限明确。而网络经济环境下的高技术虚拟产业集群，是由独立的科研院所、供应商、生产商、融资机构，以各自独立的优势为特点组成的网络组织。在该网络组织内各成员扩大了市场机遇与合作范围，进而开展起多元化的经济合作与竞争的活动。这种网络组织打破了传统企业间明确的组织界限，各成员企业关系平等，由此形成了一种复杂的网络组织形式，组织没有明显的边界。

(3)组织结构的动态性。在迅速变化的环境中，高技术虚拟产业集群的组织是松散的、自由流动的，可以随着成员合作与集群知识技术的需要引进新的集群成员与相关技术专利，其组织结构将更具有动态性，高技术虚拟产业集群是一种不稳定的组织，根据不同的市场机遇，会采用不同的组织结构，具有自由灵活的动态协调机制。高技术虚拟产业集群不仅可以实现将合作伙伴联结起来，共同完成相应任务，而且可以利用它的开放性、动态性、灵活性来协调其组织结构，寻找合作伙伴间的最佳结合点，使高技术虚拟产业集群这种新型网络组织保持活力和优势(Klaas et al.，2005)。

(4)组织结构网状化。网状化组织是扁平式组织的进一步深化,在高技术虚拟产业集群内部的成员间的关系是平等的,其集群管理委员会(简称管委会)只起到协调成员间信息沟通的桥梁作用,因此高技术虚拟产业集群的柔性和灵活性更强。在组织内部,各成员根据市场机遇寻找合作伙伴进行分工协作,建立起相应的合作关系,使集群内部形成以成员为网络节点,以成员间的合作关系为网络连接边的复杂网络组织;同时,集群外部新的成员的加入和已有成员的淘汰退出,使原有集群网络组织结构也呈现出灵活动态特性。高技术虚拟产业集群这种网状组织,可以有效地减少企业运作的成本,因为在其内部没有固定模式,没有固定成本,它通过市场机遇与成员发展需求进行自组织运作,该网状的组织结构具有较强适应性。

(5)组织结构自组织特征。高技术虚拟产业集群是一个开放的复杂系统,它与外界环境进行物质、能量和信息交换,其产生与发展的动力源于高技术虚拟产业集群自身内部的机制。高技术虚拟产业集群的组建和发展过程中的技术创新、伙伴选择、核心能力的竞争等一系列活动引发系统的涨落。高技术虚拟产业集群通过一定的准入退出机制吸收和筛选企业及机构,在集群公共信息平台发布企业及机构的基本信息和核心能力,企业及机构之间有更多机会进行相互了解,避免合作的盲目性,有效降低构建虚拟企业的风险。这样保障集群的内环境,有助于群内企业及机构发展,加上与集群内其他企业及机构组织的配合和交流,通过合作获得知识共享,并充分发挥和持续优化集群内企业及机构自身的核心竞争力,而企业及机构竞争力的增强也将带动整个集群竞争力的增强及外部形象和声誉的提高,群外企业与相关机构不断涌现和加入,从而形成了集群和企业及机构和谐发展的良性循环。

准入机制让集群吸纳优秀的成员,即引进足够的负熵流;退出机制淘汰不合格成员使集群积累的正熵减少。成员不断进入与退出也带动集群与环境知识、技术和资金等要素的交换促使集群远离平衡态。企业与机构的流动使成员间影响及竞合关系等更为复杂化,加强了非线性相互作用,内外因素引起的涨落现象更加明显,推动集群不断从一个耗散结构跃升到新的耗散结构.使高技术虚拟产业集群中的合作伙伴从自身企业的有序中突破出来,产生适度的无序,通过高技术虚拟产业集群系统内部的组建、运作等机制达到新的有序,完成系统自组织演化过程。

在高技术虚拟产业集群运行过程中,合作伙伴通过共同遵守协议,以保证系统的有序。同时通过系统的不断"涨落",促进系统由低级有序到高级有序的演化,在此框架下,合作伙伴通过学习进行不断的自我调整。在学习过程中,通过适应环境、匹配环境、改造环境来提高创新意识和增加创新成果,保证系统的负熵增加。

3.3　高技术虚拟产业集群组织网络

高技术虚拟产业集群组织网络的构建是其网络运行的基础，也是虚拟集群社会网络与知识网络运行的载体。高技术虚拟产业集群组织网络是将在虚拟集群中分散在世界各地的高技术企业、科研院所、高校、中介服务机构、政府及行业协会等虚拟集群成员按照彼此间动态变化的经济活动关系相连接，形成以虚拟集群各成员为节点，成员间各种经济活动关系为连接边的复杂网络系统。

高技术虚拟产业集群组织网络是由众多集群成员共同组成的一种产业组织形式，其中网络成员从自身利益出发，彼此间建立起长期稳定的正式与非正式的合作关系，既包括网络节点成员间的经济活动关系，又包括节点成员间的社会关系与知识关联。高技术虚拟产业集群组织网络是一个由具有活性的网络连接构成的有机组织系统。集群网络运行管理平台是驱动网络成员跨地域虚拟化运作的基础，成员间的正式与非正式的契约关系是保障组织网络正常运行的关键，组织网络通过结构的重构以适应外界环境的变化，并且通过网络成员节点间的合作创新来实现组织网络的目标。

3.3.1　高技术虚拟产业集群组织网络的复杂性分析

组织网络是构成高技术虚拟产业集群组织的结构框架，也是高技术虚拟产业集群网络运行的支撑平台。在高技术虚拟产业集群组织网络运行过程中，其网络节点、网络联结关系、网络结构将会随时发生改变，使高技术虚拟产业集群组织网络呈现出复杂性的特征。

(1)高技术虚拟产业集群组织网络节点复杂性。由于高技术虚拟产业集群的虚拟运营特性，大量跨地域的高技术企业、传统的高技术产业集群、高校、科研院所、政府及中介服务机构均可申请加入，使高技术虚拟产业集群组织网络的节点数量及种类繁多，且各网络节点相对独立，具有高度自我感知和判断能力。

(2)高技术虚拟产业集群组织网络联结关系复杂性。在高技术虚拟产业集群组织网络内，网络节点根据市场机遇寻找合适的合作伙伴进行分工协作，并建立相应的合作关系；此外，由于高技术虚拟产业集群的知识密集与技术密集特性，加快了组织网络内知识更新与高技术产品研发、生产速度，使高技术虚拟产业集群组织网络节点间存在着激烈的竞争关系；在合作与竞争过程中，组织网络节点间还将长期存在着信任、契约等其他社会关系。

(3)高技术虚拟产业集群组织网络结构复杂性。由上述高技术虚拟产业集群组织网络结点及网络联结关系的复杂性分析可知，高技术虚拟产业集群组织网络结构的组成要素是复杂的，伴随着虚拟集群成员的准入退出高技术虚拟产业集群组织网络节点数量将随时变化，使网络结构随之产生变动；同时，组织网络内节点为弥补自身资源、研发能力、生产技能的不足，将与其他网络节点建立合作关系，使自身得以成长并扩大其在网络内的影响地位，由此触发组织网络内部结构的改变。

通过上述分析及复杂网络理论可知，高技术虚拟产业集群组织网络满足复杂网络的特征，所以可将高技术虚拟产业集群视为自组织复杂网络系统，并采用复杂网络理论与方法研究高技术虚拟产业集群组织网络的运行过程，以期揭示高技术虚拟产业集群组织网络的自组织运行规律并分析集群网络个体节点与网络总体结构之间的相互作用关系。

3.3.2　高技术虚拟产业集群组织网络运行的影响因素与框架

高技术虚拟产业集群组织网络运行是伴随着高技术虚拟产业集群产生及发展过程中新集群成员的不断加入、原有集群成员的退出，虚拟集群内成员间将不断涌现出新的经济活动关系以及原有经济活动关系将发生转化甚至消失，这些活动关系在时间维度与空间维度上累积将呈现出高技术虚拟产业集群组织网络的时间变化形态与空间变化形态，直接反映出集群中各主体的行为趋势及集群整体的行为取向。而在高技术虚拟产业集群组织网络运行研究过程中，高技术虚拟产业集群组织网络为何运行及如何运行成为亟待解决的首要问题。本书在对高技术虚拟产业集群组织网络运行影响因素分析基础上构建其网络运行框架，并从中揭示高技术虚拟产业集群组织网络运行的内涵与本质。

1. 高技术虚拟产业集群组织网络运行的影响因素

本书认为，高技术虚拟产业集群组织网络内各节点的自发行为和期间相互作用所表现出的网络自组织过程是推动高技术虚拟产业集群组织网络运行的关键，而网络节点间的资源依赖与能力互补、网络节点间合作与竞争以及网络节点准入与退出则是影响高技术虚拟产业集群组织网络运行的主要因素。

(1)网络节点间的资源依赖与能力互补。资源依赖理论认为在开放的环境中企业不具备成长所需的全部资源，必须从外界环境中获取，并形成对外界的资源依赖关系，而资源的重要程度与稀缺程度决定了其依赖程度。在高技术虚拟产业集群中，各网络节点决定了高技术虚拟产业集群组织网络主要包含高技术与创新知识、市场、资金与政策等四种资源，其中高技术与创新知识归属于高技术企业、高校及科研院所的智力投入，市场与资金归属于高技术企业及金融服务机构的有效运营，政策归属于各地政府对高技术产业的扶持。各网络节点拥有的资源优势同时决定其在高技术虚拟产业集群中的核心竞争能力。因此，高技术企业或其他组织机构根据自身所需资源在高技术虚拟产业集群内跨地域寻找与其合作的高技术企业、高校及科研院所、投融资机构及相关政府部门，以实现自我持续成长。

(2)网络节点间合作与竞争。高技术虚拟产业集群组织网络内节点依据资源互补关系既相互独立又彼此依赖,在参与高技术虚拟产业集群专业分工的虚拟化运作中维持着长期的交易与合作关系,并形成多种虚拟化合作形式。根据所需资源的重要性及稀缺性,网络节点在高技术虚拟产业集群成员池内选择合作伙伴的过程中,将择优选取信任度高、核心竞争力强的网络节点进行合作,此时网络节点采取合作策略以应对竞争激烈的市场环境。但随着合作的进一步深入,网络节点迅速发展,特别是在网络资源及产品市场容量有限的条件下,节点间的竞争动机逐渐大于合作意愿,为谋求高技术产业的高收益而最终采取竞争策略,使原有节点间的合作关系破裂。随着时间及合作进程的变化,高技术虚拟产业集群组织网络节点间的合作与竞争关系将随时改变,并使高技术虚拟产业集群组织网络运行成为达到竞合平衡的复杂网络系统。因此,这种基于资源依赖、互补及网络节点合作、竞争所表现出的网络节点自发行为成为高技术虚拟产业集群组织网络运行的内部驱动力。

(3)网络节点准入与退出。高技术虚拟产业集群组织网络时刻与外界进行资源与信息的交流,高技术虚拟产业集群外的高技术企业及其他组织机构通过高技术虚拟产业集群的审核可随时加入高技术虚拟产业集群中,并与高技术虚拟产业集群组织网络内节点建立联系,成为高技术虚拟产业集群组织网络的新节点;同时,部分网络内节点在竞争压力下的生存能力逐渐减弱,与其相连接的网络节点为规避自身风险将断开彼此间的连接关系,使其逐渐退出高技术虚拟产业集群组织网络。在高技术虚拟产业集群组织网络运行的过程中,高技术企业及相关组织结构的准入与退出是不断进行的,进入及退出的程度(速度)不同,将使高技术虚拟产业集群组织网络处于不同的生命周期运行阶段(李守伟和程发新,2009)。这种基于网络节点准入与退出过程所表现出的网络自组织过程成为高技术虚拟产业集群组织网络运行的外部驱动力。

2. 高技术虚拟产业集群组织网络运行框架

通过对高技术虚拟产业集群组织网络运行影响因素的分析,得出组织网络运行的内部与外部驱动力,使组织网络获得了复杂、动态网络的原动力,但组织网络依据何种运行模式,如何运行等问题仍有待解决。因此,在上述分析基础上,本书为揭示高技术虚拟产业集群组织网络运行原理,构建了高技术虚拟产业集群组织网络运行的框架模型。

如图 3-4 所示,地理空间分散的众多高技术企业、传统的高技术产业集群、高校、科研院所及政府通过高技术虚拟产业集群信息服务平台在以互联网为主要载体的网络空间上得以聚集并申请加入高技术虚拟产业集群,在高技术虚拟产业集群成员池内寻找潜在的合作伙伴,建立合作关系,参与高技术虚拟产业集群的虚拟化运作。其中，符号①表示跨地域的高技术企业或相关组织机构在高技术虚拟产业集群信息服务平台注册并申请加入高技术虚拟产业集群；符号②表示高技术虚拟产业集群外的高技术企业及相关组织机构经过准入审核成为高技术虚拟产业集群的正式成员，并在高技术虚拟产业集群成员池内择优寻找合作伙伴，初步建立彼此间的合作关系，在高技术虚拟产业集群组织网络内从新网络成员出发建立多条关系连接边；符号③表示高技术虚拟产业集群已有成员间合作关系的建立，即在高技术虚拟产业集群组织网络内成员节点间建立一条新的关系连接边；符号④表示高技术虚拟产业集群成员间通过合作而组成的高技术虚拟企业(HTVE)，其合作方式灵活，能在短时间内整合集群内优势资源，实现高技术产品对市场的快速响应，高技术虚拟产业集群组织网络内则以成员节点间闭合的环形关系连接边表示；符号⑤表示由于高技术虚拟产业集群成员间、成员与虚拟企业间、虚拟企业与虚拟企业间存在竞争，这将使原有的高技术虚拟产业集群成员间合作关系破裂，由此将引发高技术虚拟产业集群组织网络成员节点间关系连接边被剪断。

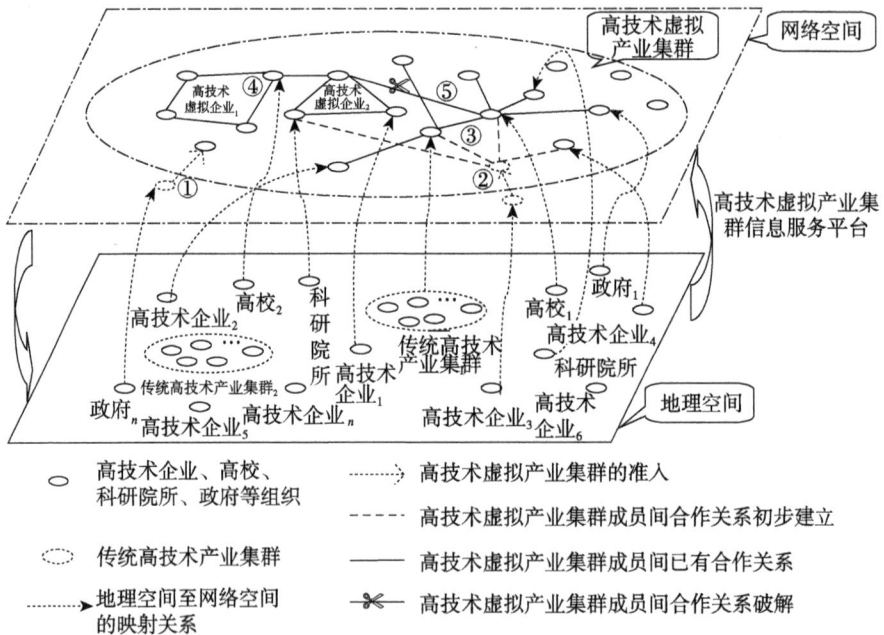

图 3-4　高技术虚拟产业集群组织网络运行框架模型

由上述分析，可以看出高技术虚拟产业集群成员间合作、竞争关系的变化直接影响高技术虚拟产业集群组织网络结构的形态，同时网络结构的运行能反映出高技术虚拟产业集群整体的运行状况。通过高技术虚拟产业集群组织网络结构运行的分析，可实现对高技术虚拟产业集群成员经营活动状态的监管，优化整合虚拟集群资源，协调成员间合作与竞争关系，以达到快速提升虚拟集群的整体竞争实力的目的。

3.3.3　高技术虚拟产业集群组织网络运行模式的构建

1. 高技术虚拟产业集群组织网络运行模式的构建规则

高技术虚拟产业集群组织网络运行是一个动态复杂的过程。首先，高技术虚拟产业集群是一个开放的系统，其发展依赖于集群内、外部环境之间不断的物质、能量、信息交换，其网络运行过程具有开放性；其次，高技术虚拟产业集群组织网络成员众多，网络成员能够根据所处环境调整自身行为，当其生存环境发生改变时，其行为可能产生"突变"，即表现为新网络成员的加入或原有网络成员的迁出，原有高技术虚拟产业集群组织网络内部结构被打破，由此高技术虚拟产业集群组织网络内成员数量及彼此活动关系发生变化，使其网络运行具有动态性；最后，高技术虚拟产业集群组织网络内的高技术企业是自适应主体，具有较强的目的性、主动性和积极的"活性"，能够与其他虚拟集群成员发生交互作用，并与其进行合作或竞争，争取最大的生存空间并延续自身的利益。虚拟集群网络结构将呈现出实时变化的形态，使高技术虚拟产业集群组织网络运行的形态具有多样性。本书通过对高技术虚拟产业集群组织网络运行动因、网络运行机理及网络运行特征的分析，从中提取出高技术虚拟产业集群组织网络运行模式的四种基本构建规则(高长元和张树臣，2012)。

(1)增长规则。网络节点的资源依赖、互补关系，使打破地理限制的高技术虚拟产业集群可将地理分散的资源、技术在其网络内有效整合，同时依托各地政府对高技术产业的扶持政策及投、融资服务优势，必将吸引大量高技术企业与相关组织申请加入高技术虚拟产业集群。

(2)择优连接规则。高技术虚拟产业集群新网络成员进行合作伙伴选择及合作关系建立时遵循择优连接的规则：一方面，新网络成员趋向于与高技术虚拟产业集群内拥有较多合作关系的核心网络成员进行合作；另一方面，成员间的竞争使新网络成员更加趋向于与拥有核心技术及产品、高水平研发团队、资金实力雄厚及市场竞争能力强的高技术虚拟产业集群成员进行合作。

(3)自增长规则。高技术虚拟产业集群组织网络内成员间的经济活动关系密集。在高技术虚拟产业集群发展过程中，依据择优连接规则，网络成员间的合作关系将会随时发生变化，高技术虚拟产业集群组织网络关系连接边的数量将逐渐增多。

(4)反择优衰退规则。由于高技术虚拟产业集群组织网络内成员间的激烈竞争，使网络内竞争能力较弱的成员面临巨大生存压力与挑战，此时与之合作的其他网络成员在择优连接的规则下会谨慎考虑甚至解除彼此的合作关系，以降低自身的经营风险。

　　在高技术虚拟产业集群组织网络运行增长与择优连接规则作用下，高技术虚拟产业集群组织网络将逐渐运行为无标度网络，其网络结构形态分布不均，网络内具有较强竞争力的成员企业或机构拥有大量连接并成为高技术虚拟产业集群组织网络的集散节点。这些集散节点所代表的高技术企业、高校、科研院所、政府及相关服务机构成为高技术虚拟产业集群组织网络核心成员，起到重要的作用。同时，高技术虚拟产业集群组织网络运行自增长与反择优衰退规则改变网络内成员间合作竞争关系，其内部结构将同时产生变化。在高技术虚拟产业集群组织网络运行规则与内、外部环境的共同影响下，高技术虚拟产业集群组织网络最终运行成为结构复杂、高度连通的自组织网络开放系统。

　　2. 高技术虚拟产业集群组织网络运行模式的模型表达

　　为了刻画高技术虚拟产业集群组织网络运行的过程，本书以复杂网络理论及BA无标度网络运行模型为基础，构建了高技术虚拟产业集群双向择优网络运行模型。BA无标度网络运行模型是由Barabasi和Albert（1999）提出，该网络度分布函数 $P(k)$ 随网络节点度（k）的变化表现为幂律形式，即 $P(k) \propto k^{-\gamma}$，其中，$\gamma = 3$，并指出节点增长和择优连接是产生幂律分布的两大因素。与随机网络及小世界网络相比，BA无标度网络运行模型虽然能很好地描述许多现实网络的运行情况，但其运行规则过于简单，对现实网络的复杂运行过程难以进行细致的描述：一方面，BA无标度网络运行模型仅以网络节点度（k）的多少为依据进行择优选择，这将使网络内连接度 $k=0$ 的孤立节点无法获得新网络连接，同时原有网络的集散节点将始终获得更多连接。这种择优运行规则与实际网络运行行为存在差异，且忽视了网络节点自身具有的吸引能力。另一方面，BA无标度网络运行模型在其增长规则内只考虑了新网络节点的加入及新网络节点与已有网络节点之间的运行行为，而忽视了网络内部节点之间新连接的产生、原有连接的消亡等网络内部运行行为。

　　针对上述问题，本书对原有BA无标度网络运行模型进行了适当扩展。首先，根据高技术虚拟产业集群组织网络运行择优连接规则，在高技术虚拟产业集群组织网络运行模型内引入代表网络成员自身竞争力的吸引因子 δ 以弥补原有BA无标度网络运行模型的不足。对新网络成员竞争力的评价可以作为高技术虚拟产业集群组织网络准入机制的依据，同时也可成为新网络成员择优连接的重要参考条件，体现高技术虚拟产业集群组织网络运行双向择优特性。其次，以高技术虚拟产业集群组织网络自增长与反择优衰退运行规则为指导，在原网络内节点间以择优概率 $\prod(k_i)$ 建立新连接边，同时以反择优概率 $\sum \prod^*(k_i)$ 删除节点间已有连接边，进而描绘出高技术虚拟产业集群组织网络内部运行趋势。高技术虚拟产业集群双向择优网络运行模型具体算法如下。

Step1：网络初始设定 $t=0$ 时，网络内至少有 $m_0(m_0>1)$ 个网络节点，且节点的度之和为 k_{m_0}。

Step2：择优生长，增加一个新网络节点，新节点与网络中原有的 m（$0<m\leqslant m_0$）个不同节点相连接，产生 m 条新边，且新节点与旧节点 i 相连接的择优概率 $\prod(k_i)$ 与节点 i 的度 k_i 以及节点 i 自身所具有的初始吸引因子 δ_i 相关，即

$$\prod(k_i)=\frac{k_i+\delta_i}{\sum_j(k_j+\delta_j)} \tag{3-1}$$

其中，k_i 为节点 i 的度；δ_i 为节点 i 的自身初始吸引因子；$\sum_j(k_j+\delta_j)$ 为网络中其余节点的度数与初始吸引因子之和。

Step3：在原网络中再增加 n 条新连接边（其中 $n\geqslant0$），新连接边的两个端点被选取的择优概率为 $\prod(k_i)$。

Step4：在原网络中删除 c 条已有连接边（其中 $c\geqslant0$），删除连接边的两个端点均以反择优概率被选取，旧节点 i 成为被删除连接边的一个端点的概率为

$$\prod{}^*(k_i)=\frac{1-\prod(k_i)}{N(t)-1} \tag{3-2}$$

用 $N(t)$ 表示在 t 时刻高技术虚拟产业集群组织网络所有节点的数量，即 $N(t)=m_0+t$，总度数 $\sum k=k_{m_0}+2(m+n-c)t+\sum\delta$，而 $(N(t)-1)^{-1}$ 为归一化系数，使 $\sum_i\prod{}^*(k_i)=1$。

Step5：在 Step1 的初始条件下，高技术虚拟产业集群组织网络在此后的每一个时间步长内都会经过 Step2 至 Step3 的运行阶段，直到达到一个稳定运行状态。

3. 高技术虚拟产业集群组织网络运行模型的求解

本书采用复杂网络理论的分析方法，对高技术虚拟产业集群组织网络进行了分析，推导出高技术虚拟产业集群组织网络运行模型度及其分布的表达形式，讨论网络幂指数（度分布指数）的取值范围，以验证高技术虚拟产业集群组织网络的无标度特性。高技术虚拟产业集群组织网络中随机选取一个拥有 k 条连接边的成员节点概率 $P(k)$ 称为网络的度分布。高技术虚拟产业集群组织网络成员节点度分布状况与网络运行的拓扑结构信息及网络成员间的动力学行为紧密相关，可以体现出高技术虚拟产业集群组织网络成员间合作与竞争状态：一方面，高技术虚拟产业集群组织网络运行的度分布服从幂律分布，且完全由幂指数（度分布指数）确定；另一方面，高技术虚拟产业集群组织网络度分布的刻画成为网络社会关系的建立、网络知识传播与扩散等动态活动研究的基础。目前，已知确定拓扑结构

网络的度分布求解较易，而动态运行复杂网络的度分布求解仍较困难。研究无标度网络运行模型度分布求解的理论方法主要有平均场理论方法、速率方程法和主方程法，三种方法所求得的度分布运行规律是一致的。其中，平均场理论方法将离散节点度连续化，以每一运行时间步内网络节点的连接概率描述网络整体度的变化情况，列出网络节点度的运行微分方程，进而得到高技术虚拟产业集群双向择优网络运行模型随时间运行的度分布规律。高技术虚拟产业集群双向择优网络运行模型成员节点度 k_i 的变化率推导如下。

(1) 择优生长，增加一个新的节点，以择优概率 $\prod(k_i)$ 与原有 $m(0 < m \leqslant m_0)$ 个不同节点相连接产生 m 条新边，择优概率 $\prod(k_i)$ 与节点 i 的度 k_i 以及节点 i 自身所具有的初始吸引因子 δ_i 相关，则有

$$\frac{\partial k_i}{\partial t} = m \prod(k_i) \tag{3-3}$$

(2) 在原网络中增加 $n(n \geqslant 0)$ 条新边，这时有

$$\frac{\partial k_i}{\partial t} = n\left[\prod(k_i) \times 1 + \sum_{j \neq i} \prod(k_j)\prod(k_i)\right] \tag{3-4}$$

其中，式(3-4)右边表明网络内节点的连接度从两个方面增加：$\prod(k_i) \times 1$ 表示以择优概率选择网络内原有节点 i 作为新增连接边一个端点所引起度增长的变化率；$\sum_{j \neq i} \prod(k_j)\prod(k_i)$ 表示在原有网络内选取节点 $j(j \neq i)$ 为新增连接边另一个端点所引起度增长的变化率。

(3) 在原有网络中删除 $c(c \geqslant 0)$ 条已有连接边，删除连接边的两个端点均以反择优概率 $\prod^*(k_i)$ 被选取，这时有

$$\frac{\partial k_i}{\partial t} = -c\left[\prod{}^*(k_i) \times 1 + \sum_{j \neq i} \prod{}^*(k_j)\prod{}^*(k_i)\right] \tag{3-5}$$

其中，式(3-5)右边表明网络内节点的连接度从两个方面减少：$\prod^*(k_i) \times 1$ 表示以反择优概率选择网络内原有节点 i 作为删除连接边一个端点所引起度减少的变化率；$\sum_{j \neq i} \prod^*(k_j)\prod^*(k_i)$ 表示在原有网络内选取节点 $j(j \neq i)$ 为删除连接边另一个端点所引起度减少的变化率。

在第 t 时刻，网络节点度的变化率可由式(3-3)~式(3-5)累加表示，高技术虚拟产业集群组织网络运行的动力学方程为

$$\frac{\partial k_i}{\partial t} = m\prod(k_i) + n\left[\prod(k_i) \times \sum \prod(k_i)\prod(k_i)\right]$$

$$- c\left[\prod{}^*(k_i) \times \sum_{j \neq i} \prod{}^*(k_i)\prod{}^*(k_i)\right] \tag{3-6}$$

当 $t=t_i$ 时，高技术虚拟产业集群新网络成员的度 $k_i(t_i)=m+\delta_i$，其中 δ_i 为该新网络成员节点的吸引因子，且假设用 $<\delta>$ 来表示网络内各节点吸引因子 δ 的数学期望，当 t 充分大时有

$$N(t)-1=m_0+t-1\approx t$$

$$\sum_j k_j=k_{m_0}+2(m+n-c)t+\sum\delta_j\approx 2(m+n-c)t+<\delta>t \quad (3\text{-}7)$$

将式(3-7)代入式(3-6)中，高技术虚拟产业集群组织网络运行动力学方程即可化简为

$$m\prod(k_i)+n\left[2\prod(k_i)-\left(\prod(k_i)\right)^2\right]-c\left[\frac{2\left(1-\prod(k_i)\right)}{t}-\frac{\left(1-\prod(k_i)\right)^2}{t^2}\right]$$

$$\approx\frac{(m+2n)(k_i+\delta_i)}{k_{m_0}+2(m+n-c)t+\sum\delta_j}-\frac{n(k_i+\delta_i)^2}{\left[k_{m_0}+2(m+n-c)t+\sum\delta_j\right]^2}$$

$$-\frac{2c}{t}+\frac{1}{t}\cdot\frac{2c(k_i+\delta_i)}{k_{m_0}+2(m+n-c)t+\sum\delta_j} \quad (3\text{-}8)$$

$$\approx\frac{(m+2n)(k_i+\delta_i)}{k_{m_0}+2(m+n-c)t+\sum\delta_j}-\frac{2c}{t}=\frac{(m+2n)(k_i+\delta_i)}{2(m+n-c)t+<\delta>t}-\frac{2c}{t}$$

对式(3-8)高技术虚拟产业集群组织网络运行动力学方程进行求解得

$$k_i(t)=\left\{\frac{-2c\left[2(m+n-c)+<\delta>\right]}{m+2n}+2\delta_i+m\right\}\left(\frac{t}{t_i}\right)^{\frac{m+2n}{2(m+n-c)+<\delta>}}$$

$$+\frac{2c\left[2(m+n-c)+<\delta>\right]}{m+2n}-\delta_i=A\left(\frac{t}{t_i}\right)^{\alpha}-A+m+\delta_i \quad (3\text{-}9)$$

其中，指数 α 及系数 A 为

$$\alpha=\alpha(m,n,c)=\frac{m+2n}{2(m+n-c)+<\delta>} \quad (3\text{-}10)$$

$$A=A(m,n,c)=\frac{-2c\left[2(m+n-c)+<\delta>\right]}{m+2n}+2\delta_i+m \quad (3\text{-}11)$$

由 $k_i(t)$ 表达式可知所有节点的度按同一方式运行，即都以幂指数为 α 的幂函数形式增加，且在 t 充分大时达到度分布遵循幂律的稳定运行状态。利用式(3-9)，可以得到在 t_i 时刻加入网络的节点在 t 时间步的度 $k_i(t)$ 小于 k 的概率表达式：

$$P\{k_i(t)<k\}=P\left\{t_i>t\left(\frac{A}{k+A-m-\delta_i}\right)^{\frac{1}{\alpha}}\right\}=1-P\left\{t_i\leqslant t\left(\frac{A}{k+A-m-\delta_i}\right)^{\frac{1}{\alpha}}\right\}$$

$$(3\text{-}12)$$

由于每一个时间步都有且仅有一个节点加入原网络中，因此 t_i 服从均匀分布，其概率密度为

$$P(t_i) = \frac{1}{m_0 + t} \tag{3-13}$$

将式(3-13)代入式(3-12)中，可得

$$P\{k_i(t) < k\} = 1 - \frac{t}{m_0 + t} \left(\frac{A}{k + A - m - \delta_i} \right)^{\frac{1}{\alpha}} \tag{3-14}$$

由此可以得到节点 i 在 t_i 时刻网络节点的度分布为

$$p(k) = \frac{\partial P(k_i(t) < k)}{\partial k} = \frac{t}{m_0 + t} \cdot \frac{1}{\alpha} \cdot A^{\frac{1}{\alpha}} (k + A - m - \delta_i)^{-\frac{1}{\alpha} - 1} \tag{3-15}$$

当 $t \to \infty$ 时，对式(3-15)中的 t 求极限，可得

$$p(k) \to \frac{1}{\alpha} \cdot A^{\frac{1}{\alpha}} (k + A - m - \delta_i)^{-\gamma} \tag{3-16}$$

其中，$\gamma = 1 + \dfrac{1}{\alpha} = \dfrac{3m + 4n - 2c + <\delta>}{m + 2n}$。

上述结果表明，高技术虚拟产业集群组织网络度分布 $p(k)$ 具有幂律特性，由高技术虚拟产业集群双向择优网络运行模型所生成的网络将自组织运行成一个幂指数(度分布指数)为 γ 的无标度复杂网络，该模型是对 BA 无标度网络运行模型的改进与扩展。由高技术虚拟产业集群组织网络运行模型算法描述可知，$m > 0$，$n \geqslant 0$，$c \geqslant 0$。同时，高技术虚拟产业集群组织网络是一个增长的开放网络，网络内节点及节点间连接边的数量是逐渐递增的，则有 $m + n > c$。将上述参数的取值范围代入式(3-10)与式(3-16)中，求得 $0 < \alpha < 1$，$2 < \gamma \leqslant 3$。因此，高技术虚拟产业集群运行网络的幂指数 γ 的取值范围与许多实际网络的幂指数取值范围相吻合，如新陈代谢网络 $\gamma = 2.2$、蛋白质网络 $\gamma = 2.4$、WWW 网络 $\gamma = 2.1$ 等。

3.3.4　高技术虚拟产业集群组织网络运行模式的模拟仿真

为验证高技术虚拟产业集群双向择优网络运行模型仍是一种无标度网络运行模型及其网络度分布具有无标度特征，本书采用 MATLAB 2010 多主体仿真技术，对高技术虚拟产业集群组织网络运行模式的运作过程进行模拟，并提出如下假设。

假设 1：高技术虚拟产业集群组织网络内，节点竞争力吸引因子 δ 的分布近似为正态分布。根据高技术虚拟产业集群形成初期的实际情况，其网络内拥有高核心技术及产品、高水平研发团队及雄厚资金实力的高技术企业较少，且网络内存在大量具有潜在竞争能力的其他高技术企业，因此节点竞争力吸引因子 δ 的分布近似趋向正态分布。

假设 2：在高技术虚拟产业集群组织网络运行的某一特定阶段内，其网络运行状态具有稳定性，因此可假设在高技术虚拟产业集群组织网络运行模拟仿真中，运行模型参数 m，n，c 恒定不变。

如图 3-5(a)所示：高技术虚拟产业集群初始网络拥有 14 个成员节点，且彼此间拥有一定数量的关系连接边。此后，每一个时间步长 t 内，新增加 1 个成员节点，与网络内 5 个成员节点建立关系连接边（$m=5$）；在网络内成员节点间以择优概率 $\prod(k_i)$ 增加 3 条连接边（$n=3$）；在网络内成员节点间以反择优概率 $\prod^*(k_i)$ 删除 2 条连接边（$c=2$）。高技术虚拟产业集群组织网络以上述运行规则进行仿真模拟，直至网络内节点数量 $N(t)=100$ 时停止运行。图 3-5(b)～图 3-5(d)分别是网络内节点数量达到 40、70、100 时，高技术虚拟产业集群组织网络运行仿真拓扑结构的形态。

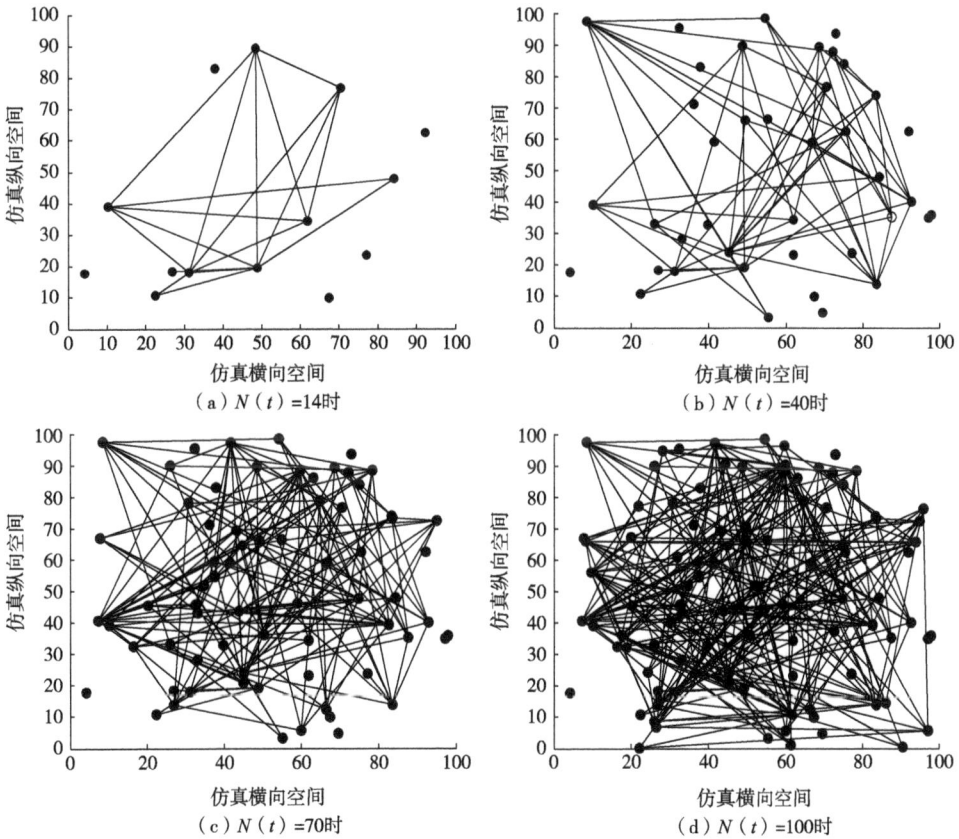

（a）$N(t)=14$时

（b）$N(t)=40$时

（c）$N(t)=70$时

（d）$N(t)=100$时

图 3-5　高技术虚拟产业集群组织网络运行过程仿真示意图

在高技术虚拟产业集群组织网络运行仿真过程中，对网络各成员节点度进行统计分析得到各节点度的散点图，如图 3-6(a)所示：横坐标为网络中各节点编号，纵坐标表示各节点对应的度 k。在高技术虚拟产业集群仿真网络中，存在节点度 k 较大的中枢节点，节点度呈现出幂律分布的特征；同时，以网络中度 k 为横坐标，以度连接概率分布情况 $\ln[p(k)]$ 为纵坐标可得到高技术虚拟产业集群组织网络度分布变化曲线图，如图 3-6(b)中所示：从中可以看出高技术虚拟产业集群双向择优网络与 BA 无标度网络呈现出相同的度概率分布变化趋势。由上述仿真结果可知：高技术虚拟产业集群双向择优网络运行模型仍然是一种无标度网络运行模型，是对原有 BA 无标度网络运行模型的扩展，特别是当 δ_i、n、c 均为 0 时，该模型将退化为 BA 无标度网络运行模型。

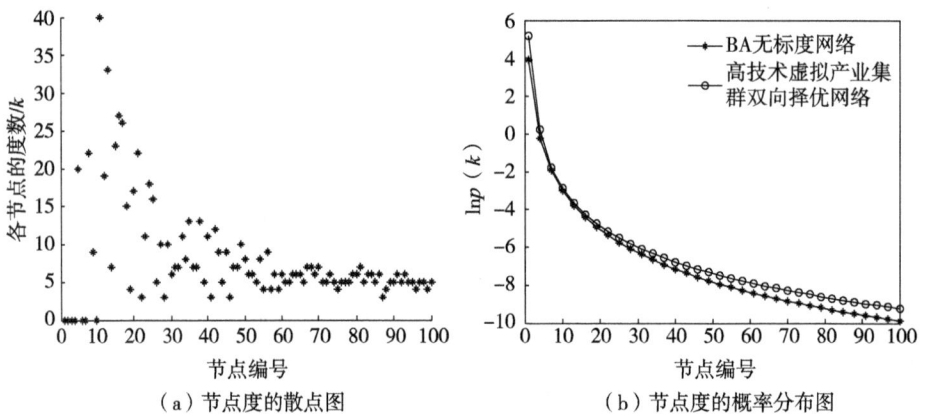

（a）节点度的散点图　　　　　（b）节点度的概率分布图

图 3-6　高技术虚拟产业集群双向择优网络运行模型度分布图

高技术虚拟产业集群双向择优网络运行模型在网络成员合作与竞争的环境下较好地解释了高技术虚拟产业集群的产生及发展过程。由高技术虚拟产业集群成员间活动行为的分析捕捉到高技术虚拟产业集群组织网络运行的实际规律，并以此为依据在网络运行模型中引入 δ、n、c 等变化参数，与 BA 无标度网络运行模型相比较更加具有一般性与普适性，进一步验证了高技术虚拟产业集群组织网络运行模式的合理性。此外，通过参数的调节可以实现网络运行特征的调整，使高技术虚拟产业集群组织网络运行的过程可调可控，并为下一步研究高技术虚拟产业集群社会网络运行、知识网络运行等问题提供了理论基础和参考依据。

3.4　本章小结

本章介绍了高技术虚拟产业集群的组织类型及结构特征，将高技术虚拟产业集群视为由多个网络成员节点按照彼此间复杂经济活动关系在网络空间上构成的动态、开放网络系统。首先，根据高技术虚拟产业集群组织网络运行机理的分析与高技术虚拟产业集群双向择优网络运行模型的构建，可描绘出高技术虚拟产业集群组织网络运行的进程，并认为该虚拟集群整体网络的运行是由高技术虚拟产业集群组织网络成员合作与竞争关系在时间维度与空间维度上累积所形成的；其次，由高技术虚拟产业集群双向择优网络运行模型度分布及幂指数 γ 的推导，我们可分析得出高技术虚拟产业集群组织网络运行状态主要由网络运行规则中的 m、n、c、δ 等变化参数所调控；最后，高技术虚拟产业集群组织网络运行模型的仿真分析进一步验证了高技术虚拟产业集群组织网络运行模型是无标度网络运行模型，具有无标度特征。这对解决高技术虚拟产业集群增长与发展的结构模式、虚拟化的跨地域运作方式、协调成员间合作与竞争关系等问题具有极为重要的理论意义与现实意义。本章的研究是高技术虚拟产业集群网络运行模式的基础。

第 4 章

高技术虚拟产业集群
社会网络

4.1 高技术虚拟产业集群社会网络的内涵

社会网络的研究起源于人类学家对复杂人际互动关系的探索，后逐渐从人类行为研究扩展应用于社会科学研究与经济领域组织间行为的研究。从网络的基本内涵来分析社会网络的内涵，可以得出社会网络是指社会行动者及其间的关系集合，社会网络内的社会行动者可以是个人、企业、集群乃至国家，其间存在的关系集合可以包含物质资本的传递与非物质资源间的转移。

高技术虚拟产业集群社会网络在继承其本意的基础上，将社会学研究视角引入产业经济学领域，重视社会体系、制度、关系、文化及认识形态等社会因素与经济活动间的相互作用，以扩大高技术虚拟产业集群的研究视野。高技术虚拟产业集群社会网络是多要素、多主体、多联系等特性的虚拟网络环境中形成的正式的与非正式的网络集合体，是一种基于社会互信、契约关系、协调共赢等特别社会属性的产业网络。高技术虚拟产业集群社会网络运行模式的研究，从社会关系视角对集群网络成员间的经济关系进行深入的分析，并得出社会网络促进虚拟集群发展的途径。

依据社会网络理论，高技术虚拟产业集群社会网络具有如下特征。

(1) 嵌入性。斯坦福大学的社会学家 Granovetter(1985) 提出社会网络嵌入性的观点，认为"人类的经济活动中始终存在大量的、具体的、不断变化的社会关系"。这使社会网络必然嵌入众多经济活动之中。在高技术虚拟产业集群组织网络构建之初，其成员间社会属性就已存在，并在虚拟集群不断发展过程中逐渐显露出来。高技术虚拟产业集群社会网络嵌入性从关系型嵌入与结构型嵌入两个维度研究社会结构和社会关系对集群成员经济活动结果的影响。因此，高技术虚拟产业集群网络的发展过程中体现出社会网络嵌入性特征。

(2)关系接近特征。高技术虚拟产业集群内网络成员节点间为促进合作与适度竞争，在虚拟空间建立起基于信任、契约与协调的多重社会关系，因此虽然各网络节点跨地域分散，但在虚拟空间，其社会关联特性却紧密相连，形成高技术虚拟产业集群社会网络特有的关系接近特性。

(3)结构洞(struct holes)。所谓结构洞，即社会网络中某些节点与有些节点发生直接的关联，但与另外一些网络节点不发生直接联系或关系间断的现象，从社会网络结构角度看，好像在网络出现了洞穴，这种在复杂密集的社会网络结构中出现的稀疏部分称为结构洞。在高技术虚拟产业集群社会网络中，结构洞同样存在。位于高技术虚拟产业集群社会网络结构洞的网络节点成员将具有信息资源与网络控制优势，依据特殊的社会网络结构从而获取较高社会资本回报。

4.2　高技术虚拟产业集群社会网络信任

在网络环境下，高技术虚拟产业集群的建立突破了原有产业集群的地理空间限制，同时也成为蕴涵大量市场机遇的合作伙伴成员池。这使高技术虚拟产业集群内各成员共享市场信息，以优势资源互补、分工协作为原则快速形成"动态联盟"或"敏捷虚拟企业"等多种合作形式，促使在高技术虚拟产业集群成员长期合作过程中所产生的关系接近特征得以展现，使虚拟集群各成员以彼此间不同接近程度的强、弱社会关系相关联形成高技术虚拟产业集群的社会网络。其中，信任作为连接高技术虚拟产业集群社会网络各成员的重要关系纽带，加强了虚拟集群中的项目合作、隐性知识的传递及集群整体创新能力的提升。从社会网络嵌入性视角出发，高技术虚拟产业集群成员间信任关系来源于社会网络并根植于社会网络。由此，高技术虚拟产业集群作为一种新型产业组织形式，如何在其社会网络中构建成员间信任关系及信任模式，必将成为保证成员间合作与虚拟集群整体合理、有序、高效运作的首要问题。

目前已有研究从网络视角极大地丰富了人们对信任的理解程度，但仍存在一些问题：一方面，对信任的网络环境影响因素仍考虑不全，如对时间影响因素、推荐信任的可信程度及信任的风险因素等细节仍考虑不够；另一方面，网络成员合作过程中信任与失信的奖励与惩罚措施仍没有建立，已有研究对虚拟产业集群特别是高技术虚拟产业集群社会网络中的信任关系研究仍然较少，尤其是高技术虚拟产业集群成员间动态信任关系的构建及运行模式尚未建立。因此，本书首先分析高技术虚拟产业集群社会网络信任特征，从直接信任度、间接信任度及信任感知风险度三个维度构建高技术虚拟产业集群社会网络信任模式的总体框架，并构建相应的信任度评估模型，引入直接信任的时间滑动窗口及其时间衰减函数、推荐可信度函数及基于信息熵（entropy）的信任风险评估机制，从多个角度刻画高技术虚拟产业集群成员间信任关系的复杂性与不确定性，以体现高技术虚拟产业集群社会网络及其信任关系的动态性。同时，高技术虚拟产业集群社会网络结构、成员间的网络信任关系及其建立与运行模式共同组成了高技术虚拟产业集群的社会资本，为促进成员间合作与集群整体竞争优势的提升起到极大推动作用。

4.2.1　高技术虚拟产业集群社会网络信任特征分析

在高技术虚拟产业集群内为共同完成高技术产品的研发与生产，研发项目的发起方为寻找理想的合作伙伴，必须对具有潜在合作意愿的成员企业及组织机构的信任度进行评估，以得出双方在未来合作过程中可靠性、诚信度及合作能力的一种预期，同时依据潜在合作伙伴在高技术虚拟产业集群内以往的行为表现及成员自身风险承受能力，在一定时间和环境下对其所反馈出的可信赖程度做出判断，以此作选取为合作伙伴的依据。上述高技术虚拟产业集群成员间的信任关系成为高技术虚拟产业集群社会网络信任的基础，在社会网络内相互作用、相互影响，凝聚并提升虚拟集群的整体信任氛围。同时，高技术虚拟产业集群使众多跨地域的高技术企业与组织机构的经营活动在虚拟空间上延伸，与传统地理集中式产业集群相比具有更大的组织开放性、经济活动的多样性及虚拟网络结构的复杂性，这使嵌入高技术虚拟产业集群成员间经济活动中的信任关系呈现出一些独有的特性，并可形成一个具有主观动态性、开放传递性、风险性及可度量性等特征的信任网络。

（1）主观动态性。首先，高技术虚拟产业集群成员对与其合作的对象具有充分的自主选择权，对潜在合作伙伴信任值的度量是一种主观意向的判断，与成员自身所处环境及未知结果的承受能力有极大关系。其次，集群成员的信任值将随合作经历的积累而增强或减弱，同时随时间的流逝而减弱，由此成员间信任关系及信任值的大小呈现出动态性的变化趋势。因此，对某成员企业信任的评价结果，经过一段时间后，随着合作行为的累积，对其信任度应再次评估并及时更新。

（2）开放传递性。借助于高技术虚拟产业集群信息服务平台，成员间的交互信息可以在一定范围内共享。高技术虚拟产业集群成员可以搜集、分析对方以往的合作信息与历史信任值并决定是否建立信任关系。集群中的成员也有义务为网络中的其他成员提供信任的推荐信息。在集群中某成员企业对潜在合作伙伴信任度评估过程中，可以向与该潜在合作伙伴有过合作经历的第三方成员征集与之交互的信任信息，通过征集、反馈等信任传递方式获取对潜在合作伙伴的信任度。

（3）风险性。因高技术虚拟产业集群成员间的信任程度不同，存在信任不对称等现象，一旦合作联盟中某核心成员违约，将给合作带来巨大的损失，这使虚拟集群成员在合作之初的信任必然存在风险特性。同时，由信任所引发的风险大小将因施信方的风险心理承受水平的不同而不同，其对风险的感知也将成为影响信任的因素之一。

（4）可度量性。高技术虚拟产业集群社会网络中成员间的信任关系的大小是可量化的，主观信任评价的目的，就是要比较准确地刻画这种程度，信任的程度可以根据历史合作经验分析得出。正是成员主观信任的程度存在差异，才使其评价过程对成员间合作起到积极的促进作用，信任的可度量性使高技术虚拟产业集群内成员间的信任大小的评价及信任运行模式的构建成为可能。

4.2.2　高技术虚拟产业集群社会网络信任模式的构建

1. 高技术虚拟产业集群社会网络信任模式的三维结构模型

由高技术虚拟产业集群社会网络信任特征的主观动态性可知，成员间合作信任倾向的主观意愿在信任评估中起到主导作用，潜在合作伙伴之间的信任度将受到彼此间以往合作经历的直接影响，并形成高技术虚拟产业集群社会网络信任关系的直接信任维；同时，为消除信任关系的模糊性与不确定性，特别是在无法完全获取合作伙伴历史信任记录的情况下，借鉴社会网络"结构洞"中"弱关系"理论（Granovetter，2005；姚小涛等，2008），合作发起方成员可通过网络信息服务平台在高技术虚拟产业集群内向其他成员广播征集该潜在合作伙伴与其他高技术虚拟产业集群成员间直接合作的信任度，经信任的反馈传递从而形成高技术虚拟产业集群社会网络信任关系的间接信任维；此外，依据其风险特征，成员企业间的信任关系作为一种主观期望，其企业心理的综合承受能力将构成高技术虚拟产业集群社会网络信任关系的风险维。综上所述，高技术虚拟产业集群成员间信任程度的大小将在以直接信任维、间接信任维、信任的感知风险维为轴向的三维空间中变化，通过信任融合以其方向及长短大小反映出高技术虚拟产业集群社会网络信任关系的真实水平，如图 4-1 所示（张树臣和高长元，2013a）。

（1）直接信任维。高技术虚拟产业集群成员间直接信任主要来源于对历史合作满意度的统计与分析。在某一固定的合作时间范围内，其合作规模体现交易的重要程度，同时可避免前期因小规模合作快速提高其信任度，后期为获取丰厚收益发生信任欺骗行为；交易双方在每次合作后，均会对合作伙伴在交易中的表现进行打分，以反映自己对此次交易的满意程度；对于合作过程中因主观故意而导致合作关系破裂，将对其失信行为进行惩罚，并及时更新其信任值为下次合作的交易行为起到规范约束作用。

（2）间接信任维。依据高技术虚拟产业集群成员间社会网络的结构关系，其间接信任将受到信任推荐节点的数目与各推荐节点反馈信任度大小的直接影响。为避免推荐节点恶意共谋、串谋，刻意抬高或贬低潜在合作伙伴信任度，该间接信任征集及反馈过程将以高技术虚拟产业集群信息服务平台为载体，使推荐节点与潜在合作伙伴之间、各推荐节点之间以相互"背对背"的方式进行信任评价。在此基础上，

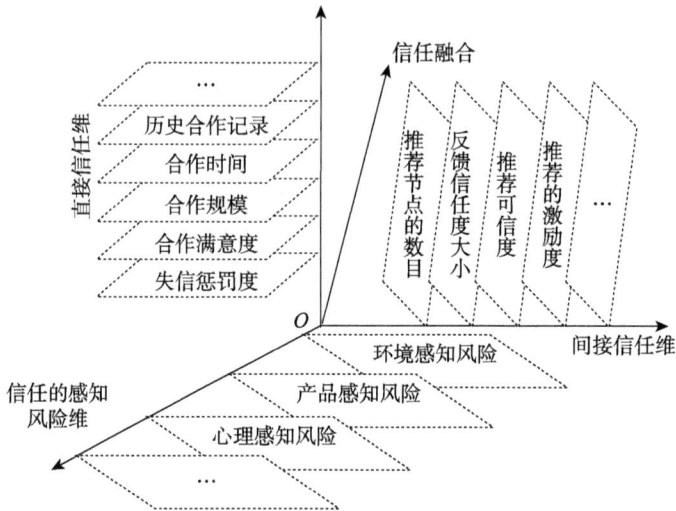

图 4-1　高技术虚拟产业集群社会网络信任关系的三维结构模型

构建推荐可信度函数以此对各推荐节点反馈信任度的真实性加以判断,对积极客观反馈信任度的第三方推荐成员加以适当激励,并增强与其进一步的合作倾向。

(3)信任感知风险维。上述直接、间接信任维均以历史合作记录集为依据,对信任度反应缺乏灵敏性,而感知风险的引入则将有效提高成员间信任的反馈效率。高技术虚拟产业集群合作中,政府对高技术产业的扶植政策及高技术产品的市场供需状况将成为影响信任的环境感知风险维;同时,由于高技术产品的高投入、高收益等特性使其经济效益、时间进度、产品预期功能及核心技术与相关知识的隐私共同成为信任的产品感知风险维;此外,作为成员企业应根据自身实际经营情况,制定相应的风险心理承受底线,以降低并控制信任风险的大小。

2. 高技术虚拟产业集群社会网络信任模式的运行框架

高技术虚拟产业集群社会网络信任关系的三维结构模型虽然从静态视角刻画出成员间信任的逻辑结构,但仍无法清晰地展现出既分散于各地域,又在虚拟网络空间集聚的各高技术虚拟产业集群成员企业及虚拟集群整体信任运行模式。鉴于此,本书通过模拟虚拟空间成员节点间的信任联系方式,构建其信任模式的拓扑结构图,并从中提取信任评估的总体流程,以形成高技术虚拟产业集群社会网络信任模式的总体运行框架,如图 4-2 所示。

从高技术虚拟产业集群社会网络中信任模式的总体运行框架可知,合作发起方高技术企业$_i$首先在虚拟集群内寻找合作伙伴,构建潜在合作伙伴成员集 $U = \{u_1, u_2, \cdots, u_j, \cdots, u_v\}$,其中 $j \in [1, v]$,判断是否与各潜在合作伙伴存在历史合作记录并检验其完整性,以此为依据判断是否需要向高技术虚拟产业集群其他成员征集 u_j 的间接信任值,使对潜在合作伙伴的信任评估无需每次均进

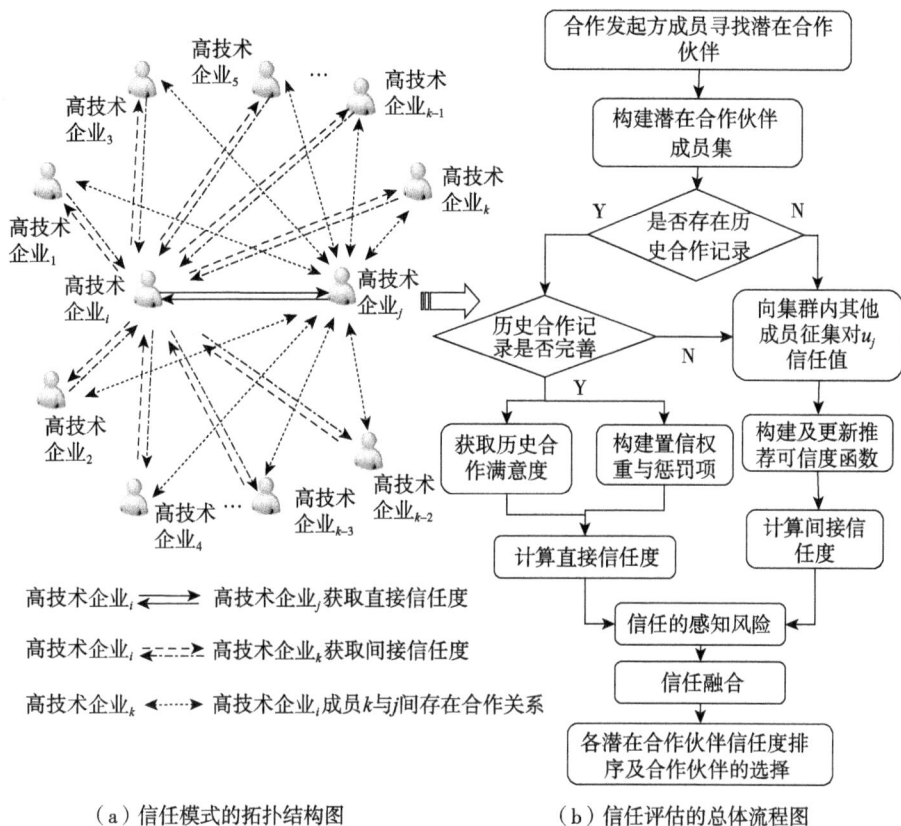

（a）信任模式的拓扑结构图　　　（b）信任评估的总体流程图

图 4-2　社会网络信任模式的总体运行框架

行间接信任度的计算，减轻了网络负载，避免了网络中不必要的消息传递，减少了通信量。其次，从历史合作记录中获取历次合作的满意度并为其分配信权重以计算得出各潜在合作伙伴的直接信任度，同时在间接信任度运算过程中，为各第三方成员反馈的信任值构建可信度函数，以避免恶意推荐等现象的发生。最后，以信任感知风险维为依据，对 u_j 信任的感知风险进行度量，并融合上述直接信任及间接信任，形成潜在合作伙伴成员集 U 的综合信任度集合，对其排序并从中选取信任度满足合作标准的潜在合作伙伴进行合作。在信任模式的总体运行框架下，高技术虚拟产业集群各成员将构建起良好的信任环境，以此促进虚拟集群内合作的顺利进行及整体集群的有效运作。

　3. 高技术虚拟产业集群社会网络动态信任评估模型

　　在潜在合作伙伴成员集 $U = \{u_1, u_2, \cdots, u_j, \cdots, u_v\}$ 中，本书以成员 j 为代表，构建合作发起方成员 i 与 j 之间直接信任及间接信任的评估模型。在此基础上，计算潜在合作伙伴成员集 U 的直接信任集 $\mathrm{DT}(U)$ 与间接信任集

IDT(U)。同时构建基于信息熵的感知风险评估模型，以获取 U 的感知风险集 PR(U)，经信任融合最终得出 U 的综合信任集 CT(U)。高技术虚拟产业集群社会网络动态信任关系的多维度评估模型如下。

1）直接信任评估模型

依据信任的动态性，可在高技术虚拟产业集群成员间直接信任度的评估中引入时间滑动窗口，运用一个时间跨度较大的窗口对成员间合作记录集 P 中的历史满意度进行采样，以此作为参考依据获取成员 i 对成员 j 的直接信任度。其中，一方面通过设定成员间最大有效性信任时间以保证成员间信任评价是在长期大量历史合作的基础上得到的，避免集群内部少数成员企图以较少次数的高信任合作经历而获取最终较高的信任度；另一方面，由信任关系的时间衰减性可知，距目前时间越近的合作记录其可信程度越大，因此通过设定最近敏感性信任时间窗口，使近期满意度变化较大的合作记录拥有更大置信权重，以保持对其变化的敏感性。高技术虚拟产业集群直接信任的时间滑动窗口沿时间轴 t 的方向随成员合作次数向右滑动，替换历史陈旧的合作交互记录，实时动态地反映出当前虚拟集群成员的直接信任状况，时间滑动窗口如图 4-3 所示。

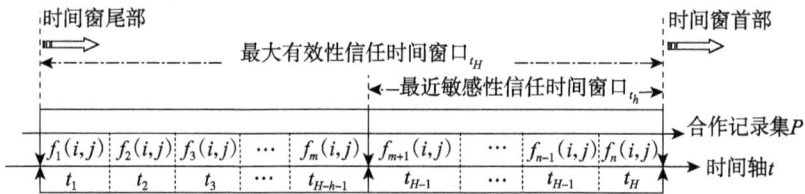

图 4-3　高技术虚拟产业集群直接信任的时间滑动窗口

在高技术虚拟产业集群直接信任的时间滑动窗口 $[t_1, t_H]$ 内，虚拟产业集群成员 i 对成员 j 在合作记录集 P 中的历史满意度分别为 $F_{ij} = \{f_1(i, j), f_2(i, j), f_3(i, j), \cdots, f_m(i, j), f_{m+1}(i, j), \cdots, f_n(i, j)\}$，$f_p(i, j) \in [0, 1]$，即 $f_p(i, j)$ 在完全不满意 0 与完全满意 1 之间取值。高技术虚拟产业集群直接信任时间滑动窗口的最大时间跨度即为虚拟集群成员 i 对成员 j 的最大有效性信任时间窗口，而距离目前最近的时间域 t_h 则为成员 i 对成员 j 的最近敏感性信任时间窗口。高技术虚拟产业集群成员 i 对成员 j 的各次历史交互满意度按时间顺序排列，其中，$f_1(i, j)$ 为离现在最远的合作满意度；$f_H(i, j)$ 为最近一次合作的满意度。同时，鉴于直接信任维中合作规模对信任程度的重要影响，我们以每次历史交易的金额 $m_p(i, j)$ 为参照对象为历史合作记录集 P 制定合作规模因子 $\varphi_p(i, j)$：

$$\varphi_p(i, j) = \frac{m_p(i, j)}{\sum_{p=1}^{n} m_p(i, j) / n} = \frac{n \cdot m_p(i, j)}{\sum_{p=1}^{n} m_p(i, j)}, \quad p \in [1, n] \quad (4\text{-}1)$$

在高技术虚拟产业集群直接信任的时间滑动窗口中，最大有效性信任时间窗口 t_H 与最近敏感性信任时间窗口 t_h 均反映出高技术虚拟产业集群社会网络信任的时间衰减特性，即以当前时间 t_{now} 为基点计算各历史合作时间 t_p 距今的时间间隔 Δt，以此构建出直接信任的时间衰减函数 $\gamma(t_p)$，使其作用于最大有效性信任时间窗口的各历史合作记录集上，刻画出直接信任度的时间衰减趋势。同时，在最近敏感性信任时间窗口 t_h 内，利用各历史交易满意度与其均值的偏离度构建敏感置信权重 $w_p(i,j)$，更加凸显信任评估对历史合作记录"喜新厌旧"的动态敏感变化特性，则有

$$\gamma(t_p) = \begin{cases} 1, & \Delta t = 0 \\ \dfrac{1}{e^{t_{\text{now}}-t_p}} = \dfrac{1}{e^{\Delta t}}, & \Delta t \neq 0 \end{cases}, \quad \gamma(t_p) \in (0,1) \tag{4-2}$$

$$w_p(i,j) = \dfrac{|f_p(i,j) - \overline{f_p(i,j)}|}{\sum\limits_{p=m+1}^{n} |f_p(i,j) - \overline{f_p(i,j)}|}, \quad p \in [m+1, n] \tag{4-3}$$

其中，$w_p(i,j)$ 为第 p 次合作时，根据社会网络信任经验，如果上次合作中对虚拟集群合作伙伴的满意度有了较大的波动，则本次合作对其信任的判断将在一段时间内保持相同的信任倾向。由此，当合作满意度波动较大时，其权重应随其进行动态调整，$\overline{f_p(i,j)}$ 表示 t_h 内 $n-m$ 次合作满意度的均值。综合式(4-2)、式(4-3)可得，当 $t \in [t_1, t_{H-h-1}]$ 时，成员 i 对成员 j 的置信权重为 $\gamma(t_p)$，当 $t \in [t_{H-h}, t_H]$ 时，成员 i 对成员 j 的置信权重为 $[\gamma(t_p) + w_p(i,j)]/2$。

高技术虚拟产业集群内成员 i 与成员 j 在合作过程中，因成员 j 恶意欺骗或违约的惩罚项为 $I_p(i,j) = \mu x_p/(1 + e^{-a})$。其中，若成员 i 与成员 j 第 p 次合作顺利，则令 $x_p = 0$，该惩罚项失效，若出现上述欺骗或违约现象时，则令 $x_p = -1$，该惩罚项发挥作用；μ 为惩罚调节系数；a 为累计合作失败次数；$(1 + e^{-a})^{-1}$ 为该惩罚项的加速因子，一方面当合作失败该加速因子可使直接信任度迅速下降，另一方面随着失败次数 a 的增多，该加速因子将逐渐增大以避免因一两次无意的欺骗而导致惩罚过重现象的出现。

高技术虚拟产业集群社会网络直接信任度的计算，引入上述满意度函数、合作规模因子、置信权重及失信惩罚项，体现出社会网络信任关系各基本特征，其计算表达式如下：

$$\mathrm{DT}(i,j) = \alpha \cdot \dfrac{\sum\limits_{p=1}^{m} f_p(i,j) \cdot \gamma(t) \cdot \varphi_p(i,j)}{m}$$

$$+ (1-\alpha) \dfrac{\sum\limits_{p=m+1}^{n} \{f_p(i,j) \cdot [\gamma(t_p) + w_p(i,j)] \cdot \varphi_p(i,j)\}}{2(n-m)}$$

$$-\sum_{p=1}^{n} I_p(i,j) \tag{4-4}$$

其中，α 为直接信任时间滑动窗口的平衡系数，用于平衡直接信任历史合作的继承性及当前合作的信任敏感性，式(4-4)可成为合作发起方成员 i 对潜在合作伙伴成员集 U 直接信任的计算依据，据此得出其直接信任集 $DT(U)$。

　　2)间接信任评估模型

　　依托高技术虚拟产业集群信息服务平台，可实现虚拟集群内部成员间及与外部环境间的实时交流，高技术虚拟产业集群社会网络中的成员依据虚拟集群准入、退出规则，可形成动态、开放、稳定及有序的高技术虚拟产业集群生态平衡系统，其中大量动态成员节点间不可能都存在过合作信任关系，这导致仅凭直接信任来确定成员节点间的信任度是不完善甚至是不可行的。运用高技术虚拟产业集群社会网络成员节点间接关联的结构洞关系，以高技术虚拟产业集群第三方成员对潜在合作伙伴 U 的推荐信任来反映其信任程度，成为构建高技术虚拟产业集群信任模式的重要内容。高技术虚拟产业集群第三方成员的推荐反馈信任值是依据其对潜在合作伙伴 U 历史合作记录的直接信任度 $DT(r,j)$ 而得到的，而推荐反馈信任值的评价真实程度及准确程度如何把握，成为高技术虚拟产业集群间接信任评估模型的研究重点。鉴于此，我们构建了推荐可信度 $RT(i,r)$ 这一概念，用于描述合作发起方成员 i 对推荐成员节点 r 关于潜在合作伙伴反馈推荐信任值真实性、准确性的度量。在高技术虚拟产业集群间接信任评估过程中，拥有较高推荐可信度的推荐成员节点的推荐信息更可信，其反馈推荐值则将被赋予较大权重。因此，我们可以得出高技术虚拟产业集群内成员 i 对成员 j 间接信任度 $IDT(i,j)$ 的评估公式：

$$IDT(i,j) = \frac{\sum_{r=1}^{k} RT(i,r) \cdot DT(r,j)}{k}, \qquad RT(i,r) \in [0,1] \tag{4-5}$$

　　间接信任评估模型的推荐可信度对推荐节点的恶意信任欺骗起到了抑制作用。在间接信任征集过程中，将首次完成信任推荐成员的推荐可信度 $RT(i,r)$ 设定为0.5，即对其推荐的可信程度处于半怀疑状态，并在以后间接信任征集与反馈过程中不断更新。高技术虚拟产业集群社会网络间接信任的推荐可信度的影响因素，一方面受到第三方成员 r 与潜在合作伙伴成员 j 之间历史累计合作状况的影响；另一方面，推荐成员 r 对潜在合作伙伴 j 的信任评价与全体推荐成员 R 对 j 的群体评价的差异度 $Dif(r,R)$ 亦成为推荐可信度 $RT(i,r)$ 准确性的判断依据。在实际信任推荐过程中，推荐成员群体对潜在合作伙伴 j 的信任评价应符合该成员节点的实际情况，并与实际情况趋于一致，某一推荐节点 r 的推荐信任的差异度 $Dif(r,R)$ 越大，则说明该成员节点的可信度越低。通过上述分析，我们将推荐成员 r 对潜在合作伙伴 j 的信任评价与全体推荐成员 R 对 j 的群体评价的差异度定义为

$$\mathrm{Dif}(r, R) = \frac{|\mathrm{DT}(r, j) - E[\mathrm{DT}(r, j)]|}{\sigma[\mathrm{DT}(r, j)]}$$

$$= \frac{|\mathrm{DT}(r, j) - E[\mathrm{DT}(r, j)]|}{\sqrt{\dfrac{1}{k} \displaystyle\sum_{r=1}^{k} \{\mathrm{DT}(r, j) - E[\mathrm{DT}(r, j)]\}^2}} \quad (4\text{-}6)$$

其中，全体第三方推荐成员 R 反馈信任度的期望为 $E[\mathrm{DT}(r, j)] = \dfrac{1}{k}\displaystyle\sum_{r=1}^{k}\mathrm{DT}(r, j)$；均方差为 $\sigma[\mathrm{DT}(r, j)] = \sqrt{\dfrac{1}{k}\displaystyle\sum_{r=1}^{k}\{\mathrm{DT}(r, j) - E[\mathrm{DT}(r, j)]\}^2}$。

综上，我们可给出推荐可信度函数的更新计算公式：

$$\mathrm{RT}_{\mathrm{new}}(i, r) = \begin{cases} \mathrm{RT}_{\mathrm{old}}(i, r) + \beta[1 - \mathrm{Dif}(r, R)] \cdot \mathrm{RT}_{\mathrm{old}}(i, r), & \mathrm{Dif}(r, R) \leqslant 1 \\ \mathrm{RT}_{\mathrm{old}}(i, r) - \gamma\left[1 - \dfrac{1}{\mathrm{Dif}(r, R)}\right]\mathrm{RT}_{\mathrm{old}}(i, r), & \mathrm{Dif}(r, R) > 1 \end{cases}$$

$$(4\text{-}7)$$

其中，当差异度 $\mathrm{Dif}(r, R) \leqslant 1$ 时，即认为推荐成员 r 对潜在合作伙伴 j 的信任评价与群体评价的差异在可接受范围内，第三方成员的推荐信任值是真实有效的，其更新后的推荐信任度 $\mathrm{RT}_{\mathrm{new}}(i, r)$ 将在原有基础上小幅增加，增加幅度为 $\beta[1 - \mathrm{Dif}(r, R)]\mathrm{RT}_{\mathrm{old}}(i, r)$，其中，$\beta$ 为增加幅度的调整系数；反之，当差异度 $\mathrm{Dif}(r, R) > 1$ 时，则表示将无法接受推荐成员 r 对潜在合作伙伴 j 的信任评价与群体评价的差异，同时认为其推荐的信任值不可信，其更新后的推荐可信度 $\mathrm{RT}_{\mathrm{new}}(i, r)$ 将大幅下降，下降幅度为 $\gamma[1 - 1/\mathrm{Dif}(r, R)]\mathrm{RT}_{\mathrm{old}}(i, r)$，$\gamma$ 为下降幅度的调整系数。此时，成员 i 对成员 j 的基于第三方成员企业推荐的间接信任度可更新为

$$\mathrm{IDT}_{\mathrm{new}}(i, j) = \frac{\displaystyle\sum_{r=1}^{k}\mathrm{RT}_{\mathrm{new}}(i, r) \cdot \mathrm{DT}_{\mathrm{new}}(r, j)}{k} \quad (4\text{-}8)$$

按照式(4-8)计算潜在合作伙伴 U 中各成员的间接信任度，最终获得其间接信任集合 $\mathrm{IDT}(U)$。

3）感知风险评估模型

围绕高新技术研发与生产，高技术虚拟产业集群成员借助信息服务平台在虚拟空间内进行跨地域远程交流与合作，这一商业运作模式使合作成员间的信任关系具有不确定性、难以控制性及机会主义等特点，由此产生了信任风险。因此，在对信任评价过程中对风险因素的分析，就成为必须要解决的一个核心问题。本书从社会网络心理学视角引入哈佛大学 Bauer(1967)提出的感知风险概念(潘煜等，2010)，认为高技术虚拟产业集群信任感知风险是合作成员双方在合作之初为合作过程中可能出现不确定损失的一种主观认知，即对因失信导致合作失败时心理所能承受的最

大风险程度，具有主观性、可度量性及多维度特性。虽然我们已在直接与间接信任评估中加入惩罚项与推荐可信度函数以提高信任评价灵敏性，但这都是基于合作时间的逐渐积累，仍然缺乏对成员间信任关系的动态敏感特性具体体现以及对恶意节点的有效识别。因此，本书挖掘合作中环境、产品及心理多维度感知风险，构建感知风险多维深层作用模型，为综合度量信任风险大小、促进信任关系建立奠定基础，如图 4-4 所示。

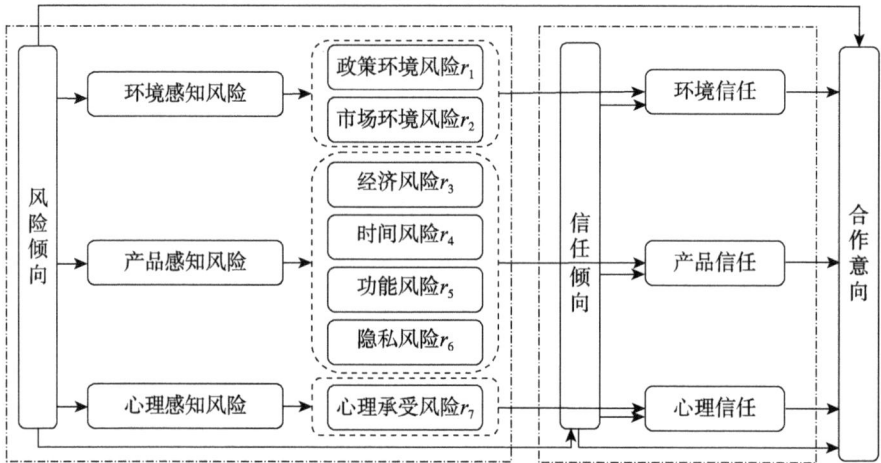

图 4-4   感知风险多维深层作用模型

图 4-4 中，感知风险的三维度分别作用于信任的三个方面，并最终通过信任倾向影响高技术虚拟产业集群成员间合作的意向。因此，如何从社会网络心理视角把握高技术虚拟产业集群成员间信任感知风险的大小就显得尤为重要。根据高技术虚拟产业集群社会网络感知风险的不确定性与信息论中信源输出前的平均不确定程度具有极大的相似性，本书采用信息熵来度量成员间合作信任感知风险的大小，其风险评价过程如下。

Step 1：感知风险评价矩阵的建立。将成员 i 与 $U=\{u_1, u_2, \cdots, u_j, \cdots, u_v\}$ 中各成员的感知风险视为某一信源，U 中的 v 个成员则成为该信源发送的对象，而感知风险三个维度中的七类风险则是影响信源发送不确定度的主要因素，并将各感知风险因素 r 对 v 个成员的信任影响记为 r_{xy}，且 $r_{xy} \in [0, 1]$，r_{xy} 越大表示感知风险因素对信任的影响越大，其相应风险越高。同时，将其取值范围五等分并设定为信任感知的五类风险级别，对 v 个成员的感知风险因素的影响程度进行比较，由此建立感知风险评价矩阵 $\boldsymbol{R}$。

$$\boldsymbol{R} = (r_{xy})_{7 \times v} = \begin{bmatrix} r_{11} & r_{12} & \cdots & r_{1v} \\ r_{21} & r_{22} & \cdots & r_{2v} \\ \vdots & \vdots & & \vdots \\ r_{71} & r_{72} & \cdots & r_{7v} \end{bmatrix} = \begin{bmatrix} r_{11} & r_{12} & \cdots & r_{1j} & \cdots & r_{1v} \\ r_{21} & r_{22} & \cdots & r_{2j} & \cdots & r_{2v} \\ r_{31} & r_{32} & \cdots & r_{3j} & \cdots & r_{3v} \\ r_{41} & r_{42} & \cdots & r_{4j} & \cdots & r_{4v} \\ r_{51} & r_{52} & \cdots & r_{5j} & \cdots & r_{5v} \\ r_{61} & r_{62} & \cdots & r_{6j} & \cdots & r_{6v} \\ r_{71} & r_{72} & \cdots & r_{7j} & \cdots & r_{7v} \end{bmatrix} \quad (4\text{-}9)$$

Step 2：评价指标熵权的确定。计算第 x 项感知风险下第 y 个成员的信任风险指标的比重 P_{xy}。

$$P_{xy} = \frac{r_{xy}}{\sum\limits_{y=1}^{v} r_{xy}}, \quad x = 1, 2, \cdots, 7; \ y = 1, 2, \cdots, j, \cdots, v \quad (4\text{-}10)$$

由熵值法将第 x 项感知风险的熵定义为 H_x：

$$H_x = -\varepsilon \sum_{y=1}^{v} P_{xy} \ln P_{xy}, \quad x = 1, 2, \cdots, 7 \quad (4\text{-}11)$$

其中，$\varepsilon = 1/\ln v$，且设定当 $P_{xy} = 0$ 时，$P_{xy} \ln P_{xy} = 0$。综上可获得第 x 项感知风险的熵权 $\tilde{\omega}_x$：

$$\tilde{\omega}_x = \frac{1 - H_x}{\sum\limits_{x=1}^{7} (1 - H_x)} = \frac{1 - H_x}{7 - \sum\limits_{x=1}^{7} H_x}, \quad x = 1, 2, \cdots, 7 \quad (4\text{-}12)$$

Step 3：信任感知风险的评价。将所得熵权 $\tilde{\omega}_x$ 代入 Step 1 中感知风险评价矩阵 $\boldsymbol{R}$ 得到风险的综合评价值矩阵。

$$\boldsymbol{R}' = (r'_{xy})_{7 \times v} = \begin{bmatrix} \tilde{\omega}_1 r_{11} & \tilde{\omega}_1 r_{12} & \cdots & \tilde{\omega}_1 r_{1v} \\ \tilde{\omega}_2 r_{21} & \tilde{\omega}_2 r_{22} & \cdots & \tilde{\omega}_2 r_{2v} \\ \vdots & \vdots & & \vdots \\ \tilde{\omega}_7 r_{71} & \tilde{\omega}_7 r_{72} & \cdots & \tilde{\omega}_7 r_{7v} \end{bmatrix} \quad (4\text{-}13)$$

取 $W^* = \{w_1^*, w_2^*, \cdots, w_7^*\}$ 为感知风险综合评价值矩阵 $\boldsymbol{R}'$ 的理想点，其中为体现各潜在合作伙伴的最大风险，此时理想点可取风险量最大值，即 $W^* = \max\limits_{y} \{r'_{xy}\}$。计算各潜在合作伙伴风险大小与理想点间距离 d_y：

$$d_y = \sqrt{\sum_{x=1}^{7} (r'_{xy} - w_x^*)^2}, \quad y = 1, 2, \cdots, v \quad (4\text{-}14)$$

根据 d_x 的大小，可将各潜在合作伙伴按照信任风险从小到大进行排列，得出 U 中各潜在合作伙伴的风险排序，其具体的感知风险大小可由式(4-15)计算得出：

$$PR(U) = \frac{\sum_{x=1}^{7} \tilde{\omega}_x r_{xy}}{\sum_{x=1}^{7} \tilde{\omega}_x}, \qquad y = 1, \ 2, \ \cdots, \ v \qquad (4\text{-}15)$$

综合高技术虚拟产业集群内合作发起方成员 i 对潜在合作伙伴集直接信任度 $DT(U)$、间接信任度 $IDT(U)$ 及感知风险度 $PR(U)$ 的求解，本书给出综合信任度的融合公式：

$$CT(U) = \eta\,DT(U) + (1-\eta)IDT(U) - \varphi\,PR(U) \qquad (4\text{-}16)$$

其中，$\eta \in [0, 1]$ 为直接信任度在综合信任度下的融合系数，以体现直接信任度、间接信任度对综合信任的影响程度；感知风险度 $PR(U)$ 则相当于综合信任度的惩罚项，惩罚系数为 $\varphi \in [0, 1]$。将各潜在合作伙伴的综合信任度 $CT(U)$ 按照信任度由大到小进行排列，可确定合作伙伴选择的优先次序，为高技术虚拟产业集群社会网络成员间合作关系的建立提供依据。

4.2.3 HTVIC 社会网络信任模式仿真分析

为验证高技术虚拟产业集群社会网络信任模式的有效性及动态信任评估模型的准确性，本书采用 MapleSim 仿真平台对上述模型进行仿真模拟实验。在 MapleSim 完整的数学引擎环境下，通过对动态信任评估模型的定义、模型运行流程的设定与模型运算、可视化编程后，分析高技术虚拟产业集群社会网络动态信任评估模型的实验结果。该实验的初始参数，如表 4-1 所示。

表 4-1 仿真实验初始参数表

参数	参数描述	初始设定值/单位
α	直接信任度时间滑动窗口的平衡系数	0.35
β	推荐信任度幅度增加系数	0.15
γ	推荐信任度幅度下降系数	0.3
η	直接信任度融合系数	0.65
φ	感知风险惩罚系数	0.3
DT^*、IDT^*、PR^*	直接信任度、间接信任度、感知风险初始值	0.5
t_H	最大有效性信任时间窗口	18/月
t_h	最近敏感性信任时间窗口	3/月
p	历史合作次数	100/次

为了验证高技术虚拟产业集群社会网络信任模式及其动态信任评估模型对虚拟集群内各类合作行为的网络节点成员间信任关系的准确判断及对各种恶意欺骗网络节点的抵御效果，本书对高技术虚拟产业集群社会网络各成员进行分类并设定以下四类节点：①善意诚信节点，即为维护自身良好的信任水平，这类节点与

其合作伙伴间可建立起长期的诚信合作关系，且不存在信任欺骗行为与恶意推荐行为。②信任度震荡节点，即这类节点依据其综合信任度的高低选取不同的合作策略。当其综合信任度累积到一定水平时开始合作欺骗行为，而当其综合信任度降低到某一水平时重新开始诚信合作。③交易规模震荡节点，即当合作规模较小时，这类节点进行诚信合作以期积累信任度水平，而当交易规模较大时则进行欺骗合作。④懒惰节点，即这类节点在虚拟集群内的活跃度较低，偶尔与其他成员进行合作，之后长时间将不发生合作行为。各类节点综合信任度的模拟仿真结果，如图 4-5 所示。

图 4-5 中横坐标为社会网络成员节点的合作次数，图 4-5(a)～图 4-5(d)及图 4-5(f)的纵坐标为节点成员综合信任度 CT 及图 4-5(e)的纵坐标为感知风险度 PR。图 4-5(a)中为善意诚信节点的综合信任度折线图，由于该类节点始终高标准严格要求自己的合作行为，使其综合信任度在历史合作过程中逐渐上升，又由于高技术虚拟产业集群社会网络信任模式时间滑动窗口的作用，其综合信任度在达到极大水平后停止增加，并保持在一个稳定的波动范围。图 4-5(b)中表示信任度震荡节点的综合信任度折线图，合作开始后为逐步积累自身信任水平而进行诚信合作，当其综合信任度超过 0.75 时，则开始信任欺骗行为。由于高技术虚拟产业集群社会网络信任模式直接信任度的惩罚项 $I_p(i,j)$、间接信任可信度函数更新公式以及感知风险评估模型的引入，因此社会网络节点成员一旦发生信任欺骗，其综合信任度将快速下降，遏制并惩罚该类成员的违规失信行为，逼迫其遵守高技术虚拟产业集群基础诚信合作原则。同时，在高技术虚拟产业集群社会网络动态信任模型中综合信任度的失信下降速度远大于诚信累积速度，由此实现了对成员节点恶意经济活动的约束与抵御作用。图 4-5(c)中，交易规模震荡节点的综合信任度因其失信欺骗行为呈现出随机性特征。此外由于高技术虚拟产业集群社会网络信任模式对失信行为的惩罚约束机制，使该类成员节点的综合信任度长期处于较低水平。图 4-5(d)中，懒惰节点虽然没有进行恶意信任欺骗，但其在高技术虚拟产业集群内活跃度偏低、合作频率不高，使其综合信任值随时间逐渐下降。图 4-5(e)、图 4-5(f)分别为上述四类节点成员的感知风险叠加效果图与综合信任度叠加效果图。通过坐标叠加，可以看出善意诚信节点的感知风险与综合信任度在高技术虚拟产业集群社会网络节点中均占优，同时也体现出感知风险对合作信任的敏感特性。

仿真实验结果表明，高技术虚拟产业集群社会网络信任模式及其动态信任评估模型对于潜在合作伙伴的选择、提高合作成功率具有较好的效果，同时最大限度约束、遏制了高技术虚拟产业集群内恶意欺骗性经济活动的发生，为高技术虚拟产业集群跨地域信任环境的构建起到引导与促进作用。

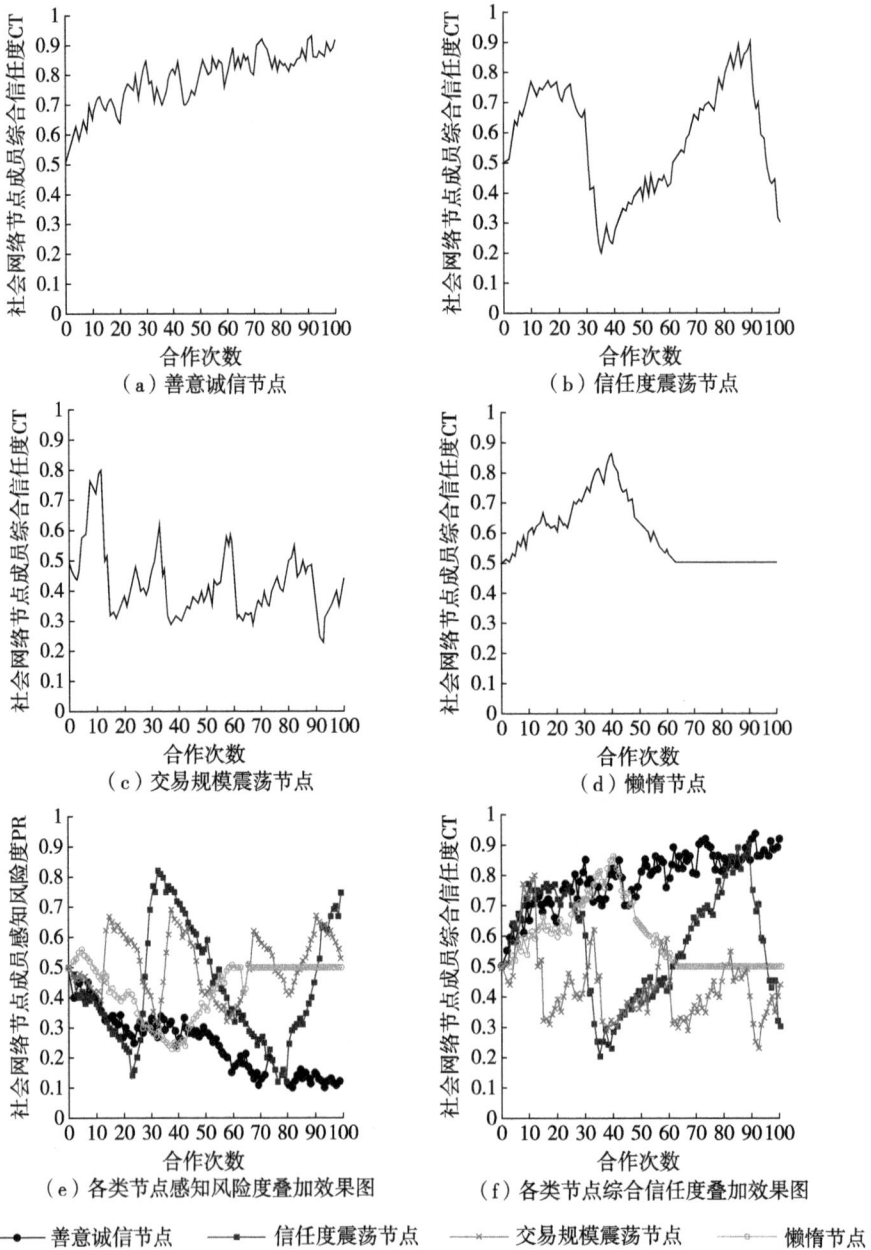

（a）善意诚信节点

（b）信任度震荡节点

（c）交易规模震荡节点

（d）懒惰节点

（e）各类节点感知风险度叠加效果图

（f）各类节点综合信任度叠加效果图

●—善意诚信节点　■—信任度震荡节点　×—交易规模震荡节点　○—懒惰节点

图 4-5　高技术虚拟产业集群社会网络信任模式的仿真结果

4.3　高技术虚拟产业集群社会网络契约

4.3.1　高技术虚拟产业集群契约属性特征

关于"契约",《现代汉语词典》的定义为"证明出卖、抵押、租赁等关系的文书"。契约理论将企业间的经济活动行为(包含各种长期合作与短期合作)视为由一系列正式契约及关系契约所构成的集合。高技术虚拟产业集群作为超越传统地理集中式的产业集群,依据紧密的经济活动关系在虚拟空间聚集,而成员间为共同合作而达成的契约关系恰恰成为连接分散各地的高技术企业及相关组织结构的链接纽带,由此高技术虚拟产业集群成员间同样内涵契约属性。同时,由于高技术虚拟产业集群介于市场与企业之间,其成员大多围绕高技术产品与服务的研发与生产展开合作,由此所构建的契约关系将具有某些特有的属性特征。

(1)高技术虚拟产业集群内高技术产品与服务的研发与生产存在不确定性,使契约关系具有不完备特性。首先,高技术虚拟产业集群成员围绕某一高技术项目展开合作,无法完全掌握这一 R&D 项目具体成功概率。其次,对于大型研发、生产项目,在大量资金与智力投入的情况下,由于高技术研发的高风险特征,其影响因素难以完全预料,由此对项目研发生产环节及完成时间造成的影响难以预期。最后,对于 R&D 项目成果的理论价值与社会价值无法在研发之初给予确切的描述。上述几个方面将导致高技术虚拟产业集群成员所签订的正式契约具有不完备特性。

(2)高技术虚拟产业集群的契约关系是在各成员合作过程中逐步形成的,同时将根据合作过程的具体情况进行不断的沟通与修正,将具有动态性与灵活性。由于高技术虚拟产业集群契约的不完备特征,使虚拟集群内合作各方难以签订一份条约细致、完整的正式契约。合作之初所构建的契约只包含大致的约束内容与基本框架,将依靠长期合作过程中的持续沟通及交流来逐步充实并最终实现合作目标,这种长期的契约关系将不依赖法律,表现为一种自我履约的集群行为。

(3)高技术虚拟产业集群内契约关系是建立在长期、多次交易基础上的,是一种长期契约,具有稳定性与重复性。与市场交易中的偶然性与临时性不同,高技术虚拟产业集群内各成员依据彼此间各自社会关系的强弱及资源优势互补原则,在高技术虚拟产业集群的虚拟空间价值网内形成多条纵向与横向相互交叉的价值链条。位于同一价值链条上不同价值创造环节的成员间为共同的高技术产品的研发与生产进行分工与协作,合作关系较固定。因此,高技术虚拟产业集群的成员间的合作具有长期性与稳定性,属于重复交易。

(4)高技术虚拟产业集群内契约关系的驱动因素、缔约主体及缔约规制均具有柔性。首先，高技术虚拟产业集群为各成员提供了一个合作的潜在伙伴成员池，目的在于快速判断市场情况，快速把握市场机遇，同时为避免由传统兼并及新建企业所带来的沉没成本，充分利用高技术虚拟产业集群跨地域虚拟化多种合作方式，共享各自优势资源为共同合作目标提供优质服务，成为解决市场需求的有效途径。其次，高技术虚拟产业集群缔约主体均为理性的独立经济主体，拥有核心专有资源，而无法相互替代的。为避免各成员机会主义的产生，必须制定相应的激励与惩罚措施，取缔违约成员并不断吸纳新的成员。最后，高技术虚拟产业集群各成员在相互平等条件下，采取双边互信的缔约规制，其信任水平伴随历史合作动态变动，使其契约关系在长期维持的情况下表现出短暂的中断，为一种间续式柔性契约。

综上所述，从经济活动内容、合作过程乃至缔约的驱动因素、主体及规制等方面均可看出，高技术虚拟产业集群内各成员间的契约关系无法用依赖法律的正式契约进行准确、详细的描述与表达。与高技术虚拟产业集群内合作形式的多样灵活性相同，其成员各方往往更加注重合作的动态灵活性，对合作过程契约具体内容的实现保留充分的调整空间，由此在签订正式契约的基础上，构建起一种以社会关系强弱为依据的密切非正式（隐性）契约关系，即基于社会网络的关系契约。关系契约的产生及发展是在高技术虚拟产业集群跨地域虚拟化运作模式下多方合作的共同产物。

4.3.2　HTVIC 关系契约网络

罗纳德·博特在《结构洞：竞争的社会结构》一书中首次给出社会网络结构洞的概念，他认为，"结构洞是指两个关系人之间的非重复关系，彼此之间存在结构洞的两个关系人向网络贡献的利益是可累加的，而非重叠的"。通过分析可知，通过社会网络结构洞可将原本不存在直接关联的组织个体相互连接，处于结构洞位置的组织个体则扮演经济人或中间人的角色，整合与其相连且存在非冗余关系的组织个体的资源优势并使整体价值利益最大化。

在高技术虚拟产业集群中，为了快速响应市场机遇及消费者对高技术产品的急切需求，高技术虚拟产业集群内位于高技术产品价值增值过程中的核心环节成员 M^* 基于双边互信的条件下，在潜在诚信伙伴中依据彼此间社会关系的强弱及非冗余原则选取具体的合作对象 $\{M_1, M_2, M_3, M_4, M_5\}$，作为高技术产品研发与合作的"中心签约人"（center contract agent）与其他各合作对象签订"多边"正式契约，形成正式契约基础框架，并建立基于社会关系的长期、灵活的关系契约，共同形成高技术虚拟产业集群契约网络的核心 Level0 层。其中，中心签约人 M^* 利用合作对象之间的非冗余关系建立了 M_1M_2、M_2M_3、M_3M_5、M_5M_4 及 M_4M_1 等五个结构洞，并建立起社会网络的弱连接关系，同时可将地理分散、无直接社会关系的合作对象进行整合。中心签约人作为合作发起者（proposer agent），处于核心位置，其涉及的信息量与资源存储量将超过其他合作伙伴，拥有合作资源流动的控制权与合作进程的监督权。

获得合作机会的 $\{M_1，M_2，M_3，M_4，M_5\}$，在综合自身研发、生产能力及相应收益后，将适当的研发、生产任务进行分包，由此成为该合作项目的次级中心签约人，依据相同的合作伙伴筛选原则，在各自社会网络内寻找合适的次级合作伙伴，形成相应结构洞结构，将各次级中心签约人的契约关系进行分解与继承，由此形成高技术虚拟产业集群契约网络的次核心 Level1 层。同理，位于次核心 Level1 层的各合作伙伴可再次对合作契约进行分包。由此，高技术虚拟产业集群契约网络中结构洞的洞深将随合作契约的分解次数而逐级加深，由此构建起基于结构洞的高技术虚拟产业集群关系契约网络框架，如图 4-6 所示。

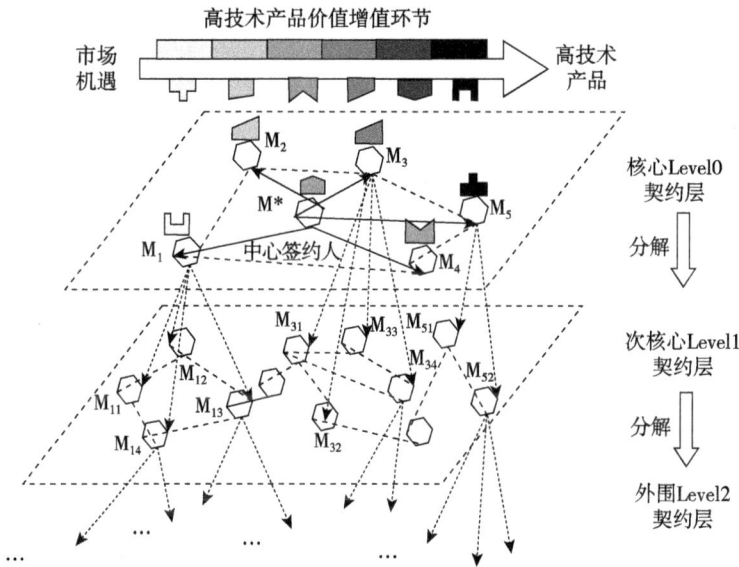

图 4-6　基于结构洞的高技术虚拟产业集群关系契约网络框架

这一基于结构洞的高技术虚拟产业集群契约网络的构建，为正式契约与关系契约的建立提供了运行框架，并形成了具有层级的契约分解体系，但为了弥补正式契约的不足，关系契约的构建过程应充分考虑契约的动态性，建立契约的柔性网络。而在实际的合作过程中，位于 Level0 层拥有专用型投资的次级中心签约人的违约或主观恶意退出，将给高技术虚拟产业集群合作项目带来巨大的损失。因此，在 Level0 层合作伙伴之间采取共担风险与共享收益的契约，保证中心签约人与次级中心签约人间的合作的稳定性；次级中心签约人与 Level1 层合作伙伴构建的契约关系则倾向于以分包为主的动态契约；次核心 Level1 层合作伙伴与外围 Level2 层合作伙伴间的契约关系则以转包及供求关系为主。

4.3.3　HTVIC 社会网络关系契约构成要素

高技术虚拟产业集群社会网络关系契约构成要素主要从其缔约主体、缔约客体（内容）及缔约目标三个方面进行分析。

1. 社会网络关系契约的缔约主体

高技术虚拟产业集群内地域分散的高技术企业、政府、科研院所及金融机构等社会网络节点成员，当与其他社会网络节点成员间发生经济活动行为并建立相应社会关系时，均可作为社会网络关系契约的缔约主体。同时，围绕高技术产品与服务所构建的高技术虚拟产业集群动态虚拟合作组织中，各合作伙伴成员在合作中必将存在信息不对称以及有限理性产生的机会主义心理，这使合作各方所签订的正式契约出现不完备现象。为解决不完备正式契约中"剩余控制权"的分配问题，缔约主体将依据信任关系、各自声誉及协商手段，在高技术虚拟产业集群关系契约网络框架中，为缔约主体提供一个多重协商、权利分配与再分配的契约执行路径。

2. 社会网络关系契约的缔约内容

关系契约缔约的内容即关系契约的缔约客体或缔约的对象。与高技术虚拟产业集群合作各方所签订的具有法律效力的正式契约具体条款不同的是，关系契约的客体是指在正式契约执行过程中对不完备契约条款的细化，是对其"剩余控制权"的补充内容。因此高技术虚拟产业集群社会网络关系契约的内容具有复杂性、动态性及灵活性等特点，并随缔约主体间合作的灵活安排而动态改变，以适应外界环境的变化。因此，通过对不完备契约"剩余控制权"的具体分析，即可描绘出高技术虚拟产业集群社会网络关系契约的具体内容。

（1）数量柔性契约。一方面，在高技术产品的研发与生产中，需要大量的资金与智力投入，同时为解决核心研发问题，其物质资本与智力资本的需求数量将不断增加，因此高技术产品的初始研发投入成本的数量将发生变化。另一方面，在高技术产品的研发与生产中，各合作伙伴的研发与生产进度会因外界因素出现差异，导致研发、生产供应链数量产生变动。围绕上述问题，高技术虚拟产业集群社会网络关系契约应随各合作伙伴及市场需求的变化，动态协调各方合作关系，通过设置滚动水平计划及单向、双向期权模式的应用使各方投入成本及供需数量得以灵活调整，保障合作项目的顺利进行。

（2）时间柔性契约。在高技术产品的研发与生产中，合作伙伴对中间产品的初始约定交货时间可以根据具体研发、生产进度实时调整。为满足某一高技术产品的市场需求及充分考虑各缔约主体的跨地域特性及高技术产品自身的高投入、高风险特性，时间契约应针对各缔约主体可能发生的各种情况，适当地对原有交货时间进行变动。

（3）质量柔性契约。伴随高技术产品研发与生产的进程，市场环境及客户需求将可能发生变化，各缔约主体可对该高技术产品（交易标的）进行灵活的修改与调整。由于高技术产品自身特性，其正式投入市场前往往是小批量甚至是单件生产，针对具体客户的初始要求进行具体设计、研发及生产，为避免最终产品与客户及市场需求之间误差的出现。因此，在高技术产品的设计、研发及生产各环节构建质量柔性契约，在高技术产品价值增值的各环节充分考虑高技术产品的功能与质量，满足市场与客户的需求。同时，各缔约主体应参照所签订的正式契约保护自身合法收益，避免因需求的随意增加，导致因设计方案、研发路线与生产过程的随意更改而造成合作破裂、产品研发失败。

3. 社会网络关系契约的缔约目标。

关系契约的缔约目标即是关系契约的价值追求，即保障高技术产品研发与生产的顺利进行，当外界环境变化时，适度灵活地做出相应调整，使各缔约主体改变其高技术产品的研发、生产能力并获得理想的经济预期收益。同时，只有当高技术产品研发、生产获得成功时，各缔约主体才能在整体利益实现的前提下获得收益，因此各缔约主体通过契约网络建立相应的正式契约以及关系契约，使具有知识优势、技术优势、管理优势及资金优势的缔约主体在跨地域范围内合理整合优化资源，提升各自高技术企业、科研院所及其他组织机构乃至高技术虚拟产业集群整体的竞争实力。

上述高技术虚拟产业集群社会网络关系契约的缔约主体、缔约内容及缔约目标是社会网络关系契约弥补正式契约不完备特征及其"剩余控制权"的主要内容，是在合作伙伴因长期合作形成的互信、声誉及协商谈判所建立的社会关系规范的基础上形成的。

4.3.4　HTVIC 社会网络关系契约运行模式

1. 正式契约与关系契约在契约执行中的互动关系

正式契约与关系契约的互动关系可以分为以下三个方面。

（1）正式契约与关系契约间优势互补关系。高技术虚拟产业集群中，虽然合作缔约各方形成了基于法律条约的正式契约，但在虚拟集群中，通过社会信任、自我约束等形成的非正式规范关系在合作过程中仍然发挥重要作用，特别是在复杂市场环境下，正式契约的不完备性致使由诸多非正式社会网络规范所形成关系契约的替代互补关系更为明显。一方面，针对高技术虚拟产业集群内高技术产品的研发任务，各缔约主体为了减少投资与研发风险，在合作过程中将充分利用社会网络的基础信任关系，降低研发项目的成本，并维系不完备正式契约情况下的交易秩序。另一方面，社会网络关系契约更加倾向于巩固存在历史交易记录缔约主体的合作关系，这增加了新合作伙伴的进入壁垒，而正式契约的制定将有效地降低这一进入壁垒，提升研发合作项目的运行效率。

(2)正式契约与关系契约形成了外部压力与内部动力的配合关系。研发项目的各缔约主体所构建的正式契约与关系契约，其最终目的均在于保证研发合作项目的顺利进行，即各缔约主体权、责、利的合理配置。在经济活动中，经济主体为追求自身利益最大化将产生机会主义的违约行为，正式契约的签订则是在法律层面对恶意违约行为的威慑与惩罚。但仅依靠正式契约并非能够解决所有问题，嵌入社会网络中的各合作缔约主体除了拥有追逐自利的本能外，还同样受到信任感、认同感、荣誉感等非正式社会关系的影响，希望在经济合作中互信、共赢与互惠。因此，在外部压力与内在动力的相互推动下，更加保证了缔约主体间契约的执行效率。

(3)正式契约与关系契约的相互转化关系。由于高技术虚拟产业集群各缔约主体构建的正式契约框架不完备，使高技术产品研发过程中的不确定问题无法在正式契约的条约内找到解决方案，此时各缔约主体将寻求通过基于社会网络关系契约多重协商的解决方式来补充完善正式契约的不确定内容。在此基础上，各缔约主体对待解决问题的意见达成一致，形成详细条款，以补充合同协议的形式加入正式契约中，由此完成了高技术虚拟产业集群各缔约主体间正式契约—关系契约—正式契约的相互转化过程。

2. HTVIC 关系契约的运行过程模型

对于高技术虚拟产业集群关系契约的运行过程的研究，我们可以从动态视角对正式契约与关系契约进行深入观察，为此本书通过构建高技术虚拟产业集群关系契约运行框架来解释缔约主体间关系契约是如何随时间、随合作进程的推移而产生、发展成熟及维系的，如图 4-7 所示。

由图 4-7 可知，高技术虚拟产业集群社会网络关系契约的运行发展过程是动态循环的，基于各缔约主体间的正式契约，关系契约运行则从关系协商谈判、关系守信承诺、关系契约执行以及关系契约效果评估四个方面维护了正式契约与关系契约间的互动均衡关系。

1)关系协商与谈判

无论是正式契约还是关系契约，都是为了保障高技术产品研发与生产合作的顺利进行，因此其缔约的目标(target)、价值(values)以及预期结果(expected consequences)均是高技术虚拟产业集群社会网络关系契约运行的依据。各缔约主体为了实现共同的研发与生产目标、实现高技术产品的价值增值并获得理想的预期结果，各缔约主体必须通过协商与谈判达成一致的合作协议，形成相应的正式契约。同时，为解决正式契约不完备的问题，在对合作方合作能力与资格的正式评价基础上，还应对其合作态度与价值观进行非正式评估，并预先消除分歧，获得自发的合作共识，形成长期互信、互助的合作关系价值导向，这成为社

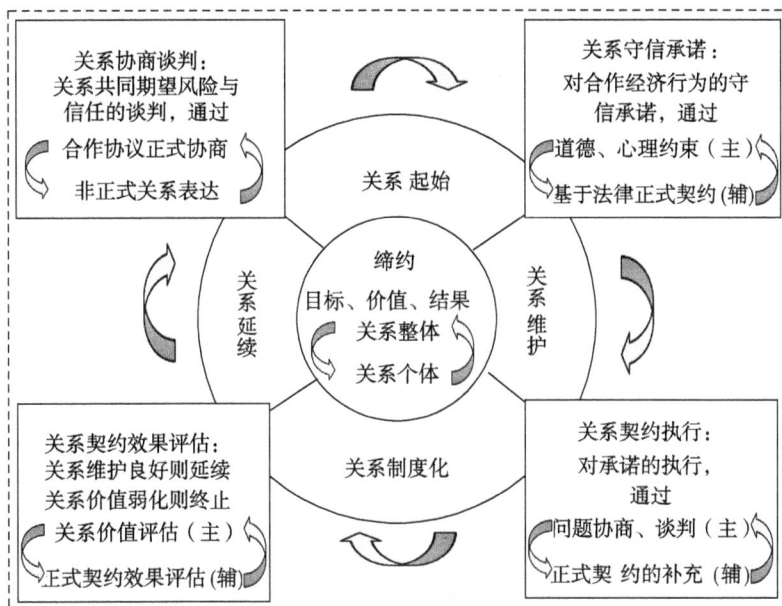

图 4-7　高技术虚拟产业集群社会网络关系契约的运行过程模型

会网络非正式关系的主要表达方式。正式契约的建立为关系契约形成环境提供了基础，反之关系契约的达成也为正式契约稳定提供了外围环境。

作为关系起始阶段，高技术虚拟产业集群各缔约主体间的社会关系仍然比较脆弱。各缔约主体互信程度较低，对彼此间社会关系的未来期望价值仍不确定。为保障各自利益，已经为高技术产品做出专有投资的缔约主体可以设立投资基金，使各缔约方形成长期互信的社会网络关系。

2）关系守信承诺

从社会网络关系的建立到发展成熟，关系的守信承诺始终是关系契约的核心内容。关系的守信承诺是指缔约各方为维系合作关系的明示或暗示的誓言及行为。为进一步维护社会网络内社会关系（关系规范），在道德与心理约束的基础上，仍需要对社会关系的投入、持续性与连贯性进行度量。

首先，衡量缔约主体是否对研发与生产提供与交换重要物质经济资源与情感沟通等非物质资源。其次，衡量各缔约主体社会关系的时间持续状态。根据缔约主体正式契约的执行状况，各缔约方对自身收益的来源与大小进行判断及预测，对比参照缔约期望，判断是否持续投资，以此作为社会关系持续维护的标准。最后，在合作过程中，衡量各缔约主体社会关系的连贯性，避免因缔约方研发、生产投入水平的波动影响社会关系的稳定性。

3）关系契约的执行

在关系承诺的基础上，为应对正式契约不完备问题的出现，可利用缔约主体间的关系契约框架对待明确或待解决的具体内容进行协商与谈判。关系契约的执行主要包含计划、调整、实施三个过程。

(1)关系契约的计划。关系契约的计划是指在事前基于关系契约框架为未来可能发生的突发事件与问题制定好解决原则。关系契约执行计划属于一种事前计划,是一种具有参考性的关系调整框架,而不是对缔约主体权、责的严格规定。在高技术虚拟产业集群社会网络中关系契约计划是由各缔约主体共同制订产生的。

(2)关系契约的调整。关系契约执行的规范(灵活性、相互性、契约团结)为社会关系的调整起到指引、约束与评估作用。例如,缔约主体间的灵活性较高,当合作环境发生变化时,就可以通过再谈判(renegotiations)进行关系调整。在高技术虚拟产业集群社会网络关系契约承诺—执行—再承诺的运行过程中,则需要对关系契约的内容(缔约客体)进行调整,其调整方式可以分为冲突管理与交流沟通两方面。一方面,当一方缔约主体感知到另一方缔约主体正阻碍其所关注的高技术产品功能的实现时,则会产生冲突。冲突虽然可能对关系契约的执行产生负面效果,但处理方法得当,不一定会阻止、破坏社会关系的发展,相反常常是社会关系重新再生的来源。对于冲突我们可以根据各缔约主体的权利、共识程度、感知复杂性的不同而采取不同的解决方式,如显性的直接交流与隐性的间接意图交换,其至延缓或长期回避正面冲突等做法都可以降低各缔约主体的缔约水平。另一方面,为解决关系契约中数量、时间等内容的调整,增加互动与交流沟通的时间与次数是各缔约主体关系契约执行调整的主要手段。

(3)关系契约的实施。与正式契约拥有法律约束效力不同的是,高技术虚拟产业集群社会网络关系契约的实施倾向于自我约束、自行履约的内在契约执行机制。关系契约框架下,对承诺业务的履行依赖于契约关系自身固有的两个作用机理:其一,是各缔约主体所构建的共同的价值取向;其二,关系契约的实施是对未来再次建立合作关系的一种激励。当关系契约通过计划、调整及实施执行环节后,关系契约的具体内容就完成了由非正式向正式契约制度化转移的全过程。

4)关系契约的效果评估

关系契约的执行效果关系到高技术虚拟产业集群各缔约主体社会关系的终止或延续,因此各缔约方将按照正式契约条款对高技术产品研发与生产的共同缔约目标、价值的实现水平以及研发与生产结果进行评估,同时判断为下次合作而维持社会关系的成本投入及其必要程度,从而为各缔约主体间社会关系做出社会关系弱化乃至解体或社会关系强化与延续的决策。

社会关系的弱化源于缔约主体对高技术产品研发合作的过程或最终结果的满意程度低,若无法达到缔约的原始期望,则该缔约主体将考虑终止该社会关系的维护或寻找其他替代性的同质合作伙伴,其中缔约主体间的信任缺失是进入关系弱化期的主要特征。在社会关系弱化阶段，各缔约主体间的正式契约包括了对恶意违约等机会主义行为的法律惩罚，而其彼此间社会关系将因此发出不稳定的弱化信号。

社会关系的强化与延续是高技术虚拟产业集群社会网络内各合作成员间最理想的期望，只有这样社会关系才能由建立—维护—执行—强化—延续等环节进入社会关系的循环，"承诺、践诺、再承诺、再践诺"可以视为该动态循环过程的浓缩。在此过程中，关系契约与正式契约间保持动态均衡稳定关系，正式契约逐渐反映、正式化那些非正式的关系契约与心理契约的内容，从而使高技术虚拟产业集群社会网络各成员的组织间关系逐步走向"制度化"。

4.4　高技术虚拟产业集群社会网络协调

社会网络是高技术虚拟产业集群生存的外部环境，它既为集群成员提供资源，又限制它们的行动。整个集群能否健康发展则取决于各个成员能否在不断变动的外界环境中维持各种资源、要素和制约力量之间的平衡。这就要求对集群内外的各种过程进行协调，包括集群对外界环境的适应和集群内部合作成员间冲突问题的解决，这是集群生存和发展的基本条件和中心问题。高技术虚拟产业集群成员作为协调模式的主体，将根据彼此间社会关系的稳定程度及不确定因素来选择恰当的协调模式以促进集群的有序发展。

4.4.1　HTVIC 社会网络协调的内涵

高技术虚拟产业集群内存在的信息不对称、信任不对称及契约不确定等因素，会使社会网络成员节点间出现众多矛盾与冲突，为此可从集群中各成员的角度出发，构建一套多主体问题协调流程，以促进合作与社会关系的建立。

在这种高技术虚拟产业集群社会网络协调模式下，相互依赖的各协作成员以高新技术为基础，通过竞争与合作相互组合在一起，一方面，在其个体对外界环境变化的快速反应上，易表现出分散化的特性；另一方面，为达成合作目的而集中核心竞争力创造协作竞争优势，易表现出集群的集成化和协作化等特性。其中，高技术虚拟产业集群社会网络协调的本质是多方利益的协调。这一内涵可以从以下五个方面进行分析。

(1)协调基础。社会网络协调的基础来自于成员间信任关系。随着高技术虚拟产业集群社会网络的逐渐发展，其成员间互信氛围成为协调展开的基础。

(2)协调目的。社会网络协调的目的在于解决成员间的矛盾与冲突，削弱不确定因素的影响，促进集群内合作的开展进而获得竞争优势。

(3)协调主体。社会网络协调的主体是由社会关系连接的各类集群成员决定的。在高技术产品的研发与生产中，参与合作的集群成员即可成为社会网络协调的主体。

(4)协调内容。针对社会网络协调的目的，认为其协调的内容是成员合作过程中因不确定因素产生的矛盾与冲突的集合。

(5)协调途径。社会网络协调的途径是基于成员社会关系建立的跨主体多重协商与谈判过程。同时，多维网络通信技术为协商与谈判的顺利进行提供技术支持。

4.4.2   HTVIC 社会网络协调特征

高技术虚拟产业集群社会网络节点成员倾向通过建立长期的协作关系来实现彼此间的协调，以保持社会网络成员节点间社会关系的长期稳定性，这种协作模式是建立在社会网络之上的新型协调模式，其协调特征包含以下几点。

(1)协调内容的多样性。围绕高技术产品与服务的研发与生产，高技术虚拟产业集群社会网络成员间展开了跨地域的协同合作，使合作伙伴间的信息沟通数量大量增加，其信息、信任及契约等因素的不确定性对合作的影响增大，由此在合作主体间将产生多种矛盾乃至冲突，呈现出协调内容的多样性特征。

(2)协调过程的时效性。高技术虚拟产业集群产生与发展的根本目的是促进跨地域高技术企业间的协同合作及资源整合，同时为满足快速变化的市场环境与技术更新需求，其成员间的合作过程将具有明显的时效性，由此为快速解决合作过程中的问题与冲突，应为协调过程设定时间与次数的限制，以保证研发与生产合作的时效性。

(3)协调结果的有效性。高技术虚拟产业集群社会网络成员间合作过程中所遇到的问题经过多主体的多重协调过程，最终取得协调结果，并将其制度化，保障协调结果的有效性与可执行性。

4.4.3   基于 Multi-Agent 的社会网络多重协商模式

在协调模式下，高技术虚拟产业集群中原本彼此独立的协作成员构成网状组织，并互补性地贡献其核心竞争力，实现同其他协作成员的动态协作集成，整个组织具有高度的分散自治性和整体灵活性。协作运营过程中的这些特征、特性可以用多代理系统(Multi-Agent System，MAS)来模拟，即将每个成员抽象成一个Agent。

在基于 Multi-Agent 的社会网络中，协商过程可表现为高技术虚拟产业集群中的一群 Agent 为了就某事达成相互都可以接受的协议而进行交流的过程。Agent之间可以是协作关系，也可能存在着竞争关系，但都是为了合理安排目标资源，以协调各自的行为，最大程度上实现各自目标。

协商过程可以看做若干协商线程的集合，通常是由一个应答者（proposer agent）发起，一个或多个应答者和中心签约人共同参与协商。Multi-Agent 的协商过程可定义为一个四元组{MA，Subject，Thread，Protocol}，含义如下。

（1）参与协商过程的 Multi-Agent 的集合（MA）。其包括三类，即发起者、应答者和中心签约人。

（2）协商主题的集合（Subject）。由发起者提出。单问题协商只有一个协商主题，多问题至少有两个协商主题。

（3）协商线程（Thread）。两个 Agent a 与 Agent b 之间的协商过程需要通过中心签约人 Agent p，由其中间的线程构成，即：Process＝{Thread（a，b，p）}。

（4）协商协议（Protocol）。协议规定了协商的起止标志，消息发送的形式和应答的方式等。

应答值除了包括领域相关的信息外，还有三种特殊形式：agree、reject、change，即接受、拒绝、修改。若收到 agree，表明双方达成共识，协商结束；若收到 reject，表明应答者拒绝协商请求，协商不再进行；若收到 change，则表明应答者无法接受发起者的条件，要求进行调整。也就是说，当收到 agree 和 reject 时，协商结束，而收到 change 时，协商继续进行。同时，系统将对协商次数和时间进行限制 deadline，若超过次数或时间，则系统强制结束协商过程。

设最长等待时间为 T，提出协商请求的最大次数为 MaxTime，若 t 时刻 Agent a 向 Agent b 发出消息，在 $t \sim t＋T$ 时段，Agent a 只在接收到 Agent b 的应答之后才发送下一条消息。若直到 $t＋T$ 时刻还没有收到 Agent b 的应答，则 Agent a 选择重新发送消息，或者放弃协商。

首先应答者，即 Agent a 向中心签约人提出协调申请发送协调内容，再由中心签约人向应答者，即 Agent b 发出请求并传递基本协商信息。当双方都做好进入协商的准备后，Agent a 制定并发送初始协商契约，Agent b 接收到初始契约后，需要对该协议内容进行深入分析及评价，若 Agent a 所提出的条件与预期相吻合，则直接向中心签约人发出 agree 的信号，否则则需与所能接受的阈值相比较，若没有超出阈值则提出 change，否则 reject；Agent a 则需在等待应答的时间内保持监听状态。整个协商过程由中心签约人控制最大请求次数及时间，若不超过规定次数及时间则可回到初始情境，重新对该问题展开协商，若超过了预定次数或时间则无法继续建立联系，取消协商，如图 4-8 所示。

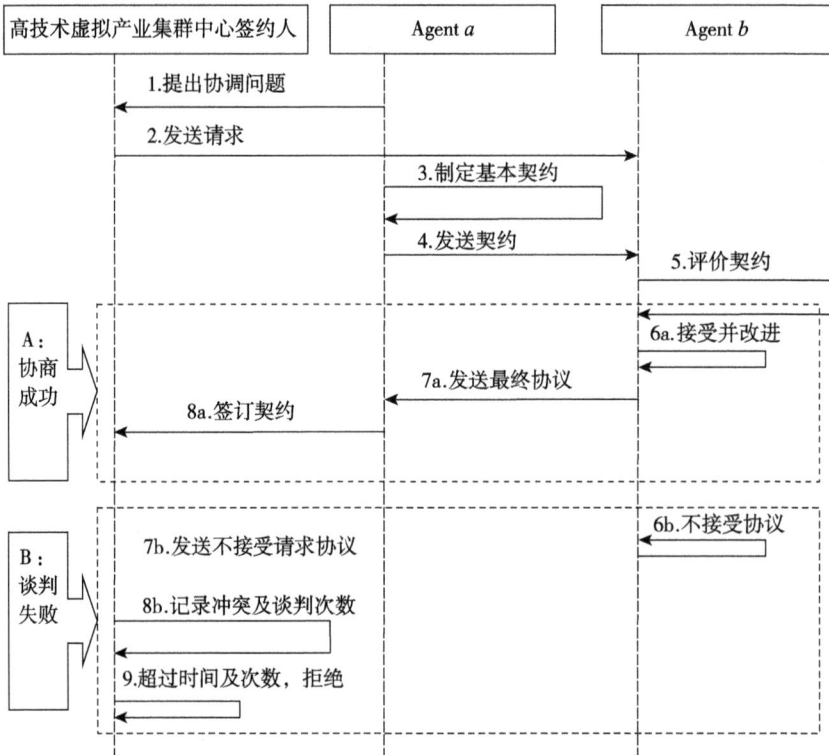

图 4-8　基于 Multi-Agent 的社会网络多重协商模型

4.5　本章小结

本章从高技术虚拟产业集群社会网络的内涵与特征出发，对其社会关系进行分析，并分别从信任、契约、协调三个视角建立高技术虚拟产业集群社会网络运行模式。首先，从直接信任、间接信任、感知风险三个维度构建高技术虚拟产业集群社会网络的信任模式；其次，在所建立的关系契约网络的基础上，构建正式契约与关系契约相融合的柔性契约模式；最后，基于 Multi-Agent 理论建立高技术虚拟产业集群社会网络多重协商模式。高技术虚拟产业集群社会网络运行模式的构建，为网络运行模式社会价值的实现提供了途径，促进了高技术虚拟产业集群的发展。

第 5 章

高技术虚拟产业集群
知识管理

5.1 高技术虚拟产业集群知识网络

5.1.1 HTVIC 知识网络的内涵与特征

知识网络(knowledge network)最初来源于情报科学领域,管理学领域明确提出"知识网络"的概念是在 20 世纪 90 年代中期,由瑞典工业界的 Beckmann (1995)提出,他将知识网络描述为进行科学知识生产和传播的机构和活动的网络。知识网络理论将复杂网络研究与知识管理理论相结合,描述各类知识资源,分析个人及组织知识体系的结构及组成,用以研究个人及组织间的知识传播、合作以及创新行为。

高技术虚拟产业集群知识网络是一种包含知识识别与获取、知识共享、知识扩散等功能于一体的网络体系,能够为高技术虚拟产业集群各成员提供丰富的知识来源,弥补各成员自身的知识缺口并激发各成员私有知识的溢出,促进高技术虚拟产业集群内成员企业知识能力的发展,从而在高技术虚拟产业集群知识网络内实现跨空间与跨时间的整合,增加高技术虚拟产业集群整体的知识存量,最终实现高技术虚拟产业集群的知识融合与创新。该定义可以从以下两个方面加以理解。

(1)高技术虚拟产业集群知识网络是虚拟集群网络发展的一种高级网络。高技术虚拟产业集群知识网络同组织网络、社会网络一样,是高技术虚拟产业集群网络的重要组成部分,高技术虚拟产业集群内高技术企业、高校与科研机构、各地政府、金融服务等中介机构共同构成了虚拟集群知识网络的知识节点。与组织网络与社会网络不同的是高技术虚拟产业集群知识网络是主要以知识为流动要素的复杂开放网络,它以高技术虚拟产业集群组织网络与社会网络为基础,是高技术虚拟产业集群网络发展的高级阶段。由于高技术虚拟产业集群内高技术企业间的合作大多围绕高技术产品而展开,因此在各成员间合作过程中必将存在持续的知识共享与交流,由此在各成员间可建立起知识关联的网络关系。

(2)高技术虚拟产业集群知识网络是由网络主体、活动以及资源三要素构成的。借用 Hakansson(1987)的三要素网络模型来刻画高技术虚拟产业集群成员间的知识网络,高技术虚拟产业集群内的各类主要成员同样是其知识网络的行为主体;高技术虚拟产业集群知识网络的活动主要是指高技术企业间或高技术企业与虚拟集群其他主体间所进行的正式及非正式的相互学习、知识、技术或经验的共享与交流活动;高技术虚拟产业集群知识网络内的资源主要是虚拟集群内与高技术产业相关的显性知识与隐性知识。因此,高技术虚拟产业集群知识网络是由众多打破地理限制并在虚拟空间内聚集的成员企业及彼此间相对稳定、持续的知识交换与知识传递过程中形成的正式或非正式网络关系,如图 5-1 所示。

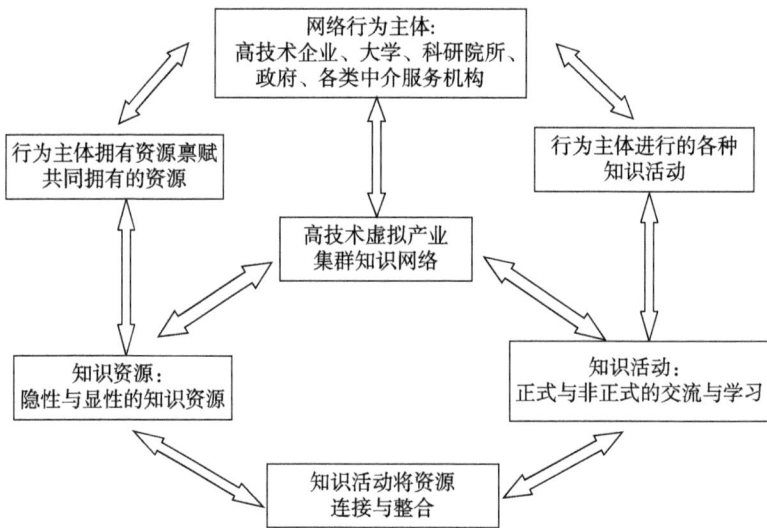

图 5-1　高技术虚拟产业集群知识网络的组成要素

高技术虚拟产业集群知识网络不同于组织网络与社会网络,在知识经济与互联网迅速发展的背景下,高技术虚拟产业集群知识网络一方面整合各跨地域网络成员的知识,并以此形成高技术虚拟产业集群内部知识网络,同时又嵌套在全球知识网络内,使高技术虚拟产业集群始终与外部进行频繁的知识交流。因此,本书认为高技术虚拟产业集群知识网络具有如下特征。

(1)知识活动的虚拟化。高技术虚拟产业集群以网络服务平台为中心,打破地理的限制,将高技术虚拟产业集群知识网络内各成员私有知识与虚拟集群公有知识虚拟化存储于高技术虚拟产业集群知识地图（knowledge map）中，知识网络成员依据自身知识的需求通过知识共享与转移等合作形式从其他知识网络成员及高技术虚拟产业集群共享性知识中获取所需知识。

（2）知识存量高且流量大。高技术产品的研发需要上游技术创新企业、高等院校和科研院所等拥有高知识与技术含量的成员加入，使高技术虚拟产业集群知识网络在短时间内拥有较高的知识存量。同时，面对快速变化的高新技术和市场环境，高技术虚拟产业集群内高技术企业掌握的知识资源难以满足所有的知识需求，通过知识网络各成员主体间的知识学习或新成员的加入，增加高技术虚拟产业集群知识网络外部知识的流入。

（3）推动知识的价值增值过程。高技术虚拟产业集群知识网络内知识共享与扩散是知识成为资本及其价值增值和价值实现的关键环节。知识只有在进行传递并被有效使用时其价值才能得以显现，且不会随着使用的增加而减少。由于高技术虚拟产业集群内高新技术具有高渗透性与高扩散性，依托知识网络可在高技术虚拟产业集群内迅速共享与扩散，使高技术虚拟产业集群成员及其整体知识价值增长，并有利于知识创造。

（4）有利于知识创新与技术创新。高技术虚拟产业集群主要成员为高技术企业及相关组织机构，在知识网络内成员间的知识共享与扩散过程中所涉及的知识溢出、知识传递、知识学习与吸收有利于成员企业知识创新能力的提升和创新周期的缩短，从而提高成员企业的竞争力。同时，高技术虚拟产业集群知识网络的高速信息处理能力可满足联盟成员高新知识与技术不断更新的需求，提升联盟知识利用效率。

高技术虚拟产业集群的实质是知识的联合体系，知识的形成、积累与快速有效的传递是其运行的战略支撑，知识网络为其有效运行提供了网络支撑平台，高技术虚拟产业集群知识网络运行模式及有效管理是高技术虚拟产业集群知识管理的核心和必然选择，也是其高效运作的重要环节。

5.1.2　HTVIC 知识网络层次的划分

由于高技术虚拟产业集群知识网络的隐蔽性与复杂性，无法直接对其中的知识活动进行观察，同时高技术虚拟产业集群高技术企业及其他相关组织机构作为高技术领域知识的载体成为知识网络的主要节点，且知识网络间的网络关系是不同知识载体之间知识的流动与传递的路径，根据知识网络内关系的密集程度可以揭示出高技术虚拟产业集群知识水平含量以及知识在虚拟产业集群中的分布情况与应用情况。

因此按照高技术虚拟产业集群知识载体的不同，本书按照"个体层面—组织层面—集群层面"三个层面，将高技术虚拟产业集群知识网络划分为一种由低到高逐渐扩展的三个层次。

1. 个体层面知识网络

高技术虚拟产业集群个体层面知识网络是知识网络最为微观的层面，个人作为隐性知识的载体成为个体知识网络的基本知识节点，主要包括领域知识专家及知识需求者，他们是知识创造与传播的内生力量。由于高技术虚拟产业集群主要从事高技术产品及服务的研发与生产，其核心成员必然在不同高技术领域拥有大量的知识专家，同时根据研发及生产项目的实践需要也必然有相应知识需求者的存在。个体知识网络中的知识主体通过正式合作及非正式的沟通交流产生知识关联关系，由此可在高技术虚拟产业集群的微观层面产生个体知识网络。

2. 组织层面知识网络

作为由众多个体所构成高技术虚拟产业集群成员组织或机构，组织层面知识网络的形成可以理解为个体知识网络的延伸与发展，根据高技术虚拟产业集群成员组织在网络中的结构地位，可以将其细分为组织知识网络的核心层与辅助层。组织知识网络的核心层是能够积极引导知识共享与扩散活动的核心虚拟集群成员，其所开展的各种知识管理活动将贯穿于整体高技术虚拟产业集群组织知识网络的运作过程；组织知识网络的辅助层是指为了满足高技术虚拟产业集群组织知识网络核心层的知识需求，将与核心层知识网络主体进行知识共享与交流沟通的其他组织知识网络成员，其中包括高技术企业、产业子群、高校与科研院所、咨询机构等多种组织形式。组织知识网络内的知识关联是由核心层组织间的知识关联、核心层组织与辅助层组织间的知识关联共同构成的。其中，核心层组织间的知识关联可反映出高技术虚拟产业集群内高技术知识的水平与含量，核心层组织与辅助层组织间的知识关联可体现出高技术虚拟产业集群知识传递的效率。

在组织知识网络中，为促进高技术虚拟产业集群合作的进行，应考虑以下三个方面：其一，以知识网络构建组织战略，强调知识对企业成长、竞争力提高的关键作用，强调将知识的获取、创新、组织、共享应用到企业所有的业务和管理领域，使知识得到最有效的利用。其二，组织的学习。在组织层面中，为使组织要素间的联系紧密，应重点关注组织的学习环节。知识与学习是紧密联系的两个概念，人们获取知识大都是通过学习获取的。哈佛大学的 Amy(2014)认为组织学习是一个过程，在这个过程中，组织的成员积极主动地应用资料（即与组织相关的信息和知识）来指导组织行为，以提高组织连续适应环境的过程（Huber，1991）。其三，组织文化为知识的应用与创新提供了软环境，组织文化在知识的组织与管理过程中，有着显著影响。

3. 集群层面知识网络

高技术虚拟产业集群内知识在经过个体层面与组织层面的集结，可进一步向宏观层面溢出与延伸，即为高技术虚拟产业集群集群层面的知识网络。将高技术虚拟产业集群个体层面与组织层面的知识活动视为集群层面知识管理的具体内容，将各层面的知识活动相互关联，成为高技术虚拟产业集群知识管理的有效途径。对高技术虚拟产业集群集群层面知识网络的研究可以有效识别集群整体知识资源的跨地域分布及配置情况，通过集群层面知识网络的运行，可以实现对知识在个人层面内、个人层面与组织层面间、组织层面内以及组织层面与集群层面间共享与传递的有效管理，有效弥补高技术虚拟产业集群知识缺口，从而构成集知识共享、知识整合、知识创新等功能于一体的知识网络结构体系。

5.1.3　HTVIC 知识网络的知识获取模式

1. 知识资源的识别

高技术虚拟产业集群内各成员所拥有的知识是虚拟集群核心资源，同样也是知识网络内知识活动的客体，因此在研究高技术虚拟产业集群知识网络的知识获取模式之前，必须对其进行识别。本书从知识资源的来源（权限范围）、知识属性（可编码程度）及知识的种类三个方面对高技术虚拟产业集群知识资源加以识别。

1）知识资源的来源

高技术虚拟产业集群知识资源来源于知识含量不同的各虚拟集群成员，其知识系统是由各成员单独知识系统有机融合而成，但由于知识的共享与扩散特性，高技术虚拟产业集群整体知识资源并不是各成员知识资源的简单累加。高技术虚拟产业集群各成员利用虚拟集群的网络优势，在其资源池内可以迅速获取自身所需的知识资源，以弥补自身知识缺口。因此，本书将高技术虚拟产业集群知识资源划分为集群成员内部知识、集群共享知识及集群外部知识。

（1）成员内部知识资源。高技术虚拟产业集群成员知识资源是由一般性知识资源与战略性知识资源共同组成的，其中一般性知识资源是集群成员拥有的不完全流动与非异质性的知识资源，如企业信息、产品功能、产品市场信息等。而高技术虚拟产业集群成员的战略性知识资源是指企业内的核心知识与技术，能够为企业产生超额价值与竞争力，具有价值高、相对稀缺性、难以模仿与替代等特性。这部分知识资源是虚拟集群成员间进行组织间学习、知识共享与扩散的核心内容，其战略性知识资源的共享与扩散难度大，费用较高。高技术虚拟产业集群虚拟化运营特性与集群信息服务平台的建设，为成员内部知识资源提供了新的共享方式与渠道。

（2）集群共享知识资源。高技术虚拟产业集群共享知识资源是指虚拟集群成员间可以进行沟通、交流与相互学习的知识，这类知识资源是由成员主动在信息服务平台进行发布，以组织间学习、相互合作及有偿转让等多种方式在成员间进行共享。在知识共享过程中，可产生大量的新知识、新技术等创新性知识资源。同时，伴随集群成员间合作的深入，高技术虚拟产业集群共享性知识资源将大量溢出并逐渐转化为虚拟集群公共知识资源，成为高技术产业领域的技术标准，供其他虚拟集群成员参照使用，从而整体推动集群成员知识含量的增加。

（3）集群外部知识资源。集群外部知识资源是指高技术虚拟产业集群以外，其他高技术企业、相关组织机构及产业集群所拥有的知识资源。高技术虚拟产业集群的发展依赖集群内部与外部环境之间不断的物质、能量、信息交换，因此高技术虚拟产业集群与外部知识的交流可以开阔虚拟集群成员的发展创新思路，扩大学习领域，为高技术虚拟产业集群知识资源吸纳更多的"新鲜血液"。

2）知识的属性

根据知识的编码程度，可将其划分为能够编码化的显性知识（explicit knowledge）与难以编码、高度个性化的隐性知识（tacit knowledge）。隐性知识是英国学者 Polanyi（1958）从哲学领域提出的概念，并认为显性知识易于交流、传递及分享，而隐性知识是难以描述与表达、只可意会不可言传的知识。知识的显、隐性划分，有利于揭示知识内涵与高技术虚拟产业集群知识活动的机理。从 OECD 对知识的四种分类可以看出，知事类（know-what）与知因类（know-why）知识可视为显性知识，而知能类（know-how）与知人类（know-who）则属于隐性知识的范畴。在高技术虚拟产业集群成员企业内同样存在显性知识与隐性知识，其显性知识包括文档、产品图纸、生产规程与技术标准等组织技艺，而其隐性知识则存在于各级人力、智力资源之中。表 5-1 中将显性知识与隐性知识进行对比分析。

表 5-1 显性知识与隐性知识

知识类型	形态	来源	获取程度	形式化
显性知识	结构化、半结构化、非结构化	数据库、文档、手册及其他存储介质	较易	可编码，可描述，可传播分享
隐性知识	个体化、感性化	大脑思维、智力资源、经验	较难	较难形式化表达，不便传播

3）知识的种类

高技术虚拟产业集群知识的种类可以划分为管理知识、客户知识、技术知识等。管理知识是高技术产品在研发与生产过程中管理与协调领域的知识；客户知识是指高技术虚拟产业集群成员利用客户对产品的需求进行多次交流与沟通，进而改进、完善现有产品与服务的知识；技术知识则是隐含在产品与服务中的知识。

2. 基于本体的知识网络地图

由于高技术虚拟产业集群是一种知识密集型与技术密集的新型产业组织形式，其知识网络内必然存在大量的知识创造活动，常常涉及多领域的知识获取、共享、转移、融合及再造。通过知识网络层次的划分可知，高技术虚拟产业集群知识网络内存在多种知识主体，各知识主体及虚拟集群所拥有的知识资源均不相同，特别在高技术虚拟产业集群内多种高技术产业将产生不同的领域知识，如何利用虚拟集群优势在高技术产品的合作研发过程中，使知识需求方能够在最短的时间内以最恰当、便捷的途径方式获取准确的知识以提高高技术虚拟产业集群知识的价值创造与利用效率，成为高技术虚拟产业集群知识网络有待解决的首要问题。因此，利用网络信息技术，构建高技术虚拟产业集群知识网络地图成为解决虚拟集群知识获取、整合与利用的有效途径。

知识地图的概念最早是由情报学家 Brooks(1980)在其经典著作《情报学基础》中正式提出的，他认为知识结构可以绘制成以各个知识单元为节点，以各知识单元间相互影响与联系为链接的认知地图。目前，知识地图在原有内涵的基础上更加强调其所拥有的内容与功能。因此，本书借鉴知识地图的设计思想，建立基于本体论(ontology)的高技术虚拟产业集群知识网络地图，并认为它是对知识网络内知识资源的一种组织框架，是对知识网络内知识资源的分类以及对各知识主体、知识元本体、共享性知识领域本体的表示及其映射规则的制定，其所蕴含内容与功能如下。

(1)高技术虚拟产业集群知识网络地图的内容。一方面，通过知识资源的调查与识别获取知识网络内各知识主体(成员节点)知识资源目录；另一方面，它是对知识网络内知识主体、元知识、领域知识间关联关系的记录与表示。

(2)高技术虚拟产业集群知识网络地图的功能。首先，其功能是对高技术虚拟产业集群知识网络内知识的索引与导航。其次，高技术虚拟产业集群知识网络地图不仅表示各知识主体及主体间知识关联，更能对各主体元知识及知识关联进行统计与挖掘，按知识类别、产业领域、研发项目对知识元本体进行聚类与映射从而形成知识领域本体。最后，高技术虚拟产业集群知识网络地图不仅能够检索、查询知识资源的载体，还可以解释知识元本体间、知识领域本体间、知识元本体与领域本体间的关联关系，从而更好地调度与分配知识资源。

1)基于本体的知识表示

本体论原本是哲学的一个概念，该词来自于希腊语词根"onto"(存在)与"logia"(箴言)，其哲学本意为关于存在及其本质的规律和学说，后被应用于探索事物存在本质的通用理论。目前，知识管理学者引用这一概念，目的在于对知识的通用性表示与解决跨主体知识共享问题。基于本体的表示成为本体论在知识管理领域的新应用。根据本体论，本书将基于本体的知识表示方式定义如下。

知识本体 KO 是由六种元素构成：$KO = \{U, A^U, R, A^R, H, X\}$。六种元素分别表示如下。

(1)U 为知识集，当知识本体表示某一元知识时，U 表示一个知识概念，当知识本体表示领域知识时，U 则表示该领域内多个知识概念的集合；A^U 表示每个知识概念的属性集；R 表示知识关联关系集合；A^R 表示知识关联关系的属性集；H 表示知识概念的层次；X 表示公理集。

(2)知识概念属性集 $A^U(u_i)$。知识概念集 U 中的每个知识概念 u_i 应属于同一知识类别，并可用相同的属性集进行描述。

(3)知识关联关系 $r_i(u_p, u_q)$。知识关联关系集合 R 中 r_i 表示与该知识概念相关的上下文知识概念的二元关联，并且此关系的实例是一对知识概念对象 (u_p, u_q)。

(4)知识关联关系的属性集 $A^R(r_i)$，用于表示知识关联关系 r_i 的属性。

(5)知识概念层次 H，用以说明该知识本体是知识元本体还是知识领域本体。

(6)公理集 X，X 中每个公理都是对知识概念的属性值以及关系属性值的约束，以及对知识概念对象之间关系的约束。

基于本体的知识表示能够捕捉相关领域的知识，提炼挖掘出不同知识的共同属性，并从知识关联角度、知识概念层次角度对知识之间的相互关联关系给出明确的表达。因此，在高技术虚拟产业集群知识网络地图中，知识网络节点所蕴涵的元知识以及领域知识均可用知识本体的知识集加以表达，R 表示元知识间、元知识与领域知识间、领域知识间的关联关系。通过知识本体语义的表示及知识本体的关联，可实现知识的通用性表达与检索，同时基于本体语义的知识表达方式能够描述出知识的网状结构特征，为高技术虚拟产业集群知识网络地图的构建提供了一条新的途径。

2)基于本体的知识网络地图的构建

在对基于本体的知识表示定义后，本书构建了基于本体的高技术虚拟产业集群知识网络地图概念模型。该模型可以分为知识资源层、知识本体层、知识网络地图表示层及交互层，如图 5-2 所示。

(1)知识资源层。知识资源层位于概念模型的最底层。它是高技术虚拟产业集群知识网络地图中知识的来源，也是基于本体所要表示的主要内容。高技术虚拟产业集群所需的知识主要来源于知识网络不同层次、不同知识主体所拥有的具体知识，这里主要是指蕴含大量隐性知识的个人知识资源、主要来自于成员企业的组织知识资源、集群知识资源以及来自于虚拟集群之外的外部知识资源。在对上述知识资源进行分析归类后，抽取核心知识资源建立知识资源索引目录，参照本体语义表示规则，为知识资源的本体表示做好准备，待知识本体层使用。

(2)知识本体层。知识本体层是构建知识网络地图的核心层。该层的主要功能包括知识元本体的表示与知识领域本体的构建两方面。首先，根据知识本体的六要素表示方式，在知识资源索引目录基础上对所列知识资源进行语义逻辑的描

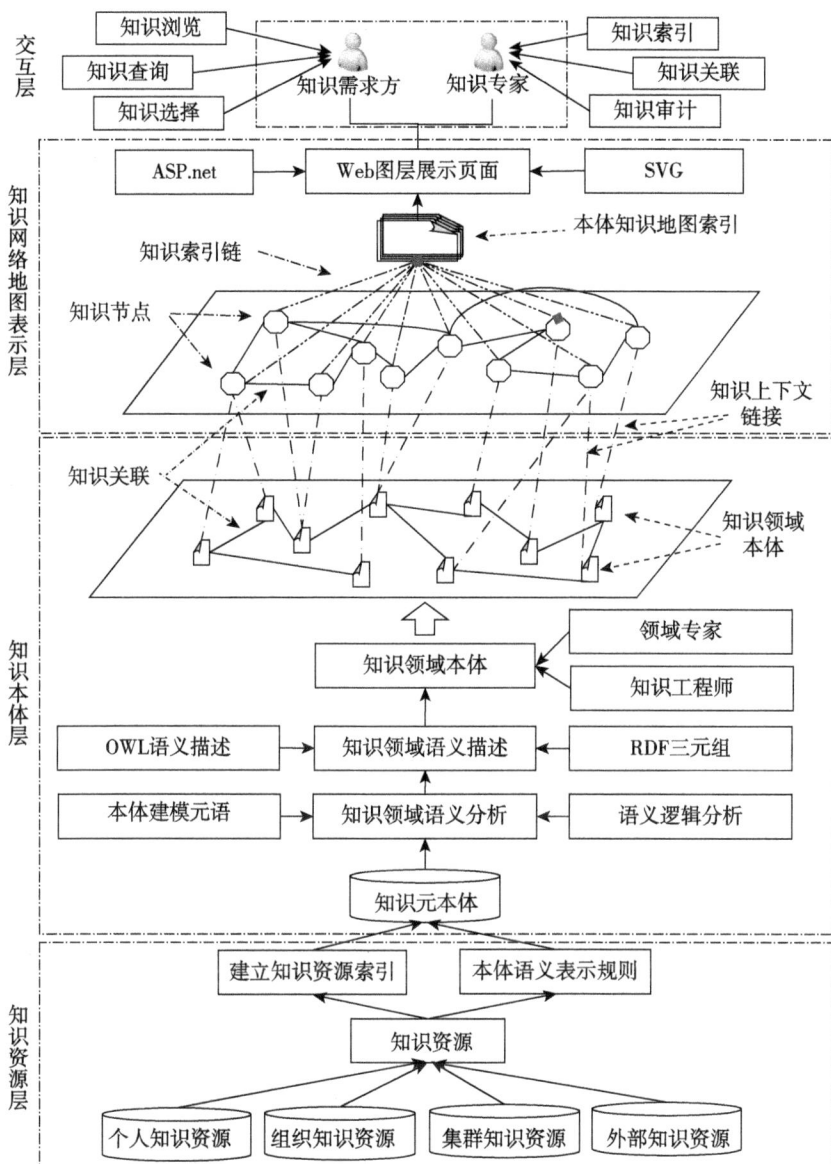

图 5-2　基于本体的高技术虚拟产业集群知识网络地图概念模型

述，形成相应的知识元本体；其次，按照知识元本体的概念名称、属性、实例、语义关系对知识元本体进行领域知识的语义分析，运用基于本体的网络注释语言（ontology-based web annotation language，OWL）及资源描述框架（resource description framework，RDF）形式化描述知识领域本体；知识工程师及领域专家通过知识领域本体的描述利用本体构建工具构建知识领域本体。

（3）知识网络地图表示层。知识网络地图表示层是知识资源层在可视化界面上的映射，前者表现高技术虚拟产业集群知识资源的整体状态，后者表示单个知识资源的具体信息。高技术虚拟产业集群知识网络地图表示层展现了知识领域本体的知识节点、知识上下文链接和知识关联等关系，揭示出由本体按照名称、属性、实例及语义关系映射出的知识结构，并建立知识领域本体网络地图索引。同时，为了满足高技术虚拟产业集群知识需求者及知识专家的使用，运用富媒体应用程序（rich internet applications，RIA）设计知识网络地图的网络图层展示页面，进一步与交互层进行衔接。

（4）交互层。知识网络地图的构建是面向高技术产品合作项目的，因此存在知识缺口的集群成员将成为知识需求方在知识网络地图内进行知识浏览、知识查询以及知识选择活动，同时还包括对虚拟集群知识进行深层分析，即知识索引、知识关联及知识审计活动的领域知识专家的应用。

因此，只有知识节点、知识关联、知识上下文链接、知识元本体及知识资源进行有机整合，才能构成一个完整的高技术虚拟产业集群知识网络地图，使其能够准确地检索并指向知识、知识内容与知识拥有主体。

3）从知识本体到知识网络地图的映射

知识本体映射是一种将知识元本体在语义上相关联的一种方式，目的在于通过对知识元本体概念、属性、实例及语义关系的分析，将其分组整合为不同的知识领域本体，用来描述一个更大的信息网络及知识领域，并以可视化技术在基于Web的知识网络地图中得以展现。映射在此过程中提供了一个转化的"桥梁"，通过信息集成及本体语义互操作，实现了不同领域知识资源的关联与共享，解决了传统知识语义异构的问题。

从知识本体到知识网络地图的映射过程模型，分为三个层次：知识元本体层、知识本体映射处理器以及知识网络地图层，如图5-3所示。

（1）知识元本体层。该层包含知识本体映射的具体对象，映射的目的是将多领域、多层次的知识元本体映射为知识领域本体，并在知识网络地图中可视化显现，消除虚拟集群内原有知识的异构性与多领域特性，使知识可以共享、交流及重用。

（2）知识本体映射处理器。该层为知识元本体提供语义映射服务，在对各知识元本体的表示元素进行语义相似度的计算、修正时，参照映射规则将知识元本体映射为领域本体，并最终投射到知识网络地图上。

其中，相似度计算模块是由语义关系匹配器、概念名称匹配器、属性匹配器及实例匹配器组成的，该模块按照知识本体KO各表示元素的匹配程度进行相似度计算：语义关系匹配器对各知识元本体间的语义关系进行分析，并得出等价、特殊化、重叠与不相交四种语义关系，引导知识领域本体的形成；概念名称匹配

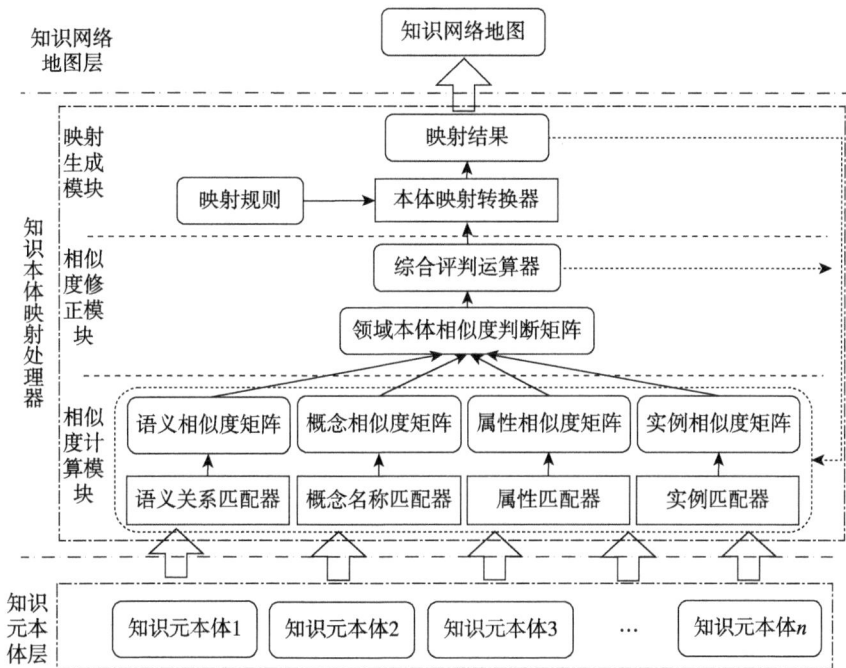

图 5-3　知识本体到知识网络地图的映射过程模型

器根据知识元本体中元素 U 名称的相似性进行本体映射；属性匹配器基于知识概念的属性 A^U，运用朴素贝叶斯分类算法进行本体映射；实例匹配器则根据知识的运用实例进行知识本体的映射。通过上述四种语义匹配器，分别建立相应的相似度矩阵。相似度修正模块运用综合评价方法，综合考虑语义描述的四种相似度，经综合评判运算器的计算得出相似度的综合计算结果，若不满足映射要求，则返回重新选择知识元本体。映射生成模块的主要功能是在映射规则基础上完成知识本体的转换及知识领域本体向知识网络地图的映射投影。

3. 基于知识网络地图的知识获取

高技术虚拟产业集群知识网络地图的建立，其目的在于为高技术虚拟产业集群各成员提供一种便捷的知识获取、重用、共享与交流的方式与辅助支持工具。高技术虚拟产业集群知识网络地图作为虚拟集群各成员与集群整体共同参与的智能互联的知识库，为高技术产品研发、生产中的产品设计、知识重用、多知识主体间的协同合作提供了一个物理载体与交流平台。

高技术虚拟产业集群的建立的核心目标就是抓住市场机遇，快速构建灵活的虚拟合作组织，高效率、高质量地完成各种高技术产品的研发与生产。其中，知识网络地图的构建能够在其知识本体库中快速、准确地获取与重用所需知识、发现相关新知识，满足高技术产品新设计对产品功能的需求，其知识获取过程如

图 5-4 所示。

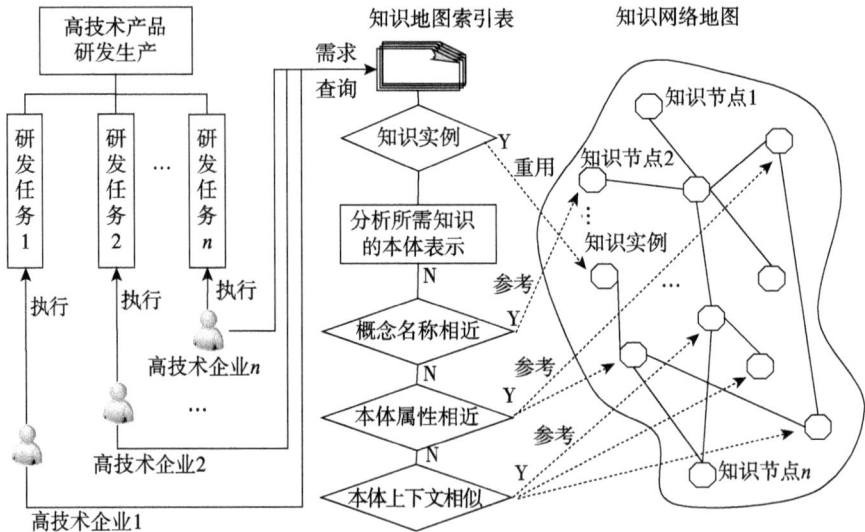

图 5-4　基于知识网络地图的高技术虚拟产业集群知识获取过程

在高技术虚拟产业集群中，承担不同研发、生产任务的高技术企业或相关组织机构，为获取相关知识在知识网络地图索引表中进行检索，查看是否存在与其需求相匹配的知识应用实例，如果存在则可以通过知识索引链直接查阅保存该知识实例的知识节点，并进一步调阅与该知识节点相关联的知识领域本体及知识元本体，挖掘其知识主体，并进一步进行沟通联系以获取更多的知识资源。若不存在相匹配的知识实例，则对所需知识进行本体语义分析，按照概念名称相近、属性相近、上下文相近的查询顺序，进一步在知识网络地图索引表中查询、参考相关的知识节点，以准确获取相应的知识。

5.1.4　HTVIC 知识网络的知识共享模式

1. 知识共享的内涵与特征

高技术虚拟产业集群知识网络的知识共享是在知识开发与利用层面，通过建立在信任基础上的网络各层面（个人层面、组织层面、集群层面）知识主体之间的有意识的相互交流与沟通学习或为实现共同战略目标而建立的紧密互利合作关系（合作研发、知识联盟等），弥补知识主体自身知识缺口、提升虚拟集群整体知识存量、加快组织间知识的流动速率，最终实现高技术虚拟产业集群知识网络内知识资源的可持续复用及知识的不断创新。其主要特征如下。

（1）知识共享是一种知识主体间的学习过程。高技术虚拟产业集群知识网络内各知识主体间的知识共享并不是简单的知识转让与授权，而是共享双方或多方的复杂学习过程，利用高技术虚拟产业集群信息服务平台进行组织间学习实现知识的跨组织交流并可形成知识网络的公共知识及相关技术标准，推动高技术虚拟产业集群知识的价值增值与新知识的产生。

(2)知识共享是一种有意识的行为。一方面，高技术虚拟产业集群知识网络内各知识主体为获取与高技术相关的先进知识，并充分利用高技术虚拟产业集群的知识资源，往往放弃个体理性而选择有利于自身发展的集体理性，主动进行知识共享。另一方面，高技术虚拟产业集群整体信任氛围、集群品牌与文化、集群基本规范与制度共同影响高技术虚拟产业集群各知识网络主体的知识共享态度，提升主动知识共享的意愿。

(3)知识共享的价值标准是知识的复用与创新。高技术虚拟产业集群知识网络内知识共享的基本价值标准是实现知识资源的复用，提升共享主体的价值存量，弥补知识缺口。在此基础上，围绕高技术产品的研发与生产，共同创新，产生创新性知识，并加以应用以实现知识共享的高级价值标准。

2. 知识共享的影响因素与动因

1)知识共享的影响因素

高技术虚拟产业集群知识网络内各知识主体间的知识共享程度受来自于知识主体、组织网络、知识内容以及合作环境的共同影响。

(1)知识主体。高技术虚拟产业集群知识网络内知识主体主要是指高技术企业及相关组织机构。在知识共享过程中：首先，知识供给方的合作意愿及其输出知识编码的能力对知识共享的效果产生主要影响；其次，知识需求方对知识网络内共享性知识的应具备较好的理解能力、学习能力及吸收转化能力；最后，知识主体间信任关系的建立是知识网络内各知识主体进行知识共享的基础。

(2)组织网络。高技术虚拟产业集群作为一种新型的产业组织形式，其独有的跨地域虚拟化运作模式，成员的准入、退出机制，以及虚拟集群对各成员的基本规范与共识的集群文化共同影响嵌入其中的知识共享活动。首先，高技术虚拟产业集群组织网络的拓扑结构呈现出聚集程度高且平均路径短的特点，有利于知识在各主体间的共享流动；其次，高技术虚拟产业集群为实现知识资源的优势互补、优化产业结构以及提升集群整体竞争优势，鼓励各成员进行学习与交流，以网络通信及信息服务平台为载体提供在线学习、沟通的机会，引发知识共享的产生；最后，知识网络内的共享行为往往无法自发产生，需要高技术虚拟产业集群制定激励措施加以引导。

(3)知识内容。由于高技术虚拟产业集群知识网络中高新技术与知识具有复杂性与隐性，这对知识网络内组织间的知识共享有较大影响。首先，大量以经验、技能为代表隐性知识难以准确、清晰地表达，使知识的获取方无法直接吸收。因此，当知识网络内共享性知识中包含大量的隐性知识时，其共享的难度与共享程度难以把握。其次，各网络主体知识含量的透明度，将影响知识共享的意愿。如果各知识主体因担心核心知识的外泄而拒绝参加知识共享活动，则知识联盟难以形成。因此，建立相互信任的社会网络关系，可以降低知识网络内各主体过度的知识保护意识与机会主体的产生，有助于自由交换学习环境的建立。

（4）合作环境。首先，高技术虚拟产业集群是高技术产业集群的一种特殊形式，其主要核心产业仍与高技术产品研发、生产各环节切切相关。高新技术可快速发展，使高技术虚拟产业集群的产业环境快速变化，对相关知识的需求变化较快。其次，在知识共享过程中，各知识主体仍然面临核心知识资源外泄的风险，因而将影响合作研发联盟的稳定程度，对合作环境产生影响；知识共享过程中，由于高技术虚拟产业集群跨地域特征，传统的学习、交流模式无法承载大量高新技术知识的传递，高技术虚拟产业网络信息服务平台将成为实现知识共享活动的主要网络环境。

其具体相互关系如图5-5所示，其中主体因素是整个知识网络知识共享的基础，知识因素是知识网络知识共享的主体，组织因素是载体，环境因素为知识网络进行知识共享提供支持。

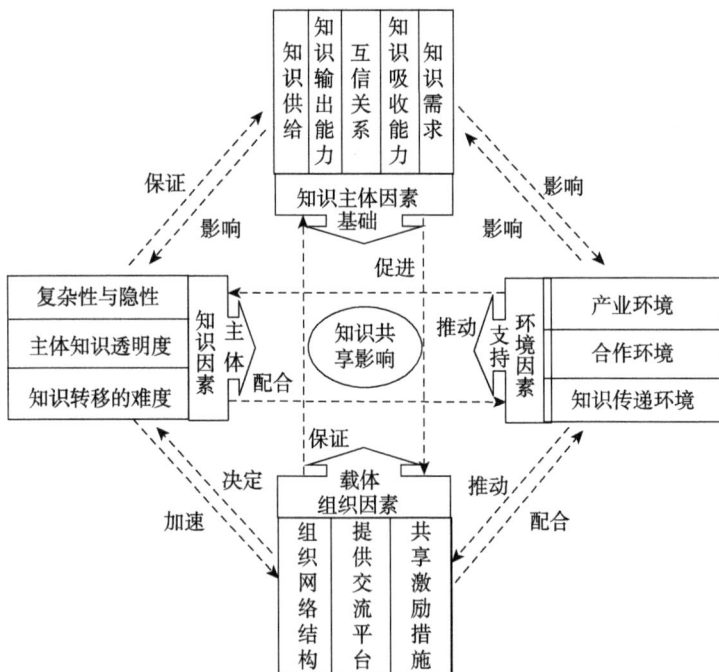

图 5-5   知识共享影响因素相互作用关系图

2）知识共享的动因

高技术虚拟产业集群的建立为其成员提供合作伙伴成员池，同时也增加了大量的市场机遇。伴随着高技术产品市场生命周期的缩短与竞争环境的进一步加剧，大量高技术企业及相关组织机构通过加入高技术虚拟产业集群以开拓更广阔的经济活动空间，利用虚拟集群优势把握市场机遇，获取丰富的知识资源。因此，当高技术虚拟产业集群内成员为把握某一市场机遇或要对自身知识补充更新而拥有的知识存量无法满足相应的知识需求时，便产生了知识缺口（知识供给无法满足知识需求）。此时，高技术虚拟产业集群成员将依托集群优势，在高技术虚拟产业集群内各成员与虚拟集群共享性知识中寻找相应的知识资源，以弥补自身知识缺口。其中，在由市场机遇构建的高技术合作研发联盟中，各合作成员资源优势互补，弥补知识缺口成为高技术虚拟产业集群知识网络内知识共享的主要动因，如图 5-6 所示。

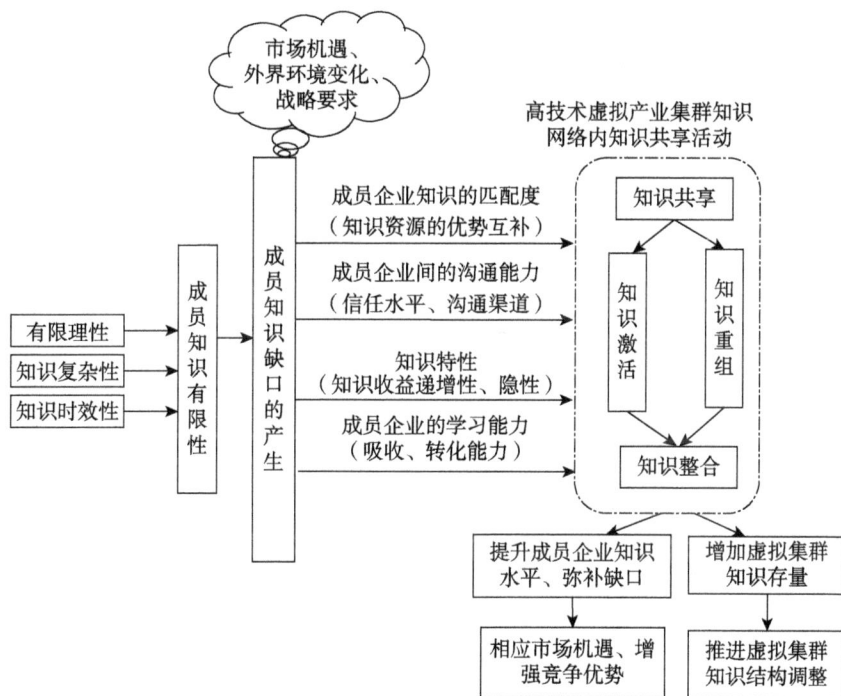

图 5-6　高技术虚拟产业集群知识网络内知识共享动因模型

高技术虚拟产业集群知识网络内知识主体间的知识共享过程受到内部知识需求与外部市场机遇的共同推动作用。一方面，知识网络内组织间学习活动来自于企业内部知识需求推动，它成为促进知识主体参与知识共享的主要内部推动力。另一方面，高技术虚拟产业集群成员知识的有限性使其在响应市场机遇、适应外界变化与实现自身发展的战略要求时面临知识缺口，为弥补缺口进而对高技术虚拟产业集群内的知识资源产生依赖。知识缺口的产生与集群成员对外部知识资源的依赖性是知识网络内各主体进行知识共享的外部推动力。

在上述两种推动力的共同推动下，又由于知识具有边际效益递增的特性，高技术虚拟产业集群知识网络内知识主体主动形成参与知识共享活动的意愿。因而通过各知识主体间的知识共享，提升了各主体自身知识水平与集群整体的知识存量，为实现成员的市场机遇快速响应能力与竞争优势以及虚拟集群整体知识资源结构的调整提供新的途径。

3. 知识共享模式的委托代理模型

在分析知识共享的影响因素与动因的基础上，本书基于委托代理理论构建高技术虚拟产业集群知识共享博弈模型，对知识网络内各知识主体间的知识共享的实现条件进行研究，从而为知识网络内知识共享模式的构建提供依据。

1) 知识共享主体间的委托代理关系

委托代理理论建立在非对称信息博弈论的基础之上，将委托代理关系视为一种契约关系，在非对称信息的交易中，一个或多个行为主体根据一种明示或隐含的契约，指定、雇佣另一些行为主体为其服务，同时授予后者一定的决策权利，并根据后者提供的服务数量和质量对其支付相应的报酬，其中授权者就是委托人，占有信息优势的被授权者则是代理人。由于委托代理双方为各自独立的利益主体，信息的非对称性包含以下两方面。

一方面，委托代理双方利益不对称。委托人与代理人都是追求利益最大化的经济主体，因此当代理人超越委托人的授权而谋求自身额外收益时，代理问题随即产生。另一方面，信息内容的非对称。在委托代理关系中，委托人对代理人的了解程度是有限的，这使代理人占有一定的信息优势，从而产生机会主义行为，损害委托人的利益。综合上述两种原因，代理人为了谋取最大化利益并且杜绝"搭便车"行为，将违背委托人的意愿，利用授权谋取私利，损害委托人的利益。因此，以委托人视角，在委托代理关系中应制定相应的规范以约束代理人行为，统一双方目标。

在高技术虚拟产业集群知识网络共享活动中，一方面，各知识主体均是追求利益经济主体，其发展目标仍是追求自身最大化利益；另一方面，高技术虚拟产业集群内知识共享方(代理人)与知识的需求方存在信息不对称现象，知识的需求方对共享方的知识价值含量、共享的意愿程度无法完全了解，呈现出信息劣势。因此，在高技术虚拟产业集群知识网络内，网络节点知识主体在知识共享过程中符合委托代理关系，可以依据委托代理理论进行深入分析。在知识共享过程中，代理人是拥有信息优势的知识拥有主体，而信息劣势的知识需求主体则为委托人。

2) 知识共享委托代理模型的构建

如图 5-7 所示，高技术虚拟产业集群知识网络知识共享的委托代理过程可以描述为，知识需求主体首先在高技术虚拟产业集群知识网络的共享性知识索引中查询所需知识并发现所需知识的拥有主体，进而与知识拥有主体进行沟通，并委托知识拥有主体进一步共享所需具体知识，以使知识需求主体从中获取所需知识，此时知识共享主体接受委托成为知识共享的代理人，知识需求主体则为委托人。同时为了缩短委托代理双方的不对称信息，高技术虚拟产业集群知识网络环境将对知识共享活动进行约束与监督。

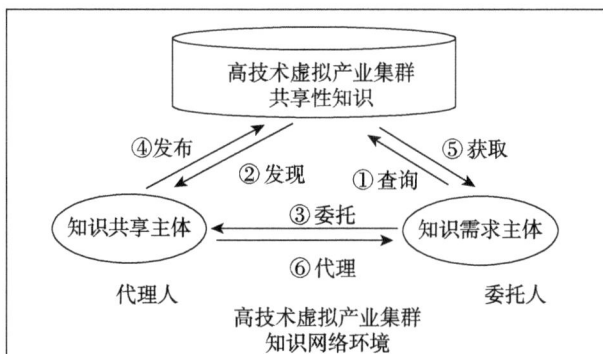

图 5-7　高技术虚拟产业集群知识网络知识共享的委托代理过程

(1)模型假设。知识共享委托代理模型的假设如下。

第一，知识网络各主体间的知识共享是在高技术虚拟产业集群约束和管理下进行的。

第二，可共享的知识量。假设知识共享方(代理人)私有知识总量为 K ，且短期内为一常量，保持不变。

第三，知识共享方(代理人)的共享意愿。假设该共享意愿为 $a(0 \leqslant a \leqslant 1)$ ，表示知识共享主体愿意共享的知识占其知识总量的比例，则知识共享方(代理人)知识共享量为 aK 。

第四，知识共享过程中的不确定性。在高技术虚拟产业集群知识网络的知识共享过程中，由于外界环境等随机因素的扰动，知识共享方(代理人)共享能力、知识传递过程中的损失以及知识需求方(委托人)对知识的吸收能力都可加剧知识共享过程中的不确性，设其为均值为 0，方差为 δ^2 的正态分布随机变量 θ ，记为 $\theta \sim \mathrm{N}(0, \delta^2)$ 。

第五，知识共享环境。由于知识网络内知识共享活动跨越多个知识主体，其共享过程更加复杂。假设影响知识共享活动的知识网络共享环境为其他可观测变量 I ，假设 I 是均值为 0，方差为 δ_I^2 的正态分布随机变量(魏红梅和鞠晓峰，2009)，记为 $I \sim \mathrm{N}(0, \delta_I^2)$ 。

第六，知识需求方(委托人)收益。知识需求方(委托人)通过知识共享获取所需知识，用于高技术产品的研发、生产，进而实现知识价值与创造相应收益。假设知识需求方（委托人）收益与共享知识的获取量呈线性关系，记为 $w_r = aK - \varepsilon\theta + \gamma I = \pi + \gamma I$，其中，$\pi$ 为知识需求方（委托人）获取共享知识的总量 $\pi = aK - \varepsilon\theta$，$\varepsilon$ 为不确定因素对知识共享数量多少的影响程度；γ 表示知识需求方（委托人）收益与共享环境间的关系，若 $\gamma = 0$，则收益与共享环境无关。

第七，知识共享方（代理人）收益。假设知识共享方（代理人）的固定收益为 s，则知识需求方（委托人）在获取共享性知识后从其收益中以一定比例 φ 给知识共享方（代理人）支付报酬，则知识共享方（代理人）的收益 $w_s = s + \varphi w_r$。

第八，知识共享成本。高技术虚拟产业集群知识共享双方在知识共享的委托代理过程中均产生共享成本，共享成本是共享知识量的函数，记知识共享方（代理人）的溢出成本为 $C_s = 1/2 \cdot b_s (aK)^2$，知识需求方（委托人）的学习成本为 $C_r = 1/2 \cdot b_r (aK)^2$，其中，$b_s$ 和 b_r 分别为知识共享双方知识共享活动的努力系数。

第九，知识共享委托代理双方的风险偏好及效用函数。由于高技术虚拟产业集群的虚拟运行特性，其知识网络内各主体间的知识共享活动具有一定的动态性，且各主体都是有限理性的独立经济个体，虽然存在高技术虚拟产业集群的约束与管理，知识网络内的知识共享活动仍存在一定的风险。因此，知识共享的委托代理双方的风险选择策略均是风险规避的，其效用函数具有不变绝对风险规避特性，知识需求方（委托人）的风险效用函数为 $u_r(\lambda_r) = -\mathrm{e}^{-\rho_r\lambda_r}$，知识共享方（代理人）的风险效用函数为 $u_s(\lambda_s) = -\mathrm{e}^{-\rho_s\lambda_s}$，其中，$\rho_r$、$\rho_s$ 为双方知识共享的风险规避系数，λ_s、λ_r 为参与知识共享委托代理双方的实际收入。

(2)模型构建。知识共享委托代理模型包含以下三个方面。

第一，知识需求方（委托人）期望收益。由上述分析可知，知识需求方（委托人）的实际收入 λ_r 为知识需求方（委托人）收益减去支付的报酬与共享成本，即

$$\lambda_r = w_r - w_s - C_r$$

$$= w_r - (s + \varphi w_r) - \frac{1}{2}b_r(aK)^2$$

$$= (1-\varphi)(aK - \varepsilon\theta + \gamma I) - s - \frac{1}{2}b_r(aK)^2 \qquad (5\text{-}1)$$

则有 $\lambda_r \sim N(aK(1-\varphi) - s - \frac{1}{2}b_r a^2 K^2,\ (1-\varphi)^2[\varepsilon^2\delta^2 + 2\gamma\mathrm{cov}(\pi,\ I) + \gamma^2\delta_i^2])$，同时根据知识需求方（委托人）效用函数的特性，其确定性等价收入 CE_r 为

$$\mathrm{CE}_r = E(\lambda_r) - \frac{\rho_r D(\lambda_r)}{2}$$

$$= aK(1-\varphi) - s - \frac{1}{2}b_r a^2 K^2 - \frac{1}{2}\rho_r(1-\varphi)^2[\varepsilon^2\delta^2 + 2\gamma\mathrm{cov}(\pi, I) + \gamma^2\delta_I^2]$$

$$(5\text{-}2)$$

根据经济学原理，该确定性等价收入所对应的效用水平与不确定条件下期望收益的效用水平是相当的，知识需求方（委托人）期望收益最大化等价于追求确定性等价收入的最大化。

第二，知识共享方（代理人）期望收益。与知识需求方（委托人）期望收益同理，知识共享方（代理人）的实际收入 λ_s 为知识共享收益减去知识共享成本，即

$$\lambda_s = w_s - C_s$$
$$= s + \varphi w_r - \frac{1}{2}b_r(aK)^2 \tag{5-3}$$
$$= s + \varphi(aK - \varepsilon\theta + \gamma I) - \frac{1}{2}b_r(aK)^2$$

则有 $\lambda_s \sim \mathrm{N}(s+\varphi aK - \frac{1}{2}b_s a^2 K^2, \varphi^2[\varepsilon^2\delta^2 + 2\gamma\mathrm{cov}(\theta, I) + \gamma^2\delta_I^2])$，根据知识共享方（代理人）效用函数特性，其确定性等价收入 CE_s 为

$$\mathrm{CE}_s = E(\lambda_s) - \frac{\rho_s D(\lambda_s)}{2} \tag{5-4}$$
$$= s + \varphi aK - \frac{1}{2}b_s a^2 K^2 - \frac{1}{2}\rho_s[\varphi^2(\varepsilon^2\delta^2 + 2\gamma\mathrm{cov}(\pi, I) + \gamma^2\delta_I^2)]$$

同理，该确定性等价收入所对应的效用水平与不确定条件下期望收益的效用水平是相当的，知识共享方（代理人）进行知识共享的期望收益最大化等价于追求确定性等价收入的最大化。

第三，知识共享模型。设知识共享方（代理人）的最低保留收入为 w_0，知识需求方（委托人）通过调高报酬支付率 φ，激励知识共享方（代理人）产生更大的知识共享的意愿 a，以使知识需求方（委托人）能够获取更多的知识，实现知识共享的最大化收益，即在满足知识共享方（代理人）参加知识共享的约束与激励的基础上，使知识需求方（委托人）期望收益 f_r 取得最大化。

由于知识共享方（代理人）追求自身利益最大化，在知识需求方（委托人）发出知识共享请求后，知识共享方（代理人）则制定最优的知识共享水平以使自身收益 f_s 最大化（即激励相容约束 IC）；此外，知识共享方（代理人）相应知识共享请求的前提要求是他的最低收益不能低于最低保留收入 w_0（即参与约束 IR），以保障知识共享活动的发生。因此，高技术虚拟产业集群知识网络内知识共享的委托代理模型可表示为

$$\max_{\varphi,\gamma} f_r = aK(1-\varphi) - s - \frac{1}{2}b_r a^2 K^2 - \frac{1}{2}\rho_r (1-\varphi)^2[\varepsilon^2\delta^2 + 2\gamma\,\mathrm{cov}(\pi,I) + \gamma^2\delta_I^2]$$

$$\text{s. t. (IC)} \max_{a,\gamma} f_s = s + \varphi aK - \frac{1}{2}b_s a^2 K^2 - \frac{1}{2}\rho_s[\varphi^2(\varepsilon^2\delta^2 + 2\gamma\,\mathrm{cov}(\pi,I) + \gamma^2\delta_I^2)]$$

$$(\text{IR})s + \varphi aK - \frac{1}{2}b_s a^2 K^2 - \frac{1}{2}\rho_s[\varphi^2(\varepsilon^2\delta^2 + 2\gamma\,\mathrm{cov}(\pi,I) + \gamma^2\delta_I^2)] \geqslant w_0$$

$$(5\text{-}5)$$

由于知识共享的委托代理双方均持规避风险的态度，则 $\rho_r > 0$，$\rho_s > 0$，下面对该模型进行求解。

求解式(5-5)中激励相容约束(IC)的一阶、二阶微分，则有

$$\frac{\partial f_s}{\partial a} = \varphi K - ab_s K^2 \tag{5-6}$$

$$\frac{\partial^2 f_s}{\partial a^2} = -b_s K^2 \tag{5-7}$$

由于 $\dfrac{\partial^2 f_s}{\partial a^2} = -b_s K^2 < 0$，因此当 $\dfrac{\partial f_s}{\partial a} = \varphi K - ab_s K^2 = 0$ 时，f_s 可取最大值，即

$$a = \frac{\varphi K}{b_s K^2} = \frac{\varphi}{b_s K} \tag{5-8}$$

在库恩-塔克(K-T)条件下，式(5-5)中不等式 IR 的拉格朗日乘子不为 0，则不等式 IR 的等号成立，即在最优条件下，知识共享方（代理人）愿意共享知识时，知识需求方（委托人）没有必要支付更多的报酬。则式(5-5)可变为

$$\max_{\varphi,\gamma} f_r = aK(1-\varphi) - s - \frac{1}{2}b_r a^2 K^2 - \frac{1}{2}\rho_r (1-\varphi)^2[\varepsilon^2\delta^2 + 2\gamma\,\mathrm{cov}(\pi,I) + \gamma^2\delta_I^2]$$

$$\text{s. t.}\quad (\text{IC})a = \frac{\varphi}{b_s K}$$

$$(\text{IR})s + \varphi aK - \frac{1}{2}b_s a^2 K^2 - \frac{1}{2}\rho_s[\varphi^2(\varepsilon^2\delta^2 + 2\gamma\,\mathrm{cov}(\pi,I) + \gamma^2\delta_I^2)] = w_0$$

$$(5\text{-}9)$$

将式(5-9)约束条件代入目标函数，可得

$$\max_{\varphi,\gamma} f_r = aK(1-\varphi) - s - \frac{1}{2}b_r a^2 K^2 - \frac{1}{2}\rho_r (1-\varphi)^2[\varepsilon^2\delta^2 + 2\gamma\,\mathrm{cov}(\pi,I) + \gamma^2\delta_I^2]$$

$$= -s - aK\varphi + aK - \frac{1}{2}b_r a^2 K^2 - \frac{1}{2}\rho_r (1-\varphi)^2[\varepsilon^2\delta^2 + 2\gamma\,\mathrm{cov}(\pi,I) + \gamma^2\delta_I^2]$$

$$= -w_0 - \frac{1}{2}b_s a^2 K^2 - \frac{1}{2}\rho_s[\varphi^2(\varepsilon^2\delta^2 + 2\gamma\,\mathrm{cov}(\pi,I) + \gamma^2\delta_I^2)]$$

$$+ aK - \frac{1}{2} b_r a^2 K^2 - \frac{1}{2} \rho_r (1-\varphi)^2 [\varepsilon^2 \delta^2 + 2\gamma \mathrm{cov}(\theta, I) + \gamma^2 \delta_I^2]$$

$$= \frac{\varphi}{b_s} - \frac{\varphi^2}{2b_s} - \frac{b_r \varphi^2}{2b_s^2} - \frac{1}{2} [\rho_s \varphi^2 + \rho_r (1-\varphi)^2][\varepsilon^2 \delta^2 + 2\gamma \mathrm{cov}(\pi, I) + \gamma^2 \delta_I^2] - w_0$$

$$(5\text{-}10)$$

式(5-10)对 φ 和 γ 进行一阶、二阶微分可得

$$\frac{\partial f_r}{\partial \varphi} = (b_s - b_s \varphi - b_r \varphi) \frac{1}{b_s^2} - [\rho_s \varphi - \rho_r (1-\varphi)][\varepsilon^2 \delta^2 + 2\gamma \mathrm{cov}(\pi, I) + \gamma^2 \delta_I^2]$$

$$(5\text{-}11)$$

$$\frac{\partial f_r}{\partial \gamma} = -\frac{1}{2} [\rho_s \varphi^2 + \rho_r (1-\varphi)^2][2\mathrm{cov}(\pi, I) + 2\gamma \delta_I^2] \qquad (5\text{-}12)$$

$$\frac{\partial^2 f_r}{\partial \varphi^2} = -(b_s + b_r) \frac{1}{b_s^2} - (\rho_s + \rho_r)[\varepsilon^2 \delta^2 + 2\gamma \mathrm{cov}(\pi, I) + \gamma^2 \delta_I^2] \quad (5\text{-}13)$$

$$\frac{\partial^2 f_r}{\partial \gamma^2} = -[\rho_s \varphi^2 + \rho_r (1-\varphi)^2] \delta_I^2 \qquad (5\text{-}14)$$

因为 $\dfrac{\partial^2 f_r}{\partial \varphi^2} < 0$，$\dfrac{\partial^2 f_r}{\partial \varphi^2} \leqslant 0$，所以目标函数取极大值的条件为 $\dfrac{\partial f_r}{\partial \varphi} = 0$，$\dfrac{\partial f_r}{\partial \gamma} = 0$，则有

$$\varphi = \frac{b_s + \rho_r b_s^2 [\varepsilon^2 \delta^2 + 2\gamma \mathrm{cov}(\pi, I) + \gamma^2 \delta_I^2]}{b_r + b_s + b_s^2 (\rho_r + \rho_s)[\varepsilon^2 \delta^2 + 2\gamma \mathrm{cov}(\pi, I) + \gamma^2 \delta_I^2]} \qquad (5\text{-}15)$$

$$\gamma = -\frac{\mathrm{cov}(\theta, I)}{\delta_I^2} \qquad (5\text{-}16)$$

将式(5-15)代入式(5-8)中，可得

$$a = \frac{\varphi}{b_s K} = \frac{1}{b_s K} \cdot \frac{b_s + \rho_r b_s^2 [\varepsilon^2 \delta^2 + 2\gamma \mathrm{cov}(\pi, I) + \gamma^2 \delta_I^2]}{b_r + b_s + b_s^2 (\rho_r + \rho_s)[\varepsilon^2 \delta^2 + 2\gamma \mathrm{cov}(\pi, I) + \gamma^2 \delta_I^2]}$$

$$= \frac{1}{K} \cdot \frac{1 + \rho_r b_s [\varepsilon^2 \delta^2 + 2\gamma \mathrm{cov}(\pi, I) + \gamma^2 \delta_I^2]}{b_r + b_s + b_s^2 (\rho_r + \rho_s)[\varepsilon^2 \delta^2 + 2\gamma \mathrm{cov}(\pi, I) + \gamma^2 \delta_I^2]} \qquad (5\text{-}17)$$

可将式(5-15)~式(5-17)代入式(5-10)中得到 f_r 的确切表达式。

(3)模型的结果分析。在高技术虚拟产业集群知识网络内知识共享的委托代理模型中，本书加入了反映社会网络知识共享环境的可观测变量 I，下面对知识共享方(委托人)报酬支付率 φ，知识共享方(代理人)的共享意愿 a，以及共享环境影响因子 γ 进行分析。

第一，当知识共享方(代理人)的知识共享成本 b_s 越大，知识需求方(委托人)报酬支付率 φ 越高 $\left(\dfrac{\partial \varphi}{\partial b_s} > 0\right)$，知识共享方(代理人)的共享意愿 a 越大 $\left(\dfrac{\partial a}{\partial b_s} < 0\right)$。

第二，当知识需求方(委托人)的知识学习与吸收成本 b_r 越高时，知识需求

方(委托人)报酬支付率 φ 越低 $\left(\dfrac{\partial \varphi}{\partial b_s}<0\right)$，知识共享方(代理人)的共享意愿 a 越小 $\left(\dfrac{\partial a}{\partial b_s}>0\right)$。

第三，当 $b_r\rho_r-b_s\rho_s>0$ 时，即知识需求方(委托人)越是规避风险，知识需求方(委托人)的报酬支付率 φ 越高 $\left(\dfrac{\partial \varphi}{\partial \delta}>0, \dfrac{\partial \varphi}{\partial \varepsilon}>0\right)$，知识共享方(代理人)的共享意愿 a 越大 $\left(\dfrac{\partial a}{\partial \delta}>0, \dfrac{\partial a}{\partial \varepsilon}>0\right)$。

第四，当 $b_r\rho_r-b_s\rho_s<0$ 时，即知识共享方(代理人)越是规避风险，其愿意承担知识共享的风险越小，知识需求方(委托人)的报酬支付率 φ 越低 $\left(\dfrac{\partial \varphi}{\partial \delta}<0, \dfrac{\partial \varphi}{\partial \varepsilon}<0\right)$，知识共享方(代理人)的共享意愿 a 越小 $\left(\dfrac{\partial a}{\partial \delta}<0, \dfrac{\partial a}{\partial \varepsilon}<0\right)$。

第五，模型假设可知，高技术虚拟产业集群知识网络内知识共享环境由于共享活动的产生，提高知识共享方(代理人)的收益，即 $\mathrm{cov}(\pi, I)>0$，则由式(5-16)可知，$\gamma<0$。若 $I>0$，表示高技术虚拟产业集群知识网络为共享活动提供了有利的共享环境，代入式(5-1)中，可以发现知识需求方(委托人)的收益减少，但此时共享环境的能力较强，共享过程中的不确定因素也相应减少，此时知识需求方(委托人)收益的增加并不完全来自于知识共享方(代理人)共享意愿的增加，而是知识的快速、准确、保真的传递。因此，在高技术虚拟产业集群知识共享环境的约束与管理下，可通过减少知识共享方(代理人)的收益来激励知识共享方(代理人)的共享行为。若 $I<0$ 时，表示高技术虚拟产业集群知识网络为知识共享提供的环境或协调能力较差，其共享过程中的不确定性增大，此时知识需求方(委托人)收益的减少并不完全来自于知识共享方(代理人)积极性的降低，而是知识共享过程中的损失与阻碍，此时针对知识共享方(代理人)的风险规避策略，适当增加知识共享方(代理人)的收益，以激励其共享意愿。

高技术虚拟产业集群知识网络内各主体间知识共享的委托代理过程，实现了知识在主体间的转移，通过相互沟通及组织间学习而产生的知识共享行为，弥补了高技术虚拟产业集群内的知识缺口，从而提升了集群整体知识水平。

5.1.5　HTVIC 知识网络的知识扩散模式

1. 知识扩散的内涵

高技术虚拟产业集群知识网络的知识扩散是指高技术相关科技知识，个人技能、技巧与经验等多种知识表现形式，通过建立在信任基础上的网络各层次内及网络层次间的相互接触或交流，从知识的初始拥有方(知识扩散者)向外部不断做复制运动的知识转移过程，最终实现知识的分享。

本书从知识扩散者、知识扩散活动的接收者、知识扩散行为、知识扩散环境和知识扩散效果五个方面对其知识扩散的内涵加以分析。

（1）知识扩散者。高技术虚拟产业集群知识网络内各层知识网络的知识主体均可成为知识扩散者，知识网络的知识主体通过组织间学习与自我创新产生其核心知识。其知识扩散行为往往是知识主体在与其他知识主体交流沟通过程中无意识的知识外溢行为。

（2）知识扩散活动的接收者。知识扩散活动的接收者为高技术虚拟产业集群知识网络内知识需求主体，是扩散知识内容的接收方。知识扩散活动的接收者自身存在对高技术产品或相关核心知识技术的迫切需求，因此通过主动地学习、模仿，获取相关知识，实现对扩散知识的消化、吸收及创新。

（3）知识扩散行为。该行为即知识扩散活动的具体表现形式。在个体知识网络层面，其所蕴涵的知识以隐性知识为主，其知识扩散行为通常在知识扩散者与接受者之间思想、经验交流中发生；在组织知识网络层面，以高技术企业与相关机构为知识主体，针对高技术产品的市场机遇及市场竞争环境，主要通过学习模仿其他高技术产品，从中提取所需相应知识，导致知识扩散的产生。

（4）知识扩散环境。知识扩散环境即知识扩散者和知识接收者在扩散活动发生时的背景范围。在高技术虚拟产业集群内，知识主体间的知识网络环境为知识扩散提供了一个宽松的环境，加入高技术虚拟产业集群内的各成员之间的互信程度、知识交流意愿均较高，因此主体间的知识网络，可以促进知识扩散行为的发生。

（5）知识扩散的效果。其是指知识扩散活动后在知识接收者方面发生的变化。有效的知识扩散行为可以将知识从扩散者复制到接收者。知识扩散承担着知识从其拥有者传送到接收者，使接收者了解和分享同样知识的任务。而接收者一旦成功的接收并吸收消化了知识、信息之后，就变成潜在的知识扩散者。

2. 知识网络的知识扩散机理

高技术虚拟产业集群知识网络内各主体所拥有的核心知识内容及其存量是不同的。其中，研发与生产投入大、资金实力雄厚的集群成员的知识含量高，在知识网络内具有较强的优势。同时，高技术虚拟产业集群内同样存在一些处于成长期的高技术企业与相关组织机构，他们的知识存量与知识利用能力则处于劣势。

这导致高技术虚拟产业集群知识网络内各主体的知识资源呈现出非均衡状态，知识存量较少的成员企业，其核心知识含量在规模、结构上会有所差别，因此形成了知识从高位势知识主体向低位势知识主体流动的一种自然压力，称为"知识势差"。

从知识网络内各主体的类型看，高技术企业所拥有的资源主要包括企业的商誉、品牌、知识产权、客户关系、合作伙伴关系、企业的 IT 系统、企业的创新能力和企业拥有的人力资本等。研究机构及高校拥有的知识资源主要包括高科技人才队伍、信息、科研条件，对知识的获取、更新、创造能力和强大的技术研发能力等。从总体来看，企业把重点放在如何使企业的资本增值上，故其研发能力相对较弱，而研究机构、高等院校相对拥有知识资源的存量优势和较强的科技创新能力。知识存量的差异导致了知识势差，而且从单一知识主体来看，其知识存量越大，知识势差越大。知识势差推动低位势知识主体向高位势知识主体的靠近并促使知识的扩散，在技术领域主要表现为不同知识主体之间的技术学习，低位势知识主体主动向高位势知识主体购买或学习相应的知识。因此，在企业、研究机构、高等院校知识网络中知识的转移往往会从高位势的研究机构和高等院校向企业转移，这成为网络形成的自发动力，使知识网络的构建成为可能。知识网络知识扩散机理示意图如图 5-8 所示。

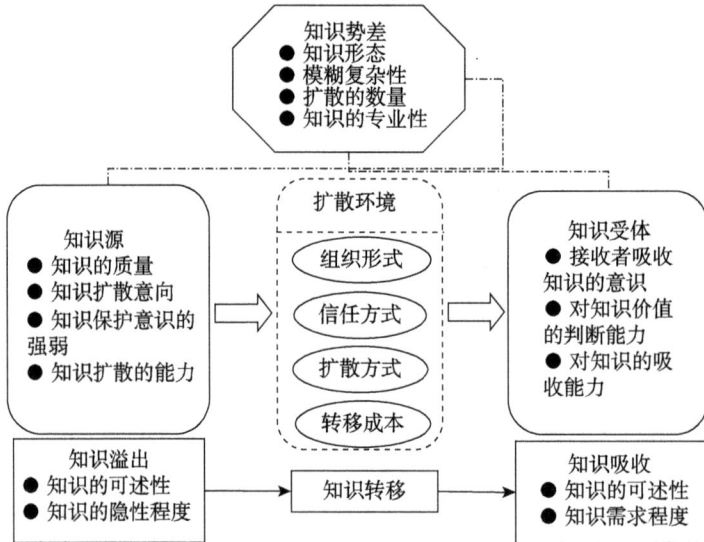

图 5-8　知识网络知识扩散机理示意图

3. 知识网络层次内知识扩散传播模式

1）知识扩散的传播途径

根据高技术虚拟产业集群知识网络层次内各主体间知识扩散的空间结构可以将知识扩散的传播途径划分为直线式、中心发散式及网状式三种基本方式的传播途径。

第一，直线式知识扩散的传播途径。当高技术虚拟产业集群知识网络同一层次内各主体间按照一定的先后顺序，由知识扩散者作为知识源向其知识网络邻居节点的一个知识接收者进行知识扩散，此时作为知识扩散接收方的邻居节点亦可转换为新的知识源继续向它的邻居节点进行知识扩散，按照这一知识扩散的传播途径，可在高技术虚拟产业集群同层知识网络中形成一条直线式的传播途径，如图 5-9 所示。按照这一知识扩散途径，可在高技术虚拟产业集群同层知识网络内，按照一条知识扩散的传播途径持续循环地将高新技术与知识在高技术虚拟产业集群推广开来，作为知识接收方的知识主体在获取、吸收其他知识扩散者传播来的知识的同时，亦可转化为新的知识扩散源。

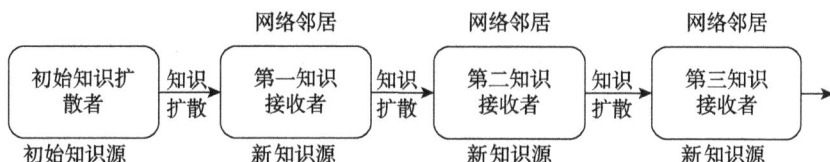

图 5-9　高技术虚拟产业集群知识网络直线式知识扩散的传播途径

第二，中心发散式知识扩散的传播途径。以高技术虚拟产业集群知识网络同层内的一个知识主体作为知识扩散者，向其知识网络的多个邻居节点进行知识扩散，即为中心发散式的知识扩散的传播途径，如图 5-10 所示。

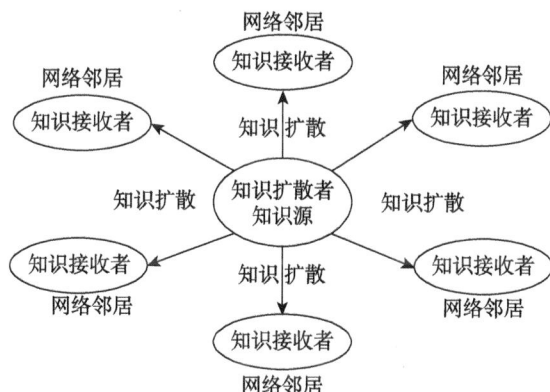

图 5-10　高技术虚拟产业集群知识网络中心发散式知识扩散的传播途径

在高技术虚拟产业集群知识网络中，作为知识扩散的知识源节点，因富含较高知识资源的存量优势和较强的科技创新能力，在知识扩散过程中占主导地位。知识扩散者依据与知识网络邻居节点间的历史合作记录以及彼此间的信任关系，有选择性的向其网络邻居节点进行知识扩散活动。同时，各网络邻居节点根据知识扩散者对知识的扩散意愿及彼此间知识势差的大小，采取主动学习、购买模仿等多种方式积极获取与吸收扩散的高技术知识。

第三，网状式知识扩散。网状式知识扩散是高技术虚拟产业集群知识网络进行知识扩散的主要传播途径，是中心发散式传播途径的进一步升级。该传播途径最大的特征是，富含高技术知识的网络节点与其网络邻居节点间可进行持续多次的知识扩散活动，各知识邻居节点作为知识扩散的初级接收者通过主动的学习与模仿活动，在对原有扩散知识吸收、转化及创新的基础上，再次对与其相关联的其他知识网络节点(次级知识接收者)进行知识扩散，由此可在高技术虚拟产业集群知识网络内逐渐形成网状的扩散传播途径，如图 5-11 所示。

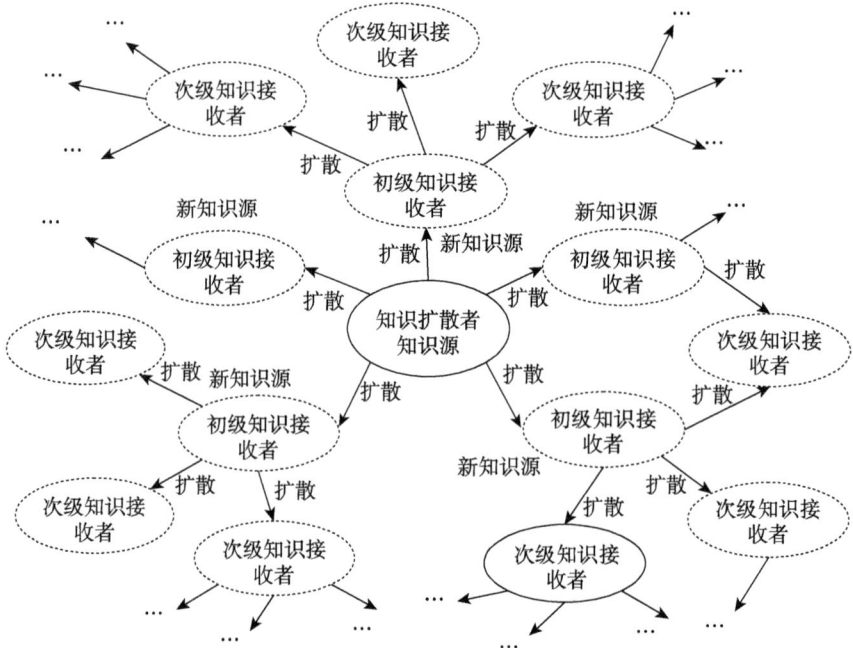

图 5-11　高技术虚拟产业群知识网络网状式知识扩散的传播途径

上述三种高技术虚拟产业集群知识网络的知识扩散传播途径是对其知识扩散活动的一种形象化的描述与划分，在高技术虚拟产业集群知识网络实际知识扩散过程中，受各成员间的合作与竞争等众多因素的影响，其知识扩散的传播途径将采用以上两种或三种的组合形式，这使高技术虚拟产业集群知识扩散在知识网络空间内呈现出纷繁复杂的形态。鉴于此，针对其知识网络内知识扩散的传播过程，本书将进行深入研究。

2)基于元胞自动机的知识扩散传播模型

通过对知识扩散传播途径的分析可知，知识网络内的知识节点对知识扩散活动的参与状态主要受由知识势差产生的知识获取欲望、自身学习能力以及与该节点相邻知识节点的扩散能力等方面的共同影响。这种高技术虚拟产业集群知识网络的知识扩散模式与元胞自动机(cellular automata，CA)的运行原理相一致，由此本书基于元胞自动机技术，将知识扩散视为大量元胞(知识网络节点)间交互作用的演化过程，并通过对网络局部节点的知识扩散传播特征来揭示知识网络整体的知识扩散传播规律。

知识扩散传播模型的基本假设。在构建基于元胞自动机的知识扩散传播模型之前，其基本假设条件如下：①假设高技术虚拟产业集群知识网络内节点数量不变，网络节点获取知识的途径是与同层知识网络内其他知识节点间的学习与交流。②根据高技术虚拟产业集群知识网络内各节点的知识存量与知识需求程度，将参与知识扩散活动的网络节点分为主动与被动两大类，主动学习节点具有较强的自主学习能力。③将高技术虚拟产业集群知识网络视为二维网格，各跨地域知识网络节点转化为网格中的单元格，在知识扩散传播规则的驱动下，各单元格知识扩散活动的状态将刻画出高技术虚拟产业集群知识网络知识扩散的传播过程。④高技术虚拟产业集群知识网络节点的学习态度随自身特性与网络邻居态度的变化而变化，即其周围邻居节点主动学习的成员越多，其获取知识的欲望越强烈。

知识扩散传播模型的构建。根据上述假设及元胞自动机模型的要求，基于元胞自动机的高技术虚拟产业集群知识扩散传播模型可以由元胞、元胞空间、元胞状态、元胞邻域空间及状态演化规则构成，将其用五元组表示，即

$$CA = \{C, L, S, N, F\}$$

CA 表示知识扩散传播的元胞自动机系统；C 为元胞，代表高技术虚拟产业集群知识网络中各知识节点，在元胞自动机系统中体现为二维网格中的单元格。L 为元胞空间，代表高技术虚拟产业集群知识网络，用正方形的二维网格表示。S 为元胞状态，代表高技术虚拟产业集群知识网络节点元胞 C 的知识学习态度。根据知识网络节点元胞的学习态度将其元胞状态设置为 $S = \{S_a, S_p\} = \{1, -1\}$，其中 S_a 为主动参与扩散活动的知识网络节点元胞，其元胞状态为 1；S_p 为被动参与扩散活动的知识网络节点元胞，其元胞状态为 -1。$S_{(i,j)}(t)$ 为二维网格上位于 (i, j) 元胞在 t 时间的状态。

N 为元胞邻域空间，是对中心元胞下一时刻知识扩散状态产生影响的元胞集合，在高技术虚拟产业集群知识网络中体现为与中心知识节点相关联的邻居知识集合。假设二维网格上位于 (i, j) 元胞有 n 个邻居，则其元胞邻域空间为 $N_{(i,j)} = \{1, 2, \cdots, n\}$，$SN_{(i,j)}(t) = \{S_1, S_2, \cdots, S_n\}$ 为该元胞在时刻 t 的邻域元胞状态。在二维元胞自动机中，常涉及的临域空间形态为 von Neumann 邻域和 Moore 邻域。F 为状态演化规则，基于元胞自动机的知识扩散传播模型中的元胞状态演化包含元胞知识学习状态转化规则 F_1 与知识传播规则 F_2。

元胞知识学习状态转化规则 F_1 由上一时刻自身元胞状态与此时周围邻居元胞状态决定，有

$$S_{(i,j)}(t+1) = F_1[S_{(i,j)}(t), SN_{(i,j)}(t+1)]$$

$$F_1 = \begin{cases} 1, & S(t) > 0 \\ S_{(i,j)}(t), & S(t) = 0 \\ -1, & S(t) < 0 \end{cases} \tag{5-18}$$

其中，$S(t)=\alpha_k S_{(i,j)}(t)+(1-\alpha_k)\sum SN_{(i,j)}(t)$，$0 \leqslant \alpha_k \leqslant 1$ 定义为二维网格上位于 (i,j) 元胞的状态保持率，用以描述高技术虚拟产业集群知识网络中节点对知识获取与学习态度的坚定程度和不受周围邻居节点的影响程度。

元胞知识传播规则 F_2 由元胞知识传播条件、知识势差大小、元胞知识接受能力及知识存量的大小共同构成。

第一，元胞知识传播条件。假设拥有 c_l 种知识的元胞 i 知识存量为 $X_i=\{x_{i,c_1}, x_{i,c_2}, \cdots, x_{i,c_l}\}$，其中 $x_{i,c_l} \in [0,1]$ 表示元胞 i 第 c_l 种知识的存量。选取元胞自动机系统中 k、r 两个元胞，在 t 时刻元胞 k 比元胞 r 具有优势的高新技术知识的种类数量为 $n(k,r)$，则只有当 $n(k,r)>0$ 时，元胞 r 才愿意主动与元胞 k 进行知识学习与交流；同理，在 t 时刻元胞 r 比元胞 k 具有优势的高新技术知识的种类数量为 $n(r,k)$，则只有当 $n(r,k)>0$ 时，元胞 k 才愿意主动与元胞 r 进行知识学习与交流。基于此，设置元胞 k 与元胞 r 知识传播条件为

$$\min\{n(k,r), n(r,k)\}>0 \tag{5-19}$$

当式(5-19)成立时，若 $n(k,r) \neq n(r,k)$，则在知识传播过程中元胞 k 与元胞 r 间等概率随机选取发生扩散传播的知识种类，且数量为 $\min\{n(k,r), n(r,k)\}$。在元胞自动机的知识扩散传播模型中，高技术虚拟产业集群知识网络层次内知识扩散的传播行为将持续进行，直至 $\min\{n(k,r), n(r,k)\}=0$，即双方的知识优势相当，此时双方的知识势差较小。特别是在 t' 时刻，元胞 k 与元胞 r 之间高新技术知识的存量满足 $x_{k,c}/x_{r,c} \in [0.9,1]$ 时，即可认为元胞 k 与元胞 r 第 c 种高新技术知识的知识水平相同。

第二，元胞间知识势差大小。当 t 时刻，拥有不同知识优势的元胞 k 与元胞 r 之间可根据知识势差的大小实现知识的相互扩散传播。元胞 k 与元胞 r 关于第 c 种高新技术知识的知识距离表示为

$$d_c(k,r)=x_{r,c}-x_{k,c}, \quad x_{r,c}>x_{k,c} \tag{5-20}$$

第三，元胞知识接受能力。在元胞 k 与元胞 r 进行知识传播过程中，设 t 时刻元胞 k 对第 c 种高新技术知识的接受能力为

$$\lambda_{k,c}=\begin{cases} 1, & 0 \leqslant d_c(k,r) \leqslant 0.1 \\ \dfrac{x_{k,c}}{x_{r,c}}, & 0.1 < d_c(k,r) < 0.9 \\ 0, & 0.9 \leqslant d_c(k,r) \leqslant 1 \end{cases} \tag{5-21}$$

第四，知识传播后知识存量的大小。假设知识传播过程中，元胞 r 的知识存量暂不发生变化，则 $t+1$ 时元胞 k 向拥有第 c 种优势知识的元胞 r 主动学习与获取知识，此时元胞 k 的知识存量为

$$x_{k,c}(t+1)=x_{k,c}(t)+(\lambda_{k,c}+\delta_k) \cdot d_c(k,r), \quad x_{r,c}(t+1)=x_{r,c}(t) \tag{5-22}$$

其中，δ_k 为元胞 k 的自主学习程度，若 t 时刻元胞 k 的状态 $S_k(t)=1$，则 $\delta_k \in$ $(0, 1)$；若元胞 k 的状态 $S_k(t)=-1$，则 $\delta_k=0$。

基于元胞自动机的知识扩散传播模型仿真参数与效果评价指标有以下六点。

(1)系统规模。设定高技术虚拟产业集群知识网络内节点数量，即选取 $30 \times$ 30 的二维网格为元胞自动机系统的规模 M，用以模拟知识网络中知识的扩散传播活动。

(2)元胞邻域空间。选取二维 von Neumann 邻域进行仿真模拟。

(3)元胞初始状态。$S=\{S_a, S_p\}=\{1, -1\}$，用以代表初始主动参与状态 S_a 与初始被动参与状态 S_p，并为元胞自动机系统中各元胞随机分配初始状态 1 或 -1。

(4)初始知识存量。仿真过程中假设各元胞拥有 c_l 种知识，其知识存量为 $X_k=\{x_{k,c_1}, x_{k,c_2}, \cdots, x_{k,c_i}, \cdots, x_{k,c_l}\}$，选取其中第 c_i 种知识进行知识扩散模拟，各元胞 c_i 的初始知识存量为 $x^0_{k,c_i} \in [0.1]$。在元胞自动机系统中，分别用白色、浅灰、灰色、深灰以及黑色五个等级表示 c_i 值的大小。

(5)元胞自主学习程度与状态保持率分别为 $\delta_k=0.3$ 与 $\alpha_k=0.65$。

(6)知识扩散传播模型的效果评价指标。为了有效评价高技术虚拟产业集群知识网络内知识扩散的效果，本书选取高技术虚拟产业集群知识网络平均知识存量为评价指标。定义 t 时刻元胞个体的平均知识存量 $\bar{x}_k(t)=\sum_{i=1}^{l} x_{k,c_i} \big/ l$，其中，$c_i$ 表示知识的种类；l 表示知识种类数量。同时，在高技术虚拟产业集群知识网络中，第 c_i 种知识的平均知识存量 $\bar{x}_{c_i}(t)=\sum_{k \in M} x_{k,c_i} \big/ M$，其中，$M$ 为高技术虚拟产业集群知识网络成员节点数，即元胞自动机系统的规模，此时高技术虚拟产业集群知识网络平均知识存量 $\bar{X}(t)=\sum_{k \in M} \bar{x}_k(t) \big/ M$。根据上述模型仿真参数，本书采用 Matlab 10 对高技术虚拟产业集群知识网络知识扩散传播模式进行仿真，选取时间 $t=0$、100、200、300 截取系统仿真节点，如图 5-12 所示。

如图 5-12 所示，随着高技术虚拟产业集群知识网络内知识的不断扩散，灰色及黑色的元胞逐渐增加，表明虚拟集群中各元胞第 c_i 种知识的知识存量 x_{k,c_i} 逐渐增高，满足知识学习状态转化规则及知识传播规则的高技术虚拟产业集群知识网络节点元胞根据自身知识需求、周围节点的知识扩散状态以及彼此间的知识势差进行网络内的知识扩散与传播。

4. 知识网络层次间知识扩散转化模式

知识螺旋(knowledge sprial)转化的过程框架 SECI 知识转化模型是由日本知识管理专家 Nonaka(1999)首次提出。他认为隐性知识与显性知识的转化过程可以通过知识螺旋的社会化、外部化、组合化、内隐化四个阶段持续循环完成，使

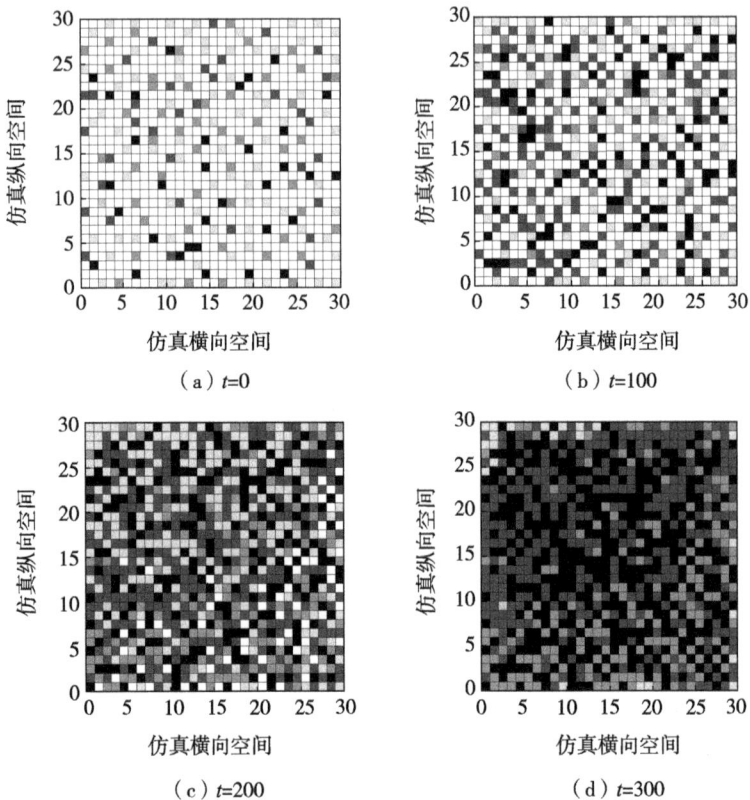

（a）t=0

（b）t=100

（c）t=200

（d）t=300

图 5-12　高技术虚拟产业集群知识网络知识扩散的仿真结果

知识在企业内扩散与创新，逐渐由较低个人层面向较高组织层面转化。隐性知识与显性知识在知识螺旋转化过程中相互作用，不断促进知识在企业内部的螺旋式上升与拓展，从而提升企业的科技创新能力。

基于 SECI 模型，本书在知识网络内构建了高技术虚拟产业集群知识扩散的螺旋转化过程框架，如图 5-13 所示。

（1）社会化：高技术虚拟产业集群各知识层面隐性知识之间的相互转化。高技术虚拟产业集群各层面知识主体通过对高技术产品的市场观察、模仿及实践研发，逐渐领会吸收隐性知识，并根据自身现有知识水平对隐性知识进行初步学习、确定及掌握，使个体隐性知识成为组织隐性知识的主要组成部分进而形成集群层面的隐性知识，这一过程主要在高技术虚拟产业集群知识创始吧中完成。

（2）外部化：各知识层面隐性知识到显性知识的转化过程。它是高技术虚拟产业集群各层面知识主体将所拥有的隐性知识以语言与文本等形式显性化表达的过程。在信任基础上，通过知识交流与共享，各层次知识主体将隐性知识编码，

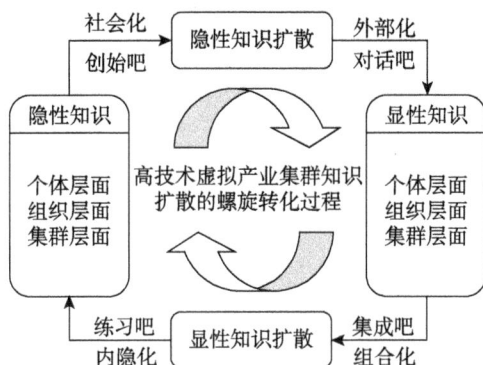

图 5-13　高技术虚拟产业集群知识扩散的螺旋转化过程框架

实现隐性知识的显性转化，促进知识在高技术虚拟产业集群内的进一步扩散。上述知识转化行为在高技术虚拟产业集群知识对话吧完成。

（3）组合化：将各层次知识主体共享交流的显性知识进行整合，形成产业技术标准、解决方案等高层次的显性知识，供高技术虚拟产业集群各主体参照使用。这一知识转化过程实现了知识在高技术虚拟产业集群内各知识层次间的螺旋式上升与扩散，最终将个人层面知识、组织层面知识转化为集群层面的共性知识，提升高技术虚拟产业集群整体知识水平。知识的组合转化活动在高技术虚拟产业集群知识集成吧完成。

（4）内隐化：各知识层面显性知识到隐性知识的转化过程。高技术虚拟产业集群各知识层次的产业技术标准、解决方案等共同显性知识被各层面其他知识主体学习、吸收、消化并最终成为其自身的隐性知识。这一知识转化过程在高技术虚拟产业集群知识练习吧内完成。通过高技术虚拟产业集群知识练习吧，形成了高技术虚拟产业集群知识扩散螺旋转化的一个完成过程，并再次成为知识扩散的新起点，通过隐性知识的积累，又将在知识创始吧中进行新的知识转化，进而形成知识扩散的螺旋转化模式。

（5）知识扩散的螺旋转化 SECIs 模型。上述高技术虚拟产业集群知识螺旋转化的过程框架实现了虚拟集群中知识的非线性与螺旋式上升发展。同时，这一知识螺旋转化过程在高技术虚拟产业集群知识网络各层面内、层面间同样存在，并在高技术虚拟产业集群各知识网络层次间形成隐性知识与显性知识螺旋上升的知识转化过程，是多个 SECI 知识螺旋转化过程的叠加，形成了高技术虚拟产业集群知识网络层次间的知识扩散模式。据此，本书构建了高技术虚拟产业集群知识网络层次间知识扩散的螺旋转化 SECIs 模型，其中知识扩散的螺旋转化过程在各知识网络层次间形成多个"隐性—显性—隐性"的知识扩散转化螺纹，实现知识由低级向高级的转化、融合、发酵及创新，其具体运行过程如图 5-14 所示。

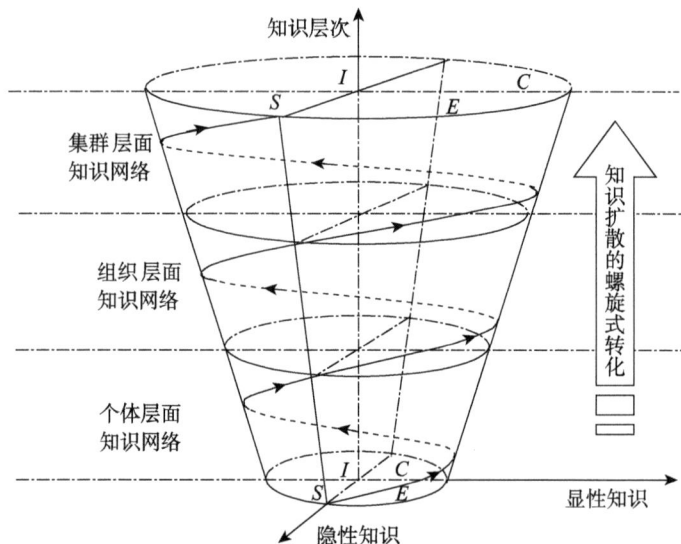

图 5-14　高技术虚拟产业集群知识网络层次间知识扩散螺旋转化 SECIs 模型

从高技术虚拟产业集群知识网络层次间知识扩散过程可以看出，高技术虚拟产业集群知识网络层次间的知识扩散呈现出如下特征。

（1）多维扩散。高技术虚拟产业集群知识网络内知识扩散的转化过程是多层面、多主体共同参与实现的，即各层面知识网络内存在的知识扩散螺旋转化过程，在知识网络各层面间同样存在。参与知识螺旋转化的主体不仅包括个人之间、高技术企业之间，还包括高技术企业与政府、科研院所、中介服务机构之间的知识关联。高技术虚拟产业集群知识网络层次间知识扩散的螺旋转化模式体现出虚拟集群知识网络层次间的知识扩散活动的复杂性与多样性。

（2）竞合上升。从高技术虚拟产业集群知识扩散过程看，各知识主体间的竞争是促进知识流动的主要动力，而基于信任的合作是促进知识整合与知识转化的基础。在知识扩散螺旋转化过程中，竞争的市场环境促进知识主体不断地进行市场观察、模仿及实践研发，持续从其他主体获取新知识与技术并不断内化，同时根据自身经验进行深入理解与修正，这样使各知识网络层次内的知识螺旋得以持续运行。同时，在互信氛围下，各层次知识主体对知识进行整合，形成产业技术标准、解决方案等高层次的知识，并被集群其他成员采纳，成为知识网络层次间的知识螺旋得以上升的推力。

（3）协同增值。在高技术虚拟产业集群知识网络层次间知识扩散螺旋转化过程中，多知识主体共同参与知识扩散活动，使知识进行深入整合与创新从而产生协同效应，最终实现知识的资本转化与增值，进而提升虚拟集群整体竞争实力与优势。

5.2　高技术虚拟产业集群知识转移

5.2.1　HTVIC 知识转移的涵义与框架

本书认为高技术虚拟产业集群知识转移是指知识在集群内各成员间的有目的的知识共享，知识转移过程包括三个环节，即知识差距识别、知识溢出和组织学习。高技术虚拟产业集群知识转移机制研究的是在高技术虚拟产业集群内成员之间在进行的与"高技术"相关的，以追求集群内成员自身利益为目的的知识转移活动中，集群内成员相互作用所涉及的各种因素、功能和相互影响、相互作用的关系。

本书以集群内知识转移过程为主线，对高技术虚拟产业集群内成员之间的知识转移活动的内在规律进行研究。本书将为高技术虚拟产业集群这一新型的组织形式的知识管理奠定基础，丰富知识转移理论的研究内容，为高技术虚拟产业集群内的知识转移机制的实际运行提供指导与帮助。

基于对知识转移过程的分析，本文将知识转移机制分为三个环节进行研究，分别为知识差距识别机制、知识溢出机制、知识学习机制。并且，从知识转移对合作创新的影响方面对知识转移的效应进行分析。研究框架如图 5-15 所示。

知识差距识别是知识转移活动的准备阶段，通过对知识需求与知识供给的分析，进行知识的供需匹配，从而确定是否可以进行知识转移活动，并根据对知识转移成本的分析来选择用何种知识转移方式对知识差距进行弥补。知识溢出源主要为高技术虚拟产业集群内的高技术企业和研究机构，但集群内共享性知识资源面向集群成员的知识推送等溢出方式也不应忽视。并且，通过主动、被动等溢出途径，知识实现了由溢出方向学习方的传递过程。知识学习是知识转移活动的重要组成部分，通过对溢出知识的掌握与吸收，学习方将外来知识与自身知识进行融合与同化，从而丰富自身知识存量、提高创新能力。知识转移过程往往伴随着知识和技术的创新过程，即知识转移与创新是相互耦合的。知识转移与创新之间存在着必然的联系，因而可以从创新角度对知识转移的绩效进行分析与评价。

5.2.2　HTVIC 知识差距识别机制

1. HTVIC 知识差距的内涵及识别流程

1) 知识差距的产生与内涵

Griliches(1984)认为所有技术知识之间都存在技术距离，而这是企业为达到某种产出而追求特定技术的结果。这种技术知识距离对已获取知识的利用和新知识与已有知识的融合都是关键因素，决定着技术知识主体通过合作方式提升技术

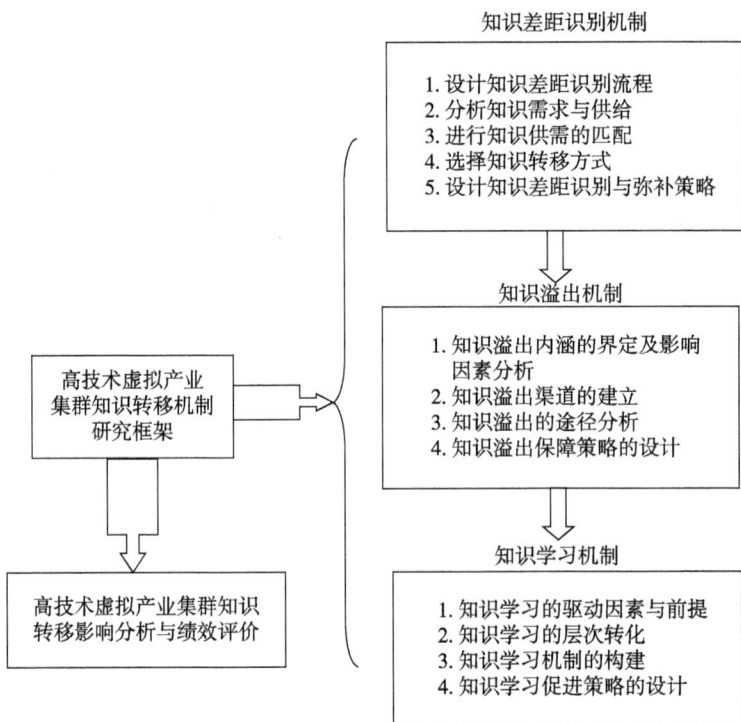

知识差距识别机制

1. 设计知识差距识别流程
2. 分析知识需求与供给
3. 进行知识供需的匹配
4. 选择知识转移方式
5. 设计知识差距识别与弥补策略

高技术虚拟产业集群知识转移机制研究框架

知识溢出机制

1. 知识溢出内涵的界定及影响因素分析
2. 知识溢出渠道的建立
3. 知识溢出的途径分析
4. 知识溢出保障策略的设计

高技术虚拟产业集群知识转移影响分析与绩效评价

知识学习机制

1. 知识学习的驱动因素与前提
2. 知识学习的层次转化
3. 知识学习机制的构建
4. 知识学习促进策略的设计

图 5-15　高技术虚拟产业集群知识转移机制分析框架

能力成功的可能性。魏江(2003)在对产业集群技术能力的研究中，提出了"技术能力势差"的概念来定义集群中的技术能力分布的非均衡现象，并指出集群中对外部新知识的学习主要由技术高位势企业承担。杜静和魏江(2004)进一步将这一理念应用于企业之中，提出了"知识位势"的概念，即不同的知识主体所拥有的知识的量和质都是不同的，有的知识主体掌握着此方面的前沿的、高端的、广泛的知识，而有的知识主体则拥有相对落后的、已被普及和格式化的、狭隘的知识。因此知识主体之间存在着位势差。.

目前学者对知识差距的概念还没有统一的描述，相似内涵的概念大多采用如知识距离、技术距离、知识位势、知识势差等进行表述，本书在学者的研究基础上，对高技术虚拟产业集群内组织间的知识差距的内涵做如下界定：知识差距是指高技术虚拟产业集群内成员企业间知识转移活动的知识发送方(溢出方)和知识接受方(学习方)之间在知识存量、知识结构等方面存在的差距。知识差距是因企业间知识水平相互比较而存在的，即属于比较范畴，如图 5-16 所示的高技术虚拟产业集群企业间知识差距。

客观上说，所属行业不同、企业的核心技术与知识的不同、企业各自竞争优势的存在等都导致了企业间不同类型、不同程度的知识差距的存在。在企业没有

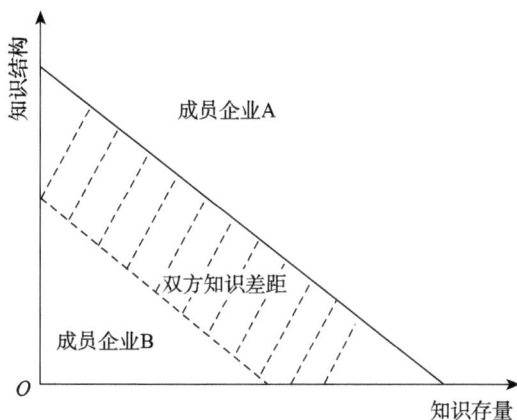

图 5-16　高技术虚拟产业集群企业间知识差距

知识需求产生的情况下，知识差距的存在对企业的影响程度并不大。只有当企业由于自身发展、创新活动等导致对新知识、新技术产生需求的时候，与其他企业的知识差距才能体现其意义。由于企业间存在着知识差距，当某个高技术企业产生知识缺口（即自身创新平台无法提供创新所需知识资源）时，企业除了依靠自身的知识积累进行创新活动之外，可以通过知识技术交易、合作等方式和知识位势较高的企业进行知识转移活动，从而利用知识差距实现知识的溢出、学习等知识转移活动，以提高自身的创新绩效。可见，知识差距是知识转移活动的前提。企业可以通过对知识差距类型、程度等因素的识别与判断，决定是否进行知识转移、以何种方式进行知识转移以获取外界的知识资源。对知识差距的识别与判断，需要通过对知识需求和知识供给之间的匹配来完成。而知识供需的匹配对知识转移方式的选择则主要依据转移成本、收益等因素进行。

　　尽管知识差距是知识转移活动的前提，但知识差距的存在并不一定能保证知识转移活动的成功，原因在于知识差距的大小对知识转移具有直接影响。知识差距过大时，由于知识接受方的知识存量、学习能力等因素的限制，知识发送方所溢出的知识无法被学习方吸收并同化，因此知识转移的效果将受到很大影响；当知识差距过小时，知识学习方的学习主动性将降低，同样也将影响知识转移的效果。由此可知，知识差距与知识转移之间呈倒 U 形的关系。知识转移活动的双方只有在适当的知识差距内，知识转移活动才能顺利进行。

　　由于高技术虚拟产业集群内的成员大部分为高技术企业，因此集群内成员组织在自身知识存量、学习能力、技术创新能力等方面都高于一般企业，因此企业自学习的意识和能力都较高。同时由于高技术虚拟产业集群内的成员基于计算机网络等通信技术手段形成了大范围的、虚拟空间上的集聚，因此集群成员间的知识层次和范围较为丰富，更容易形成知识的互补，这为知识差距的识别与匹配创造了条件。集群内成员所产生的知识需求可以在更大范围内寻找匹配对象,从而扩大了知识转移的范围,为知识转移活动的顺利进行创造了有利条件。

2)知识差距的识别流程

本书将知识差距的分类、知识差距的识别、知识差距的弥补方式选择三个部分相结合,设计了知识差距的弥补流程,如图 5-17 所示。首先对知识差距进行分类,其次从外生性因素和内生性因素两方面对知识需求和知识供给分别进行分析,再次对供需双方进行匹配,最后根据成本分析来选择知识差距的弥补方法。

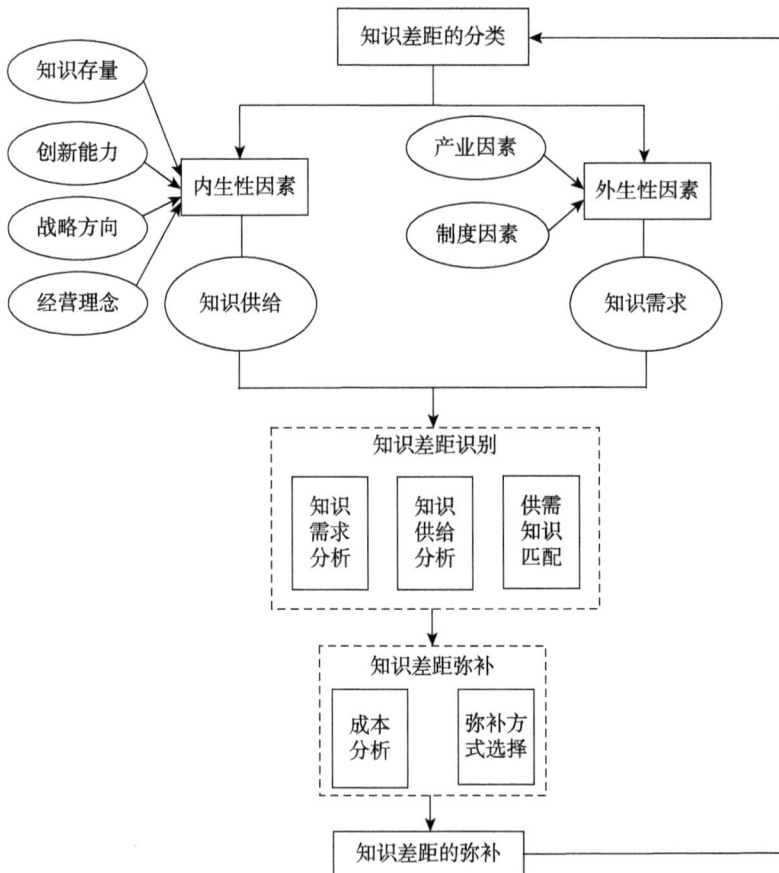

图 5-17　知识差距识别与弥补流程

2. 知识差距的分类

企业间知识差距的具体类型要以高技术企业知识的分类为基础,因此本书对高技术企业的知识分类进行分析。

1)高技术企业知识的分类

知识的时效性以及高技术行业面临的快速变化的市场环境,使高技术企业不可能拥有自身所需的全部知识，因此高技术企业需要根据自身知识的缺口在适当的时机向企业外部获取知识资源。因此有必要了解企业自身知识资源的需求以及企业已有知识资源的战略价值。知识管理理论认为，从战略价值的角度出发，以将企业中的知识大体分为三类，即核心知识（core knowledge）、高级知识（advance knowledge）和创新知识（innovation knowledge）（Michael，1999），如图 5-18 所示。

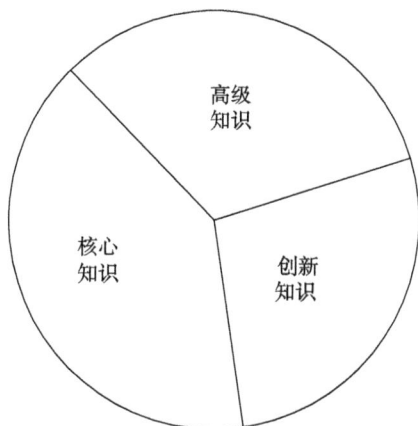

图 5-18　基于战略价值角度的高技术企业知识分类

（1）核心知识是企业在行业内生存的最基本知识，被行业内大多数企业所掌握。虽然不能保证企业的竞争优势，但核心知识却能成为进入行业的特定知识障碍。新加入的企业必须要拥有核心知识才能进入新的行业。

（2）高级知识是行业内一部分企业所拥有的知识。高级知识是相对而言的，企业拥有的高级知识在知识存量、知识结构等方面要高于竞争对手，即与竞争对手存在知识差距，这种差距通过产品的市场化得以体现。凭借这种知识差距，拥有相对高级的知识的企业拥有本行业相对领先的部分技术，即拥有了相对竞争优势。

（3）创新知识是企业内最高层次的知识。企业拥有的创新知识可以使其在行业内具有领先地位，可以将其与其他竞争者严格划分开。拥有创新知识的企业可以凭借其行业领导地位改变技术标准、生产规范等行业规则，从而引领整个产业的进步。创新知识的拥有是高技术企业的最高目标。

2）知识差距类型分析

受目前我国高技术产业发展现状的制约，高技术企业间的知识存量、技术水平、市场占有率不尽相同。企业间知识差距的存在为弥补企业自身知识缺口提供了可能。由高技术企业知识的分类可知，企业间存在着三类知识差距，即核心知识差距、高级知识差距和创新知识差距。

由于核心知识、高级知识和创新知识对企业的战略价值不同，因此，上述三类知识差距的产生原因也各不相同，弥补这三类知识差距的成本和方式也不相同。

（1）核心知识差距是指高技术企业缺乏其他行业的知识而导致的与其他行业内企业间的知识差距。由于核心知识是行业内企业维持自身生存的最基本知识，是高技术企业在行业内立足的基础，因此，核心知识差距的产生通常是企业实施多元化发展、进行跨行业战略延伸行为导致的。这类知识差距是由现有知识存量与新的知识需求之间的不匹配造成的。由于核心知识在行业内的基础性，其成熟度较高且大多由显性知识构成，多数情况下，核心知识差距可以通过技术交易或企业间的并购进行弥补，并且其弥补成本相对较低。

（2）高级知识差距。由于高技术行业的知识和技术的更新速度不断提高，高技术企业为维持自身行业地位需要不断进行创新活动，而当其自身知识资源难以满足创新所需全部知识的时候，或已有的知识技术已不足以形成竞争优势时，则企业存在高级知识缺口，即与其他拥有先进技术的企业间存在高级知识差距。由于高级知识在行业内已有一定成熟度，因此拥有高级知识、掌握先进技术的企业通常会利用技术转让等方式获取高额利润。但由于转让方顾虑由此带来的失去原有竞争优势或行业领先优势等原因，技术转让方在转让时可能会有所保留，即并非转让全部高级知识，对需求方来说，知识获取的成本较高，且知识的学习与吸收效率难以保证。大部分高技术企业由于自身发展、创新活动的需要等原因，都面临着高级知识缺乏造成的高级知识差距。

（3）创新知识差距。创新知识差距的产生是由于高技术企业为追求行业绝对领先地位，进行创新活动所需知识资源的不足而产生的知识差距。通常这类企业已经拥有了本行业先进技术和一部分创新知识，企业自身的创新能力也较高，但面对快速变化的市场环境以及高技术生命周期的不断缩短，企业需要不断进行更高层次、更大范围的创新来维持并提高自身的行业领先地位。由于创新知识资源的稀缺性，弥补创新知识差距的难度非常大，其成本也非常高。基于以上分析，高技术企业的三类知识差距及其形成原因、弥补成本如表 5-2 所示。

表 5-2　高技术企业的三类知识差距及其形成原因、弥补成本

知识差距类型	产生原因	弥补成本低
核心知识差距	企业实施多元化发展、进行跨行业战略导致的对其他行业基本知识的缺乏	较低
高级知识差距	企业知识资源难以满足创新所需全部知识的时候或已有的知识技术已不足以形成竞争优势	中
创新知识差距	高技术企业为追求行业绝对领先地位，进行创新活动所需知识资源不足而产生的知识差距	高

3. 知识差距的识别

知识差距的存在是产生知识溢出等一系列知识转移活动的前提。客观上说，同其他企业或组织之间的知识差距对某一企业来说在任何时间段都是存在的，但只有当企业出现某种知识需求时，才会对知识差距进行识别，并将知识需求与知识供给进行匹配，从而确定是否可以进行知识溢出等一系列知识转移活动。因此，可以将知识差距的识别与弥补视为知识转移活动的准备阶段。

1）知识需求分析

第一，知识需求的产生。高技术企业对创新的持续追求，使企业已有的知识资源存量不足以满足创新活动的需要时，产生了企业的知识需求。知识需求的产生可以分为外生性因素和内生性因素两大原因（Haider，2003）。

外生性因素包括产业因素和制度因素。产业因素包括产业内环境变化和竞争力因素，制度因素包括政府政策和行业规则的变化等。高技术产业对政府政策的导向性敏感度较高，国家政策的变化、政府相关部门对行业扶持范围、扶持力度的变化等都会给高技术企业带来新知识、新技术方面的需求；同时，行业内技术标准对高技术企业的重要性不言而喻，一旦行业内技术规范发生变化，高技术企业也随之产生新的知识需求；此外，随着新技术的不断涌现，总是会有新的、具有强有力竞争优势的高技术企业出现，这种行业地位的不稳定性导致高技术企业需要不断地进行技术创新以维持自身在行业内的竞争力，不断提高自身的竞争优势，这也导致了新的知识需求的不断产生。进一步说，可以将所有产生高技术企业知识需求的外生性因素归结为市场机遇。

内生性因素通常是指企业内部导致知识需求产生的因素，一般包括：企业自身知识资源存量、企业战略方向、经营理念、企业创新能力因素。企业战略方向的改变无疑会使原有知识资源不能满足企业需要，由此将产生新的知识需求；企业创新能力的提高更是产生知识需求的重要原因之一。同时，企业知识资源存量、经营理念等因素也对新知识需求的产生具有一定影响。通常，外生性因素促使新的知识需求的产生，而内生性因素则能够帮助企业识别由于新的知识需求产生造成的知识缺口，从而针对知识缺口进行知识差距的识别与判断，并且，内生性因素还可以帮助企业针对知识差距进行知识学习与创新等活动。外生性因素和内生性因素的变化都可能使企业产生知识需求。

第二，知识需求分析。本书将高技术虚拟产业集群内成员企业间的知识转移定义为企业间有目的的知识共享，这种知识资源的共享源于知识学习方的知识需求，而知识需求源于企业面临关键事件（key event，KE）时所产生的知识缺口。关键事件不同，企业的知识需求也会不同，一个关键事件可能同时产生若干个知识资源需求，同时，针对不同的创新项目和目的，知识需求也会不同。

对高技术企业来说，技术知识是其核心竞争力的体现，高技术企业的知识差距的产生根源是其自身现有的知识资源不能满足其创新活动，因此，高技术企业对技术知识的需求占其需求总量的绝大多数。本书仅对高技术虚拟产业集群内成员企业在知识资源方面的需求和供给进行分析。针对高技术企业由关键事件产生的知识需求，大都涉及知识类别、知识层次、时间跨度等因素，同时，知识需求的产生还受到知识学习方自身的知识结构和自身学习能力等因素的影响。

由知识需求的分析可知，外生性因素促使知识需求的产生，而企业的内生性因素，如自身知识存量、知识结构、知识学习能力等帮助企业识别这些知识需求及考虑如何与溢出方进行知识匹配。企业运营中的关键事件将对知识产生需求，同时每个关键事件可以产生一个或多个知识需求。用 K_i 表示关键事件，某一时刻企业所面临的 m 个关键事件的集合为 $K = \{K_i\}$（$i = 1, 2, \cdots, m$），而每个关键事件产生的知识需求为 Y_l，知识需求的集合为 $Y = \{Y_l\}$（$l = 1, 2, \cdots, M$）。由于关键事件产生的知识需求并非一一对应，因此 $l = 1, 2, \cdots, M$。关键事件与其相应的知识需求如表 5-3 所示。

表 5-3　知识需求来源

关键事件	知识需求
K_1	Y_1，Y_2
K_2	Y_1，Y_3，Y_4
K_3	Y_5
K_i	Y_l
K_m	Y_{M-1}，Y_M

2）知识供给分析

高技术企业的知识供给可以从知识类别、知识层次、知识战略价值、知识提供方的知识溢出水平等几个方面进行描述。知识供给可以用集合 $X = \{X_j\}$（$j = 1, 2, \cdots, N$）表示。这些知识除一部分是显性知识以外，大多数为隐性知识，必须依附知识载体存在。

值得注意的是，由于具有战略价值的核心知识资源绝大部分为隐性知识，即供给的知识大部分是隐性知识。而隐性知识必须依附一定载体存在，由此，知识供给必须依靠高技术企业内的知识载体才能得以实现。知识载体包括溢出方的员工、团队、设备、溢出媒介、组织文化等方面。知识供给的集合 $\{X_j\}$ 即存在于上述众多知识载体中。知识载体对知识的掌握程度直接影响知识类别、知识层次、知识战略价值等供给知识的描述。

根据高技术企业当前的知识类别和层次，应用企业内部知识分布图可以找到企业的知识供给集合 $\{X_j\}$，如果企业的知识分布图不够完善，则知识供给集合还需要借助调查问卷等主观方法进行确定。高技术企业的知识供给可以通过企业内部知识分布图来对企业知识现状进行描述。其实质是把企业业务流程中的各种知识与所附着的载体——对应起来。利用知识分布图，可以描述知识载体所掌握知识的种类、层次等，以及企业的各流程能否实行。了解企业的知识储备是构造企业知识分布图的前提。

在高技术企业知识分类的基础上，假设其所掌握的知识种类有 M，N，O，P 四种，并且这些知识还可以细分；知识载体包括个人、团队、设备、企业文化等。构造如图 5-19 所示的知识供给分析图，▨ 的深色部分表示知识载体所掌握知识的程度，这样就得到了高技术企业的知识供给集合。

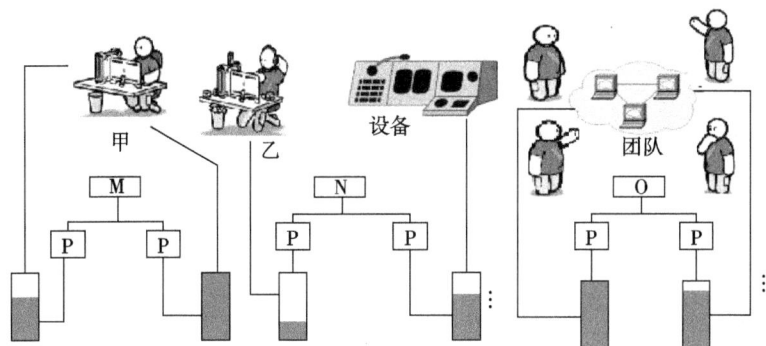

图 5-19　知识供给分析

3）知识需求与供给的匹配

对供需双方知识差距的匹配可以通过对知识需求与知识供给之间的匹配来实现。本书应用偶图匹配理论对供需的知识进行匹配。在图 $G=(V，E)$ 中，如果把集合 V 分成两个集合 V_1 和 V_2，使 E 中每条边的两个端点分别在 V_1 和 V_2 内，这样的图就是偶图，也称二分图，可表示为 $G=(V_1，V_2，E)$。假设 M 是 G 的一个匹配，且 $|M|=\min\{|V_1|，|V_2|\}$，可称 M 是 G 的一个完全匹配，当 $|V_1|=|V_2|$ 时，可将 M 视为 G 的一个完美匹配。

设高技术虚拟产业集群内的知识需求方和知识供给方的总数为点集，知识需求与知识供给间的联系为边集，则高技术虚拟产业集群内知识供需匹配可用图表示为 $G=(V，E)$。由匹配的定义可知，高技术虚拟产业集群内存在着多种匹配关系，每一个匹配都可以构成一个匹配模型，则所有匹配模型构成了匹配集合。将点集 V 拆分成 X 和 Y，并且有 $V=X\cup Y$，$X\cap Y=\varnothing$。X 和 Y 之间点的连线为边 X_jY_l，由 X_jY_l 所构成边集为 E'，且有 $E'=X_jY_l(X_j\in X，Y_l\in Y)$，则 X 和 Y 以及 E' 构成的图为 $M=(X，Y，E')$。本书所求的匹配模型为匹配集里的最优匹配模型。

（1）匹配模型的建立。由上面的分析可知：高技术虚拟产业集群内的知识需求与供给之间的匹配模型是具有完全加权的二分图，设为 G，将其映射定义为 $l:V(G)\rightarrow R$，并且 G 的每一条边 $e=\{X_j，Y_l\}$ 均满足以下不等式。

$$l(X_j) + l(Y_l) \geqslant \omega(X_j, Y_l) \qquad (5\text{-}23)$$

其中，$\omega(X_j, Y_l)$ 为边 e 的权值；l 为 G 的可行顶标。令

$$E_l = \{\{X_j, Y_l\} \mid \{X_j, Y_l\} \in E(G), l(X_j) + l(Y_l) \in \omega(X_j, Y_l)\}$$
$$\qquad (5\text{-}24)$$

设 G_l 为以 E_l 为边集的 G 的生成子图，因而可称 G_l 为 l 等子图，则若 G_l 有完美匹配 M，则 M 同时也是 G 的最优匹配(殷剑宏和吴开亚，2003)，如图 5-20 所示。

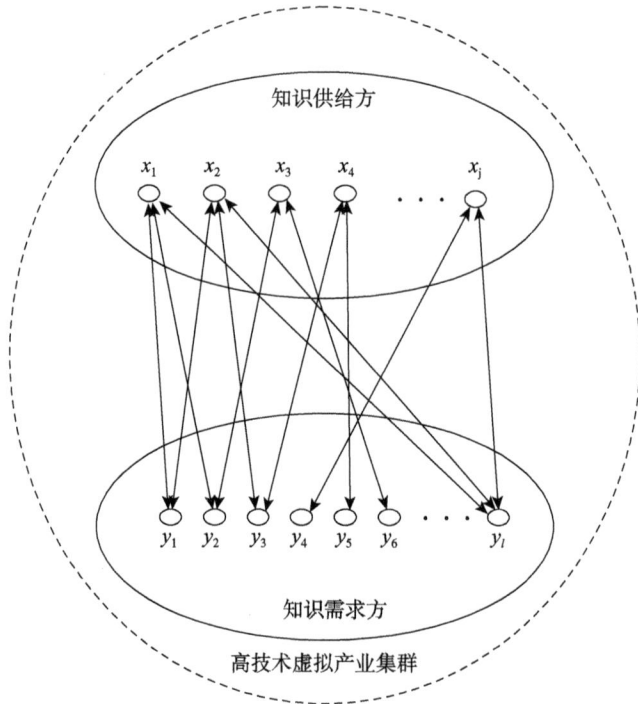

图 5-20　知识需求与知识供给匹配

(2)模型求解过程。可以通过不断修改可行顶标来实现对该模型的最优匹配的求解。模型求解的方法有很多，目前 Kuhn-Munkres 算法应用比较普遍，因此本书采用该算法，具体算法描述如下。

Step1：任意给定可行顶标，随后确定 l 等子图 G_l，并在 G_l 中寻找匹配集合 M。

Step2：判断 M 是否对 X_j 饱和，如果饱和则 M 是最优匹配，求解过程结束；否则采用匈牙利算法进行求解。

匈牙利算法描述如下。

Step1：选取 G 的任意一个匹配。

Step2：如果 M 对 X_j 所有定点饱和，则 M 即为所求的最优匹配；否则，任

取 X_j 中的一个 M 未饱和点作为 μ ，令 $S=\{\mu\}$ ，$J=\varnothing$ 。

Step3：如果 $N(s)=J$ ，则表示 G 没有饱和 X_j 的所有定点的匹配，停止寻找；否则可在 $N(s)-J$ 中任取一个作为 y 。

Step4：如果 y 是 M 的饱和点，则设 $y\mu\in M$ ，用 $S\cup\{\mu\}$ 代替 S ，$J\cup\{y\}$ 代替 J ，并转 Step3；否则设 P 是从 μ 到 y 的 M 增广路径，用 $M=M\oplus P$ 代替 M ，转 Step2。

4. 知识差距的弥补

知识差距识别的目的是选择弥补方式，而组织间的知识转移是弥补知识差距的有效途径。除此之外，企业在识别知识差距后，选择依靠自身知识资源进行自创新行为也是知识差距弥补的手段之一。本书从成本与收益的角度对知识差距的弥补条件进行分析，进而选择知识差距的弥补策略。

1）知识差距弥补的成本分析

企业的直接目标通常是获取经济利益，当遇到市场机遇时，绝大多数情况下企业会选择自身收益最大化的交易方式，在知识差距弥补的过程中也不例外。知识溢出方通常不会公开地、无经济目的地将自身核心知识进行外溢，而是在衡量成本与收益之后才进行知识溢出活动；学习方在充分了解自身知识学习能力的基础上，也会衡量知识学习需要付出的代价，从而选择采用何种方式进行知识学习活动。因此可以通过生产函数对成本-收益进行分析以确定知识采取何种方式进行转移以保证从知识差距的弥补活动中双方都能获取利益。

生产函数可以表示为 $Q=f(x_1,x_2,\cdots,x_n)$ ，在当今知识经济时代，$(x_1,x_2,\cdots,x_n)$ 既可以表示各种有形的物质生产要素，也可以表示各种无形的知识生产要素。高技术企业的产品可视为知识产品，更多的是包含知识生产要素，因此本书假设生产函数中只考虑知识要素的作用。设影响收益的知识要素为 I_i ，其中 $(i=1,2,\cdots,n)$ ，假设溢出知识的市场价格为 P ，则知识转移活动的收益：$R=P\times f(I_1,I_2,\cdots,I_n)$ 。

知识差距弥补过程涉及溢出方与学习方之间组织知识的传递过程，知识差距弥补成本是指组织间的知识溢出和知识学习活动所产生的费用。引发这些费用产生的原因主要包括以下几个方面：①知识需求产生后，需要对相应供给知识资源进行搜索产生的成本；②知识（尤其是隐性知识）的学习将花费一定的时间、人力、物力、财力等；③知识溢出方与学习方的合作的达成需要产生一定的费用（如相互了解的费用、签约费用等）；④高技术虚拟产业集群内成员间地理距离的增大使知识溢出对技术因素依赖性增大。这些费用具体表现为以下五类成本。

（1）知识搜索成本 C_1 。通常创新活动所需的知识资源的来源和价格很难获取到，这就需要知识需求方主动在市场上进行搜索，由此产生的成本即为知识搜索成本。由于高技术虚拟产业集群的产生是基于计算机网络等现代通信技术的，C_1

较传统的搜索成本相对较低。

（2）知识损失成本 C_2。知识由溢出方向学习方进行传递的过程中，有可能并非所有的知识都被学习方吸收，由于溢出方的表达能力和学习方理解能力等因素造成的部分溢出知识不能被学习方接受所产生的损失即为知识损失，由此产生知识损失成本。此外，由于隐性知识的黏滞性导致的转移知识不能被学习方完全吸收所产生的一部分知识的损失，其成本也视为知识损失成本。

（3）知识学习成本 C_3。对知识学习方来说，知识（尤其是隐性知识）的吸收与内化除依靠自身知识存量外，还需要投入一定的时间、人员、物力和财力等，由此产生的成本为知识学习成本。

（4）交易成本 C_4。由于机会主义的影响，知识学习方担心溢出方夸大溢出知识的水平和价值，知识溢出方担心学习方对溢出知识进行转卖或滥用等因素都将使双方的知识交易产生高额成本，这些成本包括谈判、签约、履行合同及监督成本等。交易成本的过高有时会成为知识转移的障碍。由于高技术虚拟产业集群实现了跨地域的组织形式，交易双方间的信任是影响交易成本的关键因素之一。"虚拟"空间上交易双方可能素未谋面，这就对信任的产生具有一定负面影响。此外，以往的合作经历、合作感受等因素都在某种程度上对交易成本具有影响。

（5）技术因素成本 C_5。知识转移必须借助一定的媒介，语言是个体间交流的基础。除此之外，现代通信技术手段的广泛应用使知识的传递更为迅速、传递范围更广。通信技术水平、设备的先进性等是影响技术成本的主要因素。

除上述成本因素之外，溢出知识的价格还受到时间因素的影响。现假设 t 时刻溢出知识的价格为 $P(t)$，用 $R_j(j=1,2,3)$ 分别表示自学习（即不进行知识转移）、知识交易（采用外部直接购买的方式进行知识转移）和建立合作关系（基于合作进行知识转移）三种弥补方式带来的收益。$M_j(j=1,2,3)$ 分别表示上述三种方式涉及的各项成本，且有 $M_j=\sum_{i=1}^{5}C_i$。则 t 时刻总收益可以表示为

$$R_j=P(t)f(I_1,I_2,\cdots,I_n)-M_j,\qquad j=1,2,3$$

基于上述分析，可以将知识转移的成本与时间因素进行归纳，如表 5-4 所示。

表 5-4　知识转移成本与时间因素列表

知识转移方式	C_1	C_2	C_3	C_4	C_5	t
自学习	很低	低	高	无	低	长
知识交易	高	高	不确定	高	不确定	不确定
建立合作关系	低	低	较低	较高	低	短

当忽视时间因素造成收益的不确定性时，可以视为 $P(t)=P$，即知识差距弥补的收益取决于知识差距弥补所花费的成本。而知识差距弥补的时间跨度 t 取

决于知识供需双方间的知识差距的类型和知识学习方的学习能力。知识差距的层次越低，则知识转移活动越容易进行且时间跨度越短；知识学习方的知识存量越丰富、学习能力越强，则对溢出知识的吸收与利用效率也越高，知识转移活动的时间跨度也越短。下面对上述三种类型进行逐一分析。

(1) 自学习。其属于企业内部知识转移的方式。企业针对知识差距的存在，采用自主学习的方式进行知识差距的弥补。通过自身的知识积累，利用自身的知识资源和研发队伍进行知识的内部整合与创新。这种情况下，企业不需要从外界进行知识转移活动，而仅需从企业内部各部门和团队间搜索所需知识资源，从而 C_1 会很低，且由于企业内部团队间的交流与合作会较为顺畅，因此 C_2 会低。由于企业的研发过程完全依靠自身的员工完成，企业除自身知识资源外，还需要投入大量的人力、物力、财力来进行自创新活动，因此，自主学习的 C_3 高，但由于避免了与其他企业间的知识交易行为，故 C_4 将为零。且由于知识在企业内部进行交流与共享，技术因素对自主学习的影响也将非常有限，即 C_5 将会低。但是，由于知识差距的弥补仅仅依靠企业内部的知识资源和企业自身的研发团队，自主学习的时间跨度将比较大，即企业需要长时间达到创新的预期目标。对于高技术企业来说，时间对其产品和技术能力的影响是非常大的，由于知识的时效性，如果不能在短时间内完成产品的研发和技术的更新，高技术企业的竞争力将下降，竞争优势也将降低，因此除非企业能在较短时间内依靠自身力量完成创新活动的预期目标，一般情况下，很少有企业选择完全依靠通过自主学习来进行创新活动。

(2) 知识交易。本质上说，企业从外部直接购买知识而进行的知识交易也可以视为知识转移的一种方式，但由于其知识交易的特性，本书将其单列出来进行分析。很多企业通过在市场上进行技术交易、企业并购等方式对知识进行直接购买。由于知识价值的存在以及知识价值的难以衡量性，这种方式的 C_4 会高。同时，由于不同组织间的知识转移活动涉及的知识溢出能力、知识学习能力、双方知识存量和知识结构等方面的差异，C_1 和 C_2 都将会高。知识的学习成本 C_3 则要根据转移知识的水平和知识学习方的能力来确定。如果学习方的知识存量丰富且知识结构与知识溢出方相近，则 C_3 会较低，且由于知识是通过直接购买所得，t 将会缩短；反之，C_3 会较高且 t 也会较长。知识转移双方在知识的交流媒介的选择、通信设施的完备性等方面的不一致将导致 C_5 的不确定。

(3) 建立合作关心。高技术虚拟产业集群内成员企业间的知识转移的前提是建立合作关系，而合作关系的确立以信任为基础。企业利用高技术虚拟产业集群的信息平台选择合作伙伴，建立虚拟企业等合作关系，将企业的外部知识交易内部化，即 C_1 会低。集群准入退出、信誉评价等制度的建立，使成员能够在短时间内建立信任，从而建立合作关系，进而保证了知识溢出渠道的畅通，同时高技术企业的学习效率也较高，因此 C_2 将会低。由于彼此间信任的产生和合作关系的确立，C_3 也较低。但对 C_4 而言，由于机会主义的存在，溢出方想尽量夸大溢出知识的价值且学习方想尽量降低知识学习的支付费用，因此达成合作所付出的成本将会较高。高技术虚拟产业集群内的成员间的合作依靠计算机网络等手段完成，故此 C_5 将会低。值得注意的是，该方式的预期时间通常要比自主学习进行知识积累的时间跨度短很多。

2)知识差距弥补方式选择

知识差距的弥补过程就是知识的转移过程，这一过程包括知识的溢出和学习过程。针对知识差距的类型、弥补成本和收益等因素的差别，知识差距的弥补方式也会不同。从上述分析中不难看出，知识差距弥补方式的选择除要针对知识差距的类型之外，还必须考虑知识转移的时间与转移的成本。本书从时间和成本两个维度构建知识差距弥补方式选择模型，如图 5-21 所示。除时间和成本之外，知识转移方式的选择还涉及知识转移双方的知识存量、知识溢出能力、学习能力等因素。

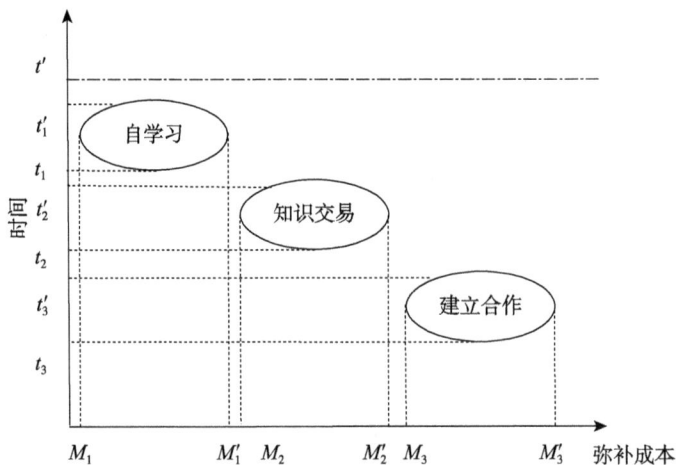

图 5-21　知识差距弥补方式选择

当企业产生知识需求时，应首先对自身知识需求进行分析，并对知识差距的类型进行识别，利用高技术虚拟产业集群这一虚拟的网络组织，寻找合适的知识供给方，并对知识需求与知识供给进行匹配，在利用成本函数从成本-收益角度对知识差距的弥补条件进行分析之后，选择适合的知识差距弥补方式，以实现短时间、低成本的知识转移活动。本书在充分考虑诸多影响因素的基础上，设计了三种知识差距的弥补方式并做如下讨论。

(1)设时间阈值 t'，当 $t > t'$ 时，代表企业所需的知识差距弥补时间大于企业所能承受的范围，此时，企业不会对知识差距进行弥补。

(2)当 $t < t'$ 时，企业的知识弥补时间在接受范围内，因此基于对成本的分

析来判断选择何种知识差距弥补方式。

第一，当 $t_1 < t < t_1'$，且弥补成本在 $M_1 < M < M_1'$ 时，这意味着企业可以接受较长时间但较低成本的知识差距弥补方式。如果高技术企业自身的知识存量足够丰富，自主学习和研发能力足够强，企业可以在短时间内仅依靠自身的知识存量和研发队伍达到创新活动的既定目标时，可以采用自学习的方式，也就是可以不采用与外界进行知识转移的方式进行自创新。这种情况下，由于只涉及企业内部知识的共享和流动，因此要充分注意培养企业的学习文化和创新氛围。

第二，当 $t_2 < t < t_2'$，且弥补成本在 $M_2 < M < M_2'$ 时，意味着企业可以接受中等时间长度、中等弥补成本的知识差距弥补方式。如果高技术企业自身知识存量并不足以进行自创新活动，并且想在短时间内弥补知识差距而且愿意支付高额交易费用的时候，可以采取知识交易的方式，通过交易达到知识学习与吸收的目的，从而实现创新。但基于知识交易进行的知识转移活动要注意所交易知识的结构、类型等是否与企业已有知识存量、结构相似，以及企业自身的学习和对新知识的接受能力。如果交易双方之间的知识差距过大，则会影响知识学习的效率，从而达不到良好的知识转移效果。

第三，当 $t_3 < t < t_3'$，且弥补成本在 $M_3 < M < M_3'$ 时，意味着企业需要在短时间内以较高成本对知识差距进行弥补。由于高技术本身的特点，单独高技术企业很难获取创新所需的全部知识资源，并且由于中小高技术企业很难支付高额的交易费用，因此采取建立合作关系的方式进行组织间的知识转移，从而利用知识资源的共享和互补性进行合作创新行为是大多数中小高技术企业的选择。但在合作关系确定前，应避免由于机会主义所造成的合作成本的升高而对知识转移效率的影响。并且，由于知识的外部性，如何减少知识的被动溢出对知识溢出方的溢出意愿造成的影响是合作中应注意的问题。

其中对 t 和 M 范围的判断主要依靠企业自身的主观评估得出，各企业的实际情况不同，其 t 和 M 的取值范围也不同。当 t 或 M 的取值范围有重叠现象时，代表可以同时选择两种或两种以上弥补方式。此时，应从企业的实际出发，尽量选择短时间内以较低成本完成知识差距的弥补。同时，在企业的实际生产经营活动中，由于创新活动的不同特点和需要，企业可以针对具体问题同时采取不同知识转移方式进行结合，从而在最短时间内实现经济效益的最大化。

5. 知识差距识别与弥补策略

高技术虚拟产业集群成员跨越了地域限制，克服了由于地理距离带来的影响，实现了在虚拟空间上的集聚，成员间的信息交流、合作伙伴的选择等。因此成员间的知识差距识别与弥补面临更大的挑战。

一是，知识需求方与知识供给方可能分布在不同地理区域内，相互间并未谋面，因此如何在短时间内，方便、准确、快捷地建立起需求方与供给方的联系是高技术虚拟产业集群所面临的首要问题。

二是，如何在素未谋面的众多集群成员中搜索需要的知识供给伙伴，如何来帮助成员企业进行知识差距的识别与匹配是高技术虚拟产业集群知识差距识别与弥补需要解决的核心问题。为解决上述问题，在高技术虚拟产业集群内建设信息平台，为其知识差距识别与弥补提供环境支持。知识差距与弥补策略整体框架，如图 5-22 所示。

图 5-22　知识差距识别与弥补策略整体框架

(1)高技术虚拟产业集群信息平台的建设。由于高技术虚拟产业集群内成员组织的分散性，为使集群成员更好地实现跨地域、跨组织边界的知识交流与创新活动，需要建立一个高技术虚拟产业集群的信息平台。该平台组建的目标是为成员企业提供知识和信息服务。信息平台是基于互联网且集信息发布、整合、存储、分析、共享和传输为一体的知识资源系统。高技术虚拟产业集群知识转移信息系统为集群内成员提供了合作和交流的平台，结合集群内知识转移活动所涉及的成员、过程等信息，为集群内成员提供分析、搜集、整理知识转移活动信息的综合媒介。同时，可通过对系统内数据的整合和挖掘，为知识转移活动提供计算机辅助手段。该信息平台是集群内交流的平台，是集群外的组织或个人了解集群的窗口。

(2)集群合作氛围的培养。高技术虚拟产业集群内的大部分成员企业都是中小型的高技术企业，这类企业由于受资金、技术力量等条件的限制，通常无法投入大笔资金进行直接的知识交易，当面临创新活动所产生的知识差距时，大部分企业可能会选择通过合作创新的方式进行知识差距的弥补。因此高技术虚拟产业集群内合作氛围的培养尤为重要。高技术虚拟产业集群应引导成员在知识差距的匹配阶段、合作前的协商阶段、合作过程中都本着诚实守信、真诚合作的态度进行洽谈与协商。良好的合作氛围本身也是对成员间的合作行为的一种软约束。良好的合作氛围还能够帮助成员企业间快速建立信任、短时间内促成企业间合作契约的签订，从而降低知识转移的成本。

(3)集群协调制度。在知识差距的识别与弥补过程中，除了依靠企业自身进行接触、洽谈、协商外，集群管理平台作为第三方，可以对双方进行协调。当知识匹配结果为具有多个潜在合作伙伴时，如何帮助成员进行合作伙伴的选择、合作具体内容的协商、合作契约的签订，促进最后合作关系的达成是集群优势的重要体现。

5.2.3　HTVIC 知识溢出机制

1. HTVIC 知识溢出的涵义

知识溢出与空间集聚和报酬递增紧密关联、相互作用，其作为区域经济和新增长理论的重要概念之一，近年来受到广泛关注。刘柯杰(2002)指出知识溢出由知识的外部性导致，并将外部性定义为一个行为主体对其他行为主体的影响。张明龙(2004)指出，知识溢出是指知识一经产生会很快扩散到其他地方，从而增加整个社会的福利。从中观和微观的角度来说，产业集群内的知识溢出通常被称为特定产业集群内的知识外部性，即与集群外的企业相比，集群内的企业可以利用集群内的重要知识资源更快地进行创新活动(von Hippel，1988)。

本书认为高技术虚拟产业集群知识溢出是从知识拥有方(溢出方)向知识需求方(学习方)的知识传递过程。由于高技术虚拟产业集群内成员间地理距离的增大和计算机等现代通信设备的快速发展，这种溢出过程往往利用网络、可视通信设备等媒介进行。同时由于知识的非磨损性、增值性等特点，知识溢出活动往往伴随着知识的增值和整个集群的知识存量的增加、知识学习效率和创新绩效的提高等效应。高技术虚拟产业集群的知识溢出活动体现了高技术虚拟产业集群范围内的知识外部性，相对于高技术虚拟产业集群外的企业，集群内成员可以基于网络等现代通信技术手段，充分利用知识资源的共享和互补性，在全球范围内利用集群内其他成员间的核心知识资源，加快并加强知识创新活动，提高知识创新效率，进而提高集群内成员企业的核心竞争力进而提高整个集群的竞争优势。

本书认为，高技术虚拟产业集群内的知识溢出包含以下两个层次。

(1)企业间的知识溢出。这种溢出通常是指基于合作关系下的企业间的有目的的知识交流与扩散活动，本书对知识溢出机制的研究重点也放在这一层面上。

(2)共享性知识的溢出。其是指集群共享性知识资源通过集群信息平台与企业间的相互溢出。企业将自身知识上传至高技术虚拟产业集群信息平台，实现对集群层面的知识溢出，这将增加整个集群的知识存量。而对新的行业资讯、政策导向等可以为所有集群成员所共享的知识，可以利用高技术虚拟产业集群的信息平台进行信息的主动推送，从而体现集群优势。

2. 知识溢出的影响因素

目前学者们对知识溢出的影响因素大多集中在主观意愿、知识差距、信任度、组织距离、知识能力等方面。由于高技术虚拟产业集群的组织结构的特点，高技术虚拟产业集群内的成员间的知识溢出活动还受到非地域性、虚拟空间集聚等集群组织形式特点的影响，且具有以下几个特征。

(1)高技术虚拟企业集群内共享性知识资源溢出渠道。对于集群内的共享性知识资源来说，集群内的任何成员都可以利用各种渠道进行溢出与获取，但对于跨地域、基于虚拟网络空间的高技术虚拟产业集群来说，如何建立成员间的共享性知识资源的溢出渠道，是集群管理平台所面临的重要问题。高技术虚拟产业集群内的共享性知识资源溢出渠道具有如下特征：①虚拟性。共享性知识资源包括各种消息、通知、合作协议等可以面向全体高技术虚拟产业集群内成员进行溢出的知识资源，这类知识资源是高技术虚拟产业集群优势的体现，是集群内成员所享有的特权。为了保证共享性知识资源能真正做到为集群内成员所共享，应充分利用信息平台，实现该类知识资源在集群范围内的网络性共享。集群内高技术企业在网络资源、设备、技术等方面的投入和维护是实现虚拟性的前提。基于集群信息平台，高技术虚拟产业集群可以将显性的技术、知识、信息等共享性知识资源，如期刊、公开数据、内部资料等进行网上传播和共享，而对依附于各种载体的隐性知识和技术、信息等则可以采取视频观看、网络教学等知识资源的溢出和交流渠道来实现。②便捷性。高技术知识具有时效性，因此，高技术虚拟产业集群内共享性知识溢出活动应提供方便、快捷、即时的知识溢出渠道，以方便集群成员将最新的知识资源进行溢出，为集群成员争取在第一时间获取第一手资料。

(2)以知识资源池为基础的高技术虚拟企业集群知识网络。知识资源池将集群共享性知识资源进行了搜集与整合，并对各成员企业的战略性知识进行了标准化表示与存储。集群共享性知识资源与各成员企业战略性知识资源相结合，形成了高技术虚拟产业集群的知识网络。各成员自身的知识库都是这个知识网络的一个节点，战略性知识资源的索引可以理解为各节点的坐标，通过索引，可以帮助集群成员寻找知识供给方，为成员间合作关系的建立提供帮助。知识资源池所构成的集群知识网络是集群竞争优势的重要体现。

(3)成员间的信任。信任是高技术虚拟产业集群企业间交流与合作的基础，成员间的信任程度越高，则高技术虚拟产业集群内的共享性知识资源越丰富，同时成员间的合作关系越容易达成，成员间基于合作的战略性知识资源的溢出渠道也越畅通。高技术虚拟产业集群内的成员打破了地理范围的限制，实现了虚拟网络空间上的集聚，尽管高技术虚拟产业集群建立了准入退出机制，对申请加入者的诸如注册资金、以往信誉等方面进行了初步筛选，但成员间的信任关系依然呈现一种"弱信任"状态，为此，有必要建立高技术虚拟产业集群的信任机制以促进成员间的合作，进而促进知识溢出活动。这可以从以下两个方面加以分析：①成员间的协调。成员间的协调在知识溢出活动占有重要位置。知识资源池的构建过程中，知识资源的采集、汇总以及知识溢出过程中的知识发送、接收等过程都需要高技术虚拟产业集群内成员间的相互协调、共同作用。协调过程本身也是成员间信任建立的过程，并且随着成员间信任程度的加深，成员间的协调程度和能力都将得到提高，进而促进知识溢出活动的发生。②成员间恶性竞争的控制。对成员企业的战略性知识资源而言，在非合作的前提下，企业并不愿意进行溢出，但由于知识模仿、人力资源流动等原因，被动的知识溢出时有发生。虽然不能完全杜绝这种现象，但高技术虚拟产业集群的管理平台应努力降低被动知识溢出的发生频率和幅度，其中重要的问题是成员间恶性竞争的控制。在集群内的竞争环境下，如何避免或减少对其他企业产品的刻意模仿或高薪诱使掌握战略性知识的员工泄漏商业秘密甚至跳槽等情况的发生是研究高技术虚拟产业集群知识溢出问题所面临的重点与难点问题。

3. 知识溢出渠道的建立

1）成员间合作关系的建立

（1）信任与合作的关系。信任是合作的基础，集群成员间的相互信任构成了合作关系的前提。成员间的相互信任可以防止由相互猜忌、交流与沟通不畅导致的合作成本的增加；信任还可以对合作各方的行为进行约束，避免欺诈行为的出现；信任还影响着合作各方协调的过程与决策的制定与实施。由于高技术虚拟产业集群的跨地域性、虚拟性等特点，合作双方可能是素未谋面的两个陌生企业。利用高技术虚拟产业集群帮助陌生企业在短时间内建立联系、产生信任进而实现合作，是高技术虚拟产业集群知识溢出的前提和基础。由此，本书从信任的角度出发，分析集群成员间合作关系的建立过程。

（2）合作关系的建立过程。当知识需求与知识供给得到匹配以后，需要在确定合作关系的基础上，才能进行知识溢出、知识学习等活动，因此，成员间合作关系的建立是集群成员企业间知识溢出渠道构建的第一步。集群成员间合作关系的建立过程如图 5-23 所示。

第一，潜在合作伙伴的初选。当知识差距的识别与匹配完成以后，当可匹配的知识供需双方的比例为多对一时，需要对潜在的合作伙伴进行初步筛选，从而缩小潜在合作者的选择范围，降低建立合作关系的成本。初步筛选的依据为高技术虚拟产业集群信息平台所建立的信誉机制。高技术虚拟产业集群对申请进入集群的成员企业会进行初步的资格审查，内容包括财务、技术能力、信誉等方面，这个"准入门槛"会将一些信誉度低、企业资质较差的企业排除在集群之外，从而在一定程度上保证了集群成员的整体素质，也为成员间的合作伙伴的选择提供了保障。

第二，对潜在合作者的评价。对潜在合作者的评价基础是基于对其信任度的衡量，而信任度主要从两方面获得，即合作经历和创新能力。

合作经历：无合作经历的情况下，成员间的信任感不高，即使确定了合作关

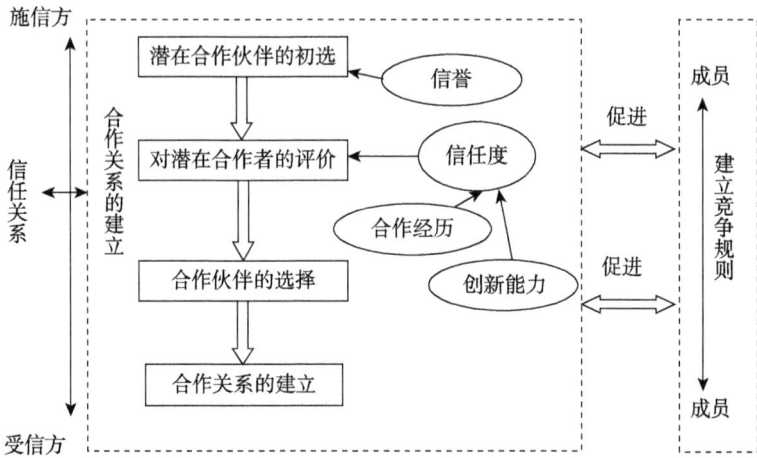

图 5-23　集群成员间合作关系的建立过程

系，其合作过程中的障碍仍较多，如猜忌、防范等，从而导致双方的监督成本较高，不利于知识溢出的顺利进行。而不良的合作经历将直接导致双方信任度的降低，对下一次合作关系的建立具有阻碍作用。相反，良好的合作经历将促进下一次合作的顺利进行，同时长时间的、稳定的合作将为企业间的知识溢出构建畅通的、高效率的知识溢出和学习通道，从而为合作创新提供保障。合作经历与信任度的关系如图 5-24 所示。

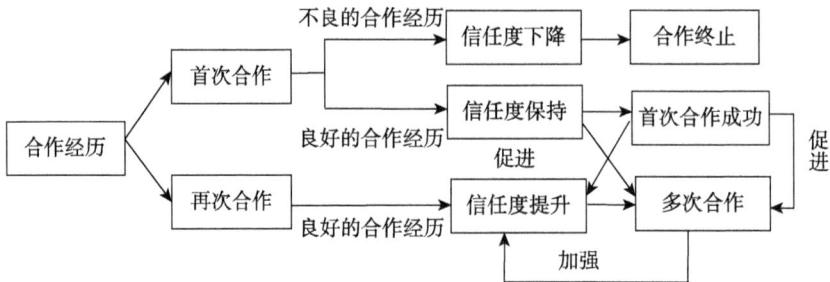

图 5-24　合作经历与信任度的关系

创新能力：对于高技术虚拟产业集群来说，高技术企业是其构成的主体，而创新能力是高技术企业维持自身生存和发展的关键，因此一个企业的创新能力是其他企业在选择合作伙伴时必须要考虑的问题，也是产生信任的重要来源之一。在合作关系建立之前，企业需要对潜在合作伙伴的创新能力进行详细评估，一般情况下，创新能力越强，所获得的信任度越高。评价创新能力的依据主要包括专业资格认证、行业地位调查、以往创新成果、研发人员和设备等。

第三，合作伙伴的选择。当对若干个（通常是两个以上）的潜在合作伙伴的评价结果相似时，选择与哪个（或哪些个）企业进行合作是其面临的主要问题之一。

此时，主要的原则标准应依赖签订合作契约的具体谈判过程，其中将涉及投入的资产、人员、设备、利益分配等具体合作细节问题。

建立合作关系的影响因素有以下三个因素。

其一，合作半径。合作半径是指合作覆盖的范围。高技术虚拟产业集群跨越了地域的局限，成员间的合作关系可以遍及整个集群，即合作半径得到了大范围的扩展，而由于时间、空间等客观条件的限制，成员间的合作很难实现面对面的交流。通过利用高技术虚拟产业集群信息平台、计算机网络及各种通信技术手段可以在一定程度上克服由不能面对面交流产生的障碍，图 5-25 为合作半径图。

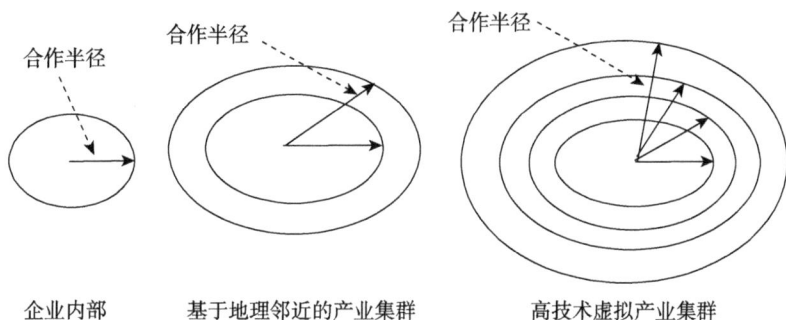

图 5-25　合作半径

其二，合作方式的虚拟性。由于高技术虚拟产业集群集群成员间的合作可以跨空间进行，因此合作中会经常出现"非当面"的交流方式，转而依靠虚拟网络来实现交流与沟通，这种合作上的"虚拟"方式实际上增加了信任的不确定性，会对合作关系具有一定的影响。高技术虚拟产业集群的管理平台可以采用建立准入退出制度、信誉评价制度等制度性手段增加成员间的信任度，克服由于虚拟性所带来的合作困难。同时，集群成员也应自觉遵守由集群制度、合作关系等因素形成的竞争规则，实现高技术虚拟产业集群内部的良性竞争环境，为集群的持续发展打下良好基础。

其三，合作关系实现的敏捷性。在高技术产业内，由于高技术知识的时效性及更新速度的加快以及市场环境的快速变化，要求企业间的合作关系能够快速实现。同时，为了保障合作各方获得预期利益及减少合作成本，大多数企业希望保持长期、稳定的合作关系。高技术虚拟产业集群本身可以视为一个"虚拟池"，即高技术虚拟产业集群内的成员企业可以充分利用集群的信息平台和知识资源池的服务，在短时间内快速、低成本地寻找潜在合作伙伴，并进行评价，利用企业在虚拟空间上的集聚优势实现合作关系的建立。通过快速建立信任关系组建虚拟企业，并实现虚拟企业的良性运行，进而达到快速建立合作关系的目的。

2)知识资源池的构建

知识资源不但可以替代物质资源，而且还能以趋近于零的成本反复利用，这使高技术虚拟产业集群内的知识资源的整合与管理具有非常大的市场潜力和价值。集群内任何一个成员都无法完全掌握进行知识创新所需的所有知识资源，他们所掌握都只是知识资源的一部分，都只是利用了知识大海中的"一滴水"。基于前文提出的高技术虚拟产业集群知识系统集成的想法，虽然单一成员掌握的知识是有限的，但如果将集群中若干成员所掌握的知识聚集起来，形成"知识资源池"，为集群内成员提供一个知识转移、交流与共享的平台，则可以将集群内各成员所单独掌握的知识聚集起来，利用这个平台将知识进行知识资源整合以及合作创新，对知识资源的互补与增值，产生 $1+1>2$ 的效果，进而形成集群特有的竞争力，体现集群的竞争优势。

知识资源池的构成(图 5-26)。高技术虚拟产业集群知识资源池中的知识资源大致包含两类，一类是高技术虚拟产业集群共享性知识资源，另一类是集群成员战略知识资源的索引目录。共享性知识资源是指集群自身知识资源、集群成员之间、成员与集群外部组织之间的共享性知识资源，包括各种共享性信息、文献、成员间定期交流所形成的隐性知识、集群信息平台上的市场信息和行业信息、集群数据库等内容，是将高技术虚拟产业集群内所有共享性知识资源进行汇总后的结果。战略知识资源的索引目录是将各成员企业所擅长的技术描述、发展方向、创新能力、企业资产等战略性知识资源进行标准化存储与表达。

知识资源池通过将高技术虚拟产业集群内共享性知识资源进行汇总，进而利用发布推送信息、定期交流等方式面向全体集群成员进行主动溢出。对那些高技术虚拟产业集群成员所掌握的战略性知识资源，成员企业并不愿意在无经济利益的情况下进行主动溢出，因此，知识资源池可以通过为有知识需求的成员提供知识搜索服务，帮助成员企业进行知识差距的识别与合作伙伴的寻找和选择，为成员企业提供基于知识资源互补的合作机会。知识资源池起到了知识中介的作用，利用资源池的知识导向服务，可以帮助集群成员快速、低成本的建立合作关系，并且在合作的前提下，实现知识转移活动的顺利进行，从而减少知识转移的时间成本和经济成本，提高合作创新绩效。

设 i 为高技术虚拟产业集群内第 i 个成员，E_i 表示其拥有的全部知识资源，E_x 表示成员企业不能面向所有成员提供的战略性知识资源，E_y 表示可以面向所有高技术虚拟产业集群成员共享的知识资源，这些知识资源包括可公开的信息、技术资料、人力资源、投融资政策等内容。可见 $E_i=E_x+E_y$。设集群内共有 n 个成员，则高技术虚拟产业集群知识资源池内的知识资源构成可以表示为 $E=\sum_{i=1}^{n}E_i$。

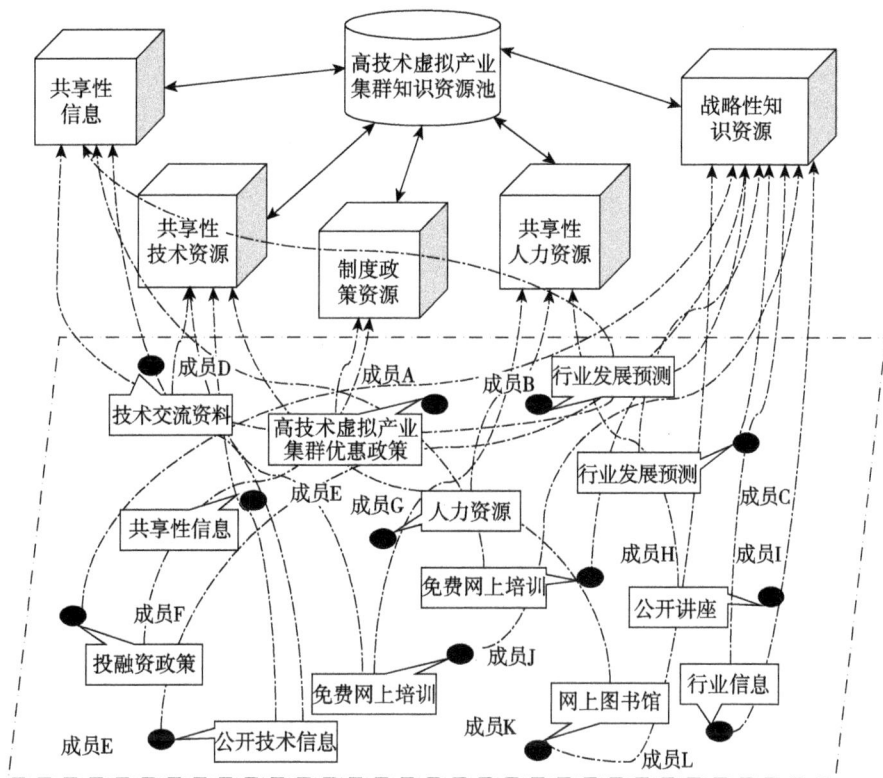

图 5-26　高技术虚拟产业集群知识资源池

知识资源池主要包含以下四个方面功能。

功能一：知识的存储与表示功能。由于知识资源的数量巨大、结构复杂，对知识资源进行标准化存储与表示就显得尤为重要，但在大多数情况下无法利用自然语言对知识进行表述。本书采用本体（ontology）技术实现对动态知识的表示和存储，定义了词汇集用于描述和交流领域内的知识，从而实现语义集成。本体构建的基础是基于巴科斯范式（BNF）对领域知识进行形式化的描述。知识本体的巴科斯范式表示如下。

＜知识领域本体＞∷＝（＜领域名称＞，＜概念＞，＜关系＞，＜属性＞，＜规则＞）

＜概念＞∷＝（＜分类号＞，＜名称＞，[＜同义词＞]，[＜缩略语＞]，＜概念描述＞，[＜父类号＞]，[＜领域名称＞]）

＜关系＞∷＝（＜关系号＞，＜关系名称＞，＜关系前件＞，＜关系后件＞，＜关系描述＞）

＜属性＞∷＝（＜属性号＞，＜概念分类号＞，＜关系号＞，＜属性名称＞，[＜同义词＞]，[＜缩略词＞]，＜值的类型＞，[＜允许值＞]，[＜默认值＞]）

　　<规则>::=(<规则号>，<概念分类号>，<关系号>，<前提>，<结论>，<可信度>，[<规则描述>])

　　<领域名称>::=<标识符>

　　<概念分类号>::=<整数>

　　……

　　功能二：知识搜索功能。为集群内部知识资源建立知识索引列表，将知识资源的所属企业、种类、层次、可提供时间段等信息存储在索引列表中，利用高技术虚拟产业集群信息平台，实现对知识资源池内知识资源的搜索，利用网络等手段帮助成员快速、准确地找到需要的知识资源。

　　功能三：知识资源的整合。知识资源池将分散在各成员中的共享性知识集中起来，通过分类、整理以达到对共享性知识资源的整合目的，通过整合，可以将这些分散的知识系统化，进而丰富使用者的学习内容，使知识资源发挥更大的作用。

　　功能四：加强高技术虚拟产业集群知识资源共享的氛围。知识资源池可以吸引更多的成员企业提供更多的共享性知识资源，形成高技术虚拟产业集群的知识共享氛围，提高集群的技术创新能力。

　　3)非正式的知识溢出渠道

　　在对产业集群的知识转移的研究中，Nonaka 等(1996)创造性地提出了"吧"的概念，他用"吧"来代表地理邻近的集群内企业间的技术人员的私下、非正式的交流场所。但高技术虚拟产业集群由于其自身的非地域性的特点，技术人员非工作时间的这种面对面的、私下的交流机会要少于基于地理相近形成的传统意义上的产业集群，但借助网络、可视电话等通信技术设备，技术人员可以克服时间和空间造成的障碍，实现"随时随地"的交流。

　　本书提出了"虚拟吧"的概念，如图 5-27 所示。利用计算机网络等手段，基于高技术虚拟产业集群知识转移信息平台，在虚拟空间上形成一个固定的"场所"，等同于一个虚拟的"吧"，在这个"虚拟吧"中，集群内的技术、管理人员可以实现在线交流、讨论，从而替代了传统的"吧"的作用，克服了集群内企业由于空间距离增大而带来的知识转移难度的加大，为虚拟空间上的知识的交流与共享提供场所。例如，网络论坛、博客、QQ 群等形式，通过这种非正式的交流，高技术虚拟产业集群内成员间的知识溢出、知识学习等活动得以实现。由于网络等通信设备本身的特点，借助网上留言、跟帖、网络硬盘等手段，存储在"虚拟吧"中的知识也可以为其他时间段进入虚拟吧的成员企业共享和学习，即"虚拟吧"具有跨越时间的特点。这种非正式的交流活动可以促进集群内成员间的相互了解、成员间的知识和技术方面的交流，以强化集群内成员企业的知识学习与吸收效果，从而提高知识创新的能力。理论上讲，"虚拟吧"跨越了空间和时间的限制，实现了集群内成员在虚拟空间上的"随时随地"的交流。同时，高技术虚拟产业集群内部可以同时存在若干个的"虚拟吧"，为集群内成员提供若干个知识交流与共享的场所，这些"虚拟吧"之间也可以作为知识活动的一个节点，进行知识的溢出、交流等活动，以达到提高知识转移效率的目的。这种非正式的知识溢出或多或少会把新知识、新技术带入企业，进而被企业共享，这些知识应用于所在的企业，会促进本企业知识创新与提高生产率。

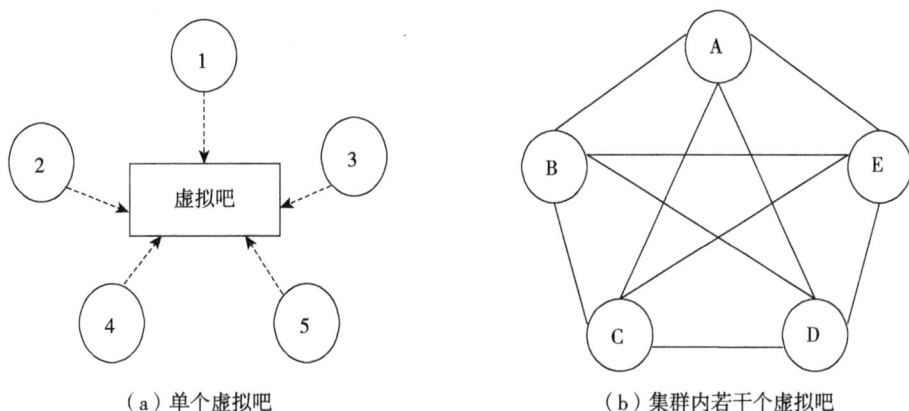

（a）单个虚拟吧　　　　　　　　　　　　　（b）集群内若干个虚拟吧

图 5-27　高技术虚拟产业集群的虚拟吧

1 表示高技术虚拟产业集群内研究机构；2 表示高技术虚拟产业集群内企业；3 表示高技术虚拟产业
集群内中介机构；4 表示高技术虚拟产业集群内金融机构；5 表示高技术虚拟产业集群内其他组织
或个人；A～E 为若干个虚拟吧间的相互流

4. 知识溢出的途径

1）合作关系下的企业间知识溢出

企业间合作的出发点是单独企业很难获得创新所需的全部知识资源，即企业知识缺口和知识差距的存在。建立合作关系的目的是获取合作伙伴所拥有的战略性知识资源，即高级知识和创新知识，进而依靠合作双方的技术力量、管理经验等进行创新活动，并分享创新成果带来的利益。因此，合作关系下的企业间知识溢出的主要对象为战略性知识，即能够为企业带来超额利润的知识资源（高长元和程璐，2011b）。

由于合作契约等合作约定方式的存在，已经达成合作协议的企业间的知识溢出以主动性的溢出方式为主，这种主动性主要表现为溢出方主观意愿上的主动行为。由于技术创新的利益驱动，溢出方会主动对溢出知识进行评估、分析，对溢出知识进行系统性的整理，对溢出的时间、内容做详细规划。由于战略性知识中隐性知识的成分居多，而隐性知识必须依附一定载体存在，因此溢出方有必要对溢出所涉及的人员、物质资源等相关载体进行调配，以保证在规定时间段内完成知识的溢出目标。大多数企业在进行主动溢出时会采取技术转让、技术资料的交流与共享、技术人员的培训等方式。

(1)技术转让。在合作创新过程中,以有偿或无偿的方式将自身的核心技术知识转让给合作方。技术转让是最直接的主动溢出方式。企业通过购买或受让高技术产业的先进技术,来实现对新技术、新知识的学习、吸收和创新,高技术知识在转让和应用的过程中,不断溢出。技术转让过程还包括"二次创新"过程,即在转让的过程中,溢出方和可以帮助学习方对原有知识和技术进行改进和提高,从而实现高效率、高质量的知识溢出和知识学习活动。

(2)资料的交流与共享。主动性的技术资料的交流与共享有助于促进知识资源的互补和扩充,从而丰富创新所需资源,弥补知识缺口,为快速、高效率地实现合作创新活动提供保障和帮助。基于高技术虚拟产业集群的特点,资料的交流与共享以虚拟手段为主,当然也包括面对面的交流形式。

(3)人员的培训。隐性知识必须依附载体而溢出,而技术、管理人员是最重要的载体,并且由于合作关系的存在,知识溢出可以采用对技术、管理人员进行交流与培训的方式进行。由于高技术虚拟产业集群的虚拟性,这种交流与培训除了传统的面对面的方式以外,还可以通过计算机网络、可视电话会议、"虚拟吧"等途径进行,从而在最大程度上克服由于地理距离产生的交流障碍。

2)共享性知识资源的溢出

共享性知识资源的溢出包含以下两个方面(图 5-28)。

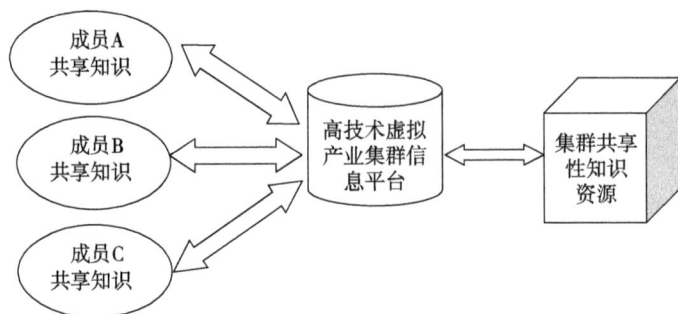

图 5-28 共享性知识资源的溢出

(1)成员企业面向集群信息平台的溢出。由于一般性知识资源的特点,其战略价值相对不高,因此对高技术虚拟产业集群内的成员而言,在企业间的交流中,一般性知识资源的溢出程度较高,通常可以通过企业间的信息交流、学习等方式进行主动的溢出,同时,企业还可以将一般性知识资源面向集群信息平台进行主动的溢出。例如,将产品信息、行业规划等通过集群信息平台进行上传与发布,或将知识资源注入知识资源池,以便其他企业随时查找等。众多高技术虚拟产业集群成员的主动溢出,丰富了集群的知识资源池,为集群成员的知识学习和创新提供了帮助。由于高技术虚拟产业集群内知识共享氛围的存在，集群内成员乐于将自身拥有的一般性知识资源进行共享以及通过企业间的交流或信息平台获取一般性的知识资源。

（2）集群信息平台面向成员企业的溢出。高技术虚拟产业集群信息平台也可以进行主动性的溢出：存储在知识资源池内的高技术虚拟产业集群共享性知识资源也可以通过定期的成员间的交流、不定期的集群培训、信息系统的公开发布、电子邮件、手机短信等手段面向高技术虚拟产业集群内成员进行主动的知识溢出。通过这种主动性的溢出，使新的行业动态、政策法规等一般性知识资源得以及时推广与普及，帮助集群成员在第一时间获取新的信息和知识，以提高集群成员的整体素质和竞争力。

3）竞争关系下的企业间知识溢出

由于战略性知识能够为企业带来超额利润，是企业竞争力的基础，因此企业通常在非合作关系的前提下，不会对战略性知识进行主动溢出。但是，由于知识的非排他性和知识流动的扩散性，知识不可避免要向外传播，而这种传播通常不是企业主动进行的，或者说是企业不愿意进行的。竞争关系下的企业间战略性知识的溢出大多为被动溢出，主要通过知识模仿、人力资源流动等方式进行。

（1）知识模仿。高技术虚拟产业集群内的成员间不仅有合作关系，还存在着竞争关系，这导致了某一集群成员在技术和知识上的领先使其成为其他企业的模仿对象，其他成员通过模仿（imitation）生产技术、产品的特性、管理经验等知识达到提高自身技术水平的目的。由于知识产权保护、商业秘密保护等原因，通常这种模仿不仅仅指单纯的仿制，还包括模仿上的创新，即通过模仿改进原有产品或技术，对原有知识进行二次创新。这种知识模仿过程实际上是知识的被动溢出过程，在这一过程中，知识溢出方的知识在并非出于主观同意的前提下进行了溢出，进行模仿的企业由此获得了利益而溢出方却没有得到任何补偿，且由此带来了一定的损失，而这种情况是溢出方不愿见到的。因此，为了避免知识模仿行为的发生，溢出方必须不断对产品的技术、工艺、原材料、市场销售策略等方面进行改进与提高，由此可见，这种被动溢出方式也在某种程度上促进了企业的创新行为和提升了创新意识。由于高技术产品的利益驱动，且高技术企业的模仿能力相对较强，因此这种知识模仿现象是经常发生的。虽然这种现象给被模仿企业带来了一定损失，但模仿所带动的行业技术水平的提高在某种程度上也对整个行业技术水平的提高起到了促进作用。

（2）人力资源的流动。随着原企业人员的流动，如跳槽、自主创业等，其所掌握的知识、专业技术、管理经验和手段也随之溢出，当技术人员离开原有岗位，将所掌握的知识带到新岗位时，这些知识为其谋求新的自我发展的机会提供了帮助，这对其原来服务的企业来说，知识是被动溢出的，并非出于原来企业的主观意愿。相应的，为避免员工流动到竞争对手那里，通常企业会提高员工的薪金和福利待遇，力图减小掌握核心知识的员工的流动性，同时，对自有核心知识采取保护措施，但这不能绝对保障知识的安全，知识溢出必然会发生。人力资本的流动是对高技术产业集群来说是必然现象。由于高技术产业比传统产业具有更高的发展潜力，R&D占有相当大的比重，所以集群内知识员工更容易发生人员流动。随着人员流动程度的提高，知识的溢出流量和速度也会增大，一定程度的人力资本流动虽然会损害溢出主体的一部分利益，但对整个集群乃至整个社会来说，这种被动溢出客观上丰富了集群和整个社会的知识存量，对集群乃至整个社会的创新能力的提升有很大的促进作用。值得注意的是，人力资本的过度流动或流失很可能会给集群带来损害。其流动速率过快，将会破坏知识的持续积累，将导致知识学习、吸收的能力的下降，进而削弱企业的R&D能力。这是值得集群研究者考虑的问题之一。

4）其他溢出途径

其他溢出方式还包括显性知识的溢出方式，如杂志、报纸、专业出版物，以及采取某种措施获取竞争对手的技术知识的商业刺探等方式。

5. 知识溢出保障策略

1）准入退出制度

为保障高技术虚拟产业集群知识溢出源的数量与质量，有必要建立高技术虚拟产业集群准入退出制度，通过对提出加入集群申请的企业的审查和评价，集群管理平台可以把握申请者的知识存量、知识和技术水平、企业规模、企业研发和学习能力等申请条件，只有那些综合评价结果较高的企业或组织能够进入集群，从而保证了集群内知识溢出源的整体素质，也就从侧面对溢出知识的数量和质量提供了保障。

准入制度的流程如图5-29所示，具体包括以下几个方面的内容。

（1）加入者的申请或集群的邀请。加入高技术虚拟产业集群的企业或组织大致分为两类：一是处于自身发展的需要，意图借助集群优势提高自身竞争力的与高技术相关的企业或组织主动申请加入高技术虚拟产业集群；二是集群根据自身发展需要或集群内成员的推荐，向某些高技术企业或组织发出邀请，一旦邀请成功，则这些企业或组织即进入集群，成为集群成员。

（2）集群管理平台的审查。对主动申请的企业或组织，集群的管理平台可以对其研发能力、技术水平、行业发展前景等方面进行评价，如果符合集群的准入标准，则通过其申请，批准其成为集群成员，如未能通过高技术虚拟产业集群的审查，则告知申请者；对被邀请的企业或组织，高技术虚拟产业集群的管理平台同样会对其进行调查和评价，只有那些符合集群准入标准的企业才能通过审查，最终进入集群。

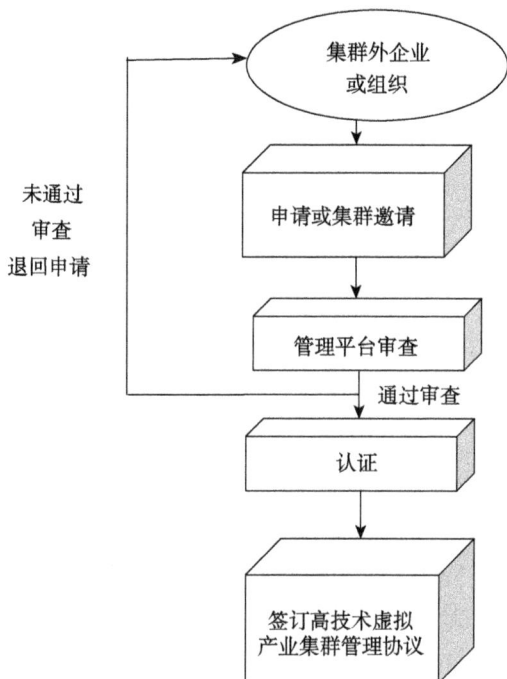

图 5-29　高技术虚拟产业集群准入流程

（3）对进入集群的新成员的认证。一旦通过审查，集群管理平台对那些申请加入或被邀请的企业及组织进行包括工商注册信息、名称、注册时间、注册地址、法人代表、经营范围等详细信息的认证工作，并将这些信息归类、存档，存入高技术虚拟产业集群的信息管理平台，建立企业的信息档案。

（4）签订协议。通过审查、认证的申请或被邀请加入的企业或组织，须与集群签订相应的协议，明确加入集群后所享有的权利及应承担的义务与责任。

高技术虚拟产业集群集群退出制度包括以下几个方面。

（1）对集群成员的跟踪与评价制度。高技术虚拟产业集群的日常管理中，应建立对集群成员的跟踪与评价制度，对那些知识技术水平下降、盈利能力下降、行业前景不好的企业或组织提出退出警告，责令其进行整改，并给出整改期限。

（2）责令退出制度。对于那些已经受到退出警告的企业或组织，如果在整改期限内未能扭转局面，在整改期限到达后仍未能达到集群标准的，高技术虚拟产业集群的管理平台向其发出退出集群的通知，收回签订的管理协议，该企业或组织不再是集群成员，其与集群再无权利与义务等相关关系。

2）信誉评价及查询制度

高技术虚拟产业集群打破了地域限制，实现了虚拟空间上的集聚，集群成员间的空间距离扩大后，由于彼此间的不了解，信任感的建立存在一定难度，通过建立信誉评价制度，可以帮助集群成员相互了解，降低信任成本，为成员间的合作提供一定程度上的参考。

信誉评价制度由高技术虚拟产业集群评分制度和企业互评制度组成。高技术虚拟产业集群信息平台通过集群成员以往合作期间的表现、资产情况、税务情况，借助企业自身提供的专利证书、经营许可证、产品实物等对集群成员信誉进行评分。企业互评制度是指合作期间或合作结束后，合作一方根据合作过程中的契约履行情况、合作顺利程度、合作结果的满意度等指标为另一方打分。当集群成员选择合作伙伴，组建虚拟企业时，可以参照集群评分和企业互评结果。

高技术虚拟产业集群信息平台还应为信息评价的结果提供查询服务，将评价结果向全体集群成员公开，这在一定程度上也对集群成员的信誉及合作期间的行为起到监督作用。

3）知识资源池的管理策略

使知识资源池内的共享性资源达到有效利用，是知识资源池的管理制度建立的目的，如图 5-30 所示。

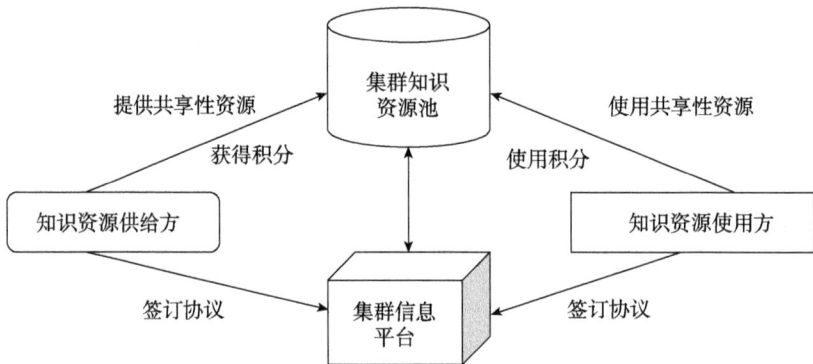

图 5-30 高技术虚拟产业集群知识资源池的管理

（1）知识资源的协议管理。知识资源的供给方和需求方都必须与集群管理平台签订对知识资源池的使用协议。提供方须保证所提供知识资源的真实性，使用方须承诺合理使用知识资源，不得随意泄露知识尤其是具有重要战略价值的知识。通过签订管理协议保证知识资源的供给方和需求方的合法权益和应尽义务，使知识资源池的使用可以顺利进行。

（2）知识资源的上传与发布管理。签订协议后，知识资源的供给方将其自身知识资源按照知识类别、知识层次等进行划分，按照信息系统的要求，发布信息或上传至知识资源池中，共享性知识资源的信息应包括资源名称、资源类别、提供时间段等详细内容。信息平台对知识资源池内的内容进行及时更新。

（3）知识资源的使用积分管理。为培养高技术虚拟产业集群知识资源的发布与共享氛围，鼓励成员企业提供共享性的知识资源，集群管理平台可以建立知识资源的使用积分制度。提供资源的知识供给方将获得积分，积分越高则对知识资源池的使用权限越大。因此，为获取更大的使用权限，成员必须提供较多的知识资源进入知识资源池，这也在一定程度上促进了集群内企业提供知识资源的积极性，从而使高技术虚拟产业集群形成了更大的知识资源方面的优势。

（4）知识资源的使用监督制度。对共享性知识资源的分配与使用的监督，应建立对知识资源池内的共享性知识资源的使用监督制度，所有集群成员均应享有对共享性知识资源的查询、搜索、使用、下载的权利。并保证知识资源的分配与使用具有公平、公开性以及知识资源的完整性。同时，对个别集群成员对知识资源的违规使用行为具有举报的权利和义务。此外，信息平台应随时保持对知识资源池的使用情况的监督，如发现有个别成员违反使用管理协议，可在一定时间段内或永久取消其使用共享知识资源的权利。

（5）知识资源池的定期更新与维护制度。知识资源池内的共享性知识资源也具有时效性，由于高技术产业知识的更新速度快等特点，知识只有在特定时效内，才能发挥其作用，实现其价值。知识资源池内的共享性知识应定期进行更新与维护，管理平台应对共享性知识资源定期进行整理，将那些已经丧失时效的、无法再被企业利用的知识进行清除，以免浪费知识资源池的空间资源。同时，应主动吸纳那些与已有知识能够形成互补的新知识进入知识资源池。对资源池内知识的整理、归类、分析与整合也是知识资源池维护制度的一部分，通过对知识资源的一系列维护活动，可以达到对知识资源进行整合的目的，挖掘知识资源的更大潜力，使其发挥 1+1＞2 的作用。

5.2.4 HTVIC 知识学习机制

1. HTVIC 知识学习的含义

目前学者对知识学习的研究主要集中在个人知识学习和组织知识学习上，同时对个人知识学习和组织知识学习之间的关系进行了深入分析。学者普遍认为组织知识学习是在个人知识学习的基础上展开的。个人知识学习即个人吸收知识的过程，这个过程包括两层含义，即操作技能和理解能力。Argyris 和 Schon（1978）提出了"组织学习"概念，认为组织知识学习是减少组织的习惯性防御。Powell 等（1996）指出，组织学习是知识在个人或组织内部及组织间的转移过程，顺畅的知识学习机制将有助于知识的获取与运用。知识学习机制的设计主要是通过组织中的成员促进学习或通过个人将学习的知识扩散到整个组织。知识的获取可以直接或间接地借助组织或其成员的经验来产生。

本书将高技术虚拟产业集群知识学习界定为集群内的成员组织（包括高技术企业、研究机构等）为了应对技术、市场等因素的不确定性的挑战而采取的协调行动，结合虚拟手段与传统手段，通过对溢出知识进行吸收与理解，并运用到创新活动中，从而将外来知识转化为自身知识的过程，以及该过程涉及的若干主体间的相互作用关系。同时，知识学习过程也伴随着知识存量、创新能力的螺旋上升过程。

2. 知识学习的驱动因素与前提

1) 知识学习的驱动因素

知识学习的驱动因素包含以下四点。

第一，个人推动。个人知识学习是组织知识学习的起点和基础，无论何种方式、何种途径的组织学习，都必须依靠个人学习来完成。高技术企业员工相对来说大多具有较好的教育背景，且由于高技术知识的更新速度较快，使个人必须不断进行学习活动以提高个人的素质并实现个体发展，由此员工个人学习的知识可以来源于企业内部或外部等不同渠道，但当个人接受并吸收了这些知识以后，会向组织内其他成员(包括其他个人、团队等)及外界溢出，从而构成了组织学习。

由个人知识学习推动的组织知识学习必须具备两个条件：其一，个人意识到自身知识差距的存在并最终实现了成功的知识转移；其二，个人能够将已掌握的知识尤其是隐性知识向团队、组织进行溢出。只有当这两个条件同时具备，由个人学习所推动的组织学习才能实现。

第二，团队驱动。虽然个人学习是组织学习的基础，但并不能完全代表组织学习，组织学习要高于个人学习。个人学习层次向组织学习层次的过渡必须依靠和发挥处于个体和组织中间的团队的作用，作为组织中间层次的团队在组织学习中扮演着非常重要的角色。

首先，个人知识的异质性和片面性将导致组织学习的无序性和盲目性，因此必须通过团队间的互动进行有效克服，使组织学习变得有秩序和有针对性。其次，个人知识必须通过团队互动才能互相融合，形成组织可以共享的知识，即个人知识上升为组织知识。最后，个人知识经过团队成员间的互动，达到了将知识进行整合与扩充的作用，从而形成内容更丰富、系统性更强的组织知识，即实现了组织学习超越个人学习的简单叠加的目的。因此，为加强组织学习的效率，必须注重组织内部团队的作用及各团队之间的相互交流与协调。

第三，组织内部的拉动。高技术虚拟产业集群内部的高技术企业本身对技术、管理和制度等知识资源的渴求是组织知识学习的内部拉动的重要因素。高技术企业为确保学习的效率及效果，通常会制定相应的学习制度，制度上的规范促使企业内个人、团队间的知识学习活动持续地、大范围地开展。这种持续的、大范围的学习活动将增加企业的知识资源的质和量，并在一定程度上保证了企业学习效果。

第四，外部环境的带动。高技术行业面临着瞬息万变的市场环境，知识的快速更新和新技术的不断涌现使高技术企业面临越来越多的市场变化和竞争对手。为了确保自身的生存和发展，高技术企业必须保持并持续提高自身的竞争力和竞争优势。外部市场环境的变化带动了高技术企业的学习活动，外部环境变化的越复杂，这种带动效应越明显。处于高技术虚拟产业集群内的高技术企业，为应对这种快速变化的外部环境，可以充分利用高技术虚拟产业集群这个平台，进行知识学习活动。学习的途径包括共享性知识的学习、基于合作关系的学习或在竞争中进行学习等。

2）知识学习的前提

高技术虚拟产业集群最显著的特征之一是打破了地域性，利用现代化的通信技术手段实现了企业在虚拟空间上的集聚。高技术虚拟产业集群的组织学习是通过集群内各成员的协调与合作促进学习和解决共同问题的过程，其前提条件如下。

第一，适当的知识差距。基于前文的分析，可知知识差距的过大或过小都会对知识转移效率产生负面影响。创新活动所需知识资源的缺乏以及资金等因素的限制促使大多数中小高技术企业选择通过合作的方式进行知识溢出，从而保证创新活动的顺利实施。但在合作过程中，溢出方与学习方的知识差距如果过大，将导致溢出知识不能被学习方理解并吸收，从而影响学习效率，并对创新活动产生负面影响。因此，适当的知识差距是保证良好学习效果的重要前提条件。

第二，知识溢出渠道的畅通。基于合作关系进行的组织间学习是高技术虚拟产业集群组织学习的重要方式之一。建立合作契约、遵守合作规范以及保持及提高合作各方信任度等都是保证知识溢出渠道顺畅的重要途径。

由于高技术虚拟产业集群的虚拟性，组织学习过程中的溢出与学习的方式除传统的面对面的学习方式以外，还包括利用电子邮件、网络聊天、可视电话等现代化的通信技术手段，这些新技术、新方法的引入使知识的溢出与学习不仅跨越了空间，还跨越了时间，理论上可以实现随时随地地学习知识。

第三，知识资源的共享与互补。对知识资源的共享与互补是企业加入高技术虚拟产业集群的重要目的之一。高技术虚拟产业集群的知识资源池、信息平台的构建使共享性知识资源的溢出与学习得以方便、快捷的实现，这对成员企业的创新活动提供了很大帮助，也是区别于成员外企业的优势之一。另外，可将高技术虚拟产业集群视为一个"虚拟池"，成员企业通过信息平台、信誉评价制度等集群所提供给的服务快速构建虚拟企业，从而以较低的成本实现知识转移和创新活动。

3. 知识学习的层次转化

基于上述对组织学习驱动因素的分析，本书将组织学习的层次划分为个人知识学习、团队知识学习、组织知识学习三个层次。随着知识学习层次的转化和过程的不断深入，知识的属性、层次也在不断变化。组织学习的最终结果是弥补溢出方与学习方之间的知识差距，实现对溢出知识的吸收与理解，并将其运用到创新活动中，提高企业的自身竞争力。

个人层次的知识学习是组织学习的最基本形式和起点，个人出于组织需要、个人发展需要等原因进行自学或向其他人进行学习的过程称为个人学习过程，这一过程的结果是个人知识的丰富和技能的提高。伴随着个人向团队其他成员进行知识和技术的分享，团队知识学习得以开展。由于个人学习的片面性等原因，必须通过团队学习使个人的经验、技能得以融合，变为团队所拥有的团队知识。若干团队间的相互交流、协调等，将团队知识进行了再融合，从而形成了组织知识，即实现了组织知识学习过程。组织学习过程的最终结果是组织特有技术、管理、制度等知识的形成以及组织核心竞争力的提高。组织知识的形成并不能视为组织学习的终点，新的组织知识又被组织内员工所掌握、学习，从而对组织内的个人学习又产生影响。由此形成了组织学习的循环过程。知识层次的转化如图 5-31所示。个人层次的知识学习是知识学习的基本形式，各团队内的员工通过对其他员工的新知识和新技术的学习，形成自身独特的知识与技术。将若干员工的知识进行汇总，形成团队知识。若干团队间的协调与合作将这些团队知识在成员内部进行推广并被其他团队所学习和利用，团队相互学习的结果构成了组织自身的知识体系。其中知识学习的方向包括单向和双向两种。

高技术虚拟产业集群内的这种组织学习活动的往复循环，形成了高技术虚拟产业集群内组织知识学习的循环体系（图 5-31）。这种知识学习循环体系的建立提高了高技术虚拟产业集群整体的知识存量，进而丰富了个人、团队、组织的知识学习内容，为创新绩效的提高奠定了基础。

4. 知识学习机制的构建

1）知识学习的过程

基于前面对高技术虚拟产业集群知识资源的分析，显性知识和隐性知识是学习的主要内容，而这两类知识的学习难度不同。对显性知识来说，其通常附着在语言、文字、图形等载体上，显然相对隐性知识而言，显性知识的学习过程比较简单，并且更容易实现。隐性知识通常是指各种信息、经验、技能等，对隐性知识而言，其学习与吸收的过程要复杂得多。高技术企业的技术等知识大多为隐性知识，具有转移的黏滞性，即学习成本较高。为了提高隐性知识的学习效率，大多数学者从隐性知识显性化的角度，即知识转化的角度来分析知识的学习与吸收过程。

日本学者 Nonaka(1999)基于隐性知识和显性知识之间的相互转化提出的SECI 模型阐释了隐性知识的转化进而实现知识动态学习的过程，为分析隐性知识显性化提供了一个独特的研究视角和分析工具。知识学习的具体过程分为四个

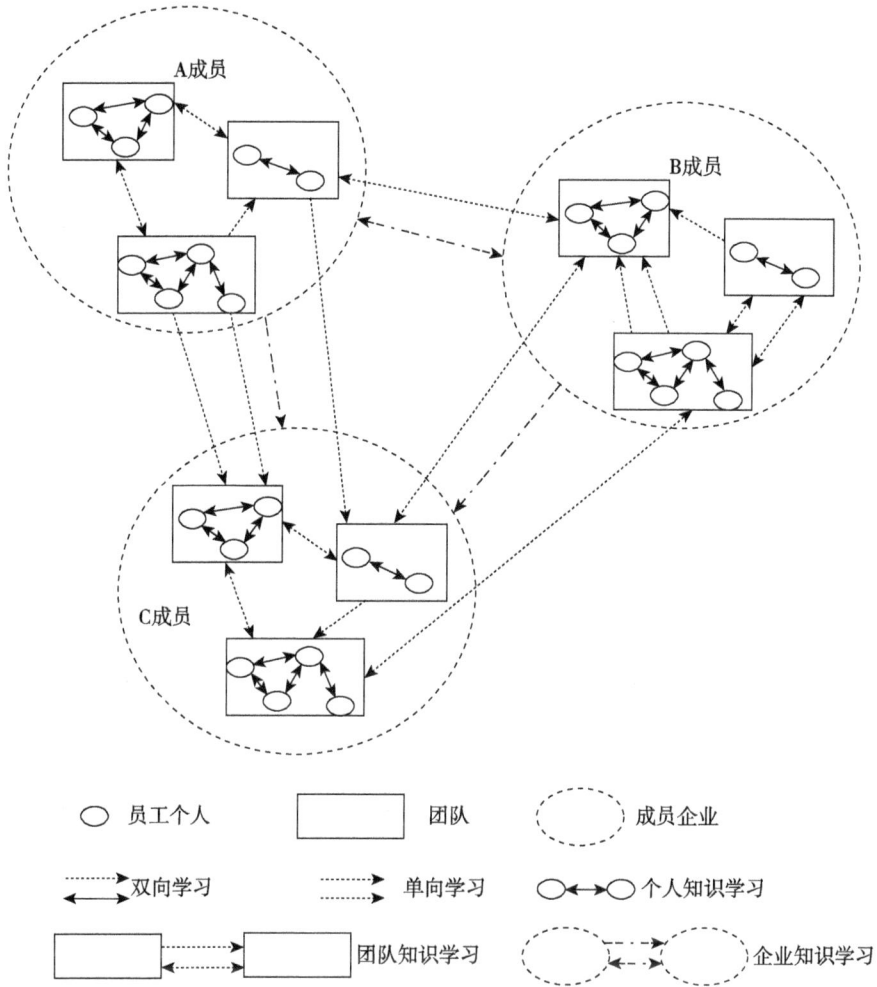

图 5-31　知识学习层次的转化

步骤，即社会化（socialization）、外部化（externalization）、组合化（combination）、内部化（internalization）。本书借助 SECI 模型，结合对高技术虚拟产业集群知识学习层次的划分，构建了高技术虚拟产业集群知识学习过程模型，如图 5-32 所示。组织知识学习以个人知识学习为起点和基础，因此组织学习过程以个人学习作为开端。

第一，社会化。其是将个人的经验、技术、诀窍等隐性知识与他人进行分享和传递的过程，形成共有的思维模式和技能。由于隐性知识其自身的特点，这一过程的实现难度较大，主要是不同组织间员工的知识的分享过程，属于个人-个人层面的学习过程。其结果是分属不同组织的员工间形成共有知识的过程。

由于高技术虚拟产业集群的成员间在虚拟空间上的集聚导致了个人-个人间

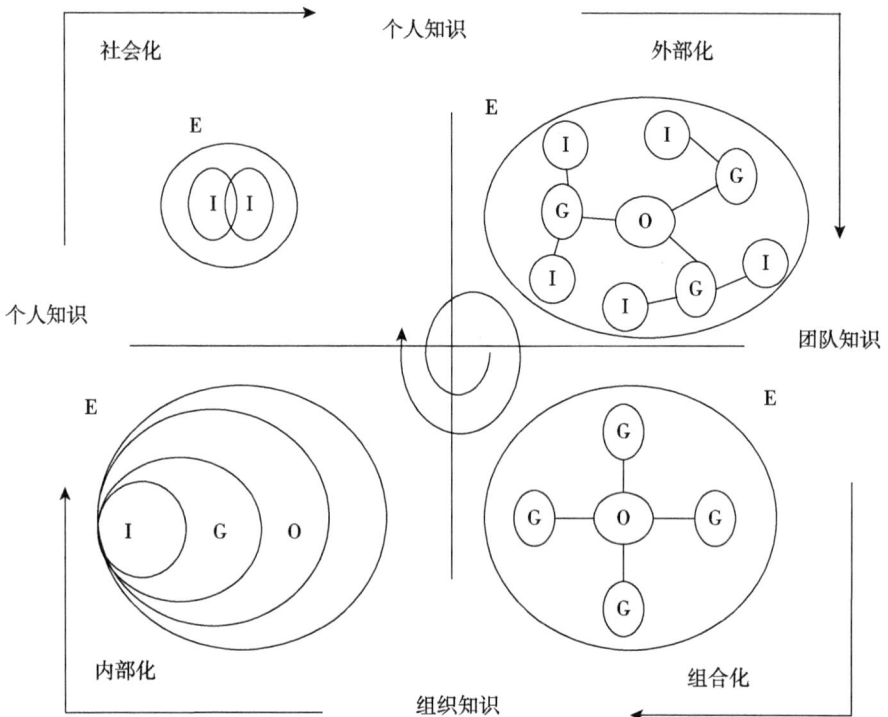

图 5-32　知识学习过程模型

I：个人知识；G：团队知识；O：组织知识；E：集群环境

的知识学习除了面对面的传统学习方式之外，还可以利用网络聊天工具、可视电话、论坛等虚拟化的学习方式，从而最大限度地克服地理距离的增大带来的交流障碍，实现跨空间、跨时间的知识学习。高技术虚拟产业集群内的成员大多为高技术企业，而高技术企业的大多数员工的知识水平、教育背景都较高，因此个人学习意愿、学习能力都较强。由于个人学习是组织学习的基础，因此个人学习的效果将直接影响组织学习的效果，从这一点说，社会化是组织学习过程中难度最大的阶段，也是最有决定性的一步。

第二，外部化。个人知识的异质性和片面性将导致组织学习的无序性和盲目性，因此介于个人和组织的中间层——团队必须发挥其互动作用。员工通过与其他组织员工间的学习与交流，掌握了一定的技术、经验等知识，再通过与团队内部其他员工的交流，将这些知识在团队内部进行共享与传播。分属于不同组织的两个团队间的学习过程中，在若干个社会化阶段的学习过程之后，将个人知识进行融合与汇总，形成了团队的知识库，除依附员工存在的隐性知识以外，知识库还包括团队学习之后形成的文件、报告、手册等依附文字、图表等载体的显性知识集合，从而完成个人学习到团队学习的过渡过程。

第三，组合化。一个组织内部包含若干团队，如高技术企业通常包括生产、研发、销售等部门，可以把每个部门视作一个团队。在组织学习的过程中，每个团队的知识资源在其自身领域相对其他团队来说都具有独特的优势，为保证整个组织的学习效率，在组织的学习过程中，团队间必须进行协调与配合，而不同团队间的知识共享是协调与配合的基础。为此，可以建立企业知识库，将各团队知识库中知识资源进行搜集、整理和汇总，方便不同团队进行查询和学习，并且为不同团队间提供尽可能多的交流机会，或安排不同团队员工进行轮岗制度，帮助员工实现"情景体验"，从而对其他团队的知识加深理解，提高学习效率。同时，企业知识库的建立还有助于帮助企业实现知识积累，提高企业知识资源的累积性和连续性，丰富组织知识学习的来源与内容。另外，团队间相互协调的组织学习过程还将对培养企业学习文化、创新氛围、创新精神等方面起到重要作用。

组合化过程是团队-组织的学习过程，其结果是形成了企业所特有的技术、管理、制度等方面的战略性知识，而战略性知识既能够为企业带来超额利润，也是企业核心竞争力的体现。对高技术企业来说，先进的生产技术、管理经验、营销策略等都属于这类知识。

第四，内部化。组织学习并不是整个学习过程的终点。组织学习高于个人学习并对个人学习产生影响。组织学习形成的核心知识和技能、企业文化、创新氛围等都将直接作用于企业内的员工。首先，员工对核心技能的学习将提高员工自身的技术水平；其次，企业文化将影响员工学习的积极性和主动性；最后，创新氛围将培养员工的创新意识和能力。

经过上述四个阶段的学习过程，知识完成由个人层次向组织层次、组织层次向个人层次的转化，即实现了组织学习过程。整个学习过程是个人和组织在技能、经验等方面的自我学习和超越过程，在这一过程中，个人和组织的知识存量、知识水平都随着学习过程的深入而得到不断提高，呈螺旋上升的趋势。知识学习过程其实质是知识的增值过程。

2）知识学习的形式

高技术虚拟产业集群内的集体学习主要有以下三种形式，即合作关系下的组织间知识学习、基于知识资源池的集群共享性知识的学习及其他的知识学习形式。

（1）合作关系下的组织间知识学习。合作关系下的组织间知识学习是指基于组织层面的、具有合作关系的组织间的知识学习过程，其学习的主要内容是能够为企业带来核心竞争力的战略性知识，处于对自身利益的考虑，在非合作关系的情况下，通常企业不愿意将这种战略性知识面向整个高技术虚拟产业集群进行共享。在合作关系下的组织学习过程中，通过组建虚拟企业、签订契约等合作形式，高技术企业间实现知识资源的交流与互补，进而实现合作创新目的。企业间的合作是建立在信任的基础上的，合作双方可从个人、团队及组织三个层面展开知识学习。

(2)基于知识资源池的集群共享性知识的学习。知识资源池的构建目的之一是实现高技术虚拟产业集群内部共享性知识资源的汇总与整合，并将其面向集群内所有成员进行溢出，这是集群内成员相对集群外企业享有的特权，也是高技术虚拟产业集群竞争优势的重要体现。集群内企业通过对共享性知识资源的学习，可以提高自身技术和理论水平、提高对政策法规的解读能力、把握行业发展趋势等。基于高技术虚拟产业集群的信息平台的建设，分布在不同地域的成员企业可以利用网络在线交流、学习。提高成员企业对集群共享性知识的学习效率会促进其对高技术虚拟产业集群的知识溢出，进而在集群内形成良好的学习氛围。基于知识资源池的集群共享性知识学习过程如图 5-33 所示。

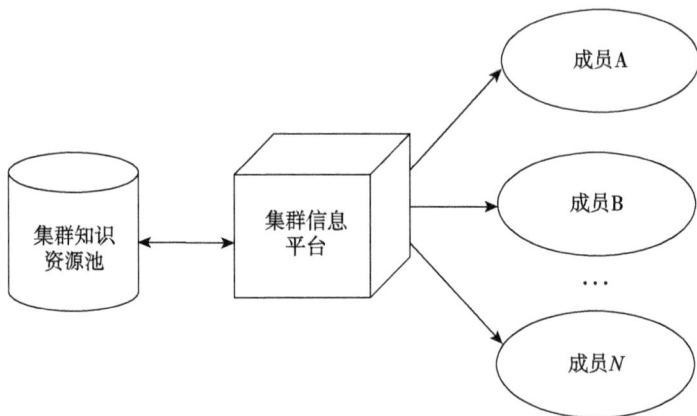

图 5-33　高技术虚拟产业集群共享性知识的学习

(3)其他的知识学习形式。除上述两种学习形式以外，高技术虚拟产业集群组织学习还包括企业间在技术、管理等方面的竞争所导致的学习的形式。由于市场环境、技术标准、管理知识等方面不断变化，导致同行业内的企业间的竞争异常激烈。激励竞争的外部环境迫使高技术企业不得不进行持续学习，除合作关系和对高技术虚拟产业集群内共享性知识资源的学习以外，还包括对集群内外的行业最新技术、自身创新所需知识资源、其他企业产品的知识模仿等形式。集群内企业通过这些形式的学习，都在不断扩充自身的知识资源和提高自身竞争力，若干企业的这种集体学习行为最终将提高整个高技术虚拟产业集群成员的素质、整体知识资源的数量与质量，并有助于形成高技术虚拟产业集群所特有的竞争优势。

3)知识学习的小世界网络模型

Watts 和 Strogatz(1998)首次提出了小世界网络结构的概念并描述了其特

征，明确指出小世界网络的传播速度远远大于大世界的传播速度，Robin 和 Nocp(2004)证明了具有较短路径长度和较高集聚系数的小世界网络机构相对大世界来说更有利于知识的扩散。高技术虚拟产业集群的动态组织结构决定了其知识学习网络不能被视为规则网络，其成员间的知识交流与沟通关系不能完全利用既定规则来描述。从结构上看，高技术虚拟产业集群内的成员通过集群形成网络组织，而个体之间通过社会网络等建立联系，因此高技术虚拟产业集群的组织结构是一种复杂的群体网络。高技术虚拟产业集群的学习网络上的交流与沟通活动，某些具有一定的结构和规则，如合作关系的建立等；某些具有随机性，如高技术虚拟产业集群内的成员准入退出制度的建立使不合格成员被剔除或新成员的加入，即高技术虚拟产业集群网络结构具有一定的随机性。因此，高技术虚拟产业集群组织学习网络是一种典型的小世界网络。进一步说，高技术虚拟产业集群内成员间的交流的频繁性和便利性决定了其成员间的知识学习网络具有较高的集聚系数和较低的特征路径长度，而这正是小世界网络的重要特征。本书利用小世界网络模型来分析高技术虚拟产业集群的组织学习机制，通过对小世界网络特性的深入研究，为促进高技术虚拟产业集群组织学习活动提供方法与思路。

第一，模型构建。由于组织内部的知识学习并非本书研究重点，在此不做详细讨论，本书的研究重点为高技术虚拟产业集群组织间的学习机制。用 V 表示高技术虚拟产业集群组织学习主体的集合，将高技术虚拟产业集群内参与组织学习活动的成员企业作为高技术虚拟产业集群组织学习网络的节点，用集合表示为 $V = \{V_1，V_2，\cdots，V_N\}$ ，其中，N 为节点总数。e_{ij} 为边，用来表示节点 i 和 j 之间的链接关系，$e_{ij} = 0$ 表示节点 i 和 j 之间无交流，$e_{ij} = 1$ 表示节点 i 和 j 之间有交流。由此可以得到高技术虚拟产业集群组织学习网络的节点间链接矩阵 $\{e_{ij}\}$ 。

高技术虚拟产业集群的组织学习网络可以用 $G = (V，E)$ 表示。需要注意的是，传统的小世界网络是无标度网络，即 e_{ij} 无方向，但知识溢出与知识学习的活动往往是双向的，即溢出方与学习方的位置可以进行互换，因此知识学习网络中节点间并不是简单的链接关系。设 k_i 为节点 i 的链接节点数，则 G 的平均链接值为

$$k = \frac{1}{N} \sum_{i=1}^{N} k_i = \frac{2k'}{N} \tag{5-25}$$

其中，k' 为网络 G 中节点间最大的链接值。不同节点间的组织学习主要受节点间心理距离和知识差距的影响。本书构造权重矩阵 $\{I_{ij}\}$ 来表示节点 i 和 j 之间的心理距离和知识差距对组织学习效率的影响。τ_{ij} 表示节点 i 和 j 之间的心理距离，且有 $\tau_{ij} \in (0，1)$ 。心理距离主要受信任度的影响，双方的信任度越高，溢出方的主观溢出意愿就越强烈，学习方也越容易学习并接受溢出方的知识。两节点间

的信任度受二者合作经历的影响，此外还受文化差距、组织差距等方面的影响。当节点 i 和 j 完全信任时，有 τ_{ij} 趋近于 1，反之 τ_{ij} 趋近于 0。本书用矩阵 $\{\tau'_{ij}\}$ 表示 G 中所有节点间的信任度，用矩阵 $\{\tau'_{ij}\}$ 表示 G 中所有节点间的心理距离，则有

$$\{\tau'_{ij}\} = \frac{\tau_{ij} - \mathrm{Min}\tau_{ij}}{\mathrm{Max}\tau_{ij} - \mathrm{Min}\tau_{ij}} \tag{5-26}$$

知识差距 η_{ij} 表示节点 i 与节点 j 间知识存量差距和知识结构差距，由前文的分析可知，知识差距与组织学习的绩效为倒 U 形的关系。可见 I_{ij} 应为 e_{ij}、τ'_{ij} 和 η_{ij} 的函数。对 η_{ij} 进行量化处理，设 G 中共有 n 个知识领域，网络 G 的知识结构集合用 K 表示，有 $K = \{1, 2, \cdots, n\}$，节点 i 的知识结构为 K_i，v_{ik} 表示节点 i 具有的在第 n 个知识领域的知识存量，有 $K_i = \{v_{i1}, v_{i2}, \cdots, v_{in}\}$，前提为各知识领域不相关。一般来说，某一节点只能在某一领域内具有较高的知识存量，其他领域的知识则相对缺乏，这是由于知识的专业化特征决定的。如果节点 i 不具备第 k 类知识，则令 $v_{ik} = 0$，节点 i 和 j 间的知识差距可表示为

$$\eta_{ij} = \sqrt{\sum_{k=1}^{n} (v_{ik} - v_{jk})^2}, \qquad k = 1, 2, \cdots, n \tag{5-27}$$

进行归一化处理后，有

$$\{\eta'_{ij}\} = \frac{\eta_{ij} - \mathrm{Min}\eta_{ij}}{\mathrm{Max}\eta_{ij} - \mathrm{Min}\eta_{ij}} \tag{5-28}$$

节点间知识差距矩阵为 $\{\eta'_{ij}\}$。为简化模型，本书忽略了文化差距和组织差距对知识学习的影响。由以上分析，可得 I_{ij} 为 τ'_{ij} 和 η'_{ij} 的函数，用 f 表示，即 $I_{ij} = f(\tau'_{ij}, \eta'_{ij})$，可见 I_{ij} 越大，节点间的知识学习越困难。

知识存量是衡量学习网络绩效的重要指标，本书引入平均知识存量来衡量高技术虚拟产业集群的整体知识存量，分析高技术虚拟产业集群及其成员组织知识学习过程中的知识存量的变化。因此，需要确定高技术虚拟产业集群组织知识学习活动之前的各节点的知识存量和学习完成后的知识存量。设可学习的知识领域个数为 n，这些领域包括成员组织的战略性知识（领先技术等）和共享性知识（成员信息等）。

设 $\alpha_k (k = 1, 2, \cdots, n)$ 为 n 种知识对学习方的战略价值。有 $0 < \alpha_k < 1$，且有 $\sum_{k=1}^{n} \alpha_k = 1$。节点 i 初始知识存量为

$$L_{i0} = \sum_{k=1}^{n} \alpha_k v_{ik} \tag{5-29}$$

网络 G 的初始平均知识存量为

$$\overline{L}_0 = \left(\frac{1}{N}\right) \sum_{i=1}^{N} L_{i0} \tag{5-30}$$

首先，节点间相互学习的情况。随着组织间学习活动的不断进行，每个节点对其他节点溢出的某类或某几类知识经过学习、吸收，使其内化为自身知识，提高自身的知识存量，若干节点的知识存量的提高，促进了成员组织和整个网络的知识存量的提升。

在知识学习的过程中，个体、团队、组织、集群的知识存量为依次递增的关系，组织知识学习的效果导致知识存量提升的程度的不同。由于隐性知识的固有特性、个体知识存量的差异、理解能力等因素的影响，隐性知识在学习过程中，溢出方所溢出的知识可能无法完全被学习方理解并掌握，因此存在知识学习效率的问题。设所有节点间知识学习效率相同，为 β（$0 < \beta < 1$），节点 i 对领域 k 的知识向节点 j 进行一次学习后，节点 i 在领域 k 的知识存量 v_{ik} 满足：

$$v_{ik}(t) = \begin{cases} v_{ik}(t-1), & v_{ik}(t-1) > v_{jk}(t-1) \\ v_{ik}(t-1) + \beta[v_{ik}(t-1) - v_{jk}(t-1)], & v_{ik}(t-1) < v_{jk}(t-1) \end{cases}$$

(5-31)

则 t 时刻节点 i 的知识存量为

$$L_i(t) = v_i(t) = \sum_{k=1}^{n} \alpha_k v_{ik}(t)$$

(5-32)

t 时刻 G 的平均知识存量为

$$\overline{L(t)} = \frac{1}{N} \sum_{i=1}^{N} L_i(t)$$

(5-33)

其次，节点自学习情况。G 中的节点除了向其他节点进行学习之外，还可以采用查阅已有资料，通过自身社会网络向集群以外的个人或组织进行咨询等学习方式来学习，这种学习属于组织自学习行为。节点通过这种自学习，其知识存量也会得到提高。假设自学习的学习效率为 β'（$0 < \beta' < 1$），则在 t 时刻节点 i 通过自学习某一类知识 k 的知识存量为

$$L'_{ik} = v_{ik}(t-1) + \beta'\left[\text{Max}v_k(t-1) - v_{ik}(t-1)\right]$$

(5-34)

其中，$\text{Max}v_k(t-1)$ 为 $(t-1)$ 时刻 k 类知识的最高存量。β' 与节点 i 已有的知识存量正相关，即节点自身知识存量越丰富，自学习能力越强。t 时刻自学习后的节点 i 的知识存量为

$$L'_i(t) = \sum_{k=1}^{n} L'_{ik}(t)$$

(5-35)

将两种学习情况相结合，G 在 t 时刻的整体知识存量为

$$\overline{L'(t)} = \overline{L(t)} + L'(t) - L(t-1)$$

(5-36)

第二，模型分析。知识差距与知识溢出和知识学习呈倒 U 形关系，即知识差距在适当范围内才能进行知识溢出与知识学习活动。本书引入知识阈值的概念，用知识阈值来表示知识差距的波动范围。设 η_a，$\eta_b \in (0, 1)$ 为知识阈值的

上、下限，则有 $(\eta_a，\eta_b)$ 表示知识差距的存在区间，显然，知识阈值的空间越大，知识学习的条件越宽松。

依据所构建的小世界网络模型，每一次组织学习过程结束后，学习方的知识存量都会有所提高，相应的，团队、成员组织和高技术虚拟产业集群的知识存量也都会得到提升。由此 G 内相关联的节点间的知识差距将减小。因此，在每次知识学习过程结束后，需重新计算 η_{ij}。对整个网络 G 来说，要重新计算 C_M^2 个 η_{ij} 的值，为方便计算，本书假设 t 时刻某个节点只能向一个节点学习，但可以向多个节点进行知识溢出。

对于高技术虚拟产业集群来说，准入退出制度的施行将导致网络 G 中的节点的移除或增加，即产生加键行为，也就是增加新增节点与剩余节点间的链接。这种加键方式可以丰富组织知识学习的内容与方式，激励节点间的学习，促进成员组织间的协作与互动。对两节点间知识学习效率较低的情况，可以通过断键重新链接的方式来改善，即断开节点 i 和节点 j 的链接，分别为它们寻找其他关联节点进行重新链接，让它们与其他更合适的节点进行知识学习活动，提高学习效率。

随着知识学习次数的增多，心理距离矩阵 $\{\tau'_{ij}\}$ 也需要重新计算。节点间信任程度在很大程度上影响着双方的心理距离。随着合作、交流次数的增多，信任程度将增强，成功的合作经历将大幅度提高节点间的信任程度。设 $\zeta(0 < \zeta < 1)$ 为节点 i 和节点 j 之间每完成一次知识学习增加的信任度，t 时刻节点 i 和节点 j 之间的绝对心理距离为

$$\tau_{ij}(t) = \tau_{ij}(t-1) + \zeta \tag{5-37}$$

其中，$\zeta = 1$ 表示节点 i 和节点 j 之间有学习活动，$\zeta = 0$ 表示节点 i 和节点 j 之间无学习活动。

重新计算后的心理距离矩阵为

$$\{\tau'_{ij}\}(t) = \frac{\tau_{ij}(t) - \mathrm{Min}\tau_{ij}(t)}{\mathrm{Max}\tau_{ij}(t) - \mathrm{Min}\tau_{ij}(t)} \tag{5-38}$$

可见，随着知识学习活动的不断进行，节点间的知识差距和心理距离都在不断变化。式 (5-33) 给出了 t 时刻高技术虚拟产业集群学习网络的平均知识存量，显然，随着不同层次的知识学习活动的进行，高技术虚拟产业集群整体知识存量得到了提升，本书引入 $\sigma^2(t)$ 来衡量 t 时刻 G 内的知识分配水平：

$$\sigma^2(t) = \frac{1}{N}\sum_{i=1}^{N}\{L_i{}^2(t) - \overline{L'(t)^2}\} \tag{5-39}$$

由式 (5-39) 可知，在知识学习过程中，其知识学习的全局效率和局部效率可以通过加键、断键、重联等进行调整，从而使个人、团队、组织及整个集群的知识存量都得到提高。

5. 知识学习促进策略

高技术虚拟产业集群知识学习的核心是成员间的协调与知识资源的共享，因此知识学习策略的构建应主要从以下几个方面着手。

(1)建立定期的交流制度。高技术虚拟产业集群可以充分利用自身的信息平台，帮助集群内企业进行交流与学习活动，可以建立集群内成员定期的(一个月或一个季度)交流与学习制度，除了虚拟空间上的学习之外，还可以帮助成员间实现面对面的交流学习，从而增强成员企业间的了解，帮助企业间建立信任从而降低合作成本，提高共享性知识资源的学习效率。

(2)建立集群公共培训体系。为提高集群内成员企业的整体素质、技术水平、对政策法规的解读能力等，可以由集群管理平台或政府相关部门牵头，建立集群的公共培训体系。由集群内的拥有较高技术水平的企业或组织面向其他成员提供技术、管理知识等方面的培训，作为公共培训体系的一部分，这种培训应该是免费的，面向所有集群成员开放的。相关行业协会、政府部门也可以就相关法律法规、优惠政策、行业发展规划等问题面向全体集群成员进行培训与宣传，从而达到提高集群整体技术水平和竞争力的目的。

(3)制定企业间的合作规范。基于合作关系下的组织间学习由于机会主义等因素的影响，容易出现由于合作中未遵循特定规范而引起的对知识溢出和知识学习的反面影响。因此，有必要对企业间的合作规范进行制定。并且，在合作过程中严格按照规范执行。为此，要在合作中设立监管和协调部门，该部门可以由合作各方共同组建或由第三方担任。对有损双方合作关系的行为，应制定相应的惩罚措施，如利用高技术虚拟产业集群信息平台发布信息，将失信方的信誉评价等级降低等。

(4)创建集群内有序竞争环境。由于竞争环境的创建依赖集群成员的自觉性和集群的引导。从集群成员方面看，应首先确立自身的竞争意识和竞争规范，对涉及非正常渠道获取知识资源、引诱竞争对手的核心技术员工泄密等行为进行抵制与避免。从集群方面看，应注重培养有关合理竞争、有序竞争的集群文化，并充分利用信息平台进行宣传。从文化、政策引导等方面创建高技术虚拟产业集群内的有序竞争环境。

(5)对集群内恶性竞争进行防范与控制。其可从以下三点展开：①面向所有集群成员大力宣传和普及与不正当竞争相关的法律、法规，如《中华人民共和国反不正当竞争法》(简称《反不正当竞争法》)、《中华人民共和国价格法》(简称《价格法》)和《中华人民共和国广告法》(简称《广告法》)等，培养并增强集群成员的法律意识，促使集群内各成员从意识上遵守法规、进行合理竞争。②高技术虚拟产业集群的管理平台要及时、准确地将所掌握的新技术、新的发展趋势等内容面向集群成员发布，避免由于信息闭塞导致若干成员同时竞争同一技术而引起的过度竞争。③对首次被发现采用非正常手段竞争的企业，高技术虚拟产业集群管理平台可以发出责令退出集群的警告，并进行劝导与政策法规的单独宣传，但对于屡教不改的企业，可以利用退出机制，将其清退出高技术虚拟产业集群，这也将对其他成员起到警示所用。

5.3　高技术虚拟产业集群知识资本增值

高技术虚拟产业集群以高技术企业为核心，以创新为发展的根本动力，因此知识资本是重要的生产要素，目前对知识资本的研究局限于企业角度，对高技术虚拟产业集群知识资本的研究比较少，而且知识资本是能够带来价值的价值，在松散组织高技术虚拟产业集群中，存在多个成员知识资本和集群整体角度的知识资本，如何从整体角度实现高技术虚拟产业集群知识资本的增值的研究具有重要意义。

5.3.1　HTVIC 知识资本增值机理与机制框架

1. HTVIC 知识资本内涵及特征

1）HTVIC 知识资本内涵

知识资本（简称知本），是企业或组织所拥有的、具有价值增值功能的知识和能力要素的总称，由人力资本、组织资本和关系资本三个要素构成。人力资本是指企业员工拥有的知识、技能和经验，体现在员工的创造力、管理能力和技术能力等方面。组织资本是组织提供的能够使人力资本发挥作用的组织内部环境，包含组织制度及结构、组织文化、知识产权和信息化平台等。关系资本是组织拥有的内外部关系网络，包含成员间关系、与顾客的关系等。

知识资本与相关概念具有如下区别。

（1）知识资本与知识。知识资本的本质是知识，知识资本中的知识强调价值性，不能带来企业价值的知识不作为知识资本。

（2）知识资本与人力资本。知识资本的要素之一是人力资本，人力资本主要依附个人，而知识资本中的组织资本和关系资本却是组织所特有的，一般不随人力资本的流动而发生改变。

（3）知识资本与无形资产。知识资本可以看做无形资产，但无形资产并不都以知识的形式表现出来，如特许经营权、土地使用权等。

（4）知识资本与知识资产。知识资本强调的是价值形式，知识资本是知识资产的价值表现。

（5）知识资本和智力资本。从两者的内涵来看，知识资本就是智力资本，但部分学者认为智力资本更强调人的智能方面。本书对知识资本和智力资本不进行区分。

(6)知识资本管理和知识管理。知识资本的实质是知识，是能够带来价值的知识，因此知识资本管理也有知识管理的部分内容，但知识资本管理主要强调从价值角度对要素进行管理，即对人力资本、组织资本和关系资本的管理，并建立专门方法对其评估以促进管理；而知识管理则从技术方法角度，强调采用一定计算机及相关技术来实现"把适当的知识传递给适当的人"，近年来知识管理领域也开始涉及人力资本方面，但两者的根本出发点还是不同的，所以两者既有区别又存在交叉部分。

高技术虚拟产业集群是由不受地域限制的众多高技术企业、科研院所、中介机构和政府组成，成员之间相互联系，以组织接近代替地理接近进行分工协作，网络和信息技术手段成为其虚拟运行的重要手段。高技术虚拟产业集群作为一种组织形式，具有类似企业的知识资本，高技术虚拟产业集群知识资本是高技术虚拟产业集群中能够创造价值的所有知识和能力要素的总称，体现了成员在价值增值过程中的集体智能，具体表现在以下两个方面。

(1)从组织的结构层次来看，高技术虚拟产业集群知识资本是高技术虚拟产业集群所有成员知识资本在虚拟空间的集聚，具有层次性，包含成员层知识资本和集群层知识资本。成员层知识资本，即是所有成员知识资本，但更强调成员在高技术虚拟产业集群中由于相互作用而形成的成员个体知识资本的加总；集群层知识资本，是成员知识资本在虚拟空间集聚而形成的，专属于高技术虚拟产业集群整体所特有的、超出成员知识资本线性和的部分，表现为高技术虚拟产业集群的制度规章、高技术虚拟产业集群品牌声誉等。高技术虚拟产业集群知识资本与企业知识资本的区别：高技术虚拟产业集群知识资本研究的是松散组织的知识资本，任意成员的知识资本都是围绕自身组织目标与其他成员及环境进行相互适应的结果，属于企业间问题；而企业知识资本研究的是具有严格层级关系的企业内部知识资本，具有统一的组织目标，属于企业个体问题。

(2)从要素构成的角度来看，高技术虚拟产业集群知识资本由高技术虚拟产业集群人力资本、高技术虚拟产业集群组织资本和高技术虚拟产业集群关系资本三个要素构成。高技术虚拟产业集群人力资本是高技术虚拟产业集群成员所具有的知识、经验和技能等在群组织范围内的整合，是群里最具有能动性的要素。高技术虚拟产业集群组织资本是指群里不依附高技术虚拟产业集群人力资本而存在的、群特有的、能够促进人力资本发挥作用的群组织的规章制度、文化、组织结构、知识管理设施等。高技术虚拟集产业集群关系资本是指在虚拟集群中所有的成员通过网络等手段所形成的关系网络，包括群成员间的网络和与群外成员所形成的关系网络。

2)HTVIC 知识资本特征

高技术虚拟产业集群知识资本具有一般知识资本的特征，主要表现在知识性和资本性两个方面，除此之外，高技术虚拟产业集群知识资本还具有自身特征，表现在高技术虚拟产业集群知识资本的多样性统一和增值一致性。

第一，知识性特征。知识资本的本质是能够带来价值的知识，具有知识的全部特性，体现在可共享性、外部性、蚀耗性、收益递增性、不可逆性和创新性等方面。

知识资本可共享性是指在一定条件下或者一定范围内，同一知识资本可以同时由很多企业使用，知识资本的价值不会因为使用者的增加而减少。例如，一项知识产权，可以通过授权的方式，使不同的企业同时使用而获得收益。知识资本外部性是指知识资本具有溢出效应，当一种知识资本通过交易或其他传播途径进入社会公共领域时，会带来社会整体知识存量、技术水平以及社会文明程度的提高，对社会的发展具有正向推动作用。知识资本蚀耗性是指随着时间的推移，知识资本也会有损耗，包括无形和有形的损耗，如知识的老化、人力资本的流逝、技术的扩散等使知识资本失去原有的收益性而被淘汰。知识资本收益递增性是指知识资本的投入越多，带来的收益越多，用得越多，发挥的效用越大，而不像物质资本那样随着使用者的增加呈现出收益递减。知识资本不可逆性是指知识资本一旦产生便不可剥夺，一旦传播出去，就不可逆转，而且还可能被无限的复制和扩散。知识资本创新性是指知识资本以创新为目的，是创新的源泉，为创新的产生提供主体和环境，能够推动企业持续创新从而使企业获得竞争优势。

第二，资本性特征。知识资本是资本化的知识，作为资本的一种，具有资本自身的特性。资本能够在运动中带来价值增值，投入资本，相应带来价值产出。同时资本具有所属性，知识资本能为其所有者带来价值和收益，拥有者即是受益者。知识资本的资本特性主要表现在知识资本在运动中增值和知识资本的排他性两方面。

知识资本在运动中增值是指知识资本只有通过被运用才能够带来价值并实现价值，在知识资本的产生和使用过程中，通过对知识资本的运用及管理不仅使自身可以增值，还可以作用于其他的生产要素带来增值，发挥知识经济时代的第一生产要素的作用。知识资本排他性是指知识资本在特定的企业或环境发生作用，如果拥有者不转让就不可以为拥有者之外的企业带来收益或价值增值，而且其他企业是不可模仿的，特别是形成企业核心竞争力的知识资本，是企业独特竞争优势的来源，不可替代、不容易被模仿。

第三，高技术虚拟产业集群知识资本自身的特征。高技术虚拟产业集群是由不同成员在虚拟空间集聚而形成的松散组织，必然具有不同于一般知识资本的特征，主要表现在两个方面。

(1)高技术虚拟产业集群知识资本多样性的统一。高技术虚拟产业集群中有不同的知识资本主体，包括不同的高新技术企业、各类中介机构和政府，其知识资本必然存在多样性。不同类型知识资本共存于高技术虚拟产业集群中，遵守高技术虚拟产业集群的各项规章制度，通过高技术虚拟产业集群综合平台有效地对自身知识资本进行管理，同时参与高技术虚拟产业集群活动，贡献自己的知识资本并获得新的知识资本，提高知识资本的增值能力，同时提升高技术虚拟产业集群整体知识资本价值，体现多样性的统一。

（2）高技术虚拟产业集群知识资本增值一致性。知识资本具有增值性特征，增值是高技术虚拟产业集群知识资本的系统功能，在高技术虚拟产业集群中，不同的知识资本主体在提升自身知识资本价值的同时也促进高技术虚拟产业集群整体知识资本价值的提升，同样，高技术虚拟产业集群整体知识资本价值的提升又反过来促进群成员知识资本价值的提升，表现出增值的一致性。

2. HTVIC 知识资本增值的含义和条件

高技术虚拟产业集群知识资本增值的含义：增值是资本的本质属性，当知识以资本的形式出现时，则主要体现其价值增值属性。由价值公式 $V_E = \sum_{t=0}^{N} C_t / (1 + \text{WACC})^T$ 可以看出，价值增加主要取决于现金流 C_t、成本 WACC 和持续经营时间 T。

高技术虚拟产业集群是多个成员在虚拟空间的集聚，当成员相互协同而形成的高技术虚拟产业集群知识资本能够带来更多稳定现金流或者降低成本或者增加了持续经营时间时，即说明高技术虚拟产业集群知识资本增值实现，增值是高技术虚拟产业集群知识资本系统的本质功能。高技术虚拟产业集群知识资本不同于一般的物质资本，知识资本的增值不是独立完成的，还存在两个必要的前提条件：一是，高技术虚拟产业集群知识资本的价值属性；二是，高技术虚拟产业集群知识资本与物质资本的结合。

第一，高技术虚拟产业集群知识资本的价值属性。知识资本具有价值属性，主要来源于知识的资本化。在不同的时代，知识的价值贡献作用不同，在农业和工业经济时代，知识也创造了价值，或者促进了价值的产生，但知识相对于土地、劳动力和货币资本等要素，其作用微弱，还不能形成知识的资本化；只有在知识经济时代，知识对价值的创造作用明显增强，甚至超过货币资本，知识起到资本的作用，带来企业的大部分价值，成为真正的知识资本。

在高技术虚拟产业集群中，可以从高技术虚拟产业集群不同成员角度理解知识资本的价值属性。

（1）对高技术虚拟产业集群中的高技术企业来说，知识资本对其价值贡献作用最为突出，主要表现在以下几个方面：知识资本促进了新技术的产生并形成市场化，直接给企业带来利润；知识资本通过提高管理水平、组织能力和核心竞争优势等，降低了企业运营成本及高技术失败的风险，减少了高技术企业获利的不确定性；知识资本持续产生创新，保证了高技术企业的活力和持续经营。

(2)对高技术虚拟产业集群中的政府和机构而言，知识资本对其价值的贡献作用不如对高技术企业那样明显，但同样可以为政府和机构带来一定的效用，如政策得以高效制定或实施、直接或间接为机构带来收益。

(3)对高技术虚拟产业集群整体而言，高技术虚拟产业集群知识资本的价值属性表现在高技术虚拟产业集群知识资本对高技术虚拟产业集群市场价值的贡献上，具体表现在高技术虚拟产业集群整体竞争能力的增强，对跨区域经济的带动作用增强等方面。

第二，高技术虚拟产业集群知识资本与物质资本的结合。知识资本具有价值属性，能够创造和实现价值，但知识资本是知识性要素和能力要素的总称，蕴藏在知识中并且以知识的形态存在和运动，不能独立创造价值，必须和物质资本相结合。

知识资本与物质资本的结合有两种方式。在传统产业中，产业价值主要来自于批量生产的规模效应、成本节约等，虽然知识资本也存在，但只是物质资本发挥作用的外部条件，所以此时是以物质资本为主的结合。但在高技术虚拟产业集群中，强调创新是最根本的动力，生成创新的知识资本对价值增值的贡献远超于物质资本的作用，是典型的以知识资本为主的结合方式。知识资本是具有能动性的资本，能够对物质资本施以影响而决定价值的形式、数量和效果等，是价值创造和实现的主导因素。高技术虚拟产业集群知识资本的主导作用体现在：通过对不同层次、不同要素的知识资本进行有效管理，使物质要素的运用围绕知识资本增值活动而展开，从而实现及优化高技术虚拟产业集群的价值。

3. HTVIC 知识资本增值系统的自组织机理

1)HTVIC 知识资本增值系统的四维结构

知识资本具有增值功能，当高技术虚拟产业集群成员知识资本以要素的形式相互协同和自组织作用，持续不断地创造和实现价值时，形成高技术虚拟产业集群知识资本增值系统，成员知识资本成为其子系统，表现出了系统关联性、动态性等特征。同时，高技术虚拟产业集群知识资本与成员知识资本相关，但又不是成员知识资本的简单线性和，具有成员知识资本所不具备的价值增值能力，使高技术虚拟产业集群知识资本增值系统创造的价值大于成员知识资本创造价值的和，具有成员知识资本所不具备的功能，符合系统的涌现性和整体性等特征。因此，子系统在虚拟空间中的相互协同和自组织作用是高技术虚拟产业集群知识资本增值的根本原因，高技术虚拟产业集群知识资本增值系统的维度结构可以表示为高技术虚拟产业集群知识资本增值＝F(高技术企业知识资本，科研院所知识资本，中介机构知识资本，政府知识资本)。

(1)高技术企业知识资本维。在高技术虚拟产业集群中，高技术企业数量众多，类型多样，但从知识资本要素创造价值的角度而言，却具有共性特征。高技术企业的人力资本，具有高知识性、高创新性等特征，通过对知识的应用和创新形成具有商业价值的技术和服务等创新，并推动其转化成具体的产品或服务，从而满足社会需要实现其市场价值，是知识资本增值的基础动力要素。高技术企业的组织资本为人力资本作用的发挥提供各种支持和保障，通过各种组织制度、组织文化、知识产权和知识管理设施等，实现高技术企业的人力资本保值和增值。高技术企业的关系资本使群内不同企业或者企业同相关机构通过非契约的方式产生长期的纵向或横向的联系与合作，从而推动共享和创新的活动的开展，促进知识资本增值的实现。

(2)科研院所知识资本维。高技术虚拟产业集群中的科研院所主要负责人才的培养和培训，并进行原发性的知识创新，其知识资本价值的增值主要表现在两个方面：一是为高技术企业及其他高技术虚拟产业集群成员输送具有高增值潜力的人力资本，二是提供高技术产业价值实现的基础知识和创新知识。高技术虚拟产业集群中科研院所知识资本与高技术企业知识资本通过信息网络等虚拟手段，以组织接近的方式实现了知识资本的价值增值功能。

(3)中介机构知识资本维。高技术虚拟产业集群的中介机构包括金融机构、培训机构、行业协会和除了科研院所与政府之外的其他服务型机构，为高技术产品或服务的实现提供资金、咨询和培训服务等，并通过组织管理、制度安排、基础设施建设等举措推进高技术虚拟产业集群的发展，成为企业的不同阶段、不同的高技术虚拟产业集群成员及群成员同外界关联的纽带，其知识资本价值实现主要表现在三个方面：中介机构及少数企业家发现并识别机会、注入资金和提供经验，促进企业衍生；对不同的高技术虚拟产业集群成员，中介机构创造相互了解和相互联系的机会，促进跨地域的不同成员间信任关系的建立，推动知识资本要素的流动，并规范和促进高技术虚拟产业集群成员的合法竞争合作活动；中介机构还促进成员同外界的联系，进行市场调查发现市场需求，建立和完善销售渠道等，促进知识资本增值的实现。

(4)政府知识资本维。政府是高技术虚拟产业集群重要的支撑力量，不同地域的政府相互联系，联合对高技术虚拟产业集群提供服务和进行监督，其知识资本价值的实现主要表现在为高技术虚拟产业集群的发展提供相关政策支持，承担部分基础设施建设任务，建立和维护规范、公平的竞争环境等。

2)HTVIC 知识资本增值系统的自组织特性

高技术虚拟产业集群知识资本有序结构的形成和发展是一个自组织过程，具有如下自组织特性。

高技术虚拟产业集群知识资本增值系统是开放系统。高技术虚拟产业集群是介于市场和企业的中间组织，其松散性特征使成员可以随时加入或退出，带来成员知识资本的流入或流出高技术虚拟产业集群知识资本系统，同时，高技术虚拟产业集群知识资本要素需要不断地积累和更新，外界环境的人力资本、组织资本和关系资本可能会独立进入系统，内部要素也可能从系统流出。另外，物质资本、有益的制度等负熵会进入系统，内部熵增等无效能量可以流出系统。从长期来看，高技术虚拟产业集群知识资本系统存在和外界物质、能量和信息的交换，是个开放系统。

高技术虚拟产业集群知识资本增值系统存在非线性作用。高技术虚拟产业集群成员由不受地域限制的高技术企业和各类机构组成，不同成员知识资本之间存在着相互作用。为实现价值增加，同质类企业表现为竞争性协作，而异质类企业表现为互补性合作，在某一价值链上还可能出现纵向延伸的竞争，成员知识资本的相互竞争与相互合作所创造的高技术虚拟产业集群知识资本价值，远远大于成员知识资本价值之和，说明在高技术虚拟产业集群知识资本增值系统内存在着非线性作用。

高技术虚拟产业集群知识资本增值系统具有远离平衡态的特征。高技术虚拟产业集群成员知识资本具有多样性，单个成员知识资本总是努力在实现自身知识资本价值最大化，成员知识资本增值具有不平衡性，不同成员知识资本通过竞争和合作使系统处于远离平衡态的状态。

高技术虚拟产业集群知识资本增值系统中存在涨落，巨涨落导致有序结构的产生。涨落是系统宏观量对平均值的偏离呈现出起伏的现象，当系统处于稳定状态时，涨落是对系统的一种干扰，很快衰减，当系统处于临界状态时，一些微涨落由于得到大多数子系统的响应而迅速被自组织作用放大成巨涨落，带动系统旧结构失稳并向新的有序结构发展。高技术虚拟产业集群知识资本增值系统受到外部环境和内部成员相互作用关系的影响，形成对平均值的偏离，在临界状态时，系统的自组织作用放大涨落，形成高技术虚拟产业集群知识资本增值的序参量，引导高技术虚拟产业集群形成一定的组织结构、功能和行为，以实现高技术虚拟产业集群知识资本增值，即形成新的有序结构。

3）HTVIC 知识资本增值系统的自组织动力学方程

自组织协同学揭示了系统自组织动力学过程，动力学方程用在企业系统中一般表示为 $\mathrm{d}x/\mathrm{d}t = f(a, x)$，其中，$x$ 为一组描述系统运动的状态变量；a 为受外界影响或控制的参量；f 表明系统状态变量和外界控制参量的函数关系；t 表示时间；$\mathrm{d}x/\mathrm{d}t$ 表明系统随时间的演化规律。演化是自组织系统对外界环境的自适应、自调整，表明了系统从低级走向高级，从简单走向复杂，从无序到有序再到新的有序的过程。

在高技术虚拟产业集群知识资本增值系统中，不同成员知识资本子系统相互作用，共同形成高技术虚拟产业集群知识资本增值，采用自组织动力学方程描述，由高技术虚拟产业集群知识资本增值系统维度结构可以建立如下动力学模型。

$$dS/dt = -kS + \beta(E, R, I, A) + G \tag{5-40}$$

$$dE/dt = -k_1 H + \beta_1(E, I, R, A) \tag{5-41}$$

$$dI/dt = -k_2 H + \beta_2(E, R, I, A) \tag{5-42}$$

$$dR/dt = -k_3 H + \beta_3(E, R, I, A) \tag{5-43}$$

$$dA/dt = -k_4 S + \beta_4(E, I, R, A) \tag{5-44}$$

其中，S、E、R、I 和 A 为状态变量，分别表示高技术虚拟产业集群知识资本、高技术企业知识资本、科研院所知识资本、中介机构知识资本和政府知识资本；其他参数为受外界影响和控制的参量，k、k_1、k_2、k_3 和 k_4 分别表示 S、E、R、I 和 A 的变化率和其原有状态的关系；β、β_1、β_2、β_3 和 β_4 分别表示随机涨落外力对四维度协同作用的影响所导致的 S、E、R、I 和 A 的变化；G 表示随机涨落外力对高技术虚拟产业集群知识资本变化的影响；t 表示时间。

式(5-40)表示高技术虚拟产业集群知识资本增值系统随时间的演化规律，包括高技术虚拟产业集群知识资本的变化状况、随机涨落外力对四维度协同作用的影响所导致的高技术虚拟产业集群知识资本的变化和随机涨落外力对高技术虚拟产业集群知识资本变化的影响。式(5-40)说明高技术虚拟产业集群知识资本作为系统的宏观参量，不仅受到原有状态的影响，还受到其子系统协同作用的影响以及外部环境等随机外力的影响。式(5-41)～式(5-44)分别表示高技术虚拟产业集群知识资本的子系统随时间变化的演化规律，包括高技术企业知识资本、科研院所知识资本、中介机构知识资本和政府知识资本的变化状况和随机涨落外力对四维度协同作用的影响所导致的相应子系统的变化。

动力学模型(5-40)～模型(5-44)描述了高技术虚拟产业集群的原有状态、维度结构和随机外力，促进了高技术虚拟产业集群知识资本的形成与演化，也促进了其子系统的演化与发展。同时，子系统的演化又反作用于高技术虚拟产业集群知识资本，其要素的改善使子系统之间的协同作用发生变化，进而影响高技术虚拟产业集群知识资本增值系统的演化。

4）HTVIC 知识资本增值系统的势函数分析

知识资本是能够带来价值，知识资本增值就是持续不断地带来价值。高技术虚拟产业集群知识资本增值是通过高技术企业知识资本、科研院所知识资本、中介机构知识资本和政府知识资本相互作用，协同发展实现的，即高技术虚拟产业集群知识资本增值系统是其子系统在序参量的"命令"下，通过自组织运动而形成的，子系统之间存在非线性作用，其最简单的运动形式是非简谐振子运动（郭骁和夏洪胜，2007）。

令式(5-40)中随机涨落外力 $G = gS$，其中，g 表示促进高技术虚拟产业集群知识资本增值系统演化的控制参量，根据非简谐振子运动方程的表达形式。$dq/dt = -mq - nq^3$，式(5-40)可以简化成如下非线性形式：

$$dS/dt = (-k + g)S - \beta S^3 \tag{5-45}$$

式(5-45)表明了高技术虚拟产业集群知识资本增值系统的演化过程，其中，$-\beta S^3$ 表示高技术虚拟产业集群知识资本增值系统非线性。

在自组织理论中，势函数用来研究系统的结构、性能和演化行为，若有函数 $V(x)$，使 $V'(x) = -dx/dt$，则 $V(x)$ 为原动力学方程的势函数，结合式(5-45)有

$$V'(S) = -dS/dt = -(-k + g)S + \beta S^3 \tag{5-46}$$

对式(5-46)两端进行积分，得到高技术虚拟产业集群知识资本增值的势函数。

$$V(S) = -(-k + g)\frac{1}{2}S^2 + \frac{\beta}{4}S^4 \tag{5-47}$$

$V(S)$ 的最小值是系统的稳定点，表明系统处于稳定态，稳定态是系统的常态，既可以是无序，也可以是低级有序；$V(S)$ 的最大值是系统的不稳定态，不稳定态预示了新的稳定态，表明系统向新的有序发展，有序既可以是进化有序，又可以是退化有序（即新的无序），关键在于序参量的选择。当序参量促进系统进化发展时，为进化有序，反之为退化有序。自组织演化通过稳定态的改变说明了系统的进化有序过程。

根据式(5-47)的二次项系数所决定的曲线形状，高技术虚拟产业集群知识资本增值系统的演化有以下两种情形。

当 $(-k + g) < 0$ 时，即维持原有状态的参量大于促进系统演化的参量时，曲线如图 5-34 中曲线 Ⅰ 所示，高技术虚拟产业集群知识资本如同处于势函数谷中的粒子，受到外界随机涨落外力和内部子系统协同作用的影响，高技术虚拟产业集群知识资本从无到有的产生，在高技术虚拟产业集群知识资本形成后，粒子离开平衡位置 $(S_0, 0)$，沿势函数斜坡向上运动，但受恢复力的作用又回到平衡点，如此反复在稳定点附近震荡，这说明高技术虚拟产业集群知识资本增值系统的势能较弱，子系统之间的协同作用较差，高技术虚拟产业集群知识资本增值序参量的作用较弱，增值系统暂时处于相对稳定状态，还不能向新的结构发展。

当 $(-k + g) > 0$ 时，即促进系统演化的参量大于维持原有状态的参量时，曲线如图 5-34 中曲线 Ⅲ 所示，势函数原来的平衡位置 $(S_0, 0)$ 变成不稳定状态，出现两个极值 $V(S_1)$ 和 $V(S_2)$ 和左右两个能谷，在随机涨落外力和子系统的协同作用下，粒子可能偏离原来的平衡位置，以相等的概率出现在两侧能谷中，随时达到新的均衡点 $(S_1, V(S_1))$ 或 $(S_2, V(S_2))$，高技术虚拟产业集群知识资本增值系统出现两个状态，形成系统的非平衡相变，说明此时高技术虚拟产业集群知

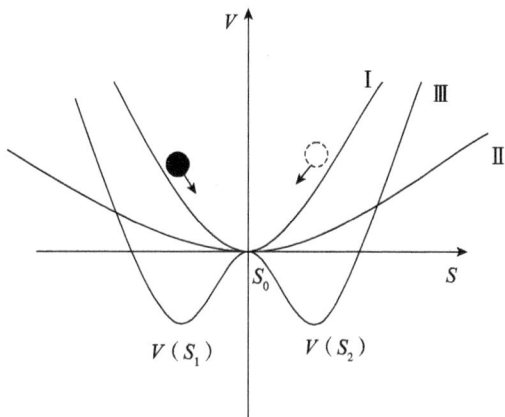

图 5-34　势函数曲线变化图

识资本增值系统势能较强，子系统之间自组织协同作用加强，高技术虚拟产业集群知识资本增值的序参量发挥作用，引导增值系统从旧有序向新有序结构发展，而且反过来支配子系统行为。

5）基于势函数的 HTVIC 知识资本增值系统自组织演化

高技术虚拟产业集群知识资本增值的自组织演化表现在非平衡相变、对称性破缺和分叉与涨落。

第一，非平衡相变。非平衡相变是在远离平衡态条件下，系统的结构从一种稳定状态到另一种稳定状态变化的现象。由于涨落外力及子系统之间的协同作用，在临界值状态时，高技术虚拟产业集群知识资本增值系统的非平衡相变就会产生，这是系统对环境的自适应、自调节、自组织的结果。

如图 5-34 所示，在势函数的二次项系数从负到正的变化过程中，势函数曲线经历曲线 I 到曲线 II 再到曲线 III 的变化，其斜率越来越小，原来平衡位置越来越平坦，系统的恢复力越来越弱。在远离平衡点$(S_0, 0)$时，外界环境的变化使成员知识资本以要素的形式在虚拟空间发生相互作用形成高技术虚拟产业集群知识资本，随着序参量增大，序参量对子系统的役使作用增强，当达到临界值时，序参量支配系统脱离原有的状态，向新的状态发展。

新的稳定结构一旦形成，子系统的微小变化不会影响系统的稳定性，但当系统再次处于临界状态时，任一子系统的变化引起子系统间协同作用发生变化，再由于随机涨落外力的影响，系统产生新的高技术虚拟产业集群知识资本，在序参量的支配作用下，系统开始新的非平衡相变。高技术虚拟产业集群知识资本增值系统演化就是由这样不断产生的非平衡相变组成的。

第二，对称性破缺。如图 5-34 所示，势函数曲线形状从 I 到 III 的变化表明系统的对称性并没有发生改变，区别在于曲线 I 和 II 各有一个稳定点，而曲线 III

却有两个稳定点。在实际系统中，曲线Ⅲ所示的两个稳定点无法同时实现，要么处于$(S_1，V(S_1))$，要么处于$(S_2，V(S_2))$，说明系统在非平衡相变后出现了对称性的改变，即出现对称性破缺。

在高技术虚拟产业集群知识资本增值系统中，不受地域限制的虚拟性特征导致外力和序参量要素的多种变化，会影响子系统之间的协同作用，使系统的状态出现多种可能的选择。但一旦影响系统的外力和序参量某一要素变化的大小和速率确定后，通过系统的自组织，系统只能向某一稳定状态点发展，而没有别的可能，因此出现对称性破缺，即出现了有序结构，实现了高技术虚拟产业集群知识资本增值系统从无序到有序的演化。

第三，分叉与涨落。势函数经过相变后，在临界点处从一个稳定解的状态发展到具有多个解的状态，称为分叉现象。分叉产生于涨落被自组织作用放大后，系统可能会出现的多个分支，任一分支具有分形特征，在满足条件时不断地产生新的分支，系统选择任何一个分支都是跃迁式发展。把平衡位置 S 表示为$(-k+g)$的函数如图 5-35 所示，当时$(-k+g)<0$，出现一个稳定解$(S_0，0)$，系统处于稳态；当$(-k+g>0)$时，原来的稳定解变成$(S_1，V(S_1))$和$(S_2，V(S_2))$，系统出现分叉。

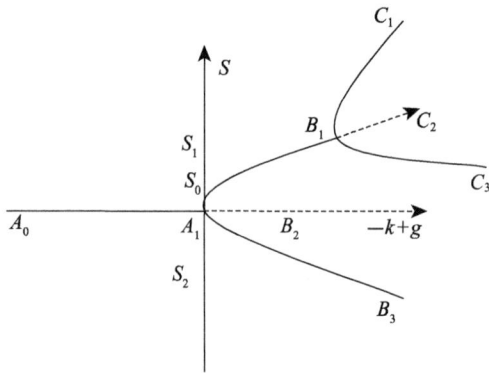

图 5-35　$S \sim -k+g$ 函数

A_0为高技术虚拟产业集群知识资本增值系统的原始状态，A_0—A_1是系统离开原来的平衡态，处于非平衡的线性区间，表示系统变化趋势增强，A_1是分叉点，A_1—B_2是系统不稳定的非线性区间，说明此时系统具有多种演化的可能，既可以形成 A_1—B_1 分支，又可以形成 A_1—B_3 的分支，这是由不同的序参量决定的。当系统处于 A_1—B_1 分支上时，外界环境的变化及序参量任一要素的变化，引发新的涨落，出现新的分叉点 B_1，具有 B_1—C_1 和 B_1—C_3 两个分支，形成系统的跃迁式发展。

高技术虚拟产业集群知识资本增值系统具有跨地域性和成员知识资本主体的

多样性的特征，不同地域的政策环境、市场环境、资源环境以及系统内部各成员知识资本主体之间的相互作用关系等因素影响系统的宏观参量的值，从而形成系统对平均值的偏离，通过子系统的自组织作用放大为巨涨落，成为序参量高技术虚拟产业集群知识资本，随着序参量的演化发展，高技术虚拟产业集群知识资本增值系统不断向最优状态跃迁式演化，最终形成新的有序结构。

综上所述，高技术虚拟产业集群知识资本增值是高技术虚拟产业集群成员进行自组织协同作用的结果，高技术虚拟产业集群知识资本增值系统的演化随其序参量的演化而出现多种可能，因此，创造条件促进期望序参量的形成和发展，则会推动高技术虚拟产业集群知识资本增值系统出现跃迁式进化发展。

4. HTVIC 知识资本增值机制的框架

1）HTVIC 知识资本增值系统的序参量识别

协同学的创始人 Haken(1983)认为，系统在实现自组织有序的过程中，存在慢变量和快变量。在高技术虚拟产业集群知识资本增值系统中，子系统成员知识资本及增值能力是快变量，而高技术虚拟产业集群知识资本及增值能力则是慢变量，即序参量，决定了系统的演化进程和方向，支配了子系统的发展与演化（Gao and He，2012）。

当高技术虚拟产业集群未形成时，不受地域限制的企业和相关机构在各自目标的引导下独立作用，实现自身知识资本价值增值，此时高技术虚拟产业集群知识资本为零，当高技术虚拟产业集群形成后，成员知识资本以要素的形式相互合作，形成高技术虚拟产业集群知识资本，由于外界环境的影响，为实现高技术虚拟产业集群知识资本增值的最大化，子系统在高技术虚拟产业集群知识资本的支配下协同运动，形成有序结构。高技术虚拟产业集群知识资本增值能力（high-tech virtual industry cluster knowledge capital appreciation ability，HKC）从无到有的产生，是描述高技术虚拟产业集群知识资本增值系统的宏观参量，对子系统存在役使作用，指示新结构的形成，符合序参量特征，是高技术虚拟产业集群知识资本增值系统的序参量，增值能力是对高技术虚拟产业集群知识资本的一种衡量。

另外，通过 Haken 模型也可以对序参量进行识别。Haken 模型描述了一定的外力条件下，系统的不同变量发生相互作用而形成的结构演化过程，系统的状态变量分别表示为 q_1 和 q_2，有

$$\dot{q}_1 = -\lambda_1 q_1 - a q_1 q_2 \tag{5-48}$$

$$\dot{q}_2 = -\lambda_2 q_2 + b q_1^2 \tag{5-49}$$

其中，λ_1、λ_2 为阻尼系数；a 和 b 为控制参量，表明 q_1 和 q_2 的相互作用强度。式(5-48)和式(5-49)表明两个子系统的相互作用关系，系统的一个定态解为：$q_1 = q_2 = 0$，此时说明系统内没有任何活动。设 $\lambda_2 \geqslant \lambda_1$，且 $\lambda_2 > 0$，表明 q_2 的阻尼大，是衰减快的变量，此时，采用绝热消去原理，令 $\dot{q}_2 = 0$，则有

$$q_2 \approx \frac{b}{\lambda_2} q_1^2 \tag{5-50}$$

式(5-48)表明，q_1 对 q_2 具有支配作用，q_2 随 q_1 的变化而变化，则 q_1 为序参量，式(5-48)表示的系统称为支配系统，式(5-49)表示的系统称为随动系统，随动系统对支配系统具有反作用，将式(5-50)代入式(5-48)，得到序参量方程：

$$q_1 = \lambda_1 q_1 - \frac{ab}{\lambda_2} q_1^3 \tag{5-51}$$

将 Haken 模型离散化，有

$$q_1(t+1) = (1-\lambda_1)q_1(t) - aq_1(t)q_2(t) \tag{5-52}$$

$$q_2(t+1) = (1-\lambda_2)q_2(t) + bq_1^2(t) \tag{5-53}$$

高技术虚拟产业集群知识资本增值系统的状态变量为 HKC 和成员知识资本及增值能力两类，增值能力值由指标评估得出分别为 M 和 N，为方便计算代入离散模型式(5-52)和式(5-53)中，采用 SPSS 进行回归试算分析，当满足 $\lambda_2 \gg \lambda_1$ 时，可确定状态变量 M 为衰减慢的变量，即 HKC 为系统的序参量，增值能力表明高技术虚拟产业集群知识资本的大小。

2) HTVIC 知识资本增值系统的序参量作用

序参量 HKC 是客观参量，是对系统有序程度的衡量。在系统无序时，序参量 HKC 为零，当系统由于外界环境的变化，成员知识资本相互协同形成了有益于增值的结构、功能或行为，即产生了有序时，序参量 HKC 取最大值。

序参量 HKC 是宏观参量，是子系统协同运动的产物。高技术虚拟产业集群知识资本描述的是系统的宏观状态，并不是某成员知识资本所独自具有的。在外界环境的作用下，成员知识资本以要素的形式相互竞争和合作或共生。竞争是协同的基础，成员知识资本的竞争，淘汰"旧"的或"过时"的知识资本；成员知识资本的合作或共生，形成或强化"新"的知识资本。高技术虚拟产业集群知识资本的形成，是系统内部自组织作用的结果。

序参量 HKC 对子系统具有役使作用，决定了系统的发展方向。当序参量 HKC 未形成时，各子系统独立运行，虽然部分成员知识资本存在相互关联的运动，但还不能束缚其他成员知识资本的独立运动，系统表现出无序状态，不能形成系统整体的增值；当到达临界区域时，随着外界环境变化(外部控制参量达到阈值时)，一些微涨落受到多数子系统的响应而放大为巨涨落，在高于临界值时，成员知识资本的协同运动占据主导地位，系统出现了子系统协同运动的产物——HKC 决定的有序结构，此时各子系统在序参量 HKC 的"命令"下协调一致地行动，如图 5-36 所示。

序参量 HKC 的变化，将支配子系统产生相应的变化，并最终主宰系统的演化与发展。对序参量方程式(5-51)右侧相反数积分可获得序参量的势函数：

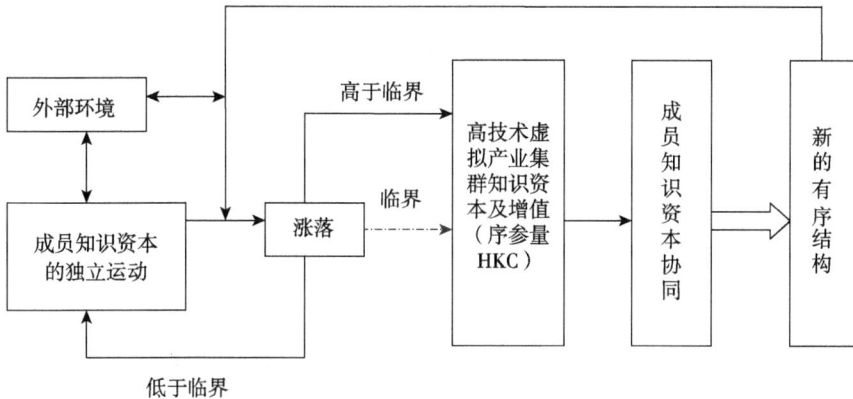

图 5-36　序参量的形成及作用机理

$$V_{势} = \frac{1}{2}\lambda_1 q_1^2 + \frac{1}{4}\frac{ab}{\lambda_2}q_1^4 \tag{5-54}$$

将 M 代入势函数，当 $\lambda_1>0$ 时，存在一个稳定解 M_0，当 $\lambda_1<0$ 时，存在两个稳定解 M_1 和 M_2。因式(5-54)与式(5-47)相对应，令 $-\lambda_1=-k+g$、$M_0=S_0$、$M_1=S_1$、$M_2=S_2$，则序参量 HKC 也出现如图 5-35 所示的分叉现象。

可以看出序参量 HKC 在临界点处出现分叉，既可以出现 A_1-B_1 状态，又可以出现 A_1-B_3 状态，在任一分支上，随着增值能力的大小变化，又会出现新的分支。序参量决定系统的演化，HKC 的变化将使高技术虚拟产业集群知识资本增值系统随之出现自组织跃迁式演化。也就是说序参量 HKC 的演化与高技术虚拟产业集群知识资本增值系统的演化具有一致性，高技术虚拟产业集群知识资本增值系统的多种发展可能源于序参量 HKC 的多种状态，要推进高技术虚拟产业集群知识资本增值系统的跃迁式进化，就需要从序参量 HKC 着手。

3)基于序参量强化的 HTVIC 知识资本增值机制框架

第一，增值机制的必要性。高技术虚拟产业集群知识资本增值系统的跃迁式演化，是一个从无序到有序到更加有序的过程，至于最终形成何种序是由序参量 HKC 决定的。序参量 HKC 是成员自组织协同的产物，具有不同的演化可能，引入外力对序参量进行引导和监督，将有利于推动系统向人类预期的方向发展，也就是有助于高技术虚拟产业集群知识资本增值系统的进化有序，即增值的实现和最大化。对序参量 HKC 进行引导和监督即是要发挥人的能动性，从主观意愿出发建立一套机制。

机制是一系列的管理制度或方法体系，给出了主动的行为方式，解决如何进行和如何更好进行的问题。机制和机理是有区别的：机理是对客观规律的一种反映，可能会采用不同的研究方法，会从不同角度揭示不同的侧面，但总体而言不同研究所揭示的机理是同一的，机理没有好坏之分，只有揭示方法是否适合的比较；机制是人对问题进行主动思考后提出的解决方案，具有多样性，不同机制对同一问题的解决具有不同的效果，能够比较优劣、择优选择。因此，对社会经济系统来讲，机制既反映了系统构成要素的相互联系和相互作用的客观规律，又在尊重规律的前提下促进了进化发展，属于一种促进系统演化的参量。

因此，从强化序参量角度建立高技术虚拟产业集群知识资本增值机制具有必要性，主要表现在以下两个方面：①提升序参量 HKC。序参量 HKC，即高技术虚拟产业集群知识资本及增值能力，增值能力是对高技术虚拟产业集群知识资本的衡量。高技术虚拟产业集群知识增值能力具有方向性，当其处于正向分支时，将有助于系统实现进化演化；当其处于负向分支时，其将促成系统退化演化。同时，高技术虚拟产业集群知识资本增值能力具有大小和速率的变化，高技术虚拟产业集群成员协同过程中的自组织行为将对其产生不同程度的影响。为提升高技术虚拟产业集群知识资本增值能力，需要建立机制对成员的行为进行规范和引导，从而促进增值有序的尽快实现。②充分发挥序参量 HKC 的作用。序参量 HKC 形成后，将役使高技术虚拟产业集群知识资本增值系统的演化和发展。具有不同利益要求的高技术虚拟产业集群成员，在跨地域的合作中会存在文化冲突问题、网络安全问题、知识产权问题、搭便车现象等，这些成为系统的熵增，不断增加系统的无序性，降低和减弱了序参量 HKC 的作用，因此有必要构建增值机制，以抑制熵增从而间接增强序参量。

需要注意的是，高技术虚拟产业集群知识资本增值机制作为一种外力，是通过自组织一起发挥作用的。在高技术虚拟产业集群知识资本增值系统中，自组织依然处于主导地位，从系统整体角度来看，系统的增值有序是自组织形成的。在高技术虚拟产业集群中引入的机制，对成员自组织行为不具有强制力，而从提供建议策略的角度看，引导成员更好地进行自组织协同，从而强化序参量，进而实现增值涌现，有利于实现人类预期并促进系统优化和发展。

第二，增值机制的构成框架。HKC 是成员知识资本相互协同形成的，在形成后，作为序参量又支配子系统的协同行为而实现系统的增值，即实现协同效应。可见，成员知识资本间的协同是高技术虚拟产业集群知识资本增值系统有序结构形成的内在原因，因此，为提升高技术虚拟产业集群知识资本增值能力并充分发挥其序参量作用，可以从协同入手构建增值机制。

高技术虚拟产业集群知识资本增值协同有两个具体过程。一是高技术虚拟产业集群知识资本存量的形成和增加过程。从知识资本的知识性特征来看，高技术虚拟产业集群知识资本存量的形成和增加是知识到知识资本的转化过程：成员知识通过广义知识创新活动生成成员层知识资本存量，又通过成员间的相互作用在虚拟空间生成集群层知识资本存量；进而通过创新适应性的提升，增加高技术虚拟产业集群知识资本的存量。由于知识资本自身具备的价值属性，随着存量的增加，其价值创造的潜力增强。二是高技术虚拟产业集群知识资本的运用过程。从知识资本的资本性特征来看，知识资本只有在运用中才会实现增值，存量是增值的基础，运用才是增值的具体实现。从知识资本到价值增值的转化，体现的是高技术虚拟产业集群知识资本的价值提取能力。为促进这两个过程的进行，可以构建高技术虚拟产业集群知识资本的价值创造机制和价值提取机制，而且创造机制是提取机制的基础，这两个机制的目的是创造外部条件，以改善实际协同过程，进而形成序参量 HKC 提升并进行正反馈。

另外，序参量在形成后，又支配子系统的协同行为，以实现系统的增值，即实现协同效应。协同效应是成员知识资本协同所追求的目标和结果，对协同增值进行测量和评估形成高技术虚拟产业集群价值评估机制，将有利于发现成员知识资本协同行为是否有效，从而进行有效管理并对创造与提取机制进行优化，以实现新的价值增值循环。

基于序参量的高技术虚拟产业集群知识资本增值机制框架如图 5-37 所示。

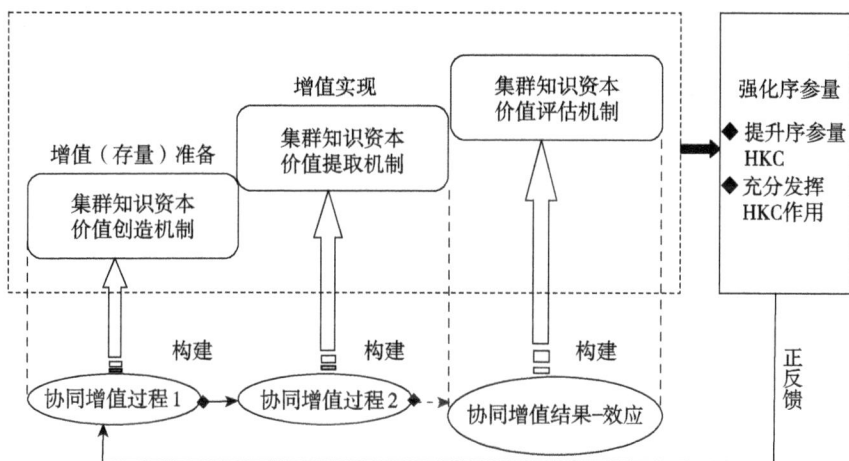

图 5-37　基于序参量的高技术虚拟产业集群知本增值机制框架

该机制框架主要包含以下三部分(何晓燕和高长元，2013a)。

第一部分，高技术虚拟产业集群知识资本价值创造机制。高技术虚拟产业集群的价值创造即是要形成和增加高技术虚拟产业集群知识资本存量，这是高技术虚拟产业集群知识资本实现增值的基础。高技术虚拟产业集群知识资本存量是特定时点时高技术虚拟产业集群的知识资本的总量，其增加有三种途径：一是知识资本的积累；二是外购知识资本；三是知识资本创新。知识资本创新凸显了高技术虚拟产业集群主体之一的高技术企业的特征，而且知识资本创新的本质是知识创新，因此，本书从知识创新角度研究价值创造机制，以实现存量形成和增加，为增值奠定基础，包括高技术虚拟产业集群知识资本存量形成机制和高技术虚拟产业集群知识资本存量增加机制。

　　高技术虚拟产业集群知识资本存量形成机制主要解决如何通过知识创新形成高技术虚拟产业集群知识资本的问题。复杂适应系统(complex adaptive system, CAS)理论揭示了个体通过自适应活动形成整体涌现的过程，因此利用 CAS 理论来分析高技术虚拟产业集群成员知识资本如何形成高技术虚拟产业集群整体知识资本，并进行制度设计。高技术虚拟产业集群成员需要进行一系列的个体活动，称为成员层创新，包括知识获取、知识整合和知识应用形成知识资本存量。知识获取通过交易方式、非正式方式和组织合作方式来实现；知识整合包含显性整合、隐性整合、显化整合和隐化整合四种模式；知识应用主要是知识依附不同载体从而形成知识资本要素。高技术虚拟产业集群成员层创新通过聚集、非线性等作用形成高技术虚拟产业集群知识创新结构、创新模式和创新效应，为高技术虚拟产业集群集群层创新，通过建立知识共享制度和知识成果转化制度，可以促进集群层创新，进而形成高技术虚拟产业集群知识资本存量。

　　高技术虚拟产业集群知识资本存量增加机制是在知识资本存量形成机制的基础上，考虑了高技术虚拟产业集群成员的关系强度、创新方式以及学习方式的影响及相互作用，通过对 NK 模型改进并仿真，提出基于关系强度和创新方式的存量增加、基于组织学习的存量增加。高技术虚拟产业集群知识资本存量增加也来源于知识创新，在高技术虚拟产业集群成员处于强关系时，应进行利用式学习，以实现高技术虚拟产业集群的渐进式创新；在高技术虚拟产业集群成员处于弱关系时，应进行探索式学习，以实现高技术虚拟产业集群的突破式创新。这里给出了在一定的关系强度下，学习方式与创新方式的最佳匹配。为提升知识资本存量，还可以从改变关系强度入手，考虑高技术虚拟产业集群所处的发展阶段：稳定发展阶段要努力实现关系增强，从而进行利用式学习以促进渐进性创新；在高技术虚拟产业集群升级发展阶段，则要降低关系强度，从而进行探索式学习以促进突变性创新，最终促进高技术虚拟产业集群知识资本存量的增加。

　　第二部分：高技术虚拟产业集群知识资本价值提取机制。知识资本是以知识的形态存在和运动的，作为知识化的资本，只有在运动中才会真正实现增值。从高技术虚拟产业集群知识资本的要素构成角度来看，高技术虚拟产业集群价值提取机制包含高技术虚拟产业集群的人力资本价值提取、组织资本价值提取和关系资本价值提取三个部分，通过对要素的运用和优化最终能实现和增加高技术虚拟产业集群知识资本的价值。

　　高技术虚拟产业集群人力资本价值提取机制主要解决人力资本投资和人力资本激励问题。人力资本是知识资本价值实现的最具主动性的因素，在物质资本有限的条件下，对人力资本进行投资优化将提高人力资本的价值实现效率。高技术虚拟产业集群人力资本具有异质性和多样性特征，针对不同类型的人力资本，对高技术虚拟产业集群人力资本再培训投资量进行最优决策，并给出相关策略建议，从而有助于发挥有限的物质资本对人力资本的驱动作用，有利于创新及价值实现。同时，人力资本主动性的发挥还需要对人力资本进行激励，从创新的角度建立人力资本激励的制度安排，以期提高激励水平、形成创新氛围，从而产生更多有价值的创新，并直接带来价值增加。

高技术虚拟产业集群组织资本价值提取机制主要是对组织资本要素进行运营、整合和优化等运用，从而有利于组织资本价值作用的实现，包括高技术虚拟产业集群知识产权运营、高技术虚拟产业集群跨区域文化整合和高技术虚拟产业集群组织制度优化三个方面。高技术虚拟产业集群的知识产权具有私人产品和公共产品的双重属性，因此要兼顾成员个体的获利性和成员整体的社会性，即要考虑私人利益和公共利益的一致性，建立高技术虚拟产业集群集中知识产权代理机构、促进高技术虚拟产业集群知识产权供给增加、进行高技术虚拟产业集群知识产权适度保护和促进高技术虚拟产业集群知识产权交易，将促进高技术虚拟产业集群知识产权的有效运营以实现价值。同时，高技术虚拟产业集群具有的跨地域性，不同地域文化具有根植性特征，又相互交融体现多样性的文化创新，考虑根植性和创新性，对高技术虚拟产业集群跨区域文化进行整合以实现文化协调。另外，高技术虚拟产业集群所特有的虚拟性使政府间、成员间、管理机构与成员间都需要相应的制度保证，建立政府间协调制度、平台支撑制度和高技术虚拟产业集群的弱管理制度，将有效实现组织制度优化。

高技术虚拟产业集群关系资本价值提取机制主要解决高技术虚拟产业集群多个成员之间以及与外部顾客的关系问题，高技术虚拟产业集群成员内部关系主要是成员间的信任合作关系，高技术虚拟产业集群与外部顾客的关系主要体现在顾客忠诚和满意度上。高技术虚拟产业集群成员之间的关系从广义上讲是一种存在竞争的合作关系，合作则取决于成员间的信任，根据合作的方式，建立基于制度的信任，包括声誉制度、评估制度和传递制度，以此增强成员间的彼此信任，实现合作价值。高技术虚拟产业集群与顾客的关系主要是通过建立高技术虚拟产业集群集群品牌、建立顾客公共数据库和重视顾客参与和体验三种途径，来提供让顾客满意的产品和服务，通过顾客忠诚和满意度的提高来增强高技术虚拟产业集群外部顾客的信任，实现外部关系价值。

第三部分：高技术虚拟产业集群知识资本价值评估机制。成员知识资本协同产生增值，即协同效应，对其评估有助于发现增值过程中存在的问题，以此对高技术虚拟产业集群知识资本进行有效管理，从而强化知识资本增值能力，实现增值优化。由于高技术虚拟产业集群是由多个成员组成的，为保证评估过程的客观性和真实性，成员可以协商形成一个评估执行机构，负责日常评估活动的具体组织和安排。对知识资本的评估包括三个方面，高技术虚拟产业集群人力资本增值评估、组织资本增值评估和关系资本增值评估，由此制定评估指标体系。为减少主观因素的影响，客观地反映高技术虚拟产业集群知识资本协同增值效果，应采用适当的方法进行指标筛选和权重确立。同时，又需要一定的方法计算综合评价结果，进而给出增值效果的判断。为促进评估活动有效进行，要进行相关的制度设计，当增值效果不满意时，要积极采取有益的管理措施来促进增值优化。

5.3.2　HTVIC 知识资本价值创造机制

知识资本具有知识性特征，以知识的形态存在和运动，当知识转化为知识资本时就具有了价值创造潜力，本书从高技术虚拟产业集群知识资本存量形成和存量增加两个方面，构建高技术虚拟产业集群知识资本价值创造机制，为增值的实现提供存量准备。

1. HTVIC 知识资本价值创造潜力分析

沙利文（2006）在他的著作《价值驱动的智力资本》中提到知识资本的价值创造，他认为价值创造揭示了知识资本与价值的最基本关系，也就是说价值创造处于知识资本增值的第一阶段，价值创造潜力表明不同的知识资本存量对增值的影响（柏丹，2006），价值创造潜力的形成为增值的实现奠定了基础。

高技术虚拟产业集群知识资本价值创造潜力来自于高技术虚拟产业集群知识资本存量形成和增加两个方面，其实质是知识向知识资本的转化过程。高技术虚拟产业集群知识资本的存量形成包含两个层次，即成员层知识资本存量形成和集群层知识资本存量形成。成员层知识资本存量是成员进行一系列的知识活动形成的，在此基础上又通过虚拟空间集聚和非线性作用，从而形成集群层知识资本存量。高技术虚拟产业集群知识资本存量增加是在高技术虚拟产业集群知识资本形成的基础上，再次进行知识相关活动，从而形成更多的知识并转化为高技术虚拟产业集群知识资本。

高技术虚拟产业集群知识资本的价值创造潜力和知识创新紧密相关。高技术虚拟产业集群知识资本的存量形成和增加主要有三种方式：一是知识资本积累，由于知识资本具有蚀耗性，仅知识资本积累难以持续创造价值的增加；二是外购知识资本或知识，然后根据自身需求转化为自己的知识资本，这里包含着知识创新过程；三是在原有知识基础上的直接知识创新，通过创新产生新知识，以不同载体形式创造价值时成为知识资本。后两种方式都与知识创新有关，都将有效促进知识资本价值的持续增加，而且高技术虚拟产业集群的主体是高技术企业，其知识资本存量的增加更是来自于创新。因此，高技术虚拟产业集群知识创新是高技术虚拟产业集群知识资本存量产生和增加的主要途径，高技术虚拟产业集群价值创造机制的构建必然围绕高技术虚拟产业集群知识创新进行，其强调了如何更好地生成知识创新，进而形成和增加知识资本存量。

因此，本章围绕高技术虚拟产业集群知识创新，构建高技术虚拟产业集群知识资本的存量形成机制和高技术虚拟产业集群知识资本存量增加机制，最终形成高技术虚拟产业集群知识资本的价值创造潜力，为高技术虚拟产业集群知识资本增值提供存量基础。

2. HTVIC 知识资本存量形成机制

1) HTVIC 知识资本存量形成的 CAS 特征和层次

首先，高技术虚拟产业集群知识资本存量形成与知识创新。高技术虚拟产业集群知识资本存量是通过一系列的知识活动形成的，本书把这些活动统称为高技术虚拟产业集群知识创新(何晓燕和高长元，2013b)。知识创新是创新理论和知识理论相结合的产物，美国学者 Amidon(1997)首次提出了"知识创新"，他认为知识创新是新思想的产生、传播与应用，以及商业化过程。国内学者何传启和张凤(2001)提出广义的知识创新是通过科学研究获得新知识的过程，包括科学知识创新和技术知识创新。Geoffrey(2005)认为集群为成员知识创新提供了环境与支持。Michael(2001)认为企业的创新会形成集群竞争优势。基于此，高技术虚拟产业集群知识创新是高技术虚拟产业集群的成员在虚拟空间相互协同而进行的广义知识创新活动，使集群整体出现大规模、频繁的创新现象和创新涌现，最终产生新知识，促使集群创新力及竞争力得到提升。

其次，高技术虚拟产业集群知识资本存量形成的 CAS 特征。本书把高技术虚拟产业集群知识资本存量形成过程中的知识创新看做一个系统。高技术虚拟产业集群知识创新系统是由企业、大学和科研院所、中介机构和政府四类主体构成的，主体能感知外部环境并做出一定的反应，不断改变自身的结构和行为方式，从而实现对环境的适应，并与其他主体相互作用，形成系统的演进与发展，是一类复杂适应系统，满足 CAS 的四个特性和三个机制。聚集性，高技术虚拟产业集群的成员分布在不同地域，依靠网络连接，在虚拟空间自组织形成一个整体，产生了整体层面的新知识，形成高技术虚拟产业集群创新能力。非线性，高技术虚拟产业集群的成员相互作用，既有主体内部关系，又有主体之间的联系，交互产生新知识，超越了成员知识线性和。流动性，成员在相互作用中伴随着知识的流动，处在产业链的上个节点的知识输出为下个节点的知识输入，形成知识的再循环效应，并且知识具有可反复使用性，在不同成员的使用过程中带来知识价值的乘数效应。多样性，每个成员为适应环境进行知识创新活动，知识创新的需求和结果产生了其他主体可以选择的生态位，不同的生态位形成了多样性。标志机制，标志区别了不同的主体，促进了知识创新的选择性相互作用。内部模型和积木机制，主体进行知识创新活动中，内部模型对外界刺激做出反应，在与上一层进行相互作用时作为积木块形成新的规则，强调了高技术虚拟产业集群的层次性。

　　最后，高技术虚拟产业集群知识资本存量形成的层次。从微观和宏观角度来看，基于知识创新的高技术虚拟产业集群知识资本的存量形成具有两个层次：成员层知识资本存量形成和集群层知识资本存量形成，见图 5-38。

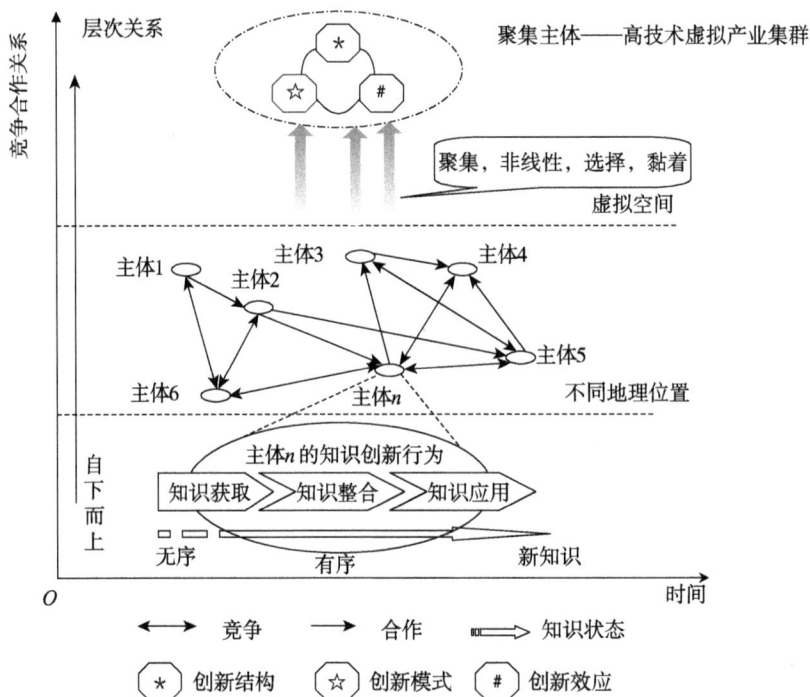

图 5-38　基于知识创新的高技术虚拟产业集群知识资本形成的层次关系

　　单个成员是高技术虚拟产业集群的微观主体，具有主动性和适应性，依据刺激-反应规则，自发与其他主体进行知识互动，形成了新知识或者对原有知识进行重新组合和新的应用，其创新活动是高技术虚拟产业集群知识资本存量形成的基础；不同成员在虚拟空间，由于产业关联而产生集聚、非线性作用，通过标志、内部模型和积木机制与其他成员进行相互选择和对环境进行适应，进而产生了集群层面的新知识资本，表现为集群创新模式、结构和集群创新效应；同时，高技术虚拟产业集群为基于知识创新的高技术虚拟产业集群知识资本存量形成提供了背景条件，产业关联性、对产业知识的共同需求、同质知识之间的竞争及网络和信息手段的应用刺激和促进了知识创新和知识资本的不断产生。

　　2）成员层知识资本存量形成

　　高技术虚拟产业集群成员层知识资本存量形成主要来自于成员层创新。成员层创新是单个成员主体为适应环境和提高自身竞争力，在与其他主体相互作用中进行的知识创新活动，是集群创新涌现形成的微观基础。首先，知识创新必须以原有的知识为基础，任何成员都不可能拥有创新所需的全部知识，此时成员需从其他成员处获取知识以弥补自身原有知识储备的不足，形成初级知识集合，包括隐性和显性知识，但这里的知识处于杂乱无序状态；通过对外部知识和内部知识的整合，初级知识集合形成清晰的、方便检索和应用的成员内部知识集合，这个过程中会形成部分新知识，并且实现了知识从无序到有序的转变；当系统化的知识与知识载体相结合，形成可以带来价值的知识资本时，知识实现了应用，完成了创新。因此，成员层知识创新包括以下三个过程，即知识获取、知识整合与知识应用。

成员主体的知识创新行为是由一组规则决定的，即若刺激 S 发出，则做出反应 R。高技术虚拟产业集群知识创新的 S 集合是主体所处的状态，包括主体的知识存量、创新需求、产业链中的位置、成本因素、合作机会、知识类型和载体类型等；R 集合主要是知识创新活动的选择与执行，包括知识获取、知识整合、知识应用；其环境因素包括其他主体的状态及集群内部和外部的经济和社会环境，如图 5-39 所示。高技术虚拟产业集群成员层创新的刺激反应模型，描述了单个主体的连续知识创新行为，实现了知识从无序到有序到新知识产生的过程。

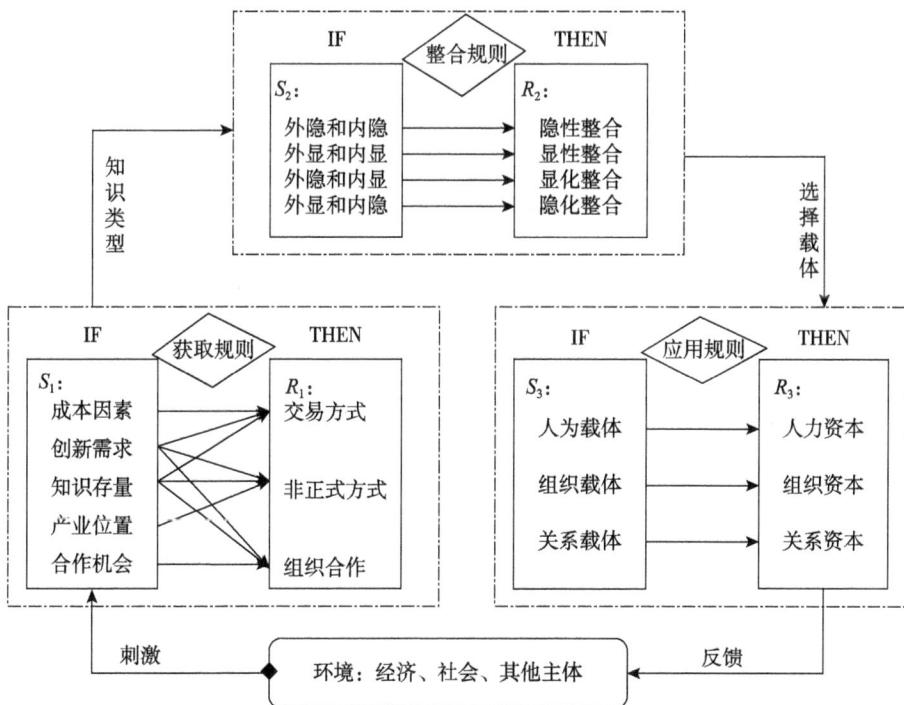

图 5-39 高技术虚拟企业集群成员层创新的刺激反应

　　第一，知识获取。在管理领域，知识获取强调主体通过一定途径获取他人知识的过程，高技术虚拟产业集群的知识获取具有如下特点：技术的快速更迭形成了对知识获取的强烈需求；网络及信息平台成为不可缺少的工具手段，提供了知识内容、交流方式和获取工具；成员借助产业链的分工协作关系获取知识，任一主体的知识获取行为对其他主体及环境存在反馈，刺激了其他主体进行知识获取而形成创新，体现了集群内部的竞争合作关系。这种关系又通过交易活动、非正式交流及合作活动表现出来，因此，高技术虚拟产业集群的知识获取途径有以下三种方式。

　　首先，交易方式。其具体表现为购买、接受转让和技术援助。购买和转让方式获取的主要是显性知识，技术援助获取的既可以是技术成果，也可以是派驻人员带来的隐性知识。知识搜索技术、知识库等信息技术融入知识获取平台，提供了知识信息及交易的手段。由于产业知识的相近性，成员间的知识可以互补，当自身研发需要较大的投入时，成员组织通常会采用交易方式获取外部知识。采用交易方式具有明确的目的性，只有当支付的成本小于预期收益时，交易方式才会产生。集群内部成员的交易较外部成员有更多的便利性，成员之间经常性的互动，建立良好的社会关系，彼此之间处于同一集群，组织邻近增强了彼此的信任，组织易于进行沟通和协调，使交易时所支付的成本要低于外部组织。

　　其次，非正式方式。其主要表现为知识溢出、企业衍生和人员流动。非正式方式获取知识，也正是组织得以集聚成群的原因。高技术虚拟产业集群虽非地理邻近，但基于网络的组织邻近，使成员间由于频繁的网上接触而产生非正式的交流，同时伴随隐性知识的流动。与交易方式相比，非正式获取方式成本较小，可以忽略，而且由于获取的隐性知识有可能蕴涵了关于核心能力的信息，获取方可以获得超额收益。

　　知识溢出源于产业链活动的相近性、相关性，当处于纵向产业链的上游企业取得技术进步时，蕴涵在产品中的知识会随着产业链向下游扩散；当处于横向产业链上，企业通过对比、模仿来获得其他成员的知识信息。企业衍生是高技术产业的重要特征，随着新企业的形成，衍生母体的部分知识转移到新企业中，并可能进一步形成新的应用领域，同时衍生母体与衍生企业的近缘关系，使新企业容易获得衍生母体的社会关系网络及知识源。集群内人员流动将使技术、经验等知识传递到其他企业，同时带入新的外部联系，而且人员流动也形成广泛和频繁的接触，类似亲缘关系，产生了新的知识网络。

　　最后，组织合作方式。比较典型的高技术虚拟产业集群组织内部合作形式有产学研和虚拟企业，体现了成员之间的协作互动。产学研合作实现了企业和学研机构的连接，学研机构是基础知识的生产基地，为产业知识形成提供支持；而企业通过合作取得互补知识加以技术应用，既推动了产业化的进程，又降低了自身知识开发的投入成本和风险。虚拟企业是企业间的连接方式，围绕项目合作，高技术虚拟产业集群的部分成员为了实现共同的利益目标，基于契约而形成较为稳固的关系，或者强强联合，或者优势互补，以自身的核心知识参与创新，专业知识沿着产业链横向或纵向进行频繁流动，知识屏蔽减少，各方获得所需知识，这也充分体现了虚拟产业集群的"虚拟成员池"作用。

第二，知识整合。经过知识获取活动后，高技术虚拟产业集群成员的知识多处于分散和杂乱无序的状态，只有对知识进行整合——择优弃冗，分类有序，才可以形成组织的知识体系，实现知识的系统化，促进知识创新的产生。

知识整合的对象是知识，从知识属性上看，知识分为隐性知识和显性知识，Nonaka(1999)的 SECI 模型对隐性和显性知识的关系进行了描述，从个人隐性知识出发，通过社会化、外在化、组合化和内在化四个过程，实现了隐性知识和显性知识之间的相互转换和螺旋上升过程。熊德勇和和金生(2004a，2004b)在此基础上，提出融知发酵模型，其基本思想是每一个 SECI 过程都是在相应的知识发酵吧进行的，其要素为知识菌株、知识母体、知识酶、知识发酵工具和环境，并给出了四种发酵类型。借鉴以上理论，高技术虚拟产业集群知识整合是嵌入了知识发酵活动的知识转化过程，如图 5-40 所示。

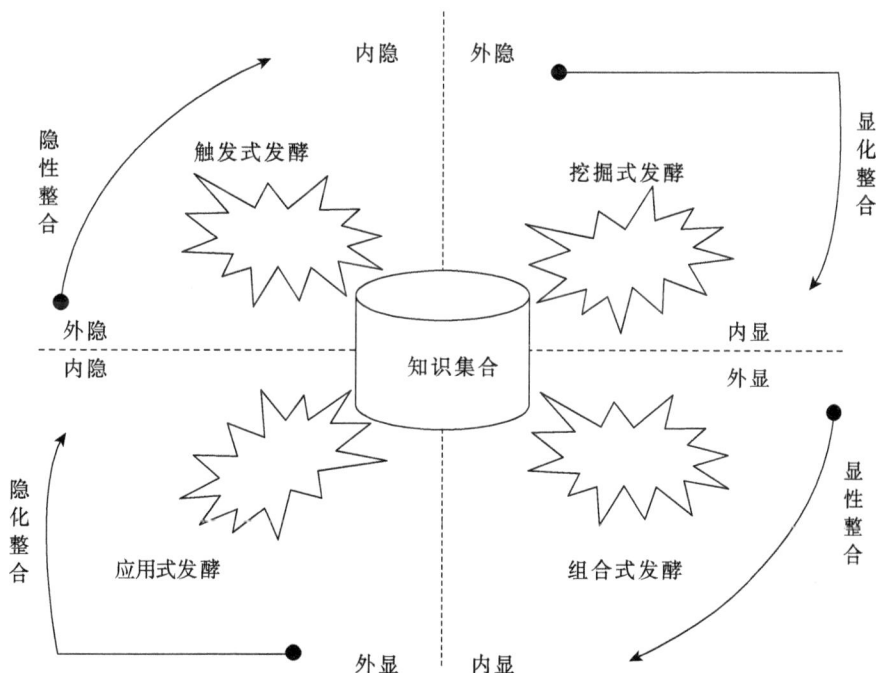

图 5-40　高技术虚拟产业集群成员主体知识整合模型

高技术虚拟产业集群知识整合区别于 SECI 知识转化及融知发酵模型：SECI

侧重知识形态从一种形式向另一种形式的转化，高技术虚拟产业集群知识整合侧重不同类型的知识如何形成组织知识存量，既有形态转化，又有数量变化；SECI 研究的是个人层面的知识转化，但高技术虚拟产业集群知识整合研究的是组织层面的知识融合；SECI 是一个循环过程，起始点是隐性知识，但高技术虚拟产业集群知识整合的起始点既可以是隐性知识，也可以是显性知识，是具有间断点的循环过程；融知发酵模型是针对 SECI 过程提出的，但发酵类型和转化过程并不对应，高技术虚拟产业集群知识整合存在与过程相对应的发酵类型，见表5-5。

表 5-5　高技术虚拟产业集群知识整合类型与发酵

整合方式	知识菌株	知识母体	知识酶	发酵工具	环境	发酵类型
隐性整合	战略需求	外隐和内隐知识	促进发酵的制度安排	视频会议、信息平台等	内外环境	触发式
显性整合	新的问题	外显与内显知识	协调激励制度	知识分类工具、专家系统和决策支持等	内外环境	组合式
显化整合	外隐的编码化需求	外隐和内显知识	内部知识和能力	对话、隐喻、编码和知识挖掘等	内外环境	挖掘式
隐化整合	更新知识的需求	外显和内隐知识	内部知识及能力	知识地图、知识库等	内外环境	应用式

隐性整合是对外隐和内隐知识的整合。隐性知识是难以用符号等形式表达的知识，一般与企业的核心竞争优势有关，存在于组织的行为或关键人物的头脑中。在组织对隐性知识的战略需求的指导下，组织依托自身的知识源和促进知识发酵的制度安排，充分使用视频会议、信息平台等工具和组织内外部环境与外部组织进行互动，对外部组织及关键人物的行为进行感知、比较、模仿等，形成思维碰撞或共鸣，激发新的直觉、意识，并植入行为，这种发酵是通过行为接触而引发的，为触发式发酵，最终形成新的组织隐性知识。

显性整合是对外显和内显知识的整合。显性知识是已经编码、易于沟通的知识，如组织知识库及信息系统、标准操作流程和制度文档等，为解决新的问题，组织获取的显性知识与自身原有的显性知识在组织协调及激励制度的作用下，利用知识分类工具、专家系统和决策支持系统等，对知识进行融合、整理和分类，形成清晰的、系统化的组织显性知识体系，此时为组合式发酵。

显化整合是对外隐和内显知识的整合。组织产生了对外部隐性知识编码化的需求，通过对话、隐喻、编码和知识挖掘等手段，利用内部知识和能力，使外部隐性知识形成规范化的显性知识，继而再发生显性整合，此时的发酵主要源于外部隐性知识的显化，为挖掘式发酵。

隐化整合是对外显和内隐知识的整合。组织需要更新知识或者要产生新的知识应用，依赖内部知识及能力，通过知识地图、知识库等获得外部显性知识并进行消化、吸收、理解等，最后付诸企业行为，形成新的隐性知识，包括惯例、规则和心智模式等，促进知识的演进与升级，继而进行隐性整合，进入新的循环，此时的发酵为应用式发酵。

第三，知识应用。创新是要素的新组合、新应用。知识整合实现了知识的新组合，知识应用则是创新生成的另一个重要方面，知识及其应用的结果形成知识资本，知识资本是能够创造价值的有用知识，是知识与价值的契合点。一般认为知识资本包含人力资本、组织资本和关系资本三个要素，依附于个人的知识、经验技能等的知识为人力资本；蕴涵在组织制度流程、文化、信息系统、知识产权和产品中的知识为组织资本；蕴涵在组织的内外关系网络中的知识为关系资本，包括与上下游企业、科研院所、中介结构、政府甚至顾客的关系。

知识向知识资本的转化必须借助一定的载体。当组织知识存在于关键人物的头脑中，结合了由教育、培训等形成的原有知识，通过人的实践活动形成了构思、经验、技能和创新能力等，甚至形成显性的知识成果，如论文、程序、书面报告等，即形成了人力资本；人力资本形成后，通过人的创造性活动再次产生新的知识、经验技能，使人力资本存量增加。人力资本具有人身依附性，随着人员的流动，人力资本存量发生变化。当个人知识被固化为组织的行为或制度时，人力资本实现了向组织资本的转化，人员的流动对组织知识存量不再影响。人力资本的显性知识成果可以形成企业的制度规章、企业文化、信息系统和流程，以此来规范企业组织的行为和提供技术支持；可以把知识用于生产，形成新产品、新技术、新工具等，使知识物化为可以创造价值的产出；也可以发表论文、建立商誉和注册商标，对成果申请法律保护，形成知识产权等，保证了知识在市场上的获益性。当组织知识嵌入社会关系时，组织获得了合作机会、竞争信息、新的知识流入、信任与支持、政策优惠和顾客忠诚等，以此节约了交易成本，提高了社会地位，创造了经济和社会效益。

3) 集群层知识资本存量形成

集群层知识资本的存量形成主要来自于集群层创新活动，而集群层创新又是成员层创新活动在虚拟空间进行集聚和非线性作用的结果，最终表现出一定的模式、结构和功能，知识共享及知识成果转化制度促进集群层创新生成。

第一，集群层创新形成。多个成员主体的知识创新活动同步或交叉进行，不同主体围绕知识创新进行互动和合作，在宏观层面上表现出了集群整体的创新现象。CAS 的回声模型从宏观层次对系统进行描述，解释了主体如何相互作用而形成整体的问题，实现了从微观到宏观的过渡。添加了黏着标志的回声模型及匹配过程，如图 5-41 所示。

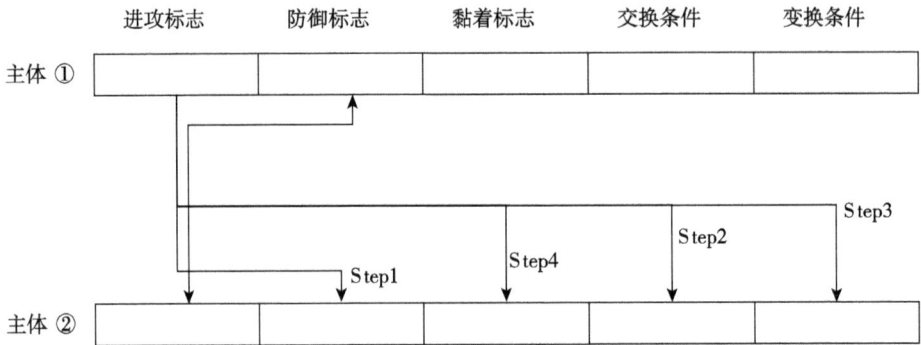

图 5-41　添加了黏着标志的回声模型及匹配过程

　　主体①和主体②为高技术虚拟产业集群成员,资源库为各自的知识存量,来自于成员在产业链中的位置及竞争合作关系,添加黏着标志的主体染色体包括进攻标志、防御标志、黏着标志、交换条件和变换条件,用染色体字符串来表示。进攻标志为主体获取知识的能力;防御标志为主体对其他主体的要求的应答与否;黏着标志给出了聚集的条件;交换条件检查另一主体的标志,以确定交互作用是否发生;变换条件给出了把富余知识变为所需知识的能力。

　　考虑基本模型,即主体①的进攻、防御标志分别与主体②的防御、进攻标志相匹配,通过字符串列表比较,计算匹配分数,高匹配分数导致防御方的知识资源转出,不匹配则只获得过剩资源或一无所获,从而确定主体①与主体②的相互作用方式。例如,资源库由不同的知识类型组成,主体①的知识资源为 aabcad,进攻标志为 aab,防御标志为 cd,主体②的知识资源为 aabccde,进攻标志为 cde,防御标志为 aabc,规定匹配加 2 分,不匹配减 2 分,有空项扣 1 分,则匹配分数为 5 分、3 分,由此,主体②把大部分资源转给①,主体①把一部分过剩资源转给②。

　　考虑添加了交换、变换和黏着标志的回声模型,主体①的进攻标志先与主体②的交换条件匹配,若满足则转入知识资源交换转移;在此基础上,主体①的进攻标志与主体②的黏着标志相匹配,过程类似于知识交换转移过程,若匹配分数不接近于 0,主体①和②发生黏着,形成聚集体,若每个主体得分均接近于 0,则不能形成黏着;然后,通过指定变换子片段,实现主体①的资源变换,形成新的资源形式和能力。同理,主体②和主体①也要按上述过程进行匹配,从而实现了两个主体的相互作用,进而形成高技术虚拟产业集群集群层创新。

　　第二,集群层创新表现。集群层创新是一种创新涌现,涌现意味着在创新过程中形成了新的结构、模式和功能,表现为高技术虚拟产业集群的知识创新结构、创新模式和成员的协同知识创新效应。

　　(1)高技术虚拟产业集群的知识创新结构。高技术虚拟产业集群是由多个成员组成，成员间通过信息及网络技术相互连接，在创新过程中相互作用形成一个网络，不同类型的成员在网络中的作用不同：高技术企业是最主要的创新需求者和创新活动的执行者，属于核心层；科研机构和院校为创新活动提供基础知识和人才，是中间层；中介机构和政府为创新提供各种服务支持和政策支持，包括金融服务、培训服务和地方政策等，是创新的外围层。

(2)高技术虚拟产业集群的知识创新模式。从产业链的角度看，高技术虚拟产业集群成员间存在横向关系和纵向关系两种。横向关系的成员，处于产业链的同一环节，具有同质性，彼此间竞争激烈，少数成员可以形成联盟，共同制定标准、垄断市场，但总体上处于竞争多于合作的状态，成员通过彼此的模仿形成创新，属于竞争型创新模式，而且竞争也是创新产生的动力，刺激知识创新的纵深发展。纵向关系的成员，处于产业链的不同环节，异质性使上下游企业形成稳固的合作关系，共同追求产业价值的实现，易于实现联合的知识创新，属于合作型创新模式，推动了知识横向扩展。

(3)成员的协同知识创新效应。高技术虚拟产业集群的创新是成员间的协同创新，协同产生了更多的知识需求，刺激了多种类型的知识产生，从知识的归属来看，有成员个体知识和组织层面知识。协同创新不仅形成了个体知识存量，而且形成独特的组织层面的知识，如高技术虚拟产业集群的组织制度、特有的文化及协调知识、产业及企业间的关联知识等，即形成了高技术虚拟产业集群集群层面的知识资本，这是单个企业创新过程中没有的。同时，协同创新提升了成员及整体的创新能力和竞争力，创造更多的价值，形成创新氛围，刺激更多创新生成，产生了大于成员和的功效。

第三，集群层创新促进。高技术虚拟产业集群集群层创新是成员层创新的协同结果，要促进集群层创新的产生，就要加强成员层的创新协同，从知识角度而言，就是要推进以下制度的执行。

(1)知识共享制度。知识共享体现了在高技术虚拟产业集群知识创新中不同成员在知识领域的相互作用。为增强这种作用，高技术虚拟产业集群应规定任何进入的成员，都具有知识共享的权利和义务，对知识的重要贡献者给予物质或精神奖励，对知识的需求方设定权限，体现知识的价值性和促进知识的流动；利用知识数据库、知识地图等现代信息技术进行知识积累；鼓励人才流动和互动，促进隐性知识的传播；定期进行专题培训、讨论等，促进成员间多种形式的知识交流与合作，对共性问题提出解决方案，从而促进集群层创新生成。

(2)知识成果转化制度。成果转化是推进产业化升级的重要方式，有利于实现高技术虚拟产业集群成员的相互关联，并在此基础上产生新的产业领域，推进产业链的纵深发展，最终形成集群层知识创新。为推进高技术虚拟产业集群知识成果转化，高技术虚拟产业集群应积极促进大学、科研机构和企业进行对接，使理论知识创新和企业实际需求相结合，并对能够有效转化的科研成果进行奖励；发挥政府和中介机构的作用，提供有利于成果转化的政策、资金和渠道等公共服务；积极进行产业发展调研和规划、扶持重点产业发展方向的成果产业化应用项目；设立专门机构，及时有效地解决知识成果转化过程中的实际问题。

3. HTVIC 知识资本存量增加机制

1）HTVIC 知识资本存量的适应度景观

适应度景观是 Wright(1932)提出的，用以描述生物有机体的进化，其中适应度表明了个体的优劣程度，适应度景观就是由不同个体的适应度值在空间中分布形成的，类似于山峰状的崎岖景观，适应度值高的形成峰，适应度值低的形成谷，生物的进化就表现为个体在适应度景观上的游走及爬坡，最终达到最优状态。适应度景观是对适应性的描述，适应性是 CAS 理论的核心概念，霍兰(2011)将主体在与环境的相互作用过程中，主动调节自身的行为、与环境和其他主体相协调，从而获得生存和发展，并促进宏观系统的演化和进化的特性称为适应性。

高技术虚拟产业集群知识资本存量的适应度景观，可以看成不同的成员为提高自身适应性而互动形成的峰和谷，不同个体进行寻优过程形成了整体的景观分布，如图 5-42 所示，整体的适应性就表现为高技术虚拟产业集群知识资本存量的增加。

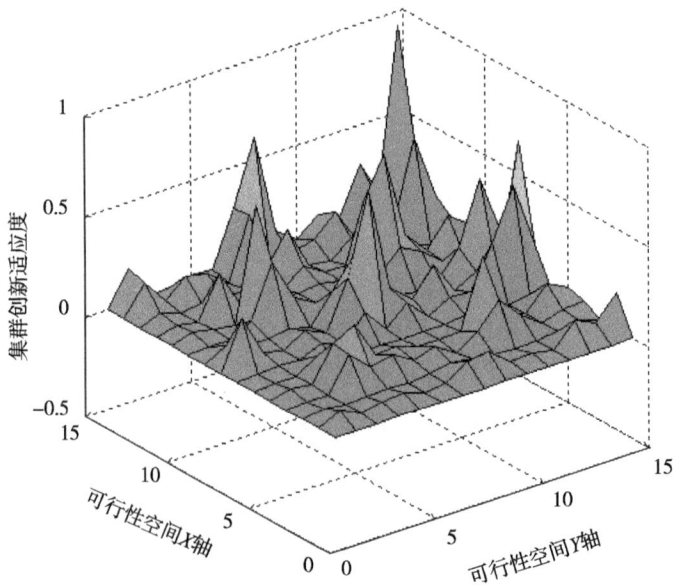

图 5-42　高技术虚拟产业集群知识创新适应度景观

而高技术虚拟产业集群知识资本存量主要来自于知识创新，因此高技术虚拟产业集群知识资本存量的适应性即是高技术虚拟产业集群知识创新的适应性。高技术虚拟产业集群的成员包括高技术企业、科研院所、中介机构和政府，集群成员进行以知识创新为主的互动，产业上的竞争合作关系使成员在知识创新中既可以强强联合，又可以优势互补，成员的知识创新协同，不仅形成个体层面的知识资本，还产生集群层面的知识资本，不断的协同增加了高技术虚拟产业集群知识资本的存量，提高了价值创造潜力。

2）HTVIC 知识资本存量的 NK 模型及仿真

其一，基本 NK 模型。为生成适应度景观，Kauffman（1993）在研究生物有机体的演化时提出了 NK 模型，N 表示物种所包含的基因 i 的个数，K 表示影响基因 i 的上位关系数量，表明基因之间的互动程度，基因 i 所拥有的状态为等位基因，基因的适应度景观即是不同的可能状态组合形成基因形态空间。随后，NK 模型被广泛应用，其中最为著名的是 Levinthal（1997）将 NK 模型引入组织管理领域，研究了组织决策和组织绩效的关系，证明了 NK 模型在管理方面的适用性。

在描述高技术虚拟产业集群知识资本存量的 NK 模型中，N 表示成员数量，K 表示成员 i 与其他成员相互联系的个数（高长元和何晓燕，2014）。当 $K=0$ 时，说明成员相互独立，而当 K 的取值范围为 0 到 $N-1$ 时，表明成员 i 与其他 K 个成员相互联系，随着 K 值增大，系统的复杂程度增加。成员 i 的等位基因表示为 0 和 1，当成员 i 的适应度低于成员适应度平均值时，定义为 0 状态；当成员 i 的适应度高于平均值时，定义为 1 状态，可能性空间为 2^N，由二进制状态字符串表示。适应度 f_i 表明成员 i 对系统适应度景观的贡献值，与 i 自身的适应度 x_i 和其他 K 个成员的适应度 x_j 有关，即

$$f_i = f_i(x_i, x_j), \quad j = 1, 2, \cdots, N; 且 j \neq i \tag{5-55}$$

高技术虚拟产业集群知识创新系统的适应度 F 为成员适应度和的平均，即

$$F = \frac{1}{N} \sum_{i=1}^{N} f_i \tag{5-56}$$

系统的状态字符串发生变异时，F 在可行性空间内寻优，当新值 $F^{\hat{}}$ 大于 F 时，则替换；当小于 F 时，则保留原值，由此实现适应度景观的局部最优向全局最优的演变，实现了在适应度景观上的攀爬过程。

其二，考虑关系强度的 NK 模型。关系强度反应成员间联系的紧密程度（潘文安，2012），是动态变化的，而在 Kauffman（1993）的 NK 模型中，基因之间的关系强度是等同的，仅用 K 值表达基因相互联系个数，从而描述了系统的复杂程度。但基于社会网络的分析认为，网络成员间的关系强度有强弱之分，强联系是成员间存在密切联系，弱联系是成员间存在联系但不密切，强联系与弱联系对

网络的作用不同：强联系获取的多是重复和相似的信息，而弱联系能提供新颖及时的信息（Granovetter，1973）；强联系有利于复杂知识，特别是隐性知识的传递与共享（Krackhardt，1992），而弱联系有助于网络上简单知识的传递共享，因而强联系和弱联系是影响知识创新的重要因素。潘松挺和郑亚莉（2011）的实证研究也表明，关系强度对创新绩效存在影响。因此，本书引入关系强度系数λ对K进行具体的描述和刻画。

基于知识创新的高技术虚拟产业集群知识资本存量的增加是不受地域限制的成员相互协同形成的，虚拟性表现在组织接近和对平台的高度依赖，组织接近意味着成员的互动频繁，平台成为直接联系或间接联系的"枢纽"，通过平台而形成的组织接近程度即为关系强度，用λ_{ij}表示成员i与成员j的关系强度，借鉴Blumstein和Kollock（1988）的研究，本书用接触频率对其进行衡量，取值范围为$0\sim1$，λ_i为成员i的总关系强度，其值为成员i与其他所有成员的关系强度的均值，而成员i与自身的关系强度没有管理意义，暂不作考虑，有

$$\lambda_i = \frac{1}{N-1}\sum_{j\neq i}\lambda_{ij} \tag{5-57}$$

关系强度与适应度的关系有两种观点：Katja（2011）、Inkpen Tsang（2005）、谢洪明和张霞容（2012）及王文平和张兵（2013）认为关系强度与创新存在直接的正向影响；而姜翰和金占明（2008）、蔡宁和潘松挺（2008）的研究表明关系强度并不是越大越好，当超过一定限值时，关系增强所带来的创新数量增加会受到高成本的约束，从而使增势放缓。据此，当考虑关系强度时，成员i的适应度如下。

$$f'_i = \begin{cases} (1+\lambda_i)f_i, & 0 < \lambda_i < a \\ \left(1+\lambda_i - \dfrac{3}{4}\lambda_i^2\right)f_i, & a \leqslant \lambda_i < 1 \end{cases} \tag{5-58}$$

其中，a为成员i的适应度随强度增加而减少的分界点，此时高技术虚拟产业集群知识创新系统关系强度λ和适应度F'均为成员的均值，即

$$\lambda = \frac{1}{N}\sum_{i=1}^{N}\lambda_i \tag{5-59}$$

$$F' = \frac{1}{N}\sum_{i=1}^{N}F'_i \tag{5-60}$$

关系强度的取值对系统的适应度产生影响，不同的关系强度将形成不同的适应度景观。当关系强度在区间$[0,1/3)$时，定义为弱联系；当关系强度在区间$[1/3,2/3)$时，定义为强联系；当关系强度在区间$[2/3,1]$时，定义为过强联系。

其三，考虑创新方式的NK模型。高技术虚拟产业集群主要由高技术企业和相关机构组成，创新是高技术虚拟产业集群知识资本存量增加的一种主体适应性行为，从理论上讲，基础知识创新和技术知识创新都将形成知识和知识资本存

量，从而提高对环境的适应能力。然而，现存较高的创新失败率的主要原因之一是没有选择合适的创新方式(孙爱英和苏中锋，2008)。不同创新方式对创新绩效的作用机理不同(赵晖，2011)，合适的创新方式将促进绩效的提升(张峰和邱玮，2013)。因此，由知识创新引起的存量的适应性研究需要考虑创新方式的类型。

按创新的幅度，Ettlie(1983)将创新分为渐进创新和突变创新。渐进创新是对原有知识的微小改进，是一种低层次的创新；突变创新是对原有知识较大的改变，相对于原有主体而言，容易产生较多的新知识，是一种高层次的创新。由于突变创新往往是从根本上的变革，因而比渐进创新难度更大，虽较容易形成更多的创新知识，也较容易破坏原主体的稳定。

为研究创新方式对适应度的影响，借鉴学者张华等(2009)的思想，采用海明距离来区分不同的创新方式，并且在此基础上，考虑海明距离和适应度的关系，本书引入 Goldberg 和 Richardson(1987)提出的共享函数对个体适应度进行调整，表明不同创新方式对适应度的影响。

共享函数反映了构成部分的相似程度，假设高技术虚拟产业集群的个体 i 的知识创新由 L 位序列的码字表示，原有知识 $x_i=(x_{i1}, x_{i2}, \cdots, x_{iL})$，渐进创新知识 $y_i=(y_{i1}, y_{i2}, \cdots, y_{iL})$，突变创新知识 $z_i=(z_{i1}, z_{i2}, \cdots, z_{iL})$，调整后的个体适应度 f_i^* 为

$$f_i^* = \frac{f_i}{\mathrm{sh}(d(x_i, y_i)) + \mathrm{sh}(d(x_i, z_i))} \tag{5-61}$$

其中，f_i 为原适应度值；$\mathrm{sh}(d)$ 表示序列 x_i 与其他序列的共享函数。

$$\mathrm{sh}(d) \begin{cases} 1 - \left(\dfrac{d}{\sigma}\right)^\gamma, & d < \sigma \\ 0, & d \geqslant \sigma \end{cases} \tag{5-62}$$

一般 $\gamma=1$，表示线性共享。d 为海明距离，测量了不同知识序列的不同字符的个数，当 $0<d<1/2$ 时，定义为渐进创新 d_{xy}；当 $1/2 \leqslant d <1$ 时，定义为突变创新 d_{xz}。σ 为小生境半径，本书假设为 1。

引入创新方式后，高技术虚拟产业集群知识创新系统适应度为 F^*，则有

$$F^* = \frac{1}{N} \sum_{i=1}^{N} f_i^* \tag{5-63}$$

将创新方式嵌入关系网络中，由于过强关系具有适应度抵减作用，对于提升适应性无益，故暂不考虑过强关系与创新方式的组合，本书仅用强弱两个角度和两种创新方式，形成四种组合模式，强关系与渐进创新(强-渐)、强关系与突变创新(强-突)、弱关系与渐进创新(弱-渐)、弱关系与突变创新(弱-突)。

蔡宁和潘松挺(2008)的研究认为，关系强度与创新方式具有一定的耦合作用，因此这四种模式在实际中并不是等概率出现的。多数学者的研究也表明，强

关系益于渐进创新，也就是强关系环境下，由于成员频繁的沟通交流活动，创新是一点点生成的，而且与原有的知识为基础，此时突变创新较难形成，同时，突变创新在一定程度上是对原有稳态的破坏，各种干扰力量将阻止其出现，也就是说，强关系下渐进创新的出现概率较大。本书引入概率 P 反映不同强度下某种创新方式的出现的可能性：假设强关系下渐进创新的出现概率为 P_1，则强关系下突变创新的概率为 $1-P_1$，则有

$$P_1 > \frac{1-d_{xy}}{(1-d_{xz})+(1-d_{xy})} \tag{5-64}$$

对式(5-64)右侧取值进行估计，可给出强关系下渐进创新的出现概率，以出现概率对创新方式的适应度进行二次调整，将更加符合创新过程的实际情况。

对考虑关系强度和创新方式的 NK 模型仿真。本书目的是考察关系强度、创新方式及组合对高技术虚拟产业集群知识资本存量的适应性的影响，采用 Matlab 对仿真实验进行如下设计。

(1)高技术虚拟产业集群成员众多，本书仅以成员类型代替成员个数，同时考虑企业在产业链中所处的位置，以企业、竞争企业、合作企业、中介机构、科研院所和政府为 NK 模型的成员，即固定 N 值 $N=6$，用二进制表示成员的不同状态组合，则系统适应度的可行性空间为 $2^6=64$。

(2)假设成员间存在变动的相互作用，即 K 值的范围为 0 到 5，而且与个体适应度呈正向关系，这充分体现了组织接近而形成虚拟集群的复杂性和必要性。

(3)对初始适应度采用随机赋值和编码公式求解赋值相结合的方式，遗传算法的解码公式为

$$X = U_1 + \left(\sum_{n=1}^{N} b_n \cdot 2^{N-1} \right) \frac{U_2 - U_1}{2^N - 1} \tag{5-65}$$

其中，X 为十进制值；U_1 和 U_2 分别为初值和终值；b_n 为二进制值。令任一主体的全 0 和全 1 状态分别为 U_1 和 U_2，依照 Kaufuman 思想在(0，1)随机赋值，而中间状态则依据编码公式求解给出。上述处理的原因在于：解码公式较好地揭示了不同状态之间的进化关系，比起全部随机赋值，更能体现成员根据环境的变化进行主动寻优的过程，并很好地表现出系统的演进趋势；而且如果进行实际应用，U_1 和 U_2 可以根据实际需要给出，使不同状态的适应度值更贴近实际。

(4)引入关系强度和创新方式后，假设成员有不同的关系强度和相同的创新方式，定义不同状态的系统适应度的局部最优的均值为综合适应度 F_z，形成不同参数环境下高技术虚拟产业集群知识创新的适应度景观。

(5)在仿真实验中，每种参数配置下的实验进行 500 次，以消除随机性的影响，各种参数的取值见表 5-6。

表 5-6　高技术虚拟产业集群知识资本存量的 NK 仿真参数取值

参数	参数含义	仿真中参数取值
N	成员数量	$N=6$
K	上位关系数	0，2，5
λ	关系强度	0.2，0.6，0.9
d	海明距离	0.2，0.6
P	出现概率	$P_1=0.75$
T	实验次数	500

3）基于关系强度和创新方式的存量增加

高技术虚拟产业集群知识资本存量的适应性是通过知识创新产生的，因此本书从高技术虚拟产业集群知识创新入手，并考虑 NK 模型中的关系强度和创新方式，对高技术虚拟产业集群知识资本存量增加进行研究。

从基本 NK 模型来看，如图 5-43 所示，当 $K=0$ 时，个体独立创新，系统综合适应度最低；随着 K 的增加，成员相互竞争合作产生协同创新效应，系统综合适应度随 K 值的增加而增大，说明由六类成员组成的高技术虚拟产业集群知识创新系统中，每类成员都参与创新，才能最大限度地促进整体知识创新的生成。这是因为创新的产生需要一定的环境，成员间的竞争促进了创新需求的产生，激发创新生成，而合作为创新提供支持条件，科研院所提供人才或待产业化的创新成果，政府为促进创新制定优惠政策，在核心企业的带动下形成浓厚的创新氛围，从而形成整体的知识创新涌现，这也充分体现了集群的优势。

仅考虑关系强度时，如图 5-44 所示，当相互作用关系个数 K 固定为 2 或 5 时，随着成员间关系强度的增加，高技术虚拟产业集群知识创新的整体适应性增强，当关系强度超过一定限值时，即 $\lambda=0.9$ 时，F' 不升反降，这说明适度关系强度才会促进整体适应性增强。其原因在于：关系强度增强，即组织接触频繁，成员间相互了解，容易发现创新的契机，或结合各方的优势形成创新，而当过于接近时，不同的利益目标和组织行为积累的矛盾增加，协调和约束创新的力量制约了创新的投入和积极性，由此造成创新速度变缓，系统综合适应度降低。关系强度描述了组织接近程度，体现虚拟的优势，也是对 K 的进一步解释，表明虽然高技术虚拟产业集群知识创新需要多方协同，但相互作用的数量受到联系频度的限制，在六类成员的相互作用下，不同成员个体的适度关联才能使整体具有更好的适应性。

仅考虑创新方式时，如图 5-45 所示，不论 K 值如何，渐进创新的适应度总是明显小于突变创新，说明根据不同创新方式调整后的适应度模型符合上文学者对这两种创新方式的分析，而且不受 K 值的影响。当高技术虚拟产业集群的多个成员相互作用时，如果突变创新总是能出现，那么突变创新比渐进创新更容易

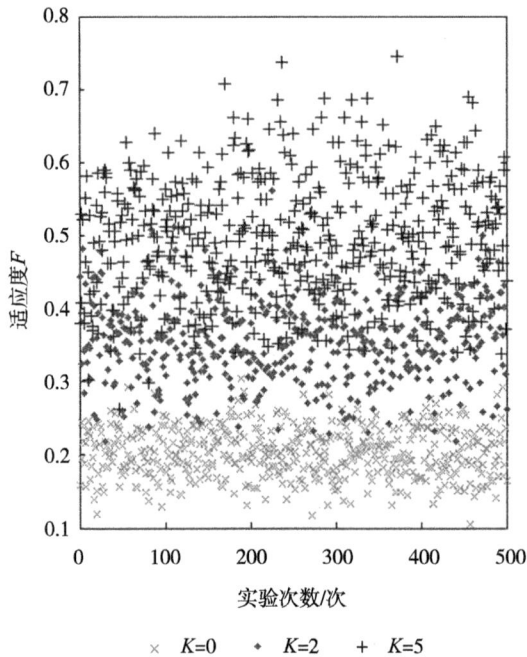

图 5-43 K 对高技术虚拟产业集群知识资本存量的影响

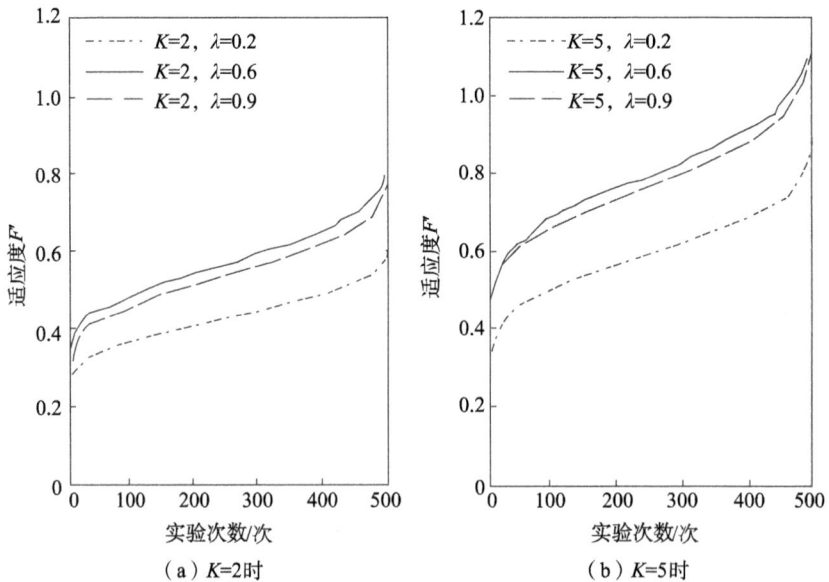

（a）$K=2$时

（b）$K=5$时

图 5-44 关系强度（λ）对高技术虚拟产业集群知识资本存量的影响

促进系统适应性提升。

将创新方式融入关系强度，形成四种模式，如图 5-46 所示。其中图 5-46（a）

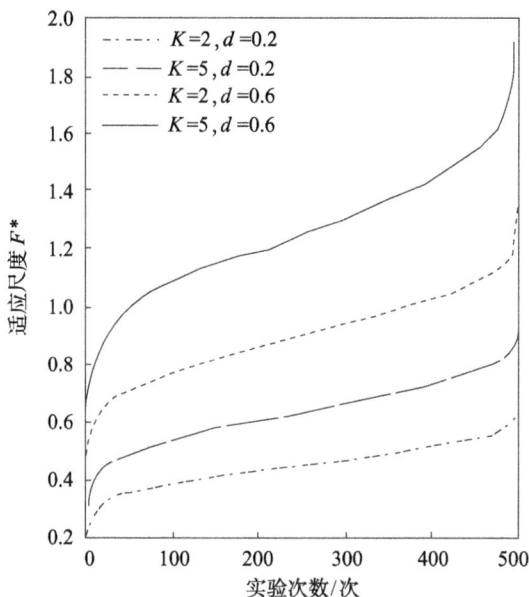

图 5-45　创新方式(d)对高技术虚拟产业集群知识资本存量的影响

反映了弱关系下的四种模式，图 5-46(b)反映了强关系下的四种模式，可以看出弱-突和强-突模式优于弱-渐和强-渐模式，这是因为突变创新的适应度远大于渐进创新，关系强度的变化对适应度的影响相对于创新模式而言就显得微弱。也就是说，在弱关系条件下，弱-突模式有更强的适应度，这与前人的研究结论具有一致性，即弱关系促进了突变创新的实现。而在强关系条件下，图 5-46(b)中反映出强-突更具适应性，这与前人实证研究的结论相背离。考虑强关系下的渐进创新的出现概率时，图 5-46(b)修正为图 5-46(c)，即在出现概率 $P_1 = 0.75$ 时，强-渐模式的适应度大于强-突的适应度。由此，创新方式与关系强度的组合给出了由关系强度代表的虚拟环境下，高技术虚拟产业集群成员进行知识创新的最佳自适应主体行为模式，即强-渐模式和弱-突模式。成员在进行创新活动中，应根据自身关系强度选择创新方式，但从集群整体角度而言，集群应进行制度安排促进系统关系强度的演变，如构建虚拟企业(翟丽丽，2012)，这也正实现了虚拟产业集群的"虚拟成员池"功能，从而促进更多渐进创新的产生以保持高技术虚拟产业集群的持续和稳定发展，在集群衰退或者发展停滞阶段，应主动降低关系强度，引入外部力量，以突变创新推动集群进化。

4)基于组织学习的存量增加

要增加高技术虚拟产业集群知识资本的存量，就要促进高技术虚拟产业集群知识创新中强-渐和弱-突两种模式的产生。关系强度是创新方式产生的背景和条件，魏江和郑小勇(2010)认为，就渐进创新而言，组织学习在强关系下扮演中介

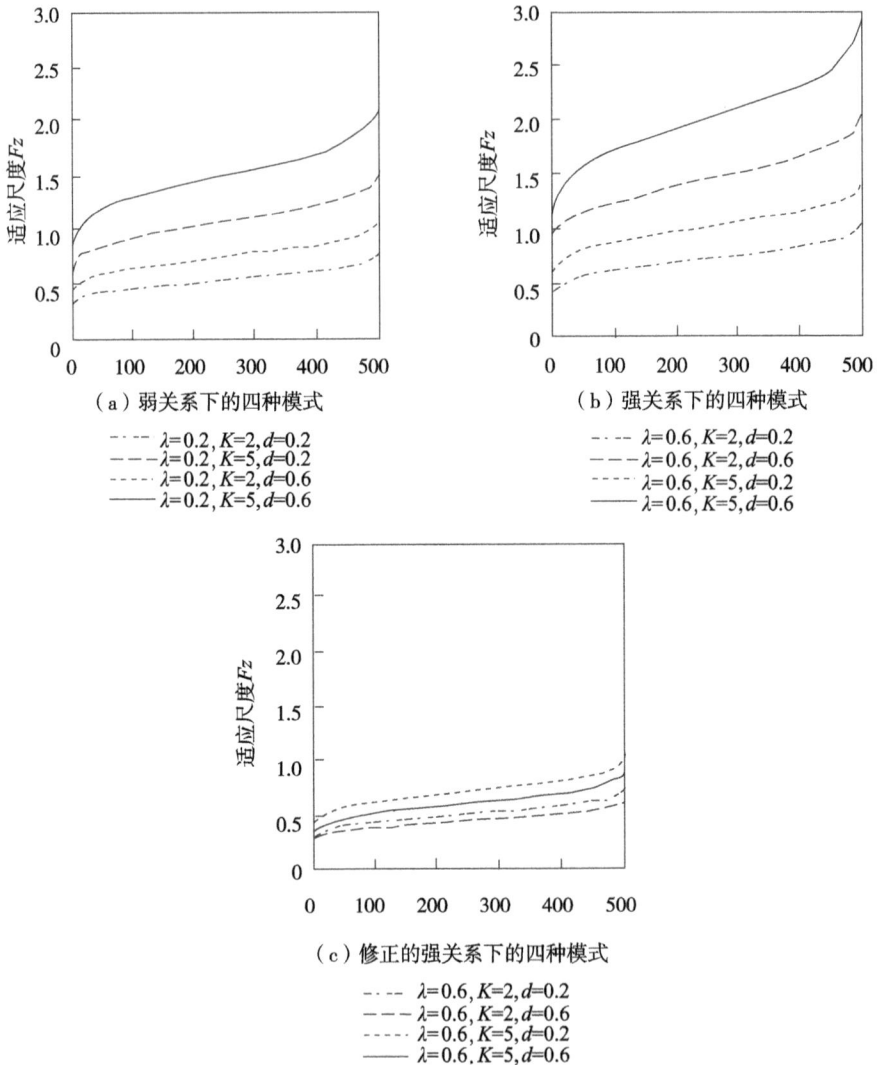

（a）弱关系下的四种模式

- - - - $\lambda=0.2, K=2, d=0.2$
- - - - $\lambda=0.2, K=5, d=0.2$
- - - - $\lambda=0.2, K=2, d=0.6$
——— $\lambda=0.2, K=5, d=0.6$

（b）强关系下的四种模式

- - - - $\lambda=0.6, K=2, d=0.2$
- - - - $\lambda=0.6, K=2, d=0.6$
- - - - $\lambda=0.6, K=5, d=0.2$
——— $\lambda=0.6, K=5, d=0.6$

（c）修正的强关系下的四种模式

- - - - $\lambda=0.6, K=2, d=0.2$
- - - - $\lambda=0.6, K=2, d=0.6$
- - - - $\lambda=0.6, K=5, d=0.2$
——— $\lambda=0.6, K=5, d=0.6$

图 5-46　关系强度与创新方式的组合对高技术虚拟产业集群知识资本存量的影响

作用，而对突变创新，组织学习则在弱关系下扮演中介作用，潘松挺和郑亚莉（2011）的实证表明关系强度通过学习类型对创新方式产生影响，Mckee（1992）也指出不同的组织学习类型会导致不同的创新方式，March（1991）从组织学习的特征出发，认为组织学习存在两种类型，即利用式学习和探索式学习。可见，组织学习在创新模式的形成中起到桥梁作用，利用式学习促进了强-渐模式的形成，探索式学习促进了弱-突模式的形成。由此，从组织学习角度，可以在两个方面进行高技术虚拟产业集群知识资本存量的增加。

（1）强关系下利用式学习。强关系意味着不受地域限制的高技术虚拟产业集群成员可以通过集群网络平台频繁接触,从而实现组织接近。平台不仅是信息交流中心、成员沟通的渠道,而且还是组织和协调中心。成员应主动参与平台建设,提供授权方式,与其他成员共享显性专业知识,同时通过沟通取得隐性知识并增强对知识的理解和应用能力。集群管理机构亦应制定具体管理办法,鼓励成员的知识共享与传递,并保护核心能力知识,惩治不正当手段,维护公平。同时,在成员的相互接触过程中,成员应努力获取他人的信任,并进行广泛而深入的交流,从而以最少成本、最快时间获得最有利于自身发展的、与自身相关性最高的知识,对其进行应用,并在一定程度上进行拓宽或加深,形成成员层的新知识并遵循原有轨迹;当成员的知识需求得到满足时,自组织协同作用使集群进入稳定状态,集群管理机构应对集群层知识进行微调以维系稳定,最终实现集群整体的渐进创新。

(2)弱关系下探索式学习。弱关系意味着高技术虚拟产业集群成员既不是缺乏联系的各自独立状态,也不是相互联系和相互作用的相关状态,成员偶有联系,但程度较浅。成员在遇到环境变化时,难以直接从关系网络中获得所需知识,也没有可模仿的榜样,而依靠自身知识又无法走出困境,成员需要打破惯性思维,寻找异质性知识,从而对自身技术及管理方面进行改革。此时需要成员管理层的胆识与魄力,一旦选择改革,必然面对众多问题,包括组织机构的动荡、知识创新失败的风险等。大多数成员进行探索式学习取得的新知识,与原有知识相比必然差别较大,集群整体处于突变创新状态,这意味着集群从一种稳定状态正向另一种稳定状态发展,促进集群的升级和适应性提升。从长远发展来看,集群升级将有利于社会进步,集群探索式学习所形成的突变创新又反哺集群成员,促进集群成员适应性提升。

上述给出的是一定关系强度下的最佳学习方式匹配,成员或集群也可以主动对关系强度进行调节,从而获得由创新带来的知识资本存量增加。在强关系下,成员若想获得突变创新收益,可以降低与其他成员的联系频度,进行探索式学习;同样,在弱关系下,成员可以通过正式或非正式渠道,增强和其他成员的联系,从而提高关系强度,以进行利用式学习,取得渐进创新收益。虽然弱关系下突变创新收益远大于强关系下渐进创新收益,有利于推动集群升级,但同时也面临巨大的组织变革风险,所以从成员自身和集群整体角度的长期稳定发展来看,强关系渐进创新模式更有益,成员和集群应主动增强关系强度,以进行利用式学习,但应注意,前文提到的过强关系的递减作用,因此,强度需要增加但也需要适度,不同集群类型、不同集群发展阶段应努力寻求最佳关系强度。

5.3.3　HTVIC 知识资本价值提取机制

知识资本具有资本性特征,强调知识资本能够像财务资本一样通过运用而实现价值。本章建立高技术虚拟产业集群知识资本价值提取机制，通过对高技术虚拟产业集群知识资本要素的投资、运营、整合和优化等的运用，形成高技术虚拟产业集群知识资本价值提取能力，最终实现高技术虚拟产业集群知识资本的价值。

1. HTVIC 知识资本价值提取能力分析

沙利文（2006）认为，通过对知识资本项目的价值提取，知识资本实现其价值。价值提取能力表明了在同样的知识资本存量下，由于对知识资本的不同运用而形成了不同的价值增值，价值提取处于增值的第二阶段。

高技术虚拟产业集群知识资本的价值提取能力主要来源于对高技术虚拟产业集群知识资本的运用，不同于物质资本，知识资本的运用方式除了投资和运营外，还有完善与优化其构成要素，从而实现其价值增值作用。按照构成要素来看，高技术虚拟产业集群知识资本由高技术虚拟产业集群人力资本、组织资本和关系资本构成。这三个构成要素对增值的贡献方式是不同的，人力资本是最具能动性的要素，主要通过知识、经验和技能等带来直接价值或间接价值；而组织资本和关系资本则主要通过作用于人力资本而发挥其增值作用。这三个要素在增值过程中是相互协同作用的，同时高技术虚拟产业集群知识资本又通过对高技术虚拟产业集群物质资本发挥撬动作用，从而促进高技术虚拟产业集群的价值实现。

为促进高技术虚拟产业集群人力资本的主动作用的发挥，以及促进高技术虚拟产业集群组织资本和关系资本对人力资本的支撑作用，本书从三个构成要素角度构建高技术虚拟产业集群知识资本价值提取机制，以形成高技术虚拟产业集群知识资本的价值提取能力，促进高技术虚拟产业集群知识资本增值的实现。

2. HTVIC 人力资本价值提取机制

1）HTVIC 人力资本投资优化

第一，高技术虚拟产业集群人力资本特征及分类。高技术虚拟产业集群人力资本具有如下特征和类型。

（1）特征。人力资本的概念最初由美国经济学家舒尔茨于 1960 年提出，他认为人力资本是蕴含在人体内的知识、经验和技能等，能够创造价值和带来未来收益，并且通过投资而获得（Schultz，1961）。人力资本与劳动力和人力资源相区别，人力资本强调的是价值性，而劳动力是数量概念，劳动力虽作为生产要素可以形成价值产出，但不一定会对经济具有加速作用，人力资源是一种总量概念，一般用来对国家或区域的劳动力总量进行衡量，劳动力和人力资源的一部分是人力资本。

高技术虚拟产业集群人力资本是所有高技术虚拟产业集群成员所具有的知识、经验和技能等的总称，依附于劳动力个体，不同个体的人力资本在确定组织范围内集聚形成企业或机构人力资本，在不受地域限制的范围内再次集聚形成高技术虚拟产业集群人力资本，这里面存在自组织涌现原理，进而从理论上讲，高技术虚拟产业集群人力资本大于劳动力个体人力资本之和，主要表现为集群的知识存量和能力等。

高技术虚拟产业集群人力资本具有增值性、多样性和能动性的特征。首先作为资本，人力资本投入后可以增加现在和未来的收益、减少成本支出或提高价值创造的效率，体现出资本自身的价值功能；而且，高技术虚拟产业集群的人力资本是围绕高技术产业积累形成的，是创新活动实施的微观主体，创新又是高技术企业生存的动力和根源，也就是人力资本的创新能力带来了高技术产业的高收益，体现其增值功能。其次，高技术虚拟产业集群是由企业和相关机构通过平台进行的组织接近形成，成员具有多样性特征，成员的微观组成也表现出多样性特征。不同类型的人力资本交互和集聚，实现了产业范围内的分工与协作，表现出了集群的规模优势和整体效应。最后，人力资本不同于物质资本，是具有主动意识的能动性资本，当个人具有最大限度发挥人力资本作用的意愿时，人力资本的增值功能才可以实现。

（2）分类。高技术虚拟产业集群人力资本具有多样性，为区分不同的人力资本的增值作用，需要对人力资本进行分类。根据边际报酬的形态，丁栋虹（2001）将人力资本划分为同质性人力资本和异质性人力资本，前者和物质资本要素一样具有边际报酬递减特性，而后者则具有边际报酬递增能力。随后的一些学者也认为，异质性人力资本构成企业竞争优势的核心，能很好地解释不同企业价值实现能力的差别，形成社会经济增长的加速趋势。

对高技术虚拟产业集群而言，高技术企业强调创新性和对知识的利用，其高技术性、高产出性主要来自于异质性人力资本。根据边际报酬递增途径的不同，异质性人力资本可以分为五类，技能型人力资本强调在经验中形成创新产出能力，研发型人力资本注重的是研发能力，企业家型人力资本强调敏锐性及决断性，管理型人力资本强调协调能力和引导能力，服务型人力资本强调辅助性和服务性。这五种类型的人力资本存在于高技术虚拟产业集群的任意成员中，但分布密度不同，高技术企业更多的是技能型、企业家型和研发型人力资本，学校和科研机构更多的是研发型人力资本，政府多是管理型人力资本，而中介多是服务型人力资本。高技术虚拟产业集群不同成员在虚拟空间的集聚，从价值实现角度而言，即是不同类型的异质性人力资本在虚拟空间的集聚，产生集聚的自组织涌现的整体效应。

第二，高技术虚拟产业集群人力资本投资的关键问题分析。人力资本是通过投资获得的，各种能引起人力资本增加的活动都被认为是人力资本投资，人力资本投资涉及投资主体、投资客体、投资方式和投资数量等问题。

从投资主体来看，高技术虚拟产业集群是松散组织，成员各自独立又相互联系，成员个体(劳动者)或成员自身可以对异质性人力资本进行独自投资，也可以与其他个体或成员联合投资或者以集群的名义进行集体投资，投资受益者为投资者自身或其他群内成员，原因在于集群内成员之间存在分工协作和高度相关性，人力资本可以在集群范围内低成本地频繁流动和交流互动，产生了人力资本投资的溢出效应。

从投资客体来看，人力资本投资包括四个方面的内容：教育投资，包括正式和非正式教育(继续教育和培训等)，其至"干中学"等过程；健康投资，目的在于提高生产率和延长劳动时间；流动投资；移民投资。高技术虚拟产业集群的成员招聘的员工大都受过高等教育，所以正规学校教育不在高技术虚拟产业集群人力资本投资的考虑范围之内，而健康投资一般已经包含在员工的工资待遇中，流动投资和移民投资虽说也较多发生，但占得份额较小，高技术虚拟产业集群的人力资本投资主要是针对异质性人力资本进行的再培训的投资，目的在于提高其相应能力，最大限度地实现人力资本的潜在价值。

从投资方式上看，投资主体可以选择多种投资方式。按是否在职来看，有在职培训和脱岗培训，在职培训可以直接提高高技术虚拟产业集群人力资本的专业化技能，并结合干中学产生新的知识和技能，有益于所在企业和机构实现人力资本价值；脱岗培训增加人力资本存量，促进不同岗位的轮换和人才的流动，容易产生交叉性知识和能力，形成应用性创新，对高技术虚拟产业集群整体发展有利。按培训内容的泛化程度，有专业性培训和通用性培训，专业化培训直接有效地提升相关的人力资本存量，纵向推进人力资本价值的提升，但局限于专业发挥作用的软硬件环境；通用性培训容易产生人力资本溢出，投资者缺乏动力，培训的内容偏重行业或产业基础性知识，人力资本创新收益不明显，但能有效促成高技术虚拟产业集群的人力资本的横向积累。按时间长短来看，有短期培训和长期培训，短期培训着重解决当前高技术虚拟产业集群所面临的问题，通过培训有效提高劳动生产率和新知识、新产品、新工艺的应用水平，投入成本较少但获益明显；长期培训注重高技术虚拟产业集群的长期可持续发展，是一个系统工程，需要和企业或集群的战略目标相匹配，进行有效的系统培训设计和个人职业生涯设计，促进知识和能力的系统化，提高人力资本水平。

从投资数量上看，人力资本投资活动通常以物质资本或货币资本来衡量，在有限的投资总量范围内，适当确定人力资本投资量，与物质资本相配比，并区分不同类型人力资本的最佳投资量，将有效指导高技术虚拟产业集群进行科学合理的投资，进而取得最佳投资收益。因此，本书重点从高技术虚拟产业集群异质性人力资本再培训投资量的确定的角度研究高技术虚拟产业集群人力资本的投资决策。

第三，高技术虚拟产业集群人力资本投资决策模型。高技术虚拟产业集群人力资本投资优化的重要问题，即是确定不同类型的高技术虚拟产业集群人力资本的最佳投资量，本书假设主体的投资全部转化为知识存量，也就是说，所确定的最佳存量即为最佳投资量。

一是，卢卡斯内生生产函数模型。卢卡斯将人力资本作为一个独立要素引入经济增长模型(Lucas，1976)，在 C-D 生产函数的基础上，结合了索洛的技术进步和罗默的知识积累理论，建立了人力资本外部性的内生生产函数模型吴华明(2012)为

$$Y_t = A_t K_t^\beta H_t^{1-\beta} h_a^r \tag{5-66}$$

其中，Y_t 为 t 时的产出量；A_t 表示技术进步；K_t^β 为物质资本存量；$H_t^{1-\beta}$ 为人力资本存量；β 和 $1-\beta$ 为物质资本和人力资本存量对产出的弹性系数；h_a^r 表示人力资本的外部效应递增；γ 表示外部效应系数，且 $\gamma > 1$。

假设具有人力资本 h_t 的劳动力数量为 N_t，每个劳动力的人力资本水平相同，即 $h_t = h_a$，每个劳动力用于生产的时间为 $\mu_t (0 < \mu_t < 1)$，则投入的人力资本 $H_t = \mu_t N_t h_t$。

式(5-66)表明了人力资本对产出的影响，在此基础上，卢卡斯模型还包括人力资本增长模型和消费者效用最大化模型。卢卡斯内生生产函数模型、人力资本增长模型和消费者效用最大化模型共同体现了人力资本积累是经济增长的基础，但本书暂不考虑人力资本积累和消费者效用问题。

二是，高技术虚拟产业集群人力资本投资决策模型构建。卢卡斯的生产函数模型较好地揭示了人力资本对经济增长的作用，但其假定所有成员具有相同的人力资本水平，这与高技术虚拟产业集群的情况不符。高技术虚拟产业集群的显著特征是分工合作，必然存在多种类型人力资本，且具有不同的人力资本水平，为反映人力资本的多样性和不同类型人力资本相互作用从而形成价值的非线性，本书尝试对卢卡斯的人力资本模型进行改进。为简便起见，对异质性高技术虚拟产业集群人力资本类型进行归类，一种是待研究的人力资本存量 H_i，i 的取值范围为 $i = 1、2、3、4$ 和 5，分别对应技能型、研发型、企业家型、管理型和服务型人力资本，另一种是除类型 i 以外的其他类型的存量 H_j，且 $j = a、b、c、d$ 和 e，并且与 i 值一一对应，此时的人力资本水平分别为 h_i 和 h_j，且平均人力资本水平为 h_g，假设高技术虚拟产业集群的五种类型的人力资本创造的总价值产出量为 Y_H，其中的物质资本是辅助人力资本发挥作用的必要投入，物质资本、不同类型的人力资本之间存在非线性相互作用，且具有不同的产出弹性和人力资本水平，根据卢卡斯生产函数可以给出 Y_H：

$$Y_H = A_t K^\delta H_i^\beta H_j^\eta h_g^\gamma \tag{5-67}$$

其中，$\delta + \beta + \eta = 1$，$\gamma > 1$，表明不同类型的人力资本和物质资本共同创造价值产出，而且不同类型的人力资本水平具有外部效应递增特性。假设所有人力资本

的所有时间全都用来进行价值生产时，即卢卡斯模型中的 $\mu_t=1$，则有 $H_i=N_ih_i$，$H_j=N_jh_j$，$h_g=(h_i+h_j)/2$。

为实现 Y_H 的最优，把 K、H_i 和 H_j 看做投入要素组合，假设存量即为投入量，采用利润最大化模型给出目标函数 π，由此，高技术虚拟产业集群人力资本投资决策模型如下。

$$\max \pi = Y_H P_H - K_t P_t - H_i P_i - H_j P_j \tag{5-68}$$

其中，目标函数 π 表示人力资本价值产出与各种资本投入的差额；P_H 为人力资本总价值的价格；P_t、P_i 及 P_j 分别代表各投入要素的价格。

把式(5-67)代入式(5-68)，并且用人力资本水平 h_i 与 h_j 表示 H_i 和 H_j，有

$$\max \pi = A_t K^{\delta}(N_ih_i)^{\beta}(N_jh_j)^{\eta}h_g^{\gamma}P_H - K_tP_t - N_ih_iP_i - N_jh_jP_j \tag{5-69}$$

式(5-69)的一阶必要条件为

$$\frac{\partial \pi}{\partial K} = \delta A_t K^{\delta-1}N_i^{\beta}h_i^{\beta}N_j^{\eta}h_j^{\eta}\left(\frac{h_i+h_j}{2}\right)^{\gamma}P_H - P_t = 0 \tag{5-70}$$

$$\frac{\partial \pi}{\partial h_i} = \frac{1}{2^{\gamma}}\beta A_t K^{\delta}N_i^{\beta}h_i^{\beta}N_j^{\eta}h_j^{\eta}(h_i+h_j)^{\gamma}P_H$$
$$+ \frac{1}{2^{\gamma}}\gamma A_t K^{\delta}N_i^{\beta}h_i^{\beta}N_j^{\eta}h_j^{\eta}(h_i+h_j)^{\gamma-1}P_H - N_iP_i = 0 \tag{5-71}$$

$$\frac{\partial \pi}{\partial h_i} = \frac{1}{2^{\gamma}}\eta A_t K^{\delta}N_i^{\beta}h_i^{\beta}N_j^{\eta}h_j^{\eta-1}(h_i+h_j)^{\gamma}P_H$$
$$+ \frac{1}{2^{\gamma}}\gamma A_t K^{\delta}N_i^{\beta}h_i^{\beta}N_j^{\eta}h_j^{\eta}(h_i+h_j)^{\gamma-1}P_H - N_iP_i = 0 \tag{5-72}$$

将式(5-71)和式(5-72)联立，求解可有

$$h_j = \frac{(\eta+\gamma)P_iN_i - (\beta+\gamma)P_jN_j + \sqrt{[(\beta+\gamma)P_jN_j - (\eta+\gamma)P_iN_i]^2 + 4P_iN_iP_jN_j\eta\beta}}{\delta N_jP_j\beta}h_i \tag{5-73}$$

令式(5-73)的分数部分为 M，则有

$$h_j^* = Mh_i \tag{5-74}$$

式(5-74)表明第 i 类高技术虚拟产业集群人力资本水平和对应的其他类型人力资本水平的配比关系。将式(5-74)代入式(5-71)得

$$h_i^*\left[\frac{\delta^{\gamma}P_i}{A_t K^{\delta}N_i^{\beta-1}N_j^{\eta}(M+1)(\beta+M\beta+\gamma)P_H}\right]^{\frac{1}{\beta+\eta+\gamma-1}} \tag{5-75}$$

式(5-75)表明第 i 类高技术虚拟产业集群人力资本水平受到既有技术进步、物质资本投入量、劳动力投入量、各类资本的价格因素和弹性系数、外部效应系数的影响。将式(5-75)和式(5-69)联立求解，有

$$K^* = \frac{M^\eta (1+M)^{\frac{\beta+\eta+\gamma}{\beta+\eta+\gamma-1}+\gamma} P_H}{2^\gamma P_t A_t^{\frac{1}{\beta+\eta+\gamma-1}} N_i^{\frac{\beta}{\beta+\eta+\gamma-1}} N_j^{\frac{\eta}{\beta+\eta+\gamma-1}} (\beta+M\beta+\gamma)^{\frac{\beta+\eta+\gamma}{\beta+\eta+\gamma-1}}} \tag{5-76}$$

式(5-76)即为物质资本最佳投入量,表明:①物质资本最佳投入量与自身的价格和既有的技术水平呈反向关系,当技术进步水平提升或自身价格提高时,物质资本投入量较少,这是因为技术进步可以抵减物质资本的投入量,而自身价格高,说明单位物质资本的创造价值能力强,则投入量少。②物质资本最佳投入量与人力资本价值产出的价格呈正向关系,当人力资本产出的价格提高时,产出价值增加,此时假设不同类型人力资本及价格、物质资本价格不变,为保持目标函数的最大化,则物质资本投入量增加。③物质资本最佳投入量还受到不同类型的人力资本的价格和资本弹性系数以及外部效应系数的影响,但影响趋势不固定,主要原因是不同类型的人力资本水平的关系不确定。一旦上述参量给定,最佳物质资本投入量 K^* 即可给出。

当 K^* 确定后,将 K^* 和相关参数代入式(5-74)和式(5-75),则可以获得 i 类型的最佳高技术虚拟产业集群人力资本水平 h_i^* 和对应其他类型的人力资本水平 h_j^*,最后根据 $H_i = N_i h_i$,$H_j = N_j h_j$ 可给出最佳人力资本投入量 H_i^* 和 H_j^*。

当 i 取不同值时,意味着不同类型的高技术虚拟产业集群人力资本有不同的最佳投入量,由式(5-73)和式(5-75)可以看出,除了公用参数 A_t,K,P_H 和弹性系数、外部效应系数和自身劳动力数量 N_i 和价格 P_i 外,i 类型的最佳投入量还受到对应的 j 类型(除 i 以外的其他所有类型)的劳动力数量 N_j 和价格 P_j 的影响。例如,当 $i=1$ 而 $j=a$,技能型人力资本最佳投入量为

$$H_1^* = N_1 h_1^* = N_1 \left[\frac{\delta^\gamma P_1}{A_t K^\delta N_1^{\beta-1} N_a^\eta (M+1)(\beta+M\beta+\gamma) P_H} \right]^{\frac{1}{\beta+\eta+\gamma-1}} \tag{5-77}$$

其中,M 为

$$M = \frac{[(\eta+\gamma)P_1 N_1 - (\beta+\gamma)P_a N_a] + \sqrt{[(\beta+\gamma)P_a N_a - (\eta+\gamma)P_1 N_1]^2 + 4P_1 N_1 P_a N_a \eta\beta}}{\delta N_a P_a \beta}$$

$$\tag{5-78}$$

同理,可得研发型人力资本最佳投入量 H_2^*,企业家型人力资本最佳投入量 H_3^*,管理型人力资本最佳投入量 H_4^* 和服务型人力资本最佳投入量为 H_5^*,此时的最佳物质资本投入量固定为 K^*。

模型(5-67)~模型(5-78)及结果表明,当物质资本与不同类型的人力资本都达到最佳投入量时,高技术虚拟产业集群人力资本实现最优价值产出。根据各种资本的投入价格 P_H,P_K,P_i 和 P_j,可计算出最佳投资额。无论是独立投资、联合投资还是混合投资,根据投资主体的事先约定,按照最佳投资额进行差别性

投入,既能满足对各类人力资本的投资需要,又能使投入资金充分发挥效率,节省成本。另外,投资主体可能不能完全实现最优投资,在物质资本投入存在约束,或投资额有限的条件下,按照物质资本最佳投入量和不同类型人力资本最佳投入量的比例,进行比例投入,虽不能实现最优价值产出,但因为遵从了各种资本投入量的配比关系,也可以实现次优,而且更符合实际情况。

第四,高技术虚拟产业集群人力资本投资的策略建议。确认不同类型高技术虚拟产业集群人力资本的最优投资量,是高技术虚拟产业集群人力资本投资决策的核心问题,除此之外,还需要注意以下几个方面。

(1)进行高技术虚拟产业集群人力资本投资激励。高技术虚拟产业集群人力资本投资强调的是非正式教育和干中学等过程,培训成为这种投资的主要方式。首先,由于高技术行业的高风险性,知识折旧速率加快,再培训的投资不一定能取得预期收益,使投资收益具有不确定性;其次,在集群内部存在宽泛的人才流动机制,以及集群自身具有的知识溢出特性,使投资主体存在机会主义倾向和搭便车行为,缺乏投资主动性;最后,受到物质资本水平制约,高技术虚拟产业集群的人力资本水平高于一般水平,进行再培训的投资支出较高,而未来收益又不可预见,也无法保证投资一定成功或投资一定为自身带来收益,于是一些企业或个人存在短期行为,投资主体将缺乏投资的意愿和热情。面对上述情况,高技术虚拟产业集群应积极制定投资奖惩体系,鼓励多种投资主体和投资方式的进行;对难以确定收益的投资进行论证,只要对高技术虚拟产业集群发展整体有利,要给予支持;推行知识共享,但也要进行知识产权保护,保证投资主体的核心竞争优势不受威胁;提升物质资本投入,制定优惠政策降低人力资本培训成本。

(2)区分不同类型。高技术虚拟产业集群人力资本的投资重点:①技术型人力资本强调应用性和实用性,在实践中通过干中学等过程实现人力资本水平的积累和提升,高技术虚拟产业集群应努力创造理论和实际相联系的环境,推动技术人员的互动和学习,通过学习来提高理论水平,并进行相关实践提高创造能力。②研发型人力资本强调创新,创新具有风险,投资主体应允许风险和失败的存在,客观评价研发行为,给予物质奖励和精神鼓励,并且为研发人员创造调研和实验的环境,甚至是不受打扰的科研工作环境,使创新更具实践应用性和科学性。③企业家型人力资本强调视野开拓性,既要注重短期利益,又要有长远眼光,应鼓励和开展各类形式的企业家交流与互动,如参观、讲座等活动,提升眼界和对机会的敏锐性。④管理型人力资本注重政策支持,应深入了解高技术虚拟产业集群的现状和发展机遇,与各层次人力资本交流,既要着眼于高技术虚拟产业集群整体发展,创造和谐交流的环境和制度,又要保护和促进个体进步,维持适当竞争,便于人力资本需求产生及价值实现。⑤服务型人力资本侧重辅助和中介作用,对其培训投资的重点应强调公共意识的形成和服务的业务专长,以及解决纠纷协调事项的重要能力。

(3)充分使用高技术虚拟产业集群综合平台。综合平台是虚拟实现的重要手段和工具，成员在平台上实现空间集聚，彼此组织接近和互相信任，从而产生更多的合作交流机会，充分实现高技术虚拟产业集群的产业分工性。利用平台进行人力资本的再培训，可以节省成本，并具有产业发展意义，除了一般的产业知识在平台上发布外，还可以通过授权对相关的人力资本进行专门的培训，提供活动及机会，甚至知识内容，直接提高人力资本水平。此外，通过平台可以获取培训信息和人力资本的需求动向，刺激投资主体进行主动投入以实现更高的人力资本价值。

(4)鼓励高技术虚拟产业集群多方参与。人力资本投资需要一定的物质资本和货币资本的投入，单个投资主体难以承担巨额投资或者难以面对投资产生的风险，高技术虚拟产业集群应制定策略，鼓励多方参与，既降低了投资主体的风险，又提高了受益范围，有利于高技术虚拟产业集群整体人力资本水平的提升。同时多方参与，能够从多个角度提出人力资本的投资内容及形式，使人力资本投资具有灵活性和适用性。

2)HTVIC 人力资本创新激励

第一，高技术虚拟产业集群人力资本激励特征。不同于物质资本，人力资本是一种具有能动性的资本，表现在人力资本能够进行价值活动，从而实现价值产出。由于高技术虚拟产业集群的核心成员是高技术企业，其生存与发展的动力是创新，通过创新高技术虚拟产业集群实现高收益，创新是人力资本最重要的价值活动，除了通过正规教育和培训形成的人力资本创新能力外，人力资本的主观意愿也将影响创新的大小和创新活动的最终实现。高技术虚拟产业集群人力资本激励就是采取一定行为和措施，构建创新的氛围与环境，激发和促进人力资本积极和主动性，使人力资本愿意创新并且更多、更好地创新，最终实现人力资本的创新价值。

高技术虚拟产业集群人力资本激励同企业角度的人力资本激励是不同的，主要表现在以下三个方面：首先，高技术虚拟产业集群人力资本激励研究的是宏观层面的激励问题，多种类型的人力资本同时共存，而且从产业链的角度来看，任何类型的人力资本都是不可或缺的；企业人力资本激励研究的是微观层面的激励，虽也存在不同类型的人力资本，但强调对企业价值最大化有重要影响的类型，如企业家激励或研发人员激励。其次，高技术虚拟产业集群的成员间没有隶属关系，激励的主体是"集群"，通过制度安排对人力资本进行间接激励和软约束，而企业是紧密组织，有严格的组织结构，企业对员工的激励是直接的，薪酬和权利成为重要的激励手段。最后，激励的目标不同，高技术虚拟产业集群人力资本激励的目标是形成创新氛围并促进和刺激创新生成；企业人力资本激励的目的在于充分挖掘人力资本的潜力，直接形成创新产出。

第二，高技术虚拟产业集群人力资本激励模型。对人力资本的激励，目前有经济学和管理学两个角度，经济学强调采用委托代理理论进行最优激励契约设计，使代理人最大限度实现委托人经济利益；管理学强调对多种激励因素的分析和激励策略的制定，比较著名的有内容激励理论(需要层次理论、ERG 理论、双因素理论和成就需要理论)、过程激励理论(期望理论、公平理论和目标管理理论)、强化激励理论和综合激励理论(波特–劳勒激励模型、迪尔综合激励模型和罗宾斯综合激励模型)。为构建高技术虚拟产业集群人力资本价值提取机制，本书从管理学角度入手，重点研究激励的影响因素及激励策略的制定。

从管理角度看，综合激励理论是对内容激励理论、过程激励理论和强化激励理论的综合，主要包括波特综合激励模型和迪尔综合激励模型。波特综合激励模型打破单因素分析思维，把人的努力和绩效、报酬和满意度相联系，认为对人的激励应该遵循激励—努力—绩效—报酬—满意度—激励的循环；迪尔综合激励模型用数学公式表达了总激励水平，认为总激励水平是内在性激励和外在性激励之和，内在性激励与过程和任务本身有关，而外在性激励与结果和任务完成的成就有关。要进行有效的激励，就需要采取措施和行为来提高这些因素。根据上述两个模型的思想，并考虑高技术虚拟产业集群人力资本激励的特征，可以建立高技术虚拟产业集群人力资本综合激励双层循环模型，如图 5-47 所示。

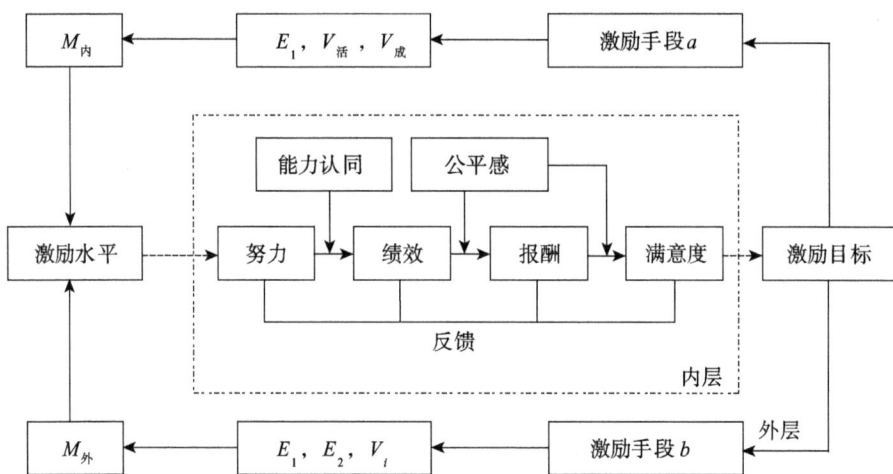

图 5-47　高技术虚拟产业集群人力资本综合激励双层循环模型

图 5-47 中，内层为波特综合激励模型，从个体微观层面说明了激励对人力资本的良性反馈过程。当人力资本受到激励时，人力资本会产生创新的积极性并努力进行创新工作，此时个人的能力和对工作的认知、理解与努力相互作用，最终形成创新绩效，表现为创新产出。根据产出绩效，人力资本获得创新报酬，包

括外在报酬和内在报酬，前者有工资、地位、安全感等，满足马斯洛的低层次需要，后者是自己给予的报酬与奖励，如社会认同感、价值感等，当得到的报酬被认为能有效地反映投入的努力、能力和认知时，公平感会产生，从而实现个人满意，同时，个人满意程度、报酬多少及创新的绩效又会影响到努力的水平，形成对努力的反馈循环，当高技术虚拟产业集群的所有人力资本进行上述过程时，多个个体的激励良性反馈循环相互作用形成创新氛围，即实现高技术虚拟产业集群人力资本创新激励目标。

外层为迪尔综合激励模型，从整体宏观层面说明了为构建高技术虚拟产业集群人力资本创新氛围这一目标，需要采用一定的激励手段 a 和 b，从而提高激励因素变量，包括创新活动本身的吸引力和价值的效价变量 $V_{活}$，任务活动完成所取得的成就的吸引力和价值的效价变量 $V_{成}$，期望变量 E_1、E_2 和奖酬的效价变量 V_i，形成内在激励水平 $M_{内} = V_{活} + E_1 V_{成}$ 和外在激励水平 $M_{外} = E_1 \sum_{i=1}^{n} E_{2i} V_i$，由此提高总激励水平 $M = M_{内} + M_{外}$，并对人力资本进行激励作用，进入个体层激励反馈过程。激励目标和激励手段是一种双向关系，激励手段的实施有利于激励目标的实现，而激励目标又为激励手段的采用指明方向。

上述两个层次以激励水平和激励目标为联结，激励水平反映了激励的有效性，高的激励水平产生良性激励效应，激励水平是内层的原动力，是外层行为的结果；而激励目标反映了高技术虚拟产业集群人力资本创新激励与企业激励的不同，企业激励主要为直接形成企业价值有关的要素，如创新产出等，而高技术虚拟产业集群人力资本激励是通过促进创新氛围的生成，间接利于创新产出。两个层次表达了在个体实现了良性激励循环的基础上，形成整体的创新氛围，并引导激励手段的采用，最后以提高的总激励水平再次进入内层循环。

第三，高技术虚拟产业集群人力资本激励的制度安排。高技术虚拟产业集群人力资本综合激励的双层循环模型阐述了激励运行机理，外层循环中的激励手段是集群层面的可控因素，对其进行设计和控制，将有效提高激励因素及最终的激励水平。激励手段包括物质激励和非物质激励两种，对不同的高技术虚拟产业集群人力资本类型，应从激励因素入手，根据其在创新活动中的功能和作用不同，进行不同的激励制度安排，从而实现有效激励。

（1）企业家型人力资本激励。企业家创新的 $V_{活}$ 指的是发现创新机遇，$V_{成}$ 是创新机遇发现带来的成就，V_i 是可以得到的奖酬，E_1 是企业家进行机遇发现而形成绩效的可能性，E_2 是绩效形成外在性奖酬的可能性，为提高以上几个因素，应制定针对于企业家的奖惩制度并进行观念培育，鼓励企业家进行广泛调研，充分互动并积极进行创新改革，鼓励高技术虚拟产业集群成员企业对相应的企业家进行薪酬和权利激励，除此之外，企业家更需要精神激励和情感激励，建立企业家评级、会面等制度，实现企业家自我价值的认可和成就感的满足，并在相互交流中传授经验，激发新思想，提升进取意识，最终使其能自发主动地进行创新发现。

（2）研发型人力资本激励。研发型人力资本的 $V_{活}$ 主要是进行研发活动，相应的其他激励因素都是与研发活动相关，对研发人员，应引导其所属机构给予符合预期的薪酬及权利激励，除此还需要建立交流、保障和容错制度，促进研发人员相互交流从而拓宽思维，给予研发人员的软硬件环境支持，特别是当创新失败时，要对相应人员给予基本保障并容忍失败，鼓励研发人员在不断的失败中取得创新成功。

（3）技能型人力资本激励。技能型人力资本的 $V_{活}$ 主要是技术应用性创新，同样除了基本物质激励外，还应建立应用、培训和自我提升制度，给予技能型人力资本反复应用以产生熟能生巧的机会，并鼓励技术人员的成长，给予其培训和提升自我的机会，使其能敢于尝试新事物并能科学使用相应的工具和方法，从而产生应用创新。

（4）管理型人力资本的激励。高技术虚拟产业集群管理型人力资本较多集中于政府部门，不同于企业内部管理人员的辅助创新功能，政府管理行为也是需要创新的，其 $V_{活}$ 主要是政策创新和公共服务创新，创新的内容集中于跨区域政策协调和信息沟通与共享的基础建设方面，地方利益是影响创新积极性的主要因素，因此应建立合理的政府参与制度，允许政府参与高技术虚拟产业集群创新收益的分配，并把创新绩效作为政绩考核的重要内容。

（5）服务型人力资本的激励。服务型人力资本的 $V_{活}$ 主要是服务方式及内容的创新，应建立服务需求评测制度，确定服务创新的重点，减少盲目性和随意性，从而间接增加物质奖酬，同时建立服务预售制度，使服务创新具有针对性，保证服务创新收益。

上述制度安排有三点需要注意：物质奖酬依然是重要的激励方式，这是遵循了创新个体的经济人假设，从集群宏观层面进行的激励主要是制度激励，以制度诱发物质激励及其他激励方式的实现，目的在于提高激励水平，从而进入内层循环激发创新个体主动性，最终实现激励目标；激励目标既包括创新氛围的形成，又包括创新的价值产出，激励目标对激励手段具有导向作用；激励手段具体表现为不同高技术虚拟产业集群人力资本类型的激励制度安排，虽体现了迪尔综合激励模型，但与激励因素变量并不一一对应，而是针对不同类型高技术虚拟产业集群人力资本的 $V_{活}$ 和围绕 $V_{活}$ 的成就、奖惩和相关期望，综合给出的相应制度安排。

3. HTVIC 组织资本价值提取机制

资本是在运动中增值的，高技术虚拟产业集群组织资本的增值主要通过高技

术虚拟产业集群知识产权运营、跨区域文化整合和组织制度优化来实现。高技术
虚拟产业集群知识产权运营体现了高技术虚拟产业集群的主体的高技术和高收益
性；跨区域文化整合体现了高技术虚拟产业集群不受地域限制的组织接近；组织
制度优化强调了高技术虚拟产业集群这种特殊组织形式，在信息平台虚拟空间聚
集，综合反映了依赖信息技术实现组织邻近的虚拟特征。

1）HTVIC 知识产权运营

高技术虚拟产业集群知识产权运营活动。知识产权是权利人在一定区域、一
定期限内对其知识运用结果依法享有的专有权利（独占性），包括专利、著作权、
商标等，其设立的目的在于保护权利人的合法利益、刺激创新生成，同时促进知
识成果的推广和广泛应用。高技术虚拟产业集群的核心成员是高新技术企业，为
保证其高技术和高收益性的实现，必然要重视知识产权的创造和应用。创造形成
的是知识产权的数量，而将数量优势转化为质量优势，实现知识产权的价值，则
需要对知识产权进行运营应用，高技术虚拟产业集群知识产权运营活动包括申
请、商业化和产业化、投融资活动、保护和反侵权、协调以及评估，如图 5-48
所示。

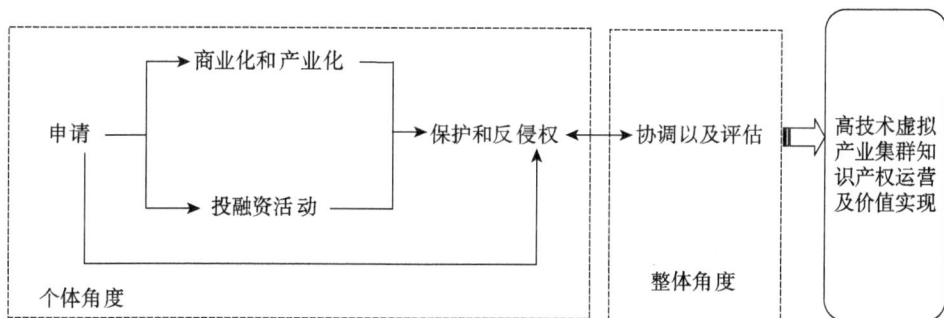

图 5-48　高技术虚拟产业集群知识产权运营活动及价值实现关系

（1）申请。按照法律规定的流程，当形成知识成果后，潜在的权利人将积极
进行知识产权的申请工作，通过审批后，权利人即拥有了对知识产权的排他性所
有权。知识产权的申请是知识产权运营的基础，既是保护所有者合法受益的私有
权，也是限制权利人的无限期占有，推进成果的公有化的方式。

（2）商业化和产业化。知识产权用于生产中，直接转化为产品和服务，或者
用于改善生产工具、提高生产效率；以商品的形式出售或转让或许可的方式交
易；与高技术产业相结合，促进知识产权成果的产业化，这些将实现科技成果向
生产力的转化并获得知识产权的经济收益，是高技术虚拟产业集群知识产权运营
的基本活动。

（3）投融资活动。利用知识产权进行投资，可以以知识产权入股，专利、商

标甚至著作权都可以作价出资，或者直接以知识产权参与合作，从而获得知识产权的资本收益。知识产权的融资主要有：质押融资，知识产权可以作为担保品，设定质权，向资金提供者申请贷款，从而降低融资成本；许可融资，在保证了知识产权的所有权的基础上，转让使用权从而获利；知识产权证券化，是指权利人将知识产权出售给专门机构，以未来许可使用费为支撑，转化为证券形式而获得资金。后两者是建立在知识产权的所有权和使用权可分离特性的基础上的，类似的还有知识产权信托，其是指委托受托人按其意愿对知识产权进行管理和处置。投融资活动日益成为高技术虚拟产业集群知识产权运营活动的重要内容，成为除商业化和产业化之外的主要日常收益的来源。

（4）保护和反侵权。知识产权设立的根本目的是保护权利人对其成果的收益的独占性，从而保护和刺激创新的持续生成，侵权事件损害了权利人的利益，使其对知识产权的投入难以获得预期的回报，从而降低其创新的积极性，造成不良的社会影响，特别是在网络和信息环境下，高技术产品的盗版、仿造等侵权事件在技术上更容易实现（Bakioglu，2013），因而尤其要加强对知识产权的保护，对知识产权的使用情况进行严格监管。反侵权需要诉诸法律，对侵权者提起诉讼加以惩罚并获得赔偿，保证权利人的利益及社会公平。

（5）协调以及评估。这是从高技术虚拟产业集群整体角度对知识产权的运营，同一知识产权的权利人和使用者之间、不同使用者之间或类似知识产权权利人之间存在部分利益冲突，协调活动从整体和长远利益出发，对相关人员或机构进行利益或关系的安排，实现整体运营价值的最大化。评估活动包括两个方面：对交易活动和投融资活动的知识产权价值评估；对知识产权数量和质量的评估。评估保证了公平并提高了知识产权的运营效率，间接促进了知识产权价值的实现。

高技术虚拟产业集群知识产权的经济学属性。为促进上述知识产权运营活动的有效开展，需要把握知识产权的经济学属性。

知识产权具有私人产品和公共产品两种属性。知识产权是权利人的智力成果，在形成过程中权利人投入了时间、资金、人力和物力等，在经济人假设下，权利人必然要求得到成本回报甚至垄断性的超额回报，也只有当权利人从知识产权中获益时，权利人才会积极进行创新从而形成知识产权；同时当权利人的权益受到侵犯时，需要得到一定程度的补偿或赔偿，以上表现了私人产品特性。同时，知识产权是由权利人申请、政府部门审核通过的，通过某种法律允许的方式，其可以为其他成员使用，这是因为任何知识产权都是在以往知识的基础上产生的，知识产权应该有益于社会公共利益，知识产权有期限限制，当保护期限结束后，任何人不得排除其他人对其使用，具有非排他性；作为一种知识资产，知识产权在高技术虚拟产业集群内部不断地转移和传播，且不会因为使用者的增加而减少，具有非竞争性。非排他性和非竞争性是公共产品的重要特征（Kindleberger，2010)，因此知识产权又具有了公共产品属性。私人产品属性是无条件存在的，但公共产品属性的存在是有条件的，即知识产权到期，或者知识产权进行了商业化和产业化活动及投融资活动。

私人产品在法律上表现为私权性，保护的是私人利益，而公共产品表现为公权性，有益于公共利益。高技术虚拟产业集群成员进行创新活动，申请批准后形成知识产权，知识产权具有专用性(Hertzfeld et al.，2006)，某特定的知识产权难以遵循供求规律，不会因为价格升高则供给增加，而价格降低则需求增加。但从高技术虚拟产业集群整体来看，不同成员拥有不同知识产权，假设平均价格和总供给、总需求存在相互作用，当成员愿意通过某种知识产权的运营活动与其他成员发生知识产权交易时，成员实现了私人利益，成为供给方(生产者)，而接受知识产权的成员则成为需求方(消费者)，多个成员的需求叠加形成总需求，总需求的实现推动高技术虚拟产业集群整体的发展，体现了公共利益。

从高技术虚拟产业集群知识产权的双重属性出发，采用经济学的供求和均衡分析、价格弹性和交易成本理论，本书从以下四个方面促进高技术虚拟产业集群知识产权的有效运营，从而实现高技术虚拟产业集群知识产权价值及增加。

第一，高技术虚拟产业集群知识产权的集中代理。考虑供给量变动：假设需求仅受到价格的影响，总需求函数表示为

$$Q_D = f(P_D) \tag{5-79}$$

如图 5-49 所示的曲线 D，总需求随着价格的降低而增加，当消费者愿意支付的价格和实际支付的价格产生差额时形成消费者剩余，在图中表现为市场价格线 $P_0 E_0$ 以上和需求曲线 D 以下的面积，令反需求函数 $P_D = F(Q_D)$，则消费者剩余 S_C 为

$$S_C = \int_0^{Q_0} F(Q) \mathrm{d}Q - P_0 Q_0 \tag{5-80}$$

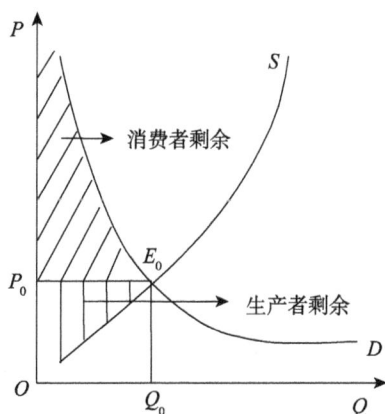

图 5-49　供求均衡和总剩余

消费者剩余表明了从交易中获得知识产权的高技术虚拟产业集群成员所感受的福利。

假设供给仅受到价格的影响，总供给函数表示为

$$Q_S = g(P_S) \tag{5-81}$$

总供给曲线如图 5-49 所示的曲线 S。当生产者得到的价格和支付的成本产生差额时形成生产者剩余，在图中表示为 P_0E_0 以下和供给曲线 S 以上的面积，令反供给函数 $P_S = G(Q_S)$，则生产者剩余 S_P 为

$$S_P = P_0Q_0 - \int_0^{Q_0} G(Q)\mathrm{d}Q \tag{5-82}$$

生产者剩余表明愿意提供知识产权的高技术虚拟产业集群成员在交易中获得的福利。

当需求不变时，供给量随价格的增加而增加，表现为点在供给曲线上的移动，此处的量指的是不同知识产权的总量。当供给和需求达到均衡时，供给曲线与需求曲线交于 E_0 点。均衡意味着知识产权的供给没有浪费，需求也没有不足。此时消费者剩余和生产者剩余的和为总剩余，如图 5-49 中所有阴影部分的面积，总剩余反映了高技术虚拟产业集群成员在知识产权运营活动中经济收益的总体情况，是对社会福利的一种度量，总剩余 S_T 表示为

$$S_T = S_C + S_P = \int_0^{Q_0} F(Q)\mathrm{d}Q - \int_0^{Q_0} G(Q)\mathrm{d}Q \tag{5-83}$$

当消费者剩余和生产者剩余同时取最大时，总剩余最大，也就是说，权利人福利所表明的私人利益和受让人福利所表明的公共利益达到均衡，社会福利最大。

供给量的变动主要体现私人利益和公共利益的一致性，因此可以建立集中的高技术虚拟产业集群知识产权代理机构。高技术虚拟产业集群由相关或相近产业和机构组成，在知识产权问题上存在共性，建立集中的知识产权机构，可以统一处理这些共性问题。集中的知识产权机构负责知识产权的代申请、知识产权人才的培训、知识产权的监督、代维权和提供法律资助等，从维护知识产权的私权性角度保证私人利益的实现和最大化。同时，集中的知识产权机构还要对高技术虚拟产业集群内部知识产权进行管理，促进和刺激知识产权的转移和扩散，由于高技术虚拟产业集群是存在一定关联的松散组织，成员之所以加入高技术虚拟产业集群正是因为松散组织内部的知识共享和知识外溢的优势，因此从公权性的角度，集中机构应鼓励有偿转让和许可，促进各种知识产权交易的合法进行，实现知识产权沿产业链的深度开发，保证公共利益的最大化。

第二，高技术虚拟产业集群知识产权的供给增加。考虑供给曲线移动：假设总需求不变，总供给受除价格外的多种因素的影响，包括供给方的能力 A 和意愿 W、技术条件 T 和制度支持 R。供给方的能力主要是知识产权的产出能力，

其实质是知识创新能力；意愿主要是供给方是否愿意把知识产权出让给他人使用；技术条件 T 强调了高技术虚拟产业集群对网络及信息技术的依赖；制度支持 R 主要是从高技术虚拟产业集群整体角度给出的有利于知识产权运营的各种策略。这些因素都可能带来供给数量的改变，由此引起供给曲线的移动，如图 5-50 所示，向右移动供给增加到 Q_a，向左移动供给减少到 Q_b。当向右移动时，形成新的均衡点 E_1，此时社会总福利比原有均衡位置为 E_0 时增加的部分如图 5-50(a) 的阴影区域，而向左移动时，新的均衡点为 E_2，此时减少的社会总福利为图中 5-50(b) 的阴影区域，可见，向右移动的供给曲线会带来社会总福利的增加。

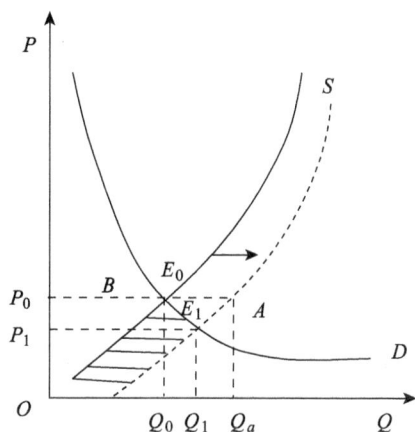

（a）供给曲线向右移动

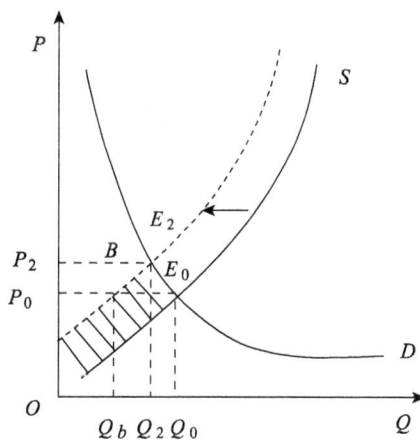

（b）供给曲线向左移动

图 5-50　供给曲线的移动情况

供给曲线的移动主要揭示了高技术虚拟产业集群知识产权运营活动受多因素影响，为促进高技术虚拟产业集群知识产权供给的增加，可以从各因素入手。

（1）提高供给能力和意愿。能力取决于创新，鼓励成员独立创新、协同创新并进行创新交流，积极申请知识产权；对于能够以知识产权形式在高技术虚拟产业集群内部转移的创新给予奖励，并为权利人进行知识产权转移提供便捷条件；对高技术虚拟产业集群内部产业进行规划和引导，促进内部有效供给增加，并推动知识产权的商业化和产业化；优化评估项目及流程，对知识产权进行客观公正评估，从而加大投融资活动的力度，获取资本收益。

（2）充分和有效利用网络及信息技术。高技术虚拟产业集群成员依靠网络及平台连接，通过网络收集和发布知识产权需求，建立产权人和受让人之间的关联；利用网络平台评估、报价和协商，促进知识产权优选和交易价值最大化；利用云建立成员知识产权档案，进行知识产权使用情况监督等，都将有效增加权利人利益，从而刺激供给增加。

（3）建立有利于知识产权运营的具体制度和规范。制定知识产权创新具体激励措施，对有益于高技术虚拟产业集群发展的重要知识产权的权利人进行物质及精神奖励；建立培训和共享制度，积极利用平台进行高技术虚拟产业集群内部知识产权的转移和共享，激励运营价值实现和高技术虚拟产业集群利益最大化；建立协调规范，对知识产权运营中高技术虚拟产业集群成员的利益冲突进行协调，在依据法律法规的基础上，灵活处理权利人和受让人的关系，进行利益权衡。

第三，高技术虚拟产业集群知识产权的适度保护。考虑供给和需求曲线同时移动：假设供给和需求受到除价格因素外的政策影响，对高技术虚拟产业集群成员的来说，知识产权是否受到保护和受多大程度的保护（政策）将影响总需求和总供给的变化。

如果不保护，成员可以随意使用别人的知识成果，知识成果也可以在社会上随意转移和传播，总需求增加，总需求曲线向右移动 M，而此时供给由于难以收回成本而急剧减少，总供给曲线向左移动 $N(N>M)$，见图 5-51(a)，均衡点从 E_0 到 E_3，根据公式(5-83)，此时社会福利为 S_{Ta}。

$$S_{Ta} = \int_0^{Q_3} F(Q-M)\mathrm{d}Q - \int_0^{Q_3} G(Q+N)\mathrm{d}Q \qquad (5\text{-}84)$$

如果过度保护，成员难以获得已经形成的知识成果，或成本过高，导致总需求减少，总需求曲线向左移动 M，而此时供给由于获得垄断收益，总供给曲线向右移动 $N(N>M)$，见图 5-51(b)，均衡点从 E_0 到 E_4，此时社会福利为 S_{Tb}。

$$S_{Tb} = \int_0^{Q_4} F(Q+M)\mathrm{d}Q - \int_0^{Q_4} G(Q-N)\mathrm{d}Q \qquad (5\text{-}85)$$

以上两种情况形成的社会福利 S_{Ta} 和 S_{Tb} 依赖曲线移动幅度 M、N 和均衡点 E_3、E_4 的具体位置，与均衡点 E_0 处的社会福利相比具有不确定性，也就是说如果政策为不保护或过度保护知识产权时，社会福利难以保证总取最大值，此处

均衡点 E_0 是指考虑了所有情况的均值。

如果适度保护,权利人能够弥补创新成本并获得合理利润,受让人以一定的方式合法取得知识产权带来的收益,双方的创新行为受到激励,总供给和总需求都增加,供给和需求曲线均向右侧移动,根据新的均衡点位置的不同,又有三种情况:$E_5 = E_0$,$E_6 < E_0$ 和 $E_7 > E_0$,如图 5-51(c),5-51(d) 和 5-51(e)。由图中面积可以看出,这三种情况下形成的社会福利均大于 E_0 时的社会福利,且与新均衡点位置无关。

除如图 5-51(c)~图 5-51(e)中所示的三种情况外,供给和需求曲线还可能同时向左移动,如图 5-52 所示,此时社会福利明显小于 E_0 时,如果宏观政策不鼓励创新,对知识产权的需求和供给就都会减少,但这与现实不符。

供给、需求曲线同时移动说明要进行适度保护。适度即要求既要刺激和鼓励权利人创新,又要使知识成果为社会所用。

从国家层面来讲,要积极开展知识产权保护的科学研究:对不同的专利、商标和版权,依据我国情况确立不同的最佳保护期限和范围;对知识产权评估方法进行创新;特别是要加大对跨地域的知识产权保护的政府协调力度和涉及网络与信息技术的知识产权保护的研究;适度是通过知识产权保护水平或保护强度来衡量的,因此要对知识产权的保护水平进行定量研究,提供适度的判断标准。

从高技术虚拟产业集群层面来说,高技术虚拟产业集群成员在遵循知识产权法的基础上,应根据实践经验,积极探讨更加具体的知识产权保护措施。例如,如何奖励对高技术虚拟产业集群发展具有重要意义的知识产权权利人;如何对高技术虚拟产业集群内部的盗版、网络侵权问题进行监督和惩处;如何进行组织邻近条件下的知识产权价值评估;如何既促进知识产权在高技术虚拟产业集群内部有效转移,又防止竞争优势丧失;如何协调和解决合作知识产权权利人的产权归属、利益分配和长短期的收益矛盾等问题,这里的合作既可以是多成员进行合作形成一个知识产权,也可以是知识产权转让以后,原权利人和新权利人的合作。

第四,高技术虚拟产业集群知识产权的交易促进。考虑供给弹性:当供给曲线为非线性时,曲线上的点的弹性是不同的,弹性 E_S 是供给变动的百分比与价格变动百分比的比值,有

$$E_S = \frac{\dfrac{\Delta Q}{Q}}{\dfrac{\Delta P}{P}} \tag{5-86}$$

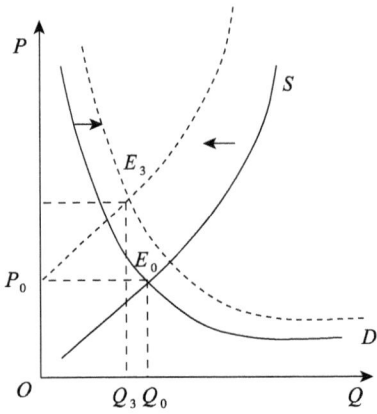

（a）供给左移、需求右移

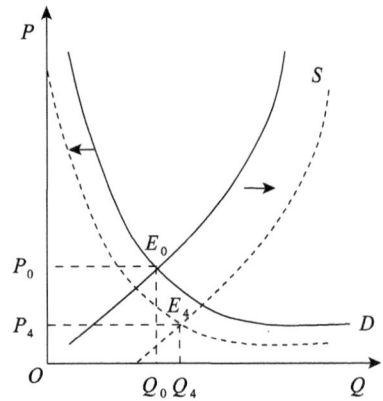

（b）供给右移、需求左移

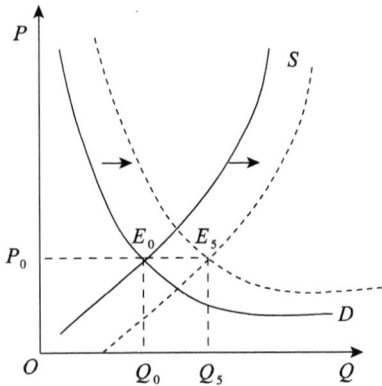

（c）供给、需求均右移，均衡价格不变

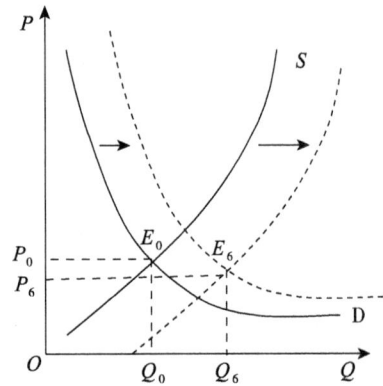

（d）供给、需求均右移，均衡价格下降

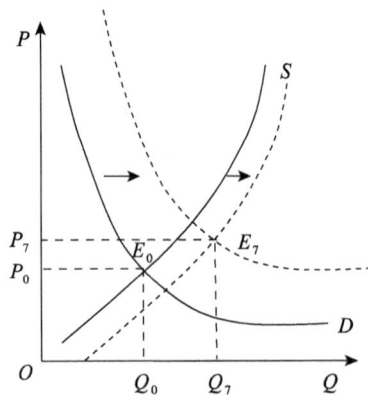

（e）供给、需求均右移，均衡价格上升

图 5-51　供给和需求移动情况

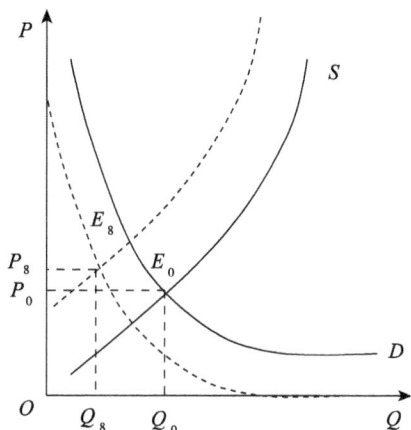

图 5-52　供给和需求均左移

当 $E_S > 1$ 时曲线上的为富有弹性，即供给的变化对价格变化反应敏感，其切线与数量轴交于原点左侧；当 $E_S < 1$ 时曲线线上的点为缺乏弹性，说明供给的变化对价格变化反应不大，切线交于原点右侧；当 $E_S = 1$ 时曲线线上的点为单位弹性，说明供给的变化程度同等于价格变化；当 $E_S = 0$ 或 $E_S = \infty$ 时曲线线上的点为无弹性或无限弹性，供给的变化根本不受价格影响或在给定价格时，供给无限。一般认为，后三种在现实经济生活中比较少见，所以高技术虚拟产业集群知识产权的供给弹性主要为前两种。

假设在一定的需求下，存在两条供给曲线 S_1、S_2 和两个点 $A(Q_0 + \Delta Q, P_0 + \Delta P_A)$、$B(Q_0 + \Delta Q, P_0 + \Delta P_B)$，供给和需求的均衡点为 $E_0(Q_0, P_0)$，实现了社会资源的最优配置和社会福利最大。另外，A 点和 B 点都在均衡点的右侧，反映了供大于求的情况（供小于求时高技术虚拟产业集群特征不突出，不研究），过 A 点的曲线切线交于原点右侧为缺乏弹性 $E_A < 1$，过 B 点的曲线切线交于原点左侧为富有弹性 $E_B > 1$，讨论 A、B 两点到均衡点的价格和供给的变化情况。

依据式（5-86），A 点弹性为

$$E_A = \frac{\Delta Q}{\Delta P_A} \cdot \frac{P_A}{Q_A} = \frac{\Delta Q}{\Delta P_A} \frac{P_0 + \Delta P_A}{Q_0 + \Delta Q} \tag{5-87}$$

B 点的弹性为

$$E_B = \frac{\Delta Q}{\Delta P_B} \cdot \frac{P_B}{Q_B} = \frac{\Delta Q}{\Delta P_B} \cdot \frac{P_0 + \Delta P_B}{Q_0 + \Delta Q} \tag{5-88}$$

则式（5-88）－式（5-87）有

$$E_B - E_A = \frac{\Delta Q}{Q_0 + \Delta Q} \cdot P_0 \cdot \left(\frac{1}{\Delta P_B} - \frac{1}{\Delta P_A} \right) \tag{5-89}$$

又因 $E_B > E_A$，则有

$$\Delta P_A > \Delta P_B \qquad (5\text{-}90)$$

即 A、B 两点相对于均衡点的供给量变化相等时，缺乏弹性的 A 点价格变动要大于富有弹性的 B 点的价格变动，如图 5-53 所示。通过对价格的调整，可以实现供给量的改变，体现了不仅供求影响价格，而且价格也影响供求。

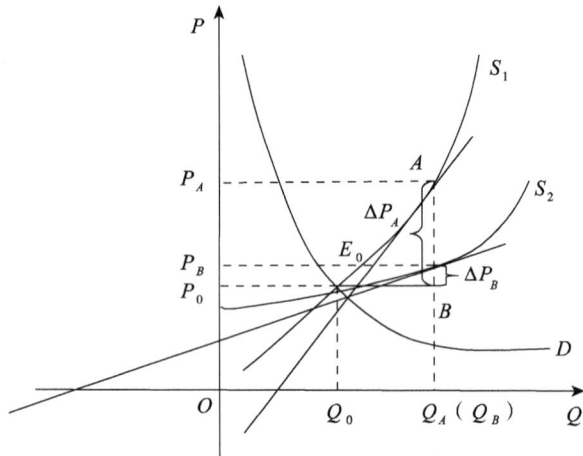

图 5-53　不同供给弹性的价格变动

这里的价格主要是指高技术虚拟产业集群的成员的知识产权在转让、出售、许可等交易活动中的市场价格 P_H，知识产权不同于物质产品，其定价要考虑成本、预期收益、市场垄断和社会发展水平等多种因素，为实现知识产权人的利益最大化，知识产权的价格必然远高于成本，但即便如此也依然不能脱离成本，成本的降低将有利于高技术虚拟产业集群知识产权交易的双方。除了生产成本以外，由于存在多个交易方的信息不对称，增加了交易的不确定性，这会产生信息搜寻、议价谈判、签订契约、决策监督和履行合约等交易成本，而且知识产权的交易成本相较于物质产品而言更高。

高技术虚拟产业集群是介于市场和企业之间的松散组织，成员间组织邻近、彼此信任和协同互动，而且网络和信息技术使用广泛，这些能够有效减少信息不对称，相对于没有近缘关系的企业交易而言，减少了知识产权的交易成本，进而降低价格 P_H，又引起供给量的减少，回归均衡点 E_0，实现高技术虚拟产业集群福利最大化。而且缺乏弹性时的价格降低幅度要大于富有弹性时，也就是说高技术虚拟产业集群交易成本节约优势在知识产权供给缺乏弹性时得到了最好体现。

为促进高技术虚拟产业集群知识产权交易的更好进行，需要从两个方面入手：一是，使高技术虚拟产业集群知识产权供给缺乏弹性，亦即由高技术虚拟产业集群管理机构制定相关制度，以保证高技术虚拟产业集群知识产权价格的相对稳定，对价格歧视、超高定价及掠夺性定价等知识产权价格垄断行为进行有效监管；二是，高技术虚拟产业集群交易成本节约优势能够表现出来，首要前提是高技术虚拟产业集群对不同的成员主体的利益矛盾能够有效协调，其管理成本要低于交易成本节约，可以建立导向型的管理制度，创造条件引导高技术虚拟产业集群成员进行自组织协同，解决成员在知识产权交易中的道德风险、逆向选择风险、搭便车行为、知识产权滥用和垄断等问题。

2）HTVIC 跨区域文化整合

文化指的是一定社会群体的行为习惯、思维方式、价值观念、民间习俗，甚至生活和交往方式等，一定区域经济主体的行为，是在该区域的社会文化，资源禀赋文化和商业、企业文化等作用下与其他主体相互作用的结果；反过来，经济主体的长期相互作用行为又促成了区域文化的形成。

把文化和经济联系在一起经常用"根植性"来说明，处于同一区域（常指集群）的不同主体由于根植性，存在相似的企业家精神、企业行为方式和制度习惯等，甚至形成共同价值观及创新热情等，也就是说根植性促进了成员相互了解与合作，促进集体行动的产生，对创新具有重要作用（Grabher，1993）。但从长期来看，根植性也容易形成路径依赖和"区域锁定"，导致集群发展衰退（霍苗等，2011）。这正说明，打破地域限制的主体相互联系从而使根植性和多样化能相互融合发展具有合理的意义。

高技术虚拟产业集群正是这样一种不受地域限制的松散组织，具有组织邻近特性，比较典型就的是跨地域的企业和相关机构，这些企业原来存在于一定的地域范围时，必然受到当地文化的影响，也就是根植性，从而形成某种特定的区域文化，为克服根植性的负面作用，当不同地域的高技术虚拟产业集群成员，基于某种"邻近"进行相互作用，通过网络及信息技术相互连接时，为实现高技术虚拟产业集群整体效用最大化，必然产生跨地域的文化整合问题。

高技术虚拟产业集群文化整合的前提是尊重成员的独立发展，根植性对成员还是有一定益处的，所以不能全部否认，因而整合的目标是在保留成员文化多样性的基础上，构建统一的高技术虚拟产业集群文化，即求同存异，由此促使成员产生互惠行为或集体行动，增强高技术虚拟产业集群的凝聚力，实现高技术虚拟产业集群的整体发展。"同"表现在两个方面：一是进步文化替代落后文化；二是产生新的高技术虚拟产业集群文化。"求同"说明对高技术虚拟产业集群成员文化的整合要遵循创新与发展优先原则。"异"也表现在两个方面：一是不同文化的并存，保持差异性；二是不同文化的兼收并蓄，但不脱离原有文化。"存异"表明遵从根植性优势，促进多样化发展。

因此，从降低根植性和促进创新两方面来考虑，可以对高技术虚拟产业集群跨区域文化进行整合，如图 5-54 所示，前者体现高技术虚拟产业集群的虚拟特征的不受地域限制性，后者体现了高技术虚拟产业集群成员主体的高技术性。

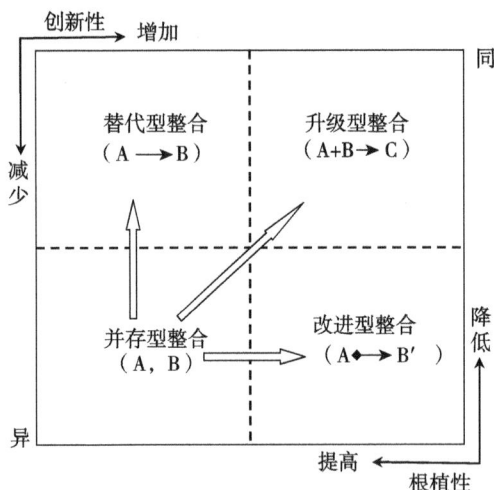

图 5-54　高技术虚拟产业集群跨区域文化整合

（1）并存型整合。由于任何一种文化都是高技术虚拟产业集群成员对环境适应的结果，具有很强的根植性，成员各自保留自己的文化，如图 5-54 中 A 和 B 两种文化互不干扰地并存，此时高技术虚拟产业集群集群文化仅是成员文化加总汇聚的结果，创新性较低。这种情况难以体现高技术虚拟产业集群的优势及意义，是一种最为简单和基础的整合，若要推动高技术虚拟产业集群发展，还需要引入其他模式。

（2）替代型整合。如果高技术虚拟产业集群内部存在一种强势文化，如文化 B，理论和实践经验都可以表明文化 B 将促进成员及整体共同发展，则此时文化 B 取代完全弱势的文化 A，这时文化 A 的根植性降低，而集群因为强势文化的推动，创新性增强且获得发展。

（3）改进型整合。如果高技术虚拟产业集群内部存在文化 B 略优于 A，且文化 A 的部分对高技术虚拟产业集群具有积极的推动作用，则文化 B 吸收文化 A 的优点，从而转化为新文化 B′，相对于并存模式，新文化 B′的根植性降低，但创新性增强，从而适应能力增强，推动高技术虚拟产业集群发展。

（4）升级型整合。如果高技术虚拟产业集群内部成员文化势均力敌、各具优势，为促进高技术虚拟产业集群整体发展，成员与成员的相互作用形成新的文化 C，如建立集群层面的制度文化，对成员间各种利益关系进行引导和协调，目的在于产生跨区域的协同效应，以此摆脱根植性的锁定效应，促进高创新性的生成。此种整合由于产生较多的创新，并最大限度地降低了根植性的负面作用，将促进高技术虚拟产业集群的高速和持续发展，成为最高级别的整合模式。

　　这四种整合在高技术虚拟产业集群跨区域文化整合过程中都是存在的，对具体成员而言，具体选择哪种类型的整合，需要根据自己的需要并考虑高技术虚拟产业集群管理和协调机构的安排；而从高技术虚拟产业集群整体来看，最低级别的并存型模式并不利于高技术虚拟产业集群的发展，应建立制度或开展活动，主动引导成员行为，接受先进文化或者集中文化优势，最终产生创新文化，以文化指导行为并以行为构筑文化，从而为经济活动提供良好的环境支持，实现文化整合的价值。

　　3）HTVIC 组织制度优化

　　高技术虚拟产业集群是不受地域限制的一种松散组织，其虚拟特征中的跨地域性、对平台的依赖性和自组织结构需要一套相适应的组织制度体系，组织制度优化为成员协同作用的发挥创造条件，促进高技术虚拟产业集群知识资本增值的实现，主要在以下三个方面。

　　其一，政府间协调制度。高技术虚拟产业集群打破传统地域限制，必然会涉及多个政府监管部门，由于政府对其辖区的高技术虚拟产业集群成员主体可以制定各种优惠政策，当涉及不同政府时，同处于高技术虚拟产业集群的不同成员由于地域的差异，可能会享有不同的政策优惠。为保护高技术虚拟产业集群成员利益的公平性，从而促进创新和高技术虚拟产业集群发展，不同政府间要主动协调，确立责任关系和管辖范畴，对相关问题进行联合规划和监管，提供联合政策或服务。同时，不同的政府监管部门还存在行政权力的层级关系，要简化各级的审批汇报程序，提高服务效率。

　　其二，平台支撑制度。高技术虚拟产业集群是多个成员依靠信息网络技术联结的，由于不受地域限制，这种联结对 IT 平台的依赖程度较传统集群更深，因此以 IT 技术为基础的高技术虚拟产业集群综合平台是高技术虚拟产业集群得以正常运营的重要基础设施。"综合"意味着要超越现有的信息平台，高技术虚拟产业集群成员通过综合平台相互了解和联系，实现组织邻近；并且能够通过综合平台有效管理自身的知识资本；高技术虚拟产业集群的管理机构也能通过平台对成员进行监督、引导和协调等，促进成员协同和高技术虚拟产业集群知识资本增值。

　　(1)重视平台的作用，积极进行平台的构建和维护，根据成员和管理机构的需要开发和不断完善相应的功能。传统构建平台的方法投入成本巨大，可借鉴云计算的思想，利用云计算的虚拟资源整合技术和海量存储特性，以及云计算的三层结构，对高技术虚拟产业集群综合平台进行开发和应用。

　　(2)保障平台的稳定性和安全性。基于云计算建立的高技术虚拟产业集群综合平台具有一定的稳定性和安全性，但为避免自然灾害和其他突发因素的影响，可以选择多个云计算中心进行租用，进行数据存储和并行计算；对破坏高技术虚拟产业集群平台的行为或私自泄露数据信息的行为，应由高技术虚拟产业集群管理机构出面或指派专职机构诉诸法律,为高技术虚拟产业集群及成员利益提供保障。

(3)强调平台的协调和专业服务功能。除了作为信息展示和成员交流的重要工具之外,高技术虚拟产业集群平台应逐步完善其协调和专业服务的功能。协调是高技术虚拟产业集群管理机构对成员行为进行规范和监管的重要手段,由专家给出协调的方法和流程,兼顾公平和高技术虚拟产业集群的长远发展利益。高技术虚拟产业集群综合平台的专业服务功能可以包括多种,应提供具体的专业解决方案,特别强调实用性和可操作性,目的在于为高技术虚拟产业集群成员的全方面发展提供科学决策依据,同时促进成员间及成员和平台的互动,提高高技术虚拟产业集群整体的专业水准。

其三,高技术虚拟产业集群弱管理制度。高技术虚拟产业集群的管理机构由成员和政府两部分组成,既要处理高技术虚拟产业集群成员的共性问题,对成员进行协调和安排,又要代表政府对高技术虚拟产业集群成员及整体运行进行监管。但这种管理是在遵循高技术虚拟产业集群自组织发展的前提下,进行一定程度的管理,目的在于通过适当的干预和引导,推动高技术虚拟产业集群的自组织进化发展,这是一种较弱程度的管理,有以下几个方面。

(1)不干预型管理:高技术虚拟产业集群的管理机构可以制定各种章程,对不符合高技术虚拟产业集群成员整体利益的行为予以取缔并对行为主体进行惩罚,促进成员间合作,但不干涉高技术虚拟产业集群成员内部的生产经营活动及内部制度安排、人事关系等。

(2)权限型管理:高技术虚拟产业集群管理机构负责资格认定和权限管理,对进入的成员通过授予一定的权限,使其共享高技术虚拟产业集群的信息及政策,也可以对违反规章的成员取消资格,冻结权限。

(3)服务型管理:高技术虚拟产业集群的管理机构应树立服务意识,建立健全公共服务体系,提供政策扶持、资金资助和人才培养等服务,为高技术虚拟产业集群及成员发展提供便利。

(4)建议型管理:高技术虚拟产业集群管理机构负责产业规划和制定发展策略并对具有引导性的重点行业给予各项政策倾斜,但只作为建议却不具备强制性。

4. HTVIC关系资本价值提取机制

按Bontis(2002)的观点,关系资本涵盖了与雇员、顾客、供应商及其他利益相关者的关系,这种关系的运用能够获得社会的好感和认同,从而防范机会主义、降低交易成本和提高运行效率,促进协同实现和价值的增加。高技术虚拟产业集群关系资本包括两类:一是反映了内部成员相互作用的合作信任关系,这里的信任具有广泛的含义,包括信任、承诺和友好相处等;二是反映了外部顾客与高技术虚拟产业集群的关系，主要表现为顾客信任。因此，对高技术虚拟产业集群关系资本运用以实现高技术虚拟产业集群增值，就体现在增进成员间合作信任关系和提升外部顾客信任两个方面。

1）HTVIC 成员间合作信任增强

高技术虚拟产业集群成员的相互作用主要为竞争与合作，无论是追求共赢的竞争型合作，还是追求多赢的合作型竞争，信任对价值实现起到关键性作用。信任是对合作伙伴或潜在合作伙伴的确定性、诚实性有充足的信心，从而愿意依赖对方的认知和行为（Moorman et al.，1993）。高技术虚拟产业集群成员间的信任既有双方信任，又有多方信任，信任在不同成员间传递，形成网络效应，成员间的合作信任同时促进高技术虚拟产业集群成员个体和整体价值的实现；同时，不同信任程度的价值贡献作用不同，适度提高信任程度，将有利于价值实现。

Zucker（1986）把信任分为两类：由个人联系形成的信任为基于个人的信任，表现为血缘、亲缘、地缘关系；而由制度、规则形成的信任为基于制度的信任，如合同法，签约双方由于对合同法的法律效率的肯定和认可，而产生合作中彼此信任。传统产业集群（包括高技术产业集群）强调地理邻近，成员间偏重基于个人的信任；而高技术虚拟产业集群打破地域限制，依靠网络平台的组织邻近实现集体效率，制度、契约和承诺等成为维系信任的重要载体，建立共同的制度或规则并有效运行，对失信行为进行监督和惩罚，以促进信任程度从无到有、从低度到中度到高度信任的提升，因此高技术虚拟产业集群成员信任更侧重于基于制度的信任。

根据有无合作经历，可以建立高技术虚拟产业集群成员间合作信任的制度体系，如图 5-55 所示。当不存在合作经历时，成员间的信任依赖声誉的积累；当存在合作经历时，如果是直接合作，信任取决于信用评估结果，如果是间接合作，信任取决于关系的传递。

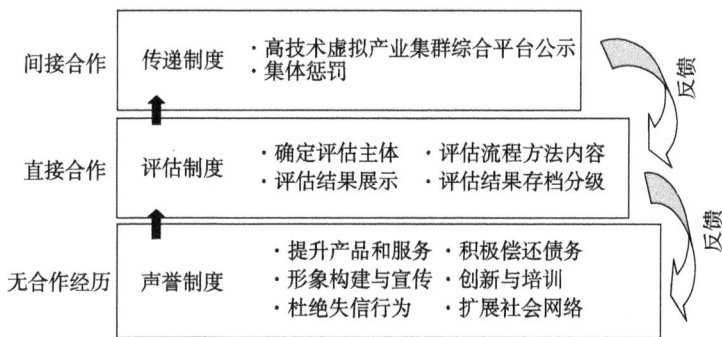

图 5-55　高技术虚拟产业集群成员间合作信任的制度体系

第一，声誉制度。对高技术虚拟产业集群个体成员（受信方）而言，特别是新进入的成员或新衍生成员，其他成员（施信方）是否能够与其产生初始合作信任，取决于声誉。声誉属于一种道德和价值判断，好的声誉使其他成员容易对其产生信任进而与其合作。要建立和维护良好声誉，需要从以下方面入手：提高产品和服务的质量，获得顾客认同，从而取得较高盈利能力；在期限内积极偿还贷款和欠款，表明偿债能力和资产流动性；企业形象构建与宣传，进行公益事业，取得好感和支持；积极进行创新和人力资本培训，获得较好的未来收入预期；进行信任行为，杜绝任何失信产生；与相关机构保持良好关系，扩展社会网络，获得多方支持。声誉的建立是个逐步积累的过程，而且声誉不仅形成初始合作信任，在后续的合作过程中也将不断被强化，与信任是相互促进的关系。

第二，评估制度。对有直接合作经历的高技术虚拟产业集群成员，是否信任和进行何种程度的信任，是受以往合作信任及信任程度影响的，是通过信任评估制度来实现的。

首先，确定信任评估主体。评估主体可以是合作双方，也可以委托第三方，第三方是具有资质的专业评估机构和双方所信赖的任意成员，如银行、政府等，它们都是最佳选择。

其次，制定信任评估流程、指标、方法及具体评估过程所要遵循的具体标准和规范，使信任双方在同一尺度下获得可信服的评估结果，评估内容既包括合作前的声誉评估，也包括以往合作中的信任行为的实施情况。

再次，信任评估结果通过高技术虚拟产业集群综合平台在线和实时展示，消除信息不对称带来的失信行为发生的可能性，接受信任双方的咨询并及时修订，给出具有针对性的信任提升专家建议，起到协助管理的作用。

最后，对信任评估结果进行备案和存档，并划分信任等级，综合多次不同合作过程的评估结果，对处于高度信任的成员进行表彰和奖励。

第三，传递制度。对没有直接合作经历的高技术虚拟产业集群成员，其信任达成和强化主要依赖信任关系在高技术虚拟产业集群中的传递作用。传递的有效进行需要两个条件：一是依赖于高技术虚拟产业集群综合平台的公示；二是集体惩罚制度。首先，高技术虚拟产业集群综合平台对信任行为的公示。高技术虚拟产业集群综合平台可以展示不同成员在直接合作中的信任评估等级，提供优选推荐受信成员名单，鼓励在线交互以进行了解和协调，促进合作信任快速建立。其次，集体惩罚制度。当某成员存在失信行为时，将受到两种惩罚：其一，由于失信信息也在平台上公布，不仅原来的合作伙伴不再信任，而且其他的潜在合作伙伴也将提高警惕，形成联合抵制，失信成员在高技术虚拟产业集群中的信任程度急速下降，难以再形成合作信任；其二，高技术虚拟产业集群的管理机构对失信行为进行惩罚，包括罚金和各种权限限制等，并督促其改进，甚至对造成极为严重后果成员进行通报或除名，由此失信成员难以再分享高技术虚拟产业集群优势。这两种惩罚都有效地遏制了机会主义，强化了高技术虚拟产业集群中信任程度。

　　声誉制度是高技术虚拟产业集群成员间合作信任的基础，声誉是评估和传递的重要内容，而传递又以评估的结果为依据，反过来，评估和传递的结果又对声誉具有反馈作用，三者形成正向循环，强化高技术虚拟产业集群成员间合作信任。

　　需要注意的是，高技术虚拟产业集群中基于制度的信任并不排斥基于个人的信任：在地域范围内的高技术虚拟产业集群成员仍然可以基于个人联系而相互信任，甚至在跨地域范围时，朋友圈、同学圈、地域亲情仍然有助于信任的建立和增强；但基于制度的信任强化了高技术虚拟产业集群的不受地域限制的特性，更有利于高技术虚拟产业集群成员的彼此联结和协同合作。

　　2）HTVIC 外部顾客信任增强

　　高技术虚拟产业集群是一种不受地域限制的产业联合，目的在于为最终消费者提供高技术产品或服务，这些最终消费者即是高技术虚拟产业集群的外部顾客，增强与外部顾客的信任将促进高技术虚拟产业集群产业收益的实现并获得未来收益保障。高技术虚拟产业集群外部顾客信任主要是通过提供让顾客满意的产品或服务来实现的，主要表现为提升高技术虚拟产业集群顾客满意度和忠诚度。

　　顾客满意度表达了顾客对高技术虚拟产业集群产品或服务的主观感觉和预期的一致性，顾客忠诚度说明顾客的重复购买行为，进行积极宣传并有未来的购买欲望，顾客满意是忠诚的必要条件，只有达到非常满意才容易形成顾客忠诚。高技术虚拟产业集群的顾客具有分散性、多样性的特征，具有网络平台优势，因此，提升高技术虚拟产业集群顾客满意度和忠诚度主要有以下几个途径。

　　（1）建立高技术虚拟产业集群集群品牌。品牌是集群的形象或标志，分散在不同区域的多个潜在顾客通过对品牌的了解，从而产生购前的顾客信任；在发生购买行为后，由于对高技术虚拟产业集群产品或服务的满意或不满意，形成了以高技术虚拟产业集群品牌为载体的集群整体印象，如果满意则容易形成较高程度的顾客忠诚度。高技术虚拟产业集群集群品牌的建立有两种方式：一是原有品牌的整合；二是创造新品牌。当高技术虚拟产业集群中存在具有良好社会声誉的企业品牌或区域品牌时，较为快捷的方式是采用强强联合、强弱互补等方式来对原有品牌进行整合，扩大原有品牌的内涵及作用范围；当不存在强势品牌时，根据高技术虚拟产业集群的产业特征、主导产品或服务等综合表现，积极进行新品牌的设计、注册、推广及保护工作，并注重新的集群品牌和原有企业或区域品牌的交互作用，最大限度地实现品牌价值。

　　（2）开发高技术虚拟产业集群公共顾客数据库。从高技术虚拟产业集群角度而言，由于高技术虚拟产业集群成员组织接近，成员间存在产业关联，一些基础的高技术虚拟产业集群顾客数据可以有不同用途。那么，积极利用高技术虚拟产业集群综合平台的优势，建立高技术虚拟产业集群公共顾客数据库，特别是利用云计算、大数据等新兴技术对顾客数据进行实时和动态的分析及处理，将有益于高技术虚拟产业集群成员及集群整体及时准确地掌握顾客需求信息，为顾客提供个性化服务，从而提高顾客满意度及忠诚度。

(3)重视高技术虚拟产业集群顾客参与与体验。从高技术虚拟产业集群顾客角度而言，顾客积极参与高技术虚拟产业集群的运作将有益于建立顾客与高技术虚拟产业集群的紧密联系，促进创新生成，并使顾客的良好体验及时转化为顾客满意度及忠诚度。高技术虚拟产业集群所具有的综合平台为顾客参与和体验提供了最大的便利。在高技术虚拟产业集群综合平台上可以建立顾客中心：顾客可以对高技术虚拟产业集群进行监督和提供建议；对高技术虚拟产业集群成员的产品和服务进行打分及其他评价；直接通过网络感受产品及服务或在网络上预约实体店体验；对有损顾客满意的行为进行投诉和维权等。

5.4 本 章 小 结

本章对高技术虚拟产业集群知识管理进行了系统的研究。首先，根据高技术虚拟产业集群知识网络的特征，建立了基于本体的高技术虚拟产业集群知识网络地图，分析了知识网络知识共享的影响因素与动因，从知识网络层次角度出发，构建了高技术虚拟产业集群知识网络的知识获取模式、知识共享模式、知识扩散模式。其次，在明确了高技术虚拟产业集群知识转移含义的基础上，从知识差距识别机制、知识溢出机制、知识学习机制的角度出发，设计了高技术虚拟产业集群知识转移框架，通过对知识差距分类、知识溢出活动的影响因素和知识学习的驱动因素进行分析，提出相应的弥补、保障和促进策略。最后，通过分析高技术虚拟产业集群知识资本增值的基本问题，从提升序参量的角度提出了高技术虚拟产业集群知识资本增值机制框架，并采用自组织理论验证了高技术虚拟产业集群知识资本增值存在自组织的跃迁式演化。

第 6 章

高技术虚拟产业集群
合作竞争

6.1 高技术虚拟产业集群合作竞争关系

6.1.1 成员间合作与竞争活动的内容

在高技术虚拟产业集群中，成员间存在着多种形式的合作与竞争活动，通过成员间的合作与竞争活动，带动了高技术虚拟产业集群资源的合理配置，加速了集群内物流、信息流、资金流和人才流的流动，促进了集群的技术创新进而提高了整个集群的竞争力。

(1) 成员间合作活动的内容。高技术虚拟产业集群成员间合作活动的内容较为宽泛，集群成员间为达到某种共同目的彼此联合活动均属于合作的范畴。因此，集群成员间的技术合作、营销推广合作、物流合作、集群成员的资源共享和集群成员间为了排挤其他成员竞争而进行的技术标准联合也属于合作的范畴，甚至，集群打破地理限制跨地域形成高技术虚拟产业集群的过程也属于成员间合作的内容。

(2) 成员间竞争活动的内容。高技术虚拟产业集群成员为了自身利益和既定目标相互角逐使集群内出现了竞争活动，因此高技术虚拟产业集群成员间同样存在着多种多样的竞争活动，如成员间进行产品竞争、销售渠道竞争、市场营销竞争、研发能力以及资金实力方面的竞争。此外，对高技术虚拟产业集群来说，成员间的技术创新方面的竞争是其竞争的主要内容。

高技术虚拟产业集群成员间合作与竞争活动如图 6-1 所示，图中虚线 L_1 和 L_2 围成的区域为高技术虚拟产业集群，虚线 L_1 和 L_2 向两侧无限延伸，表明集群成员可不受地域限制，进行合作与竞争活动。C 是现代化通信方式，可将不同地域的类似葡萄粒和葡萄串的单个成员与多个成员按照与"高技术"相关的价值网络聚集起来，从而形成集群化效应。

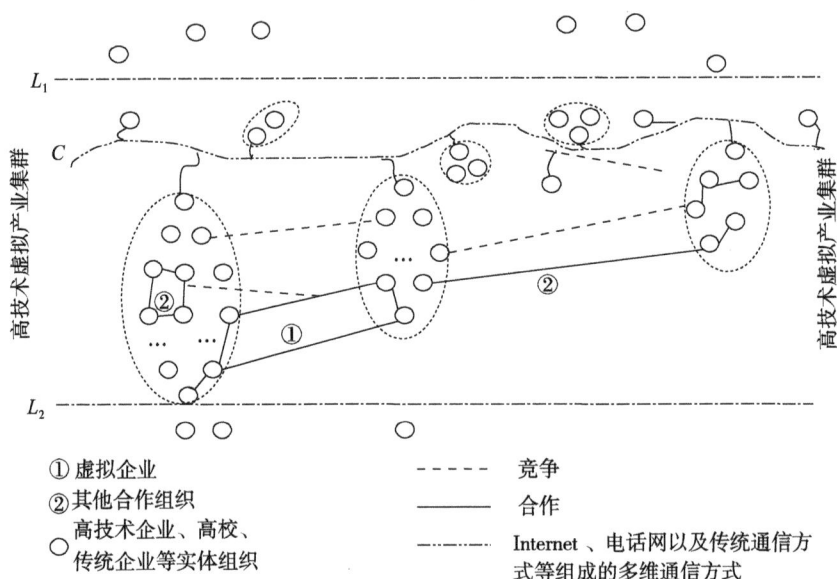

① 虚拟企业   - - - - -   竞争
② 其他合作组织   ————   合作
高技术企业、高校、
传统企业等实体组织   - · - · -   Internet、电话网以及传统通信方
                                             式等组成的多维通信方式

图 6-1   高技术虚拟产业集群成员间合作与竞争活动

6.1.2   合作与竞争 Value Net 的构成要素

合作竞争(co-opetition)由 Nalebuff 和 Brandenburger(1996)首次提出，两位教授应用博弈论对商业活动中合作与竞争共存的现象进行了分析，在波特模型的基础上提出了第六方参与者——互补方，并对商业活动的参与者之间的合作与竞争关系进行了研究，通过价值链分析了各参与者之间的关联性，提出了如何通过各参与者之间的合作与竞争活动去创造一个更为巨大的市场的合作竞争策略。高技术企业在进行与"高技术"相关的经济活动时，通过与技术互补者以及供应方的合作，创造了高技术产品，在与顾客进行交易之后，高技术产品的价值得到实现，与此同时，竞争者的加入使该高技术企业与其竞争者的竞争优势都得到了提高，同时也促进了高技术产品价值的实现。

为了分析高技术虚拟产业集群成员间合作与竞争关系及其价值创造过程，基于合作竞争理论中的价值网理论，建立高技术虚拟产业集群成员间合作与竞争基础 Value Net 模型(即价值网模型)以对高技术虚拟产业集群成员合作与竞争关系进行分析。高技术虚拟产业集群成员之间合作与竞争的基础 Value Net 模型如图 6-2所示，该模型表示高技术虚拟产业集群成员(一般指高技术企业)间的基本合作和竞争关系。组成该模型的七个部分分别是竞争者、技术互补者、供应方、潜在竞争者、潜在合作者、顾客及高技术企业。图中双箭头表示高技术虚拟产业集群中各组成部分的转换关系。在基础 Value Net 模型中技术互补者和竞争者都在动态变化，并且随着潜在竞争者和潜在合作者的动态加入和退出，使高技术企业可以根据市场变化随时调整基础 Value Net 结构，实现高技术产品的增值过程。

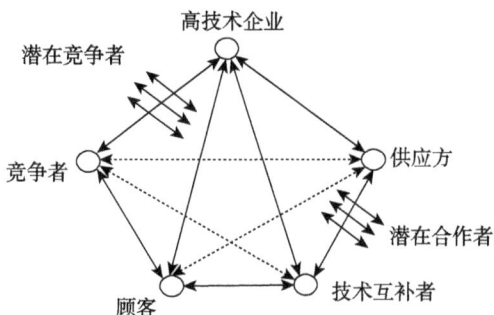

图 6-2　高技术虚拟产业集群成员之间合作与竞争的基础 Value Net 模型

基础 Value Net 模型主要由以下六部分构成。

(1)高技术企业。高技术虚拟产业集群的中坚力量为高技术企业，这些企业的各种经济活动都与高技术相关。

(2)技术互补者。技术互补者就是同高技术企业合作，参与高技术企业的技术创新和生产并使高技术产品价值增值的企业与组织，包括高技术企业、科研院所及高校等。

(3)竞争者。高技术产品增值过程中与企业角逐的参与方。

(4)供应方。高技术产品在从研发到最终的销售过程中，参与者通过一些方式使高技术产品价值增值，包括非技术方面的其他服务，则该参与方称为供应方。基础 Value Net 模型供应方的概念更为广泛，包括原材料提供商、融资机构、销售机构、政府等。

(5)顾客。顾客即最终享受该高技术产品所带来的价值的一方。

(6)潜在竞争者与潜在合作者。在该模型中，某些参与者处在合作与竞争之间状态。在商业运作的整个过程中，随着事态的发展，同高技术企业竞争的竞争者有可能会与高技术企业合作，成为合作者；技术互补者也有可能转变成与高技术企业竞争的竞争者；也有某些组织处于长期观望状态，随时可能参与商业的运作中，成为 Value Net 模型的某种参与者，处于潜在竞争者或是合作者状态；一些参与者处在中间角色，他们处于既不是竞争也不是合作的中间状态，如政府。政府颁发的一些政策，其中对高技术企业可能有利，也可能有部分对与高技术企业不利。

6.1.3　成员间合作与竞争 Value Net 模型

尽管高技术虚拟产业集群合作与竞争基础 Value Net 模型表现出了高技术虚拟产业集群成员合作与竞争活动基本的参与主体及其各参与方之间的关系，但是从集群角度来分析成员间合作与竞争活动时，发现其合作与竞争活动非常复杂，在集群虚拟空间内任意成员之间可进行合作竞争活动，并且很多合作与竞争活动呈交叉状态，因此为了清晰地表现出高技术虚拟产业集群成员间合作与竞争活动，本书进一步建立了高技术虚拟产业集群合作与竞争 Value Net 模型，分析高技术虚拟产业集群成员间合作与竞争关系。如图 6-3 所示，两条螺旋曲线可无限延伸围成高技术虚拟产业集群虚拟空间，表示高技术虚拟产业集群不受地理空间的限制。在这个虚拟空间中，若干基础 Value Net 模型分散其中，而转换棒不断传递着潜在合作者和潜在竞争者的信息，同时，转换棒可在虚拟空间任意滑动和基础 Value Net 可随意旋转，保证了任意基础 Value Net 模型间的动态转换。由于该模型与 DNA 结构类似，因此，该模型又被称为类 DNA 结构 Value Net 模型(高长元和杜鹏，2009a)。

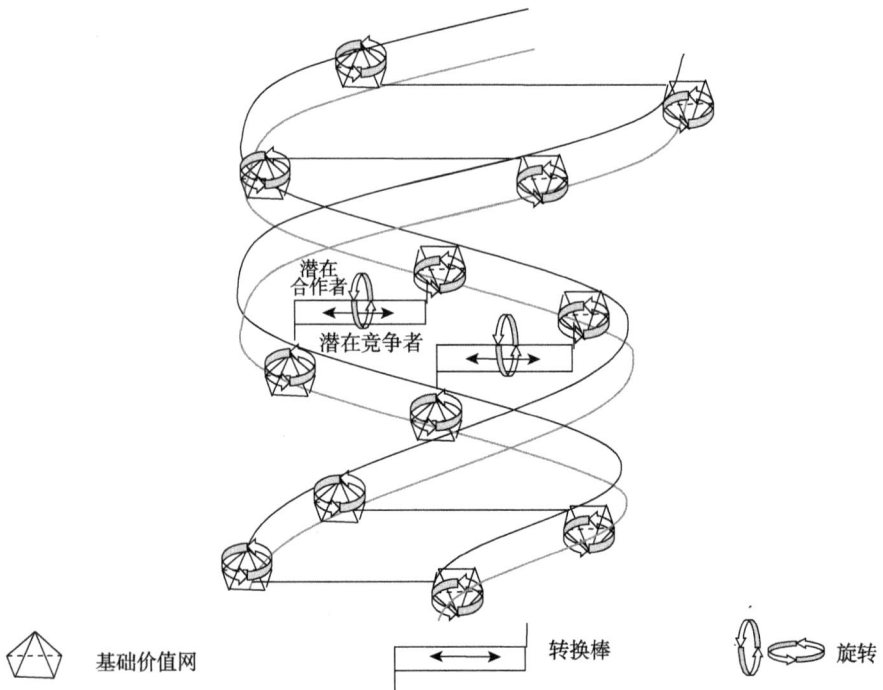

图 6-3　类 DNA 结构高技术虚拟产业集群合作与竞争 Value Net 模型

类 DNA 结构 Value Net 模型不仅与 DNA 模型结构相似，其功能特征也存在以下两点相似。

(1)结构可传递相应的遗传信息。集群成员间通过组成基础 Value Net 模型进行技术共享与传递信息，同时潜在竞争者与潜在合作者也可不断地向基础 Value Net 模型传递合作与竞争信息。

(2)具有修复、复制与重组的功能。在成员间合作与竞争活动的过程中，成员组成基础 Value Net 模型进行与高技术相关的新价值的创造过程。同时，随着合作与竞争活动的进行，基础 Value Net 模型不断进行拆分与重组，使新成员不断加入基础 Value Net 模型进行价值创造。

6.1.4　成员间合作与竞争活动的特征

高技术虚拟产业集群成员间合作与竞争活动具有以下特征。

第一，合作与竞争活动实现的形式虚拟化。以"组织接近"代替"地理接近"的形式，合作与竞争活动的实现形式也逐渐发生变化，在传统的面对面的谈判等实现形式的基础上，依托网络的虚拟企业等合作与竞争活动的实现形式逐渐凸显，为了保证这些实现形式的顺利进行，必须依靠先进的技术以及双方的信任。

第二，合作与竞争多样化。集群的"高技术"特征使高技术虚拟产业集群竞争活动的内容具有多样化特征。由于高技术产品的生命周期较短，顾客对产品的需求更趋于个性化、多样化，并且高技术具有技术可分性的特点，使集群内部成员之间的劳动分工高度深化，因此，在高技术虚拟产业集群中，除了传统意义的价格竞争，高技术虚拟产业集群还有品牌竞争、技术创新竞争、技术标准竞争等竞争内容。

第三，复杂性特征。高技术虚拟产业集群成员以高技术企业为主，其合作和竞争活动主要是围绕"高技术"进行，高技术的高投入、高风险、高融合的特性，使其合作与竞争的对象变得复杂，在某一项目的合作者同时也可能是另一个项目的竞争者。另外，还有位于合作与竞争中间状态的"潜在合作者"与"潜在竞争者"存在，这使高技术虚拟产业集群成员间合作与竞争活动更加复杂，其具体内容包含以下四点。

(1)开放性和动态性。高技术虚拟产业集群是一个开放的系统，集群外的企业可随时与集群内成员进行合作与竞争活动，而集群中的成员可根据自身需要退出集群。高技术虚拟产业集群的不同成长阶段使集群成员的合作与竞争活动呈现动态性的特征。高技术虚拟产业集群的形成阶段，由于虚拟集群刚刚组建，成员还是以本地企业为其主要的合作与竞争对象，跨地域成员之间的合作与竞争活动较少。随着高技术虚拟产业集群逐渐发展成熟，跨地域的成员合作与竞争活动频繁，其合作与竞争活动的形式也逐渐发生变化，虚拟企业的合作方式也成为跨地域成员合作的主要方式之一。集群成员也呈动态性。作为一个开放系统，高技术虚拟产业集群具有准入退出制度，成员可自主选择加入或者退出集群，因此，集群成员呈现动态性特征。

（2）主体具有适应性与智能性特征。高技术虚拟产业集群成员包括高技术企业、高校、中介机构、科研院所等与高技术有关的组织，这类组织都为自适应主体，具有主动学习与模仿的能力，可根据感知自动调整状态以适应新的环境组成新 Value Net 以创造新价值。

（3）非线性特征。非线性系统，即它不满足叠加原理的特征，系统内某部分的微小变化会引起其他部分发生变化，乃至整个系统发生巨大变化。高技术虚拟产业集群成员之间通过合作与竞争活动将物质和信息转化为具有新价值的高技术产品或服务，这个过程并不是简单的线性叠加，而是非线性的变化过程。

（4）涌现性特征。系统科学将系统整体具有而系统部分所不具有的特征称为涌现性特征。在高技术虚拟产业集群中，成员之间通过合作与竞争这种非线性活动，增强了集群竞争优势，使集群竞争力不断提升。

6.1.5　成员间合作与竞争复杂性度量

在社会科学与自然科学的诸多领域中，存在着许多不同类别、不同层次的随机事件，这些随机事件具有无序性、不确定性。随机事件的集合具有的无序性、不确定性表现为随机事件集合的复杂性，这种复杂性可以用广义熵度量。

广义熵定义是

$$H(x) = -\sum_{i=1}^{q} p(x_i) \log_2 p(x_i) \tag{6-1}$$

其中，q 为集合中随机事件的数量；$p(x_i)$ 为随机事件 x_i 出现的概率；$H(x)$ 表示集合 x 的熵（冉翠玲和周永务，2006）。

本书应用广义熵理论计算高技术虚拟产业集群成员间合作与竞争活动中各类随机事件的集合所具有的熵，进而度量高技术虚拟产业集群成员间合作与竞争中活动的复杂性。通过分析类 DNA 结构高技术虚拟产业集群合作与竞争的 Value Net 模型，本书认为高技术虚拟产业集群成员间合作与竞争活动的复杂性主要包括四种随机事件集合产生的熵。

1）HTVIC 信息交互产生的熵

高技术虚拟产业集群信息交互产生的熵由基础 Value Net 内信息交互产生的熵和基础 Value Net 间信息交互产生的熵组成。

第一，基础 Value Net 内信息交互产生的熵。设 m_{xy} 是高技术虚拟产业集群中基础 Value Net 内 x 成员与 y 成员间的信息交互量；$p_1(xy)$ 是基础 Value Net 内 x 成员和 y 成员间出现信息交互并完成信息传输的概率，定义为

$$p_1(xy) = \frac{m_{xy}}{\sum_{x=1}^{n} \sum_{y=1, y \neq x}^{n} m_{xy}} \tag{6-2}$$

其中，n 为基础 Value Net 内的个体数；$\sum\limits_{x=1}^{n}\sum\limits_{y=1,\ y\neq x}^{n}m_{xy}$ 为基础 Value Net 内成员之间信息交互量的总和。

设高技术虚拟产业集群基础 Value Net 中 x 节点和 y 节点间信息交互产生的熵为 $H_1(xy)$。

$$H_1(xy) = -p_1(xy)\log_2 p_1(xy) \tag{6-3}$$

设高技术虚拟产业集群中基础 Value Net k 信息交互产生的熵为 H_k，则基础 Value Net k 的熵为

$$H_k = \sum_{x=1}^{n}\sum_{y=1,\ y\neq x}^{n}H_1(xy) \tag{6-4}$$

设高技术虚拟产业集群中有 G 个基础 Value Net，高技术虚拟产业集群中所有基础 Value Net 信息交互产生的熵为 H_1，则有

$$H_1 = -\sum_{k=1}^{G}H_k \tag{6-5}$$

第二，Value Net 间信息交互的熵。设 r_{ab} 是高技术虚拟产业集群基础 Value Net a 与基础 Value Net b 间的信息交互量。设高技术虚拟产业集群中有 G 个基础 Value Net，$p_2(ab)$ 是基础 Value Net a 和基础 Value Net b 间发生信息交互并完成信息传输的概率。

$$p_2(ab) = \frac{r_{ab}}{\sum\limits_{a=1}^{G}\sum\limits_{b=1,\ b\neq a}^{G}r_{ab}} \tag{6-6}$$

其中，$\sum\limits_{a=1}^{G}\sum\limits_{b=1,\ b\neq a}^{G}r_{ab}$ 为高技术虚拟产业集群中所有基础 Value Net 之间信息交互量总和。

设高技术虚拟产业集群中任意两个基础 Value Net 间的信息交互产生的熵为 $H_2(ab)$。

$$H_2(ab) = -p_2(ab)\log_2 p_2(ab) \tag{6-7}$$

高技术虚拟产业集群所有基础 Value Net 间的信息交互产生的熵为 H_2，则有

$$H_2 = -\sum_{a=1}^{G}\sum_{b=1,\ b\neq a}^{G}p_2(ab)\log_2 p_2(ab) \tag{6-8}$$

2）HTVIC 中结构不确定性产生的熵

在高技术虚拟产业集群中，潜在竞争者和潜在合作者的存在，使基础 Value Net 的结构始终处于动态变化的状态，结构的不确定性产生的熵增加了高技术虚拟产业集群成员间合作与竞争活动的复杂性。

设 w_c 是高技术虚拟产业集群中基础 Value Net c 的潜在合作者和潜在竞争者数量的和，$p_3(c)$ 是基础 Value Net c 结构发生变化的概率，$p_3(c)$ 定义为

$$p_3(c) = \frac{w_c}{\displaystyle\sum_{c=1}^{G} w_c} \tag{6-9}$$

其中，G 为高技术虚拟产业集群中基础 Value Net 的数量；$\displaystyle\sum_{c=1}^{G} w_c$ 为高技术虚拟产业集群中所有潜在竞争者和潜在合作者数量的和。

设基础 Value Net c 的结构变化的熵为 $H_3(c)$，则有

$$H_3(c) = -p_3(c)\log_2 p_3(c) \tag{6-10}$$

设高技术虚拟产业集群的结构变化产生的熵为 H_3，则有

$$H_3 = -\sum_{c=1}^{G} p_3(c)\log_2 p_3(c) \tag{6-11}$$

3）基础 Value Net 状态不确定产生的熵

高技术虚拟产业集群的基础 Value Net 会表现出不同的状态，如稳定状态、易解散状态、易吸纳新个体等不同状态。基础 Value Net 状态的不确定性产生的熵，增加了高技术虚拟产业集群成员间合作与竞争活动的复杂性。

设在高技术虚拟产业集群中基础 Value Net 有 v 种状态，高技术虚拟产业集群基础 Value Net i 由于状态不确定产生的熵为 $H_4(i)$。

$$H_4(i) = -\sum_{k=1}^{v} p_4(i_k)\log_2 p_4(i_k) \tag{6-12}$$

其中，$p_4(i_k)$ 表示基础 Value Net i 状态 k 出现的概率。

式(6-12)只表示了一个基础 Value Net 本身状态的不确定性产生的熵，但是在基础 Value Net 之间的相互作用中，状态的不稳定性产生的熵能在基础 Value Net 之间不断地转移及传递。高技术虚拟产业集群中基础 Value Net 间的状态变化产生的联合熵为 $H_L(i, j)$。设高技术虚拟产业集群任意基础 Value Net i 和 j，其联合熵为

$$H_L(i, j) = -\sum_{k=1}^{v}\sum_{f=1}^{v} p_4(i_k, j_f)\log_2 p_4(i_k, j_f) \tag{6-13}$$

其中，$p_4(i_k, j_f)$ 为基础 Value Net i 在 k 状态与基础 Value Net j 在 f 状态的联合概率，可以得

$$H_L(i, j) = H_4(i) + H_4\left(\frac{j}{i}\right) \tag{6-14}$$

或者得

$$H_L(i, j) = H_4(j) + H_4\left(\frac{i}{j}\right) \tag{6-15}$$

$H_4\left(\dfrac{i}{j}\right)$ 表示基础 Value Net j 状态在一定的条件下，基础 Value Net i 的条

件熵,即基础 Value Net i 和基础 Value Net j 的联合熵等于基础 Value Net i 的结构熵加上基础 Value Net j 转移传递给基础 Value Net i 的熵。

设高技术虚拟产业集群中有 G 个基础 Value Net,高技术虚拟产业集群内基础 Value Net 状态不确定性产生的熵为 H_4,则有

$$H_4 = -\sum_{i=1}^{G}\sum_{j=1, j\neq i}^{G}\sum_{k=1}^{v}\sum_{f=1}^{v} p_4(i_k, j_f)\log_2 p_4(i_k, j_f) \qquad (6\text{-}16)$$

4)HTVIC 合作与竞争复杂度

高技术虚拟产业集群复杂度的度量就是上述的四种熵的和,设高技术虚拟产业集群的复杂度为 H_{HTVIC},有

$$H_{\text{HTVIC}} = H_1 + H_2 + H_3 + H_4 \qquad (6\text{-}17)$$

将式(6-5)、式(6-8)、式(6-11)和式(6-16)代入式(6-17)求得的熵有

$$
\begin{aligned}
H_{\text{HTVIC}} = & -\sum_{k=1}^{G}\sum_{x=1}^{n}\sum_{y=1, y\neq x}^{n} p_1(xy)\log_2 p_1(xy) \\
& -\sum_{a=1}^{G}\sum_{b=1, b\neq a}^{G} p_2(ab)\log p_2(ab) \\
& -\sum_{c=1}^{G} p_3(c)\log_2 p_3(c) \\
& -\sum_{i=1}^{G}\sum_{j=1, j\neq i}^{G}\sum_{k=1}^{v}\sum_{f=1}^{v} p_4(i_k, j_f)\log_2 p_4(i_k, i_f)
\end{aligned}
\qquad (6\text{-}18)
$$

6.1.6　基于 Value Net 合作与竞争的博弈分析

在高技术虚拟产业集群的 Value Net 中,成员间不断地相互作用与相互转化,存在多种博弈,本书采用演化博弈论来分析 Value Net 成员间的动态平衡关系(高长元和杜鹏,2009b)。

1. HTE 和技术互补者的演化博弈分析

高技术产业和技术互补者的演化博弈分析主要从以下几个方面进行。

第一,演化博弈模型建立。根据 Value Net 的特性,高技术企业和技术互补者的博弈矩阵如表 6-1 所示。

表 6-1　高技术企业和技术互补者的博弈矩阵

高技术企业	技术互补者	
	合作	竞争
合作	$A+a_A M-I_{AB}$,$B+a_B M-I_{BA}$	$A-I_{AC}$,B
竞争	A,$B-I_{BD}$	A,B

表 6-1 中，A 表示高技术企业的自身的收益；B 表示技术互补者自身的收益；M 表示高技术企业和技术互补者合作的产值；I_{AB}、I_{BA} 分别表示高技术企业和技术互补者合作需要付出的成本；a_A、a_B 表示获得合作所产生价值的比例，由企业为合作提供的资源及技术价值决定；I_{BD}、I_{AC} 分别表示技术互补者和潜在竞争者合作付出的成本及高技术企业和潜在合作者合作需要付出的成本。

设在高技术虚拟产业集群基础 Value Net 内高技术企业选择合作的概率为 x，选择竞争的概率为 $1-x$。技术互补者选择合作的概率是 y，选择竞争的概率是 $1-y$。根据博弈矩阵，则高技术企业选择合作的收益为

$$U_{AC} = y(A + a_A M - I_{AB}) + (1-y)(A - I_{AC}) \qquad (6\text{-}19)$$

高技术企业选择竞争的收益为

$$U_{AD} = yA + (1-y)A \qquad (6\text{-}20)$$

高技术企业的平均收益为

$$\overline{U_A} = xU_{AC} + (1-x)U_{AD} \qquad (6\text{-}21)$$

根据演化博弈论可知高技术企业选择合作的动态方程为

$$\frac{\mathrm{d}x}{\mathrm{d}t} = x(U_{AC} - \overline{U_A}) \qquad (6\text{-}22)$$

把式(6-19)、式(6-21)代入式(6-22)，有

$$\frac{\mathrm{d}x}{\mathrm{d}t} = x(1-x)[y(a_A M - I_{AB} + I_{AC}) - I_{AC}] \qquad (6\text{-}23)$$

同理技术互补者选择合作时的收益为

$$U_{BC} = x(B + a_B M - I_{BA}) + (1-x)(B - I_{BD}) \qquad (6\text{-}24)$$

技术互补者选择竞争的收益为

$$U_{BD} = xB + (1-x)B \qquad (6\text{-}25)$$

技术互补者的平均收益为

$$\overline{U_B} = yU_{BC} + (1-y)U_{BD} \qquad (6\text{-}26)$$

技术互补者选择合作的动态方程为

$$\frac{\mathrm{d}y}{\mathrm{d}t} = y(U_{BC} - \overline{U_B}) \qquad (6\text{-}27)$$

把式(6-25)和式(6-26)代入式(6-27)，有

$$\frac{\mathrm{d}y}{\mathrm{d}t} = y(1-y)[x(a_B M - I_{BA} + I_{BD}) - I_{BD}] \qquad (6\text{-}28)$$

式(6-23)与式(6-28)为高技术企业和技术互补者的动态方程，反映了高技术企业和技术互补者之间的动态博弈，由动态方程可以得到五个均衡点，即 $(0，0)$、$(1，1)$、$(0，1)$、$(1，0)$、$\left(\dfrac{I_{BD}}{a_B M - I_{BA} + I_{BD}}, \dfrac{I_{AC}}{a_A M - I_{AB} + I_{AC}} \right)$。

第二，均衡点稳定性分析。均衡点的稳定性可由该系统的雅可比矩阵的局部稳定性分析得到，上述系统的雅可比矩阵为

$$G = \begin{bmatrix} \dfrac{\left(\dfrac{\mathrm{d}x}{\mathrm{d}t}\right)}{\partial\, x} & \dfrac{\left(\dfrac{\mathrm{d}x}{\mathrm{d}t}\right)}{\partial\, y} \\[3mm] \dfrac{\left(\dfrac{\mathrm{d}y}{\mathrm{d}t}\right)}{\partial\, x} & \dfrac{\left(\dfrac{\mathrm{d}y}{\mathrm{d}t}\right)}{\partial\, y} \end{bmatrix} \tag{6-29}$$

计算得

$$\begin{bmatrix} (1-2x)[y(a_A M - I_{AB} + I_{AC}) - I_{AC}] & x(1-x)(a_A M - I_{AB} + I_{AC}) \\[2mm] y(1-y)(a_B M - I_{BA} + I_{BD}) & (1-2y)[x(a_B M - I_{BA} + I_{BD}) - I_{BD}] \end{bmatrix} \tag{6-30}$$

根据雅可比矩阵特征值小于零，是系统稳定的必要条件并且矩阵特征值的和等于矩阵的迹以及特征值的积等于矩阵的行列式的特性，如表 6-2 所示，表示均衡点局部稳定性分析。本书假设只有合作获得的利润大于合作付出的成本时，成员才会选择合作。因此本书中 $(a_A M - I_{AB}) > 0$，$(a_B M - I_{BA}) > 0$。

表 6-2　均衡点局部稳定性分析

均衡点	(0, 0)	(0, 1)	(1, 1)
G 的行列式符号	$I_{AC} \times I_{BD}$（正）	$(a_A M - I_{AB}) I_{BD}$（正）	$(a_A M - I_{AB}) \times (a_B M - I_{BA})$（正）
G 的迹符号	$-I_{AC} - I_{BD}$（负）	$a_A M - I_{AB} + I_{BD}$（正）	$-(a_A M - I_{AB} + a_B M - I_{BA})$（负）
结果	稳定	不稳定	稳定

均衡点	(1, 0)	$\left(\dfrac{I_{BD}}{a_B M - I_{BA} + I_{BD}},\ \dfrac{I_{AC}}{a_A M - I_{AB} + I_{AC}}\right)$	
G 的行列式符号	$(a_B M - I_{BA}) I_{AC}$（正）	$\left(\dfrac{-I_{BD} I_{AC}(a_B M - I_{BA})(a_A M - I_{AB})}{(a_B M - I_{BA} + I_{BD})(a_A M - I_{AB} + I_{AC})}\right)$（负）	
G 的迹符号	$a_B M - I_{BA} + I_{AC}$（正）	0	
结果	不稳定	鞍点	

如图 6-4 所示，系统有五个局部均衡点，分别为 $O(0, 0)$、$M(1, 0)$、$N(0, 1)$、$P(1, 1)$ 及 $H(X_H, Y_H)$，其中，(X_H, Y_H) 为鞍点的坐标。

如图 6-4 所示，在五个局部均衡点中，仅有 O 点和 P 点稳定，是两个演化稳定策略（evolutionary stable strategy，ESS），它们分别对应高技术虚拟产业集群的 Value Net 的高技术企业和技术互补者的合作与竞争两种策略。另外，该演化系统中还有两个不稳定的均衡点（N 点和 M 点）及一个鞍点（H 点）。

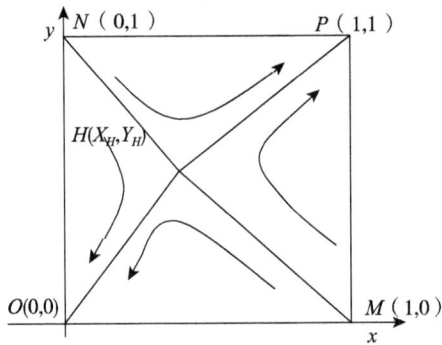

图 6-4　高技术企业和技术互补者博弈均衡点

第三，演化博弈系统参数分析。从上述的高技术企业和技术互补者的合作与竞争演化博弈模型可知，博弈系统演化的长期均衡结果可能是高技术企业和技术互补者都采取合作，也可能是两者全都不采取合作，究竟沿着哪条路径到达哪种状态与该博弈矩阵密切相关，而且受系统初始值的影响。高技术企业和技术互补者合作的产值 M 越大，a_AM 和 a_BM 的值就越大，则折线 NHMP 围成的面积就越大，高技术企业和技术互补者都选择合作的概率就越大。高技术企业和技术互补者合作需付出的成本 I_{AB} 和 I_{BA} 越大，折线 NHMO 围成的面积就越大，则高技术企业和技术互补者共同选择竞争的概率越大。

2. HTE 和竞争者的演化博弈分析

高技术企业和竞争者的演化博弈分析主要从以下几个方面进行。

第一，演化博弈模型建立。根据高技术虚拟产业集群及 Value Net 的特性，高技术企业和竞争者的博弈矩阵如表 6-3 所示。

表 6-3　高技术企业与竞争者的博弈矩阵

高技术企业	竞争者	
	合作	竞争
合作	$A+a_AM-I_{AB}$，$B+a_BM-I_{BA}$	$A-E_B$，$B+g_BB-J_{BA}$
竞争	$A+g_AA-J_{AB}$，$B-E_A$	$A-E_B+g_AA-J_{AB}$，$B-E_A+g_BB-J_{BA}$

表 6-3 中，A 表示高技企业的自身的收益；B 表示竞争者自身的收益；M 表示高技术企业和技术互补者合作的产值；I_{AB}、I_{BA} 分别表示高技术企业和技术互补者合作需要付出的成本；a_A、a_B 表示合作产生价值所能获得的比例，由企业为合作者提供的资源比例和提供技术的价值决定；E_A、E_B 分别表示高技术企业和竞争者在竞争时对彼此产生的影响；g_A、g_B 分别为高技术企业和竞争者在竞争时市场占有率的变化；g_AA、g_BB 分别表示竞争对企业产值的影响；J_{AB}、

J_{BA} 表示竞争付出的成本。

设在高技术虚拟产业集群的 Value Net 内高技术企业选择合作的概率为 x，选择竞争的概率为 $1-x$。竞争者选择合作的概率是 y，选择竞争的概率是 $1-y$。则高技术企业选择合作的收益为

$$U_{AC}=y(A+a_AM-I_{AB})+(1-y)(A-E_B) \tag{6-31}$$

高技术企业选择竞争的收益为

$$U_{AD}=y(A+g_AA-J_{AB})+(1-y)(A-E_B+g_AA-J_{AB}) \tag{6-32}$$

高技术企业的平均收益为

$$\overline{U_A}=xU_{AC}+(1-x)U_{AD} \tag{6-33}$$

根据演化博弈论，高技术企业选择合作动态方程为

$$\frac{\mathrm{d}x}{\mathrm{d}t}=x(U_{AC}-\overline{U_A}) \tag{6-34}$$

把式(6-31)、式(6-33)代入式(6-34)，有

$$\frac{\mathrm{d}x}{\mathrm{d}t}=x(1-x)[y(a_AM-I_{AB}-g_AA+J_{AB})+(1-y)(J_{AB}-g_AA)] \tag{6-35}$$

同理，竞争者选择合作时的收益为

$$U_{BC}=x(B+a_BM-I_{BA})+(1-x)(B-E_A) \tag{6-36}$$

竞争者选择竞争时的收益为

$$U_{BD}=x(B+g_BB-J_{BA})+(1-x)(B-E_A+g_BB-J_{BA}) \tag{6-37}$$

竞争者的平均收益为

$$\overline{U_B}=yU_{BC}+(1-y)U_{BD} \tag{6-38}$$

竞争者选择合作的动态方程为

$$\frac{\mathrm{d}y}{\mathrm{d}t}=y(U_{BC}-\overline{U_B}) \tag{6-39}$$

把式(6-37)、式(6-38)代入式(6-39)，有

$$\frac{\mathrm{d}y}{\mathrm{d}t}=y(1-y)[x(a_BM-I_{BA}-g_BB+J_{BA})+(1-x)(J_{BA}-g_BB)] \tag{6-40}$$

式(6-34)、式(6-39)为高技术企业和竞争者的动态方程，反映了高技术虚拟产业集群中高技术企业和竞争者之间的动态博弈。由两个动态方程可以得到五个均衡点，即 $(0，0)$、$(1，1)$、$(0，1)$、$(1，0)$、$\left(\dfrac{g_BB-J_{BA}}{a_BM-I_{BA}}，\dfrac{g_AA-J_{AB}}{a_AM-I_{AB}}\right)$。

第二，均衡点稳定性分析。通过雅可比矩阵分析可知，当均衡点 $(0，0)$ 时，雅可比矩阵的迹是 $(J_{AB}-g_AA-g_BB+J_{BA})$，迹的符号随初始值的不同而不同，不能确认其符号，而雅可比矩阵的行列式是 $(J_{AB}-g_AA)\times(J_{BA}-g_BB)$，由初始值也不能确定其行列式值的符号。同理可知，高技术企业和竞争者间的雅可比矩阵的每个均衡点的行列式和迹的符号都是不能确定的，即这五个均衡点局部稳

定性都是随着初始值的变化而变化的。

第三，分析及结论。在 Value Net 中，高技术产业的特性决定了高技术企业和竞争者间的合作和竞争呈动态性特征，通过合作与竞争不断地博弈，其均衡点也呈动态性，其博弈的过程也是 Value Net 不断变化和重组的过程，并且其潜在竞争者和潜在合作者对成员间的合作与竞争博弈有一定的影响。

6.2　高技术虚拟产业集群合作机制

6.2.1　成员间合作机制内涵和框架设计

1. HTVIC 成员间合作机制的内涵

高技术虚拟产业集群成员间合作机制是指集群内成员之间、成员与集群之间为达到某种共同目的，在彼此信任的前提下，相互协调、相互配合，联合活动的各要素之间的结构、功能和联系的内在机理。该定义可以从以下六个方面进行理解。

(1)本书中高技术虚拟产业集群合作机制研究的对象主要是集群的成员。

(2)统一的规范。在联合行动中，合作者必须遵守共同认可的社会规范和群体规范。

(3)信任是高技术虚拟产业集群成员间合作的前提，对跨地域合作的成员，必须增加彼此信任，创造良好的合作氛围，以保证合作的顺利进行。

(4)合作必须要有一定的物质条件，包括集群内信息平台的构建，相关制度保障等。

(5)本书中高技术虚拟产业集群成员间的合作的含义较为宽泛，除了一般意义的契约型合作以外，成员间共同进行资源共享、通过合作相互协调等均属于成员合作的范畴。

(6)高技术虚拟产业集群成员间的合作活动与竞争活动具有相互关联的特征。如果把市场比做蛋糕，高技术虚拟产业集群的成员业本着"合作做蛋糕，竞争分蛋糕"的宗旨，打破地理限制在虚拟空间组成高技术虚拟产业集群，成员联手合作做蛋糕，蛋糕做得大，成员分得比以前多，那么参与合作的企业都能得到比以前满意的结果。然而，合作竞争并不是消灭竞争，而是通过合作更好地提高企业的竞争优势，因此，在高技术虚拟产业集群成员间合作机制的研究内容中，其中的信任机制、资源共享机制与协调机制又进一步对成员间竞争活动产生影响。

2. HTVIC 成员间合作机制的影响因素

高技术虚拟产业集群成员间合作机制的影响因素主要可以从以下两个方面进行分析。

其一，相同目标的合作人。众多高技术企业以共同的合作目标在虚拟空间集聚，形成高技术虚拟产业集群并产生集群效应。

其二，集群良性合作环境。良好的合作环境对合作起着非常重要的作用，合作伙伴信誉高低、集群信息平台合作信息的准确性与及时性、交易平台的安全性以及集群成员间的协调能力都会对成员间的合作效果产生影响。

(1)相互信任的合作环境。信任是合作的基础，信任可以降低合作的成本，防止由于信息不对称，彼此猜测而增加不必要的合作成本；信任可以对合作双方的行为进行约束，防止欺诈行为的出现；信任具有决策的功能，在合作过程中，对合作双方的决策起着重要的辅助作用；信任可以降低合作风险，提高合作效率。

(2)合作配套设施。高技术虚拟产业集群为合作者提供了相应的配套设施：集群的准入退出制度，保证了集群成员的质量，为成员寻找合作伙伴提供条件；为了培养集群的诚信氛围，集群加强信任文化的建设；成员互评积分制度以及诚信查询系统都保证了集群成员的信誉；集群的信息平台可保证合作信息及时、准确地发布；集群的资源共享系统在实现集群成员资源共享的同时，对提高集群整体竞争力起到非常重要的作用，也是集群竞争优势的集中体现；集群的各项政策法规，则可保证集群成员合作活动的顺利进行。

(3)集群协调能力。对集群这个大系统来说，协调对成员间合作具有非常重要的作用，此外，协调也是成员间合作的一项内容，成员间通过订单、物流、资源共享等活动进行协调。

3. HTVIC 成员间合作机制的总体框架

根据高技术虚拟产业集群的含义以及对集群成员间合作影响因素的分析，本书对高技术虚拟产业集群成员间合作机制的总体框架进行如下设计。

如图 6-5 所示，高技术虚拟产业集群成员间合作机制主要由信任机制、资源共享机制以及协调机制构成。其中，信任机制是高技术虚拟产业集群成员间合作机制的基础，资源共享机制是合作机制的重要内容，而协调机制则是合作机制的有力保证。此外，通过成员之间的相互信任可以保证资源共享机制与协调机制的顺利进行，通过成员之间的资源共享与协调，又可以加深成员之间的相互信任，因此，信任机制、资源共享机制与协调机制相互作用，彼此配合，促进高技术虚拟产业集群成员间良性合作。

6.2.2　HTVIC 成员间信任机制

1. HTVIC 成员间信任机制的系统分析

1)HTVIC 成员间信任机制的整体框架

信任是人类社会最重要的一种力量。心理学家和社会学家认为信任是一种非

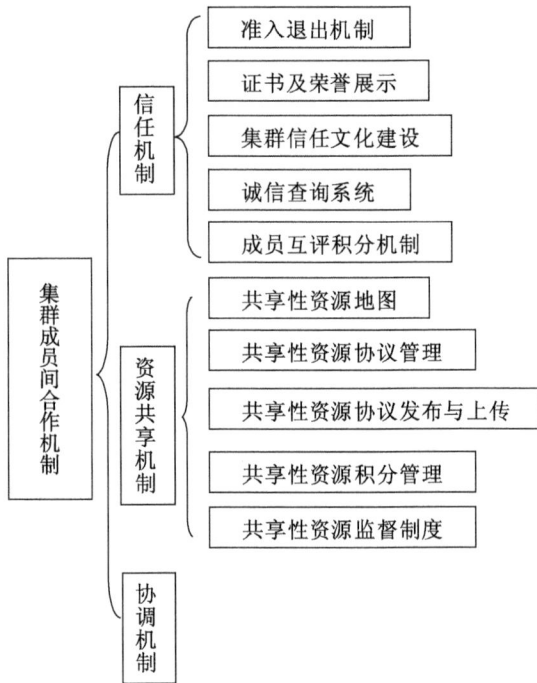

图 6-5　高技术虚拟产业集群成员间合作机制整体框架

理性的活动，而经济学家则更重视信任的理性行为。

　　如图 6-6 所示，在高技术虚拟产业集群中，成员间通过合作建立信任关系：成员通过高技术虚拟产业集群成员间合作与竞争信息系统选择合作伙伴，通过高技术虚拟产业集群诚信查询系统对合作方的信誉进行查询，建立信任；在签订契约、履行契约以及完成契约的过程中，文化保障、声誉激励、交流机制以及制度保障都保证了合作过程顺利进行。

　　高技术虚拟产业集群成员在彼此信任的基础上建立竞争规则，以保证集群的竞争活动高效、有序进行，与此同时，在竞争的过程中，成员间彼此加深了解，又会反过来促进成员间的信任。此外，在成员相互信任的前提下，成员间合作成功率会大幅度提升，成功的合作经历会进一步提高成员的竞争优势，为成员下一次的竞争取胜增加筹码。

　　2）HTVIC 信任源

　　根据高技术虚拟产业集群的特点，成员间信任源可以从以下几个方面进行分析。

　　第一，合作经历。在高技术虚拟产业集群中，高技术企业在虚拟空间的聚集，为成员连续性合作创造条件。在合作伙伴的选择方面，为使高技术虚拟产业

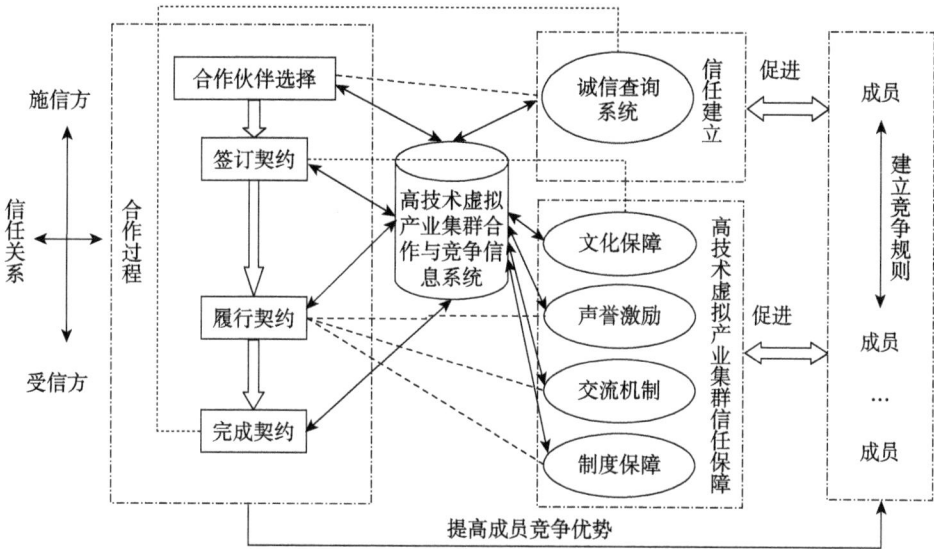

图 6-6　高技术虚拟产业集群成员间信任机制整体框架

集群中合作活动顺利进行，保证集群中成员的质量，高技术虚拟产业集群对拟进入集群的成员进行初步的资格评价，评价的内容包括财务、科研、信誉等方面。集群这项"准入门槛"使一些信誉低、财务状况非常不好的成员被排除在外，为集群中的成员进行合作伙伴选择提供了有力的保障；在集群成员合作的过程中，成员间通过集群信息系统沟通信息，降低了信息不对称，并且在长远利益的驱使下，集群成员抛弃机会主义的行为，努力促进合作的顺利进行，增加了合作双方的信任度，为连续性合作创造了有利的条件。

如图 6-7 所示，在高技术虚拟产业集群中成员选择合作伙伴进行首次合作，在合作的过程中，成员间的信任度会出现波动。

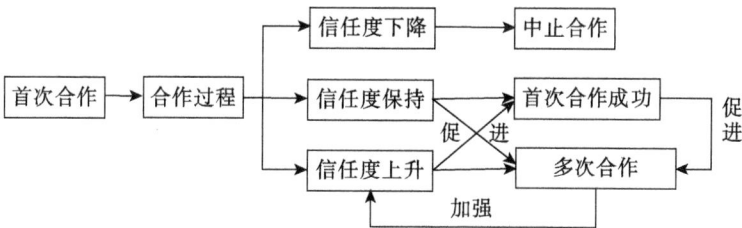

图 6-7　合作经历与信任度的关系

信任度波动体现在以下三个方面。

信任度下降方面，合作方出现不履行合同欺诈的行为，使成员对合作方的信任度降低，该项合作可能中止。

信任度保持方面，在合作之前，合作双方都进行合作预期，如果在合作过程中，按照合同，该项合作按预期完成，则彼此信任度可保持，为下次双方合作提供参考。

信任度上升方面，这是合作过程较为理想的状态，即通过合作，合作双方增加了彼此的信任度，为双方连续多次合作提供了有利的基础，此外，通过双方连续多次合作，彼此的信任度持续上升，为成员间成为长期的合作伙伴创造有利条件。

第二，信誉。信誉是指个人或社会组织（如企业）履行承诺、承担义务的表现，以及社会公众对其经营活动和日常生活行为的信任程度，也为人和社会组织的社会赞誉和社会信用的集合体。在高技术虚拟产业集群中，信誉是集群成员的一种重要的资产，可以使其合作方提高对该成员的信任度，从而促进双方合作。对企业来说，信誉是一个长期积累的过程，在合作之初，合作双方都会对彼此的信誉进行预期，双方的信誉会随着合作活动进行累加或减少。

第三，能力。对高技术虚拟产业集群成员来说，能力是产生信任的重要来源，尤其高技术创新能力是高技术虚拟产业集群的重要信任源。作为一个创新的技术集群，在合作之初，高技术虚拟产业集群的成员会对其潜在合作伙伴的技术创新能力做重点评估，一般说来，技术创新能力强，则集群成员对其信任度也会相对较强。评价技术创新能力的指标主要有专业资格认证、以往技术创新成果、研发条件等。

第四，合同信任。合同的法律效力会产生信任，基于合同，双方当事人可以产生信任，增加彼此合作的安全感。

第五，抵押信任。通过抵押可以产生信任，由投资而产生的专置性资产使成员因惧怕沉默成本而彼此形成的一种信任。

第六，制度信任。制度是具有可依赖性和可预见性的规则，通过制度可以产生信任。制度规则由行业协会、政府等公共部门制定，一些传统习惯也可形成制度规则。高技术虚拟产业集群是一个虚拟组织，跨地域的成员间由于打破地理限制，彼此之间很难建立信任，而良好的制度规则是解决高技术虚拟产业集群集群成员信任缺乏的有效途径。通过制度，高技术虚拟产业集群成员可以增加彼此信任，形成良好的信任氛围。

第七，归属信任。不同的成员集团、社会团体、职业具有不同的信任文化，这种差异信任可称为归属信任。具有共同信任文化的团体具有共同的身份意识，因此归属信任也称为身份信任。

第八，关系信任。关系分姻缘关系、血缘关系、地缘关系等。高技术虚拟产业集群的成员利用个人关系网，通过合作与合作方形成关系，进而将关系网扩大，对成员来说，关系意味着义务，容易产生信任。

将上述信任源进行归类，可形成以下三种信任类型。

第一，计算型信任。计算型信任的施信方与受信方均具有理性特征，交易双方仔细计算信任的成本和收益，信任与否决策的依据是该信任行为可能的收益是否大于损失，因此，能力信任与信誉信任均属计算型信任，在合作之初，合作双方均会对对方的能力与信誉进行成本与收益的计算，进而决策是否应与对方产生合作行为，该类信任一般为初次合作，是一种初始信任。

第二，威慑型信任。威慑型信任为合作伙伴因为害怕惩罚，而按照承诺完成任务。合同信任、抵押信任与制度信任均属于威慑型信任的范围。

第三，认知型信任。认知型信任是基于了解的一种信任，因信任双方的行为可预测性产生的，包括归属信任、关系信任和合作经历。

交易双方初次合作的过程中，基于理性计算建立了初始信任，在合作过程中，通过不断地交流与学习，彼此的信任度得到提升，进而形成连续信任，随着信任的进一步深入，进而形成敏捷信任，即高技术虚拟产业集群的成员为了迎合某一市场机遇在较短时间建立起的牢固的信任关系。

综上所述，高技术虚拟产业集群成员间信任源的关系如图 6-8 所示。

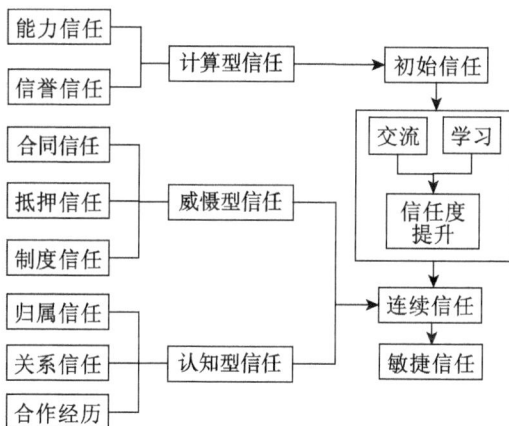

图 6-8　高技术虚拟产业集群信任源的关系图

3）HTVIC 成员间信任的特征

高技术虚拟产业集群信任特征主要体现在信任半径较大、信任的虚拟特征及敏捷性三方面。

（1）高技术虚拟产业集群的信任半径较大。信任半径是指信任的覆盖范围，在一定程度上可反映组织和个人的信任水平和状态。如图 6-9 所示，高技术虚拟产业集群跨越了地理空间的限制，成员间的信任范围可以遍及整个集群，信任半径得到大范围的扩张，然而，由于高技术虚拟产业集群的时空限制使成员面对面很难交流，其信任关系处于弱信任的状态。

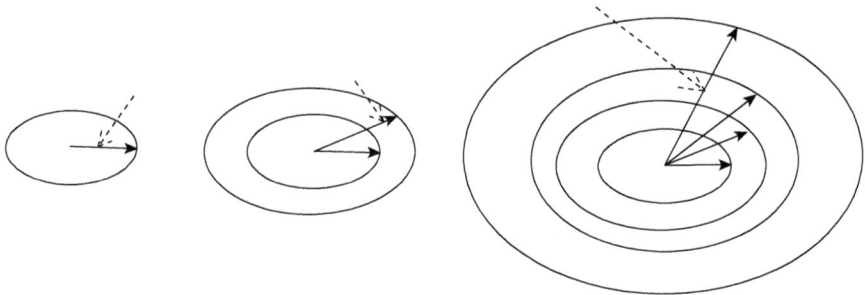

图 6-9　高技术虚拟产业集群信任半径

(2)信任的虚拟特性。高技术虚拟产业集群成员打破地理限制，基于网络进行合作与竞争活动，集群的信任半径不断扩张，许多交易发生在网络虚拟空间，与此同时，虚拟空间使许多信任呈现"非当面"承诺的特性，因此，这种虚拟的时空特性，增加了信任的不确定性。

(3)敏捷性。信任的形成是一个长期的过程，成员间通过合作和竞争活动加深对彼此的了解，从而形成稳定的信任关系，但是高技术虚拟产业集群中的成员为了迎合市场机遇需要快速组成虚拟企业，这就需要成员间快速地建立信任关系，保证虚拟企业的良性运行。

2. HTVIC 成员间信任与合作的关系

其一，高技术虚拟产业集群成员间信任对合作过程的影响如图 6-10 所示，高技术虚拟产业集群成员间的合作过程可以分为潜在合作伙伴选择阶段、合作伙伴确定阶段、合同履行阶段和合作完成阶段。信任对高技术虚拟产业集群成员间合作过程的影响可从以下几方面进行分析。

(1)潜在合作伙伴选择阶段。在潜在合作伙伴选择阶段，合作发起者会对潜在合作伙伴的信任能力进行匹配与预测，即确定该潜在合作伙伴是否具有履行诺言的能力，因此，从信任角度，该阶段也可称为信任测量/预测阶段。合作发起者根据以往合作经历、第三方信誉推荐、专业资格认证等方面对潜在合作者的可信任能力进行匹配与预测。

(2)合作伙伴确定阶段。该阶段对合作伙伴进行进一步确定，合作发起者通过洽谈以及对该合作伙伴进行信誉评价等方法，对其可能的败德、不信任行为的可能回报和机会成本进行衡量与测算，即当合作方采取不信任策略而导致的损失高于其回报时，合作方倾向于遵守合作法则，与合作发起方相互信任完成合作，因此该阶段也称信任能力确定阶段。通过信任计算，合作发起方会根据合作方以往的行为来预测其未来合作行为，并通过与合作方进行洽谈，双方互相透露彼此的意图，确定合同内容，即确定双方应履行的责任以及义务。

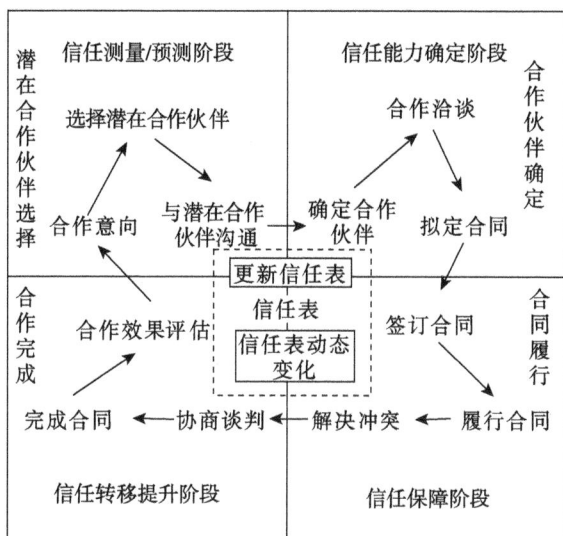

图 6-10　高技术虚拟产业集群成员间信任对合作过程的影响

（3）合同履行阶段。合作双方签订合同，在双方信任的前提下履行合同，在履行合同的过程中，合作双方不断沟通，增加彼此信任。在此阶段，合作双方需要一定的信任保障策略以解决履行合同时存在分歧与冲突，如建立违约惩罚机制等以保证该阶段顺利进行。

（4）合作完成阶段。在这一阶段合作双方在解决冲突基础上进行协商谈判，完成合同，与此同时，合作双方对此次合作的效果进行总结与评估。通过合作，合作双方的信任度提升，则为再次合作提供了更为有利的条件，且更易形成连续合作，另外，信任度的提升会产生信任转移，即使合作伙伴间从未深入接触过，但依靠相互信任的第三方，也可以形成某种信任，这种非基于共识与威慑的信任，可以称为"敏捷信任"。

其二，成员间信任演化对合作关系的影响。信任演化对合作关系的影响可以从以下四个阶段分析。

第 1 阶段：初次合作，交易双方了解程度较低，相互信任程度也较低，信任主要来自于对方能力的评估、外界的评价等，交易方会仔细计算信任的成本和收益，信任与否决策的依据是该信任行为可能的收益是否大于损失，因此此类信任又称为计算型信任。由于相互信任程度较低，交易双方会签订完备的契约、花费成本收集信息和监督控制合作过程，因此合作的有效性明显降低。

第 2 阶段，成员对对方的信任度高，而对方相反，处于不对称信任状态。随着信任的加深，双方的合作关系也发生变化：通过初次合作，一方对对方信任程度加深，为了使合作的效率提高，主动把更多的信息提供给对方，同时也把更大的弱点暴露给对方，因此将要承担较大的风险，因此该类合作称为风险合作。

第 3 阶段，对方对成员的信任度较高，而成员相反，也处于不对称的信任状态。与第 2 阶段不同的是，由于对方赋予了更多信任，因此对方承担了更大的风险，对合作的关注程度明显强于己方成员，因此该类合作己方成员处于有利的位置。

第 4 阶段，该阶段交易双方信任度较高，是信任的最高阶段，同时这种信任又由于双方的合作效率提高，而带来持续的合作，形成了合作—信任的良性循环，因此可以大幅降低交易成本，达到双赢、共生的状态。

如图 6-11 所示，信任和合作的演化可从以下两种路径分析。

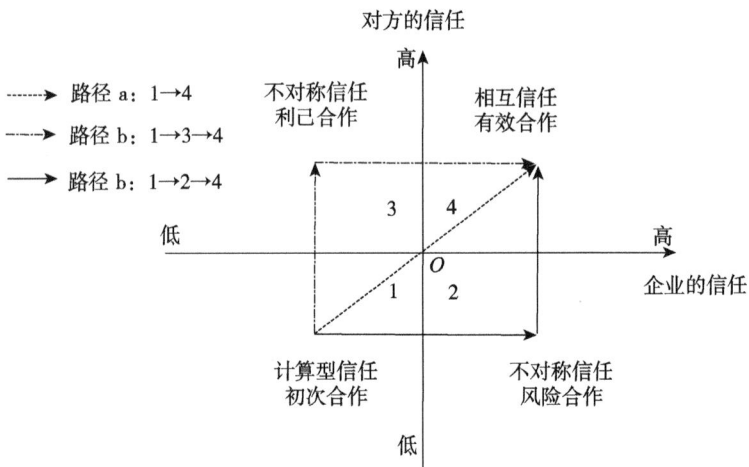

图 6-11 信任演化与合作关系

路径 a 即从第 1 阶段直接发展到第 4 阶段，即双方直接从计算型信任发展到信任的高度阶段，而信任方式也从初次的低效合作发展到有效合作状态。通过第 1 阶段的合作，双方对彼此的信任程度加深，直接达到了相互信任的高级状态，缩短了信任的演化过程，直接达到有效合作的状态。

路径 b 即从第 1 阶段经第 2 阶段到达第 4 阶段或者从第 1 阶段经第 3 阶段到达第 4 阶段。此种发展路径，都需要经历不信任阶段，通过一方赋予另一方更多的信任，从而影响另一方的信任行为，使另一方也付出更多的信任，从而达到双方互信的状态。但是如果一方利用对方的信任从中获利，则会导致合作失败，一切归为零点会导致永不合作。

3. HTVIC 成员间信任保障策略

高技术虚拟产业集群成员打破地理限制，在虚拟空间全球范围内得以聚集，成员间进行经济活动需要克服地理分散障碍，高技术虚拟产业集群成员间信任面临更大的挑战。

首先来自不同地理位置成员在未见面的前提下需要快速地建立信任，敏捷高效地完成合作，因此高技术虚拟产业集群应建立信誉评价体系对成员的信誉进行快速、高效的评价，为成员选择合作伙伴提供有力支持。

其次在虚拟产业集群中，跨地域的成员间信息不对称使成员间很难信任，则需建立高技术虚拟产业集群信誉展示平台，展示集群成员信誉信息，减少信息不对称性，同时信誉系统具有制裁作用，成员为了信誉将履行承诺，保证合作活动的顺利进行，高技术虚拟产业集群信任保障策略整体框架如图 6-12 所示。

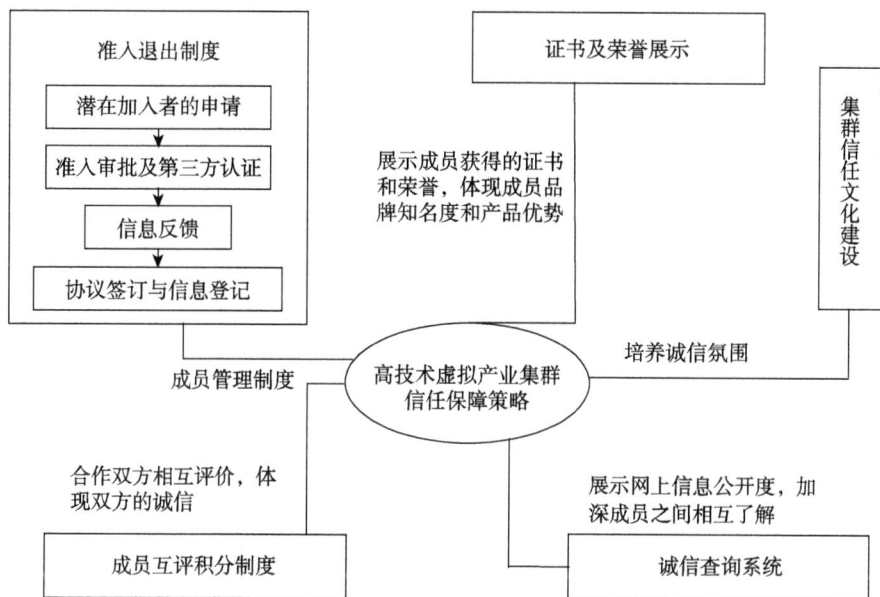

图 6-12　高技术虚拟产业集群信任保障策略整体框架

第一，成员准入退出制度。为了保证高技术虚拟产业集群中的合作活动安全、高效的进行，进一步完善集群信誉机制，保障集群成员的实名认证，高技术虚拟产业集群设立了成员准入退出制度。该制度可以将信誉低以及与该集群发展不相匹配的成员挡在门外，保障了集群内合作的稳定性以及促进了集群整体竞争力的提高。其中，准入流程主要包括以下四个方面的内容。

（1）潜在加入者的申请。高技术虚拟产业集群潜在加入者可分为两类：一类是根据自身发展的需要，主动要求加入高技术虚拟产业集群中，为获取更多发展机会的、与高技术相关的成员与组织；另一类则是集群根据成员的需求与推荐，集群主动向一些成员与组织发出加入邀请，在邀请成功以后，这部分成员与组织被称为潜在加入者。潜在加入者登录高技术虚拟产业集群信息平台的申请界面，提供平台要求的相关材料，提交成功后，等待集群管委会的审批。

（2）准入审批及第三方认证。高技术虚拟产业集群管委会对潜在加入者提交的资料进行逐项审核，包括申请者的财务情况、科研投入情况、经营能力情况以及声誉情况等方面。例如，工商注册信息：名称、注册号、注册地址、法人代表、经营范围、企业类型、注册资本、成立时间、营业期限、登记机关、最近年检时间；认证申请人信息：认证申请人姓名、性别、部门、职位。申请方可以通过第三方认证机构对经营资质或身份进行核实和证明，使其更容易获得买家信任。通过第三方权威机构审核，企业或个人身份真实有效，合作方更放心与其洽谈生意。

（3）信息反馈。管委会将评审结果反馈给申请方，对评审结果不合格的申请方，集群管委会向其进行说明，并提出改进建议，并进一步保持联系，而对评审合格的申请方，则与其进行协议的签订并进行信息的录入。

（4）协议签订与信息登记。评审合格的申请方须与集群签订相应协议，协议中包括该申请方加入集群后享有的权利以及需要承担的义务，包括保证遵守集群制度、维护集群的声誉系统等责任与义务。签订协议后，集群将该成员的信息录入集群的信息平台中，以保证其他成员可以及时查询以及集群持续对该成员进行信息跟踪。

高技术虚拟产业集群成员退出制度则可以通过集群对该成员的信誉评价与跟踪，剔除信誉非常差以致使其他成员产生损失、影响集群发展的成员。

第二，成员互评积分制度。在高技术虚拟产业集群中，成员打破了地理限制实现在虚拟空间的聚集，成员间的信任空间分离，成员之间很难产生信任，在这种情况下，通过建立信誉积分制度可拓展信任的空间，对高技术虚拟产业集群成员的合作进行有效激励。

第三，证书及荣誉展示。将成员经营积累的信用展示到高技术虚拟产业集群成员间合作与竞争信息系统，如税务登记证、经营许可证、产品类和技术专利类证书等。通过对成员证书及荣誉的展示，体现成员品牌知名度和产品优势。

第四，诚信查询系统。诚信查询系统可以提供集群内成员的信誉水平查询，即成员在寻找合作伙伴的时候，可以在该系统查询合作伙伴的以往信誉情况。

第五，集群信任文化建设。高技术虚拟产业集群跨地域的成员间建立信任之后，成员间如何实现不同地域信任文化的融合以对信任进行保障，是集群信任文化建设的重要问题。相对集群制度而言，集群信任文化是对集群成员之间合作的一种软约束。信任文化通过集群制度的一致性、集群秩序的有序性、集群信息与活动的透明性来影响集群成员的信任态度、对事物的积极乐观程度，从而创建集群的信任和谐的氛围。在信任文化的熏陶下，集群中的成员力求共建和谐，彼此信任程度提高，其信任成本明显降低。为了促进高技术虚拟产业集群信任文化的建设，集群应建立完善的信誉制度，加强成员之间的沟通，增加信任文化的宣传力度。

6.2.3　HTVIC 成员间资源共享机制

1. HTVIC 共享性资源

1)企业资源

资源基础理论(resource-based view，RBV)三分法按照资源所有权、资源是否有不完全流动性以及异质性(即资源能否具有直接获得李嘉图租金能力)，可以把企业的资源分成企业所拥有的异质性及不完全流动性的资源、企业所具有的没有异质性和不完全流动性的资源以及具有非异质性和不完全流动性且不被企业所拥有的资源。这三类资源分别为企业战略性资源、企业一般资源以及市场要素性资源(顾志刚，2007)，如图 6-13 所示。

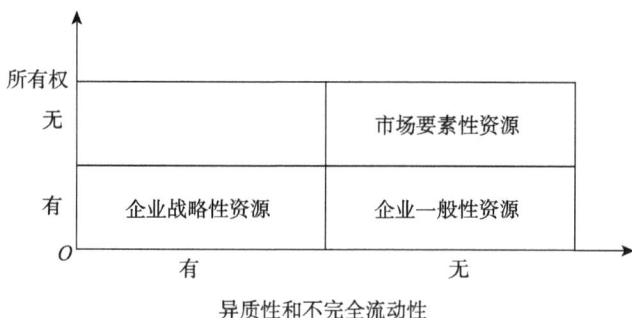

图 6-13　企业资源的 RBV 传统划分矩阵

其中，经济租金指的是供给有限资源但会产生额外回报的资源，而李嘉图租金则是指为获取有价值的并且稀缺性的资源而产生的租金，如区位优势以及有价值土地所有权等。

市场要素性资源是指存在于企业外部的，不属于某一特定企业的资源，对所有企业具有同质性和可流动性，在市场中的获取该资源的机会是均等的。这项资源包括在市场上待交易的要素资源，如土地和原材料、机械设备以及劳动求职者等。市场要素性资源一旦进入某个企业并转化为该企业的战略性资源后，即可使该企业的竞争优势得到提升。

企业战略性资源是指由企业所控制的、能促使企业形成价值创造战略的资源并且这种资源能提高运营效率，如企业的研发能力、优质的品牌、特有的生产技巧和专利技术等。

企业一般性资源通常是指存在企业的内部，并且相当一部分的资源不具备异质性以及具有不全流动性，如原材料、机器设备以及厂房和工人等。这类资源不一定同时具备稀缺、价值、难于被替代和难以被模仿的特征。在转化为战略性资源之前，不能直接为企业创造出超额的利润。

2)HTVIC 共享性资源的含义

基于企业资源 RBV 三分法，本书将企业层面的资源分类方法拓展到集群层面，定义高技术虚拟产业集群共享性资源是由集群内的成员和集群本身共同贡献的各类资源组成，包括集群自身资源、集群成员之间、集群成员与集群外部成员之间以及集群成员与市场要素性资源之间互动的资源(高长元和杜鹏，2011)。

一般地将高技术虚拟产业集群成员的资源进行如下分类：第一，战略性资源。一是，技术创新资源。高技术虚拟产业集群的核心成员为高技术企业，而技术创新是高技术企业生存与发展的根本，因此技术创新资源是高技术企业战略性资源的最核心内容，该类资源包括高技术企业的 R&D 投入、科技科研成果等。二是，与高技术虚拟产业集群内、外成员和组织交互的资源。高技术虚拟产业集群是一个开放的系统，集群成员与集群外的成员进行合作与竞争活动的过程会产生交互资源。三是，其他战略性资源，如企业良好的声誉、强势的品牌以及企业领导人的卓越才华等。第二，一般性资源。第三，市场要素性资源。该类资源有市场上等待交易的要素，如机械设备、土地以及高技术虚拟产业集群的集群品牌等。

如图 6-14 所示，分别用 x、y 和 z 表示"资源异质性"、"资源所有权"和"高技术虚拟产业集群成员"，则 xoy 平面表示高技术虚拟产业集群某成员的资源总量，xyz 组成了高技术虚拟产业集群资源总和。

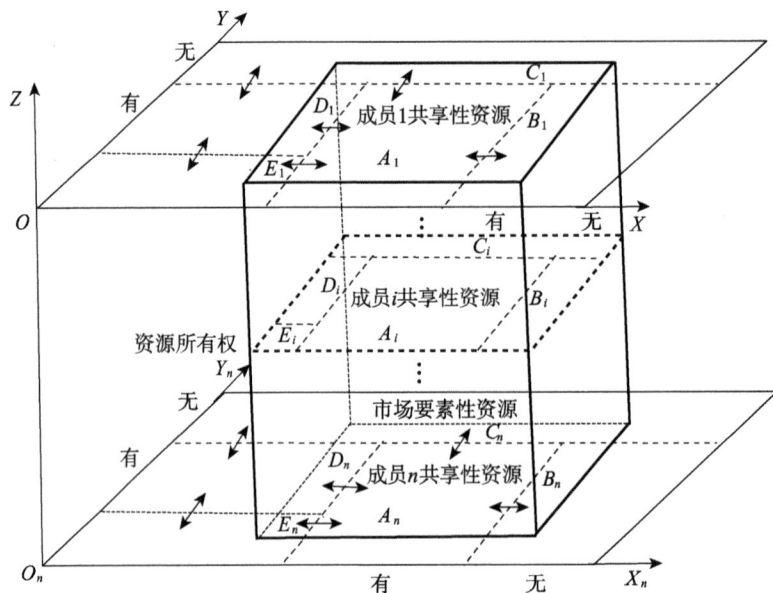

图 6-14　高技术虚拟产业集群共享性资源的来源

设 i 为高技术虚拟产业集群中的第 i 个成员（$1 \leqslant i \leqslant n$），则高技术虚拟产业集群成员 i 对集群贡献的共享性资源为

$$成员 i 贡献的共享性资源 = A_i + B_i + C_i + D_i + E_i \tag{6-41}$$

其中，A_i 为技术创新资源的贡献部分；B_i 为一般性资源的贡献部分；C_i 为市场要素性资源的贡献部分；D_i 为成员与高技术虚拟产业集群内、外组织交互资源的贡献部分；E_i 为其他战略性资源的贡献部分。

假设在高技术虚拟产业集群中有 n 个成员，则整个高技术虚拟产业集群共享性资源可用图 6-14 中的长方体表示，其公式为

$$HTVIC 共享性资源 = \sum_{i=1}^{n} (A_i + B_i + C_i + D_i + E_i), \quad 1 \leqslant i \leqslant n \tag{6-42}$$

3）HTVIC 共享性资源要素

要素是组成事物的必要因素，根据高技术虚拟产业集群共享性资源的来源将其资源要素进行如下提取。

（1）人力资源要素。其是指为整个高技术虚拟产业集群服务的全部人员，包括为高技术虚拟产业集群信息平台设计与维护的工作人员、高技术虚拟产业集群集群会议的工作人员等。

（2）财力资源要素。其是指高技术虚拟产业集群公共事务的共享资金，主要来源有高技术虚拟产业集群成员的资源捐助资金、集群外企业的捐助基金、政府拨款等，该项资金主要用于高技术虚拟产业集群公共服务，如高技术虚拟产业集群信息平台构建与维护、集群技术年会等。

（3）物力资源要素。高技术虚拟产业集群中，由于集群成员打破地理限制在虚拟空间聚集，因此，传统集群的公路、厂房等设施很难共享，作为技术创新型的虚拟产业集群，高技术虚拟产业集群成员可以共享部分实验室、实验器材，以及教室等。

（4）知识与技术资源要素。这是高技术虚拟产业集群共享性资源的核心要素，包括各种科技文献、专利技术、通过成员间定期交流所获得的隐性知识以及高技术虚拟产业集群平台发布的供求信息等。

（5）制度与政策资源要素。其主要包含两方面的内容：一方面，集群成员共同制定的规章制度，如集群成员准入退出制度、信任制度等；另一方面，由各地政府颁布的科技扶持政策等。

（6）集群品牌资源要素。在高技术虚拟产业集群中存在纵横交错的业缘关系，使其内部的成员和组织具有共同的价值体系。同时，在高技术虚拟产业集群内部具有高度凝聚性，外部则具有高度的识别性，最终形成高技术虚拟产业集群的成员共享的品牌资源。

4)HTVIC 共享性资源与合作竞争活动

高技术虚拟产业集群共享性资源与成员间的合作竞争活动的关系如图 6-15 所示。

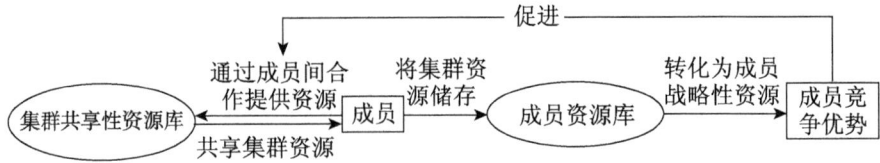

图 6-15　高技术虚拟产业集群共享性资源与成员合作竞争活动的关系

一方面，资源共享本身就是一种成员的合作活动，集群成员之间通过相互合作将共享性资源提供到高技术虚拟产业集群共享性资源库中，另一方面，成员可通过下载等方式将集群共享性资源库的资源存储到成员自身的资源库中，并将这些资源进行吸收利用，转化为成员新的战略性资源，在此过程中提高了成员的竞争优势，为成员在集群的竞争中取胜增加了筹码。此外，成员的竞争优势的增强又进一步促进成员提供共享性资源的积极性的提高，集群成员会更愿意通过彼此合作而共享资源。

2.HTVIC 成员间资源共享的影响因素

第一，集群内资源交换与组合渠道。如何对资源进行配置是获取租金的重要问题。在高技术虚拟产业集群中，任何成员都可以利用各种渠道对其资源进行交换与组合，而如何在跨地域的成员间建立资源交换与组合的桥梁，是高技术虚拟产业集群资源共享的主要研究问题。高技术虚拟产业集群资源交换与组合渠道具有如下特征。

(1)就近性。与传统产业集群不同，高技术虚拟产业集群的成员与组织分布较为分散，其人力资源与物力资源的共享相对困难，为了解决此类问题，高技术虚拟产业集群人力、物力资源的交换与组合应遵循地区就近性的原则：首先集群的一些常规事务，如集群的会议、集群网站平台的建设等事务的人力、物力资源交换与组合，应以地区就近性为原则，在集群全体成员的积极参与下，重点在地理相近的地区调拨人力、物力资源。其次在分配集群内的人力、物力资源时，也应优先整合地理趋近地区的资源，以保证共享性资源优化、合理的配置。例如，在高技术虚拟产业集群中一些实验室、实验仪器、图书馆只对集群成员共享，在分配物力共享性资源时，将共享性资源进行地区分类以就近共享资源，保证资源高效、快速、合理的利用。

(2)网络性。知识、技术、信息共享性资源是高技术虚拟产业集群核心资源，为了保证该类资源在集群范围内的共享，则应充分利用网络，实现该类资源集群范围内网络性共享。借助集群信息平台，高技术虚拟产业集群将显性的知识、技术、信息共享性资源如期刊、公开数据、资料等进行网上共享，而对于隐性的知识、技术、信息共享性资源，则采取视频会议、网上教学等资源交换与组合渠道实现。

（3）公平性。高技术虚拟产业集群共享性资源交换与组合具有公平性特征，即高技术虚拟产业集群的每个成员与组织在利用共享性资源时均具有同等的地位，机会均等。

第二，学习与知识以及技术共享网络。知识创新、技术创新是高技术虚拟产业集群生存与发展的原动力，搭建学习与知识、技术、信息共享网络对高技术虚拟产业集群的知识、技术、信息共享性资源的采集与利用具有十分重要的意义。高技术虚拟产业集群信息系统承担了高技术虚拟产业集群知识、技术、信息显性共享性资源的资源采集的任务，系统将集群中分散的成员的知识、技术、信息共享性资源进行采集，并进行分类、整合，使集群中的每一个成员均可共享该资源。此外，集群成员可以通过网络平台组织的网络视频会议、网络培训等活动交流共享隐性知识、技术及信息资源。

第三，成员间高度的相互信任。信任是高技术虚拟产业集群成员资源共享的基础，成员间信任度高，则高技术虚拟产业集群共享性资源较为丰富，其资源的利用率也较高。高技术虚拟产业集群的成员打破了地理限制实现了虚拟空间的聚集，尽管集群信任半径得到了扩展，但是基于网络的信任关系使其成员之间呈现一种弱信任的状态，因此，如何建立集群信任机制是高技术虚拟产业集群资源共享的重要问题。

第四，成员间高度的协调。集群成员间的协调机制在高技术虚拟产业集群资源共享的整个过程中扮演着非常重要的角色，在高技术虚拟产业集群共享性资源采集、资源汇总、资源利用以及资源监督的过程都需要成员间相互协调，共同合作使高技术虚拟产业集群资源共享机制良性运行。

3. HTVIC 成员间资源共享策略

1）共享性资源地图

由于高技术虚拟产业集群的成员打破了地理限制，在虚拟空间聚集，高技术虚拟产业集群共享性资源具有分散性特征，因此如何将集群范围内分散的资源进行采集，是高技术虚拟产业集群资源共享的重要内容。在高技术虚拟产业集群共享性资源的要素分类的基础上可进一步将资源要素分为可直接共享资源以及间接共享资源。可直接共享资源指的是那些可以直接通过高技术虚拟产业集群信息系统供集群成员共享的资源，如集群成员提供的电子技术资料、电子图书、视频讲座等资源。间接共享资源则是通过高技术虚拟产业集群信息平台提供资源信息，成员之间通过相互沟通而间接获取的资源，主要包括以下三个方面。

（1）人力、物力资源要素。由于虚拟集群的跨地域性，且该类资源跨地域流动成本较高，所以高技术虚拟产业集群信息平台提供该类资源的共享信息，并对信息进行审核，以保证共享性资源信息的准确性，集群成员可根据自身需求，在信息系统查询共享信息，自行与共享性资源的提供方联系，共享资源。

（2）知识、技术、信息资源要素。部分知识、技术、信息资源是靠集群成员间相互交流沟通实现共享。例如，高技术虚拟产业集群信息系统发布会议信息，成员可以通过参加集群技术交流会议相互沟通，获得知识、技术和信息资源。

（3）财力资源要素。该类资源要素主要用于集群公共设施的构建，信息系统将该类资源的信息进行发布，以供成员进行查询与监督。

共享性资源的采集可通过共享性资源地图来实现，如图 6-16 所示。

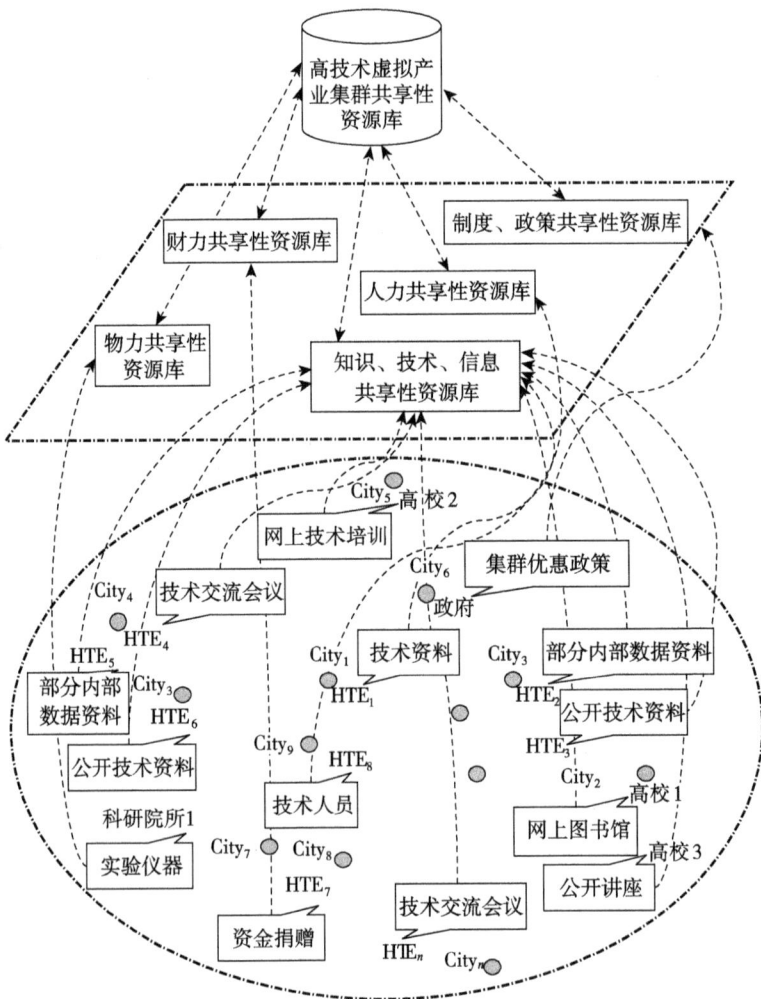

图 6-16　高技术虚拟产业集群共享性资源地图

高技术虚拟产业集群共享性资源地图就是将集群的共享性资源清晰地展示在成员面前，同时集群的共享性资源得到及时准确地维护、更新和修改。高技术虚拟产业集群可将分布于不同城市的共享性资源采集到高技术虚拟产业集群共享性资源库中，并将各类资源进行归类整理形成共享性资源地图。

高技术虚拟产业集群共享性资源地图主要有以下功能。

(1)地图的搜索导航功能。资源地图可以清晰地表示共享性资源所在的城市、地址以及资源的类型等资源信息，这是共享性资源地图最根本的功能，可通过各种方式引导成员快速、准确地找到所需的共享性资源，是反映集群共享性资源状况的导航图。

(2)加强共享性资源的联系。共享性资源通过资源地图的形式表示，可以形象地表示出共享性资源的地缘联系，有利于人力与物力资源的共享，成员之间可根据地理趋近性的原则，就近共享实验仪器、实验室等资源，提高资源的利用效率。

(3)加强集群资源共享的氛围。共享性资源地图可吸引成员提供更多共享性资源，形成集群资源共享学习的氛围，促进集群的技术创新。

2)共享性资源管理策略

如何将采集到的共享性资源进行管理，使资源得到有效利用，是资源共享的另一个主要问题，可从以下四个方面分析(图 6-17)。

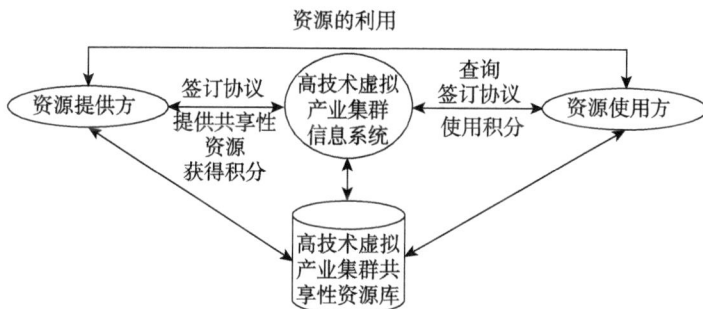

图 6-17　高技术虚拟产业集群共享性资源申报与使用流程

(1)共享性资源的协议管理。共享性资源的提供方与使用方均需签订资源共享协议，提供方保证所提供的共享性资源的真实性，而使用方则承诺合理利用资源，保护资源，并保证不将该资源用于商业出租用途。通过签订协议可保证资源提供方与使用方的合法权益，使资源共享过程顺利地进行。

(2)共享性资源的发布与上传管理。资源提供方与信息系统签订提供协议以后，选择其所要共享的资源类别，按照信息系统的要求，发布共享性资源信息或将共享性资源上传到高技术虚拟产业集群共享性资源库中，而共享性资源信息应包括资源的名称、提供方式、提供时限、提供地点等。高技术虚拟产业集群信息系统及时更新共享性资源列表，显示高技术虚拟产业集群共享性资源地图，以供成员查询与共享。

（3）共享性资源的积分管理。为了培养高技术虚拟产业集群资源共享的氛围，鼓励成员提供共享性资源，集群建立了资源共享积分制度，规定提供共享性资源会获得相应的积分，积分越多则可以使用共享性资源的权限越大，因此，为了获得更多共享性资源，成员必须提供更多的共享性资源，从而使集群形成更大的共享资源优势。

（4）共享性资源的使用监督制度。共享性资源的使用制度主要有以下两点：第一，集群成员对共享性资源分配与使用情况的监督。高技术虚拟产业集群信息系统中有共享性资源公共监督模块，所有成员均有对集群内所有共享性资源的流向与使用情况的知情权与监督权，对资源分配与使用的公平性、资源的完整性、财力共享性资源的使用明细具有监督权，同时对成员违规使用共享性资源的行为具有举报权。第二，高技术虚拟产业集群信息系统可随时跟踪共享性资源的使用情况，如发现成员违背使用协议，可在一定时间内取消其资源共享的权利。

6.2.4　HTVIC 成员间协调机制

1. HTVIC 成员间协调机制的内涵及特征

首先，高技术虚拟产业集群成员间协调机制的内涵。高技术虚拟产业集群成员间协调机制是指集群内成员为了实现其目标，成员之间及所关联要素之间互相协作、配合、促进的良性运转态势和内在过程控制规律。高技术虚拟产业集群成员间的协调内容包括高技术企业之间为了技术合作的相互协调、集群成员与管委会的协调、管委会与政府之间的协调等。

其次，高技术虚拟产业集群成员间协调机制的特征。其主要体现在以下三个方面。

（1）虚拟性。高技术虚拟产业集群成员打破地理限制，基于网络进行合作与竞争活动，许多交易发生在虚拟空间，与此同时，虚拟空间使成员间的协调工作具有"非当面"承诺的特性，因此，这种虚拟的时空特性，增加了成员间协调工作的高难度性，成员"非当面"的沟通很容易使彼此产生误解，很难达成一致性目标。

（2）敏捷性。高技术虚拟产业集群中的成员为了迎合市场机遇需要快速组成虚拟企业，这就需要成员间快速地进行协调，保证虚拟企业的良性运行。

（3）独立与整体性。高技术虚拟产业集群每个成员均为独立的个体，成员之间可通过彼此共同进行相互协调，因此其成员的协调具有独立性，然而，这些独立的个体组织均为高技术虚拟产业集群的成员，对集群的活动具有协作的作用，因此其成员的协调活动又具有整体一致性。

2. HTVIC 成员间协调机制的影响因素

根据高技术虚拟产业集群成员间协调机制的内涵及特征，其成员间协调机制的影响因素主要有以下三点。

(1)集群合作与竞争信息系统的协调功能。高技术虚拟产业集群成员打破地理限制进行跨地域的合作与竞争活动，这使跨地域的成员间协调、沟通难度加大，而集群合作与竞争信息系统则为跨地域成员之间提供沟通、合作的媒介，使集群成员通过系统进行合作交流以及协商集群内事物，因此，该系统需具有发起协商、组织成员参与协商并共同讨论的功能，以保证集群成员相互协调。

(2)集群的信任机制。首先，成员之间彼此信任可以减少签约所产生的成本、激励成本与监督成本；其次，高技术虚拟产业集群成员间通过信任可以约束交易双方的行为，防止一方违背承诺损害另一方的利益；最后，信任有助于成员间的理解与沟通，保证合作过程的顺利进行，降低管理风险，同时信誉披露制度又可以防止机会主义行为的发生，降低成员的道德风险，在全体成员的共同努力下，相互协调，保证合作的顺利进行。

(3)集群制度的完善性。集群有完善的规章制度，则成员间很多活动就有章可循，从一定程度上辅助了成员间协调工作的顺利进行。

3. HTVIC 成员间 Holon 模型

由于高技术虚拟产业集群每个协调组织具有自主性与协作性等特点，与 Holon 系统的分布性、协作性、适应性与交互性等特点相似，因此，本书应用 Holon 建模技术对高技术虚拟产业集群成员间协调机制进行建模分析。"Holon"是匈牙利 Koestler（1967）年在研究社会中的组织和生物组织的层次结构时提出的，每一个 Holon 是独立且合作的完整个体，对上层组织具有协作的作用，但对下层组织又是自主性的整体。

如图 6-18 所示，本书根据 Holon 建模技术与高技术虚拟产业集群系统的运行过程，建立 Holon 协调模型，将其成员之间的业务过程分为如下 Holon：订单 Holon、信誉 Holon、资源共享 Holon、物流 Holon、支付 Holon、辅助 Holon 与协调 Holon。通过每个 Holon 之间自主相互协作，在每个 Holon 获益的同时，实现集群协作拉动效应，促进集群整体竞争力的提升。

订单 Holon 是高技术虚拟产业集群成员间合作与竞争活动的基础内容。跨地域的成员间通过集群信息系统平台查询供求信息，通过成员间的竞争过程找到较为合适的合作伙伴，同时也可以通过平台提供的订单系统，进行贸易洽谈与订单管理。在这个过程中，要求成员间以及成员与信息系统网络中心之间积极协调，以保证供求信息的准确、及时。另外，通过成员间良好的洽谈与沟通，增加合作成功的几率。

信誉 Holon 是高技术虚拟产业集群成员间合作的重要前提。成员通过第三

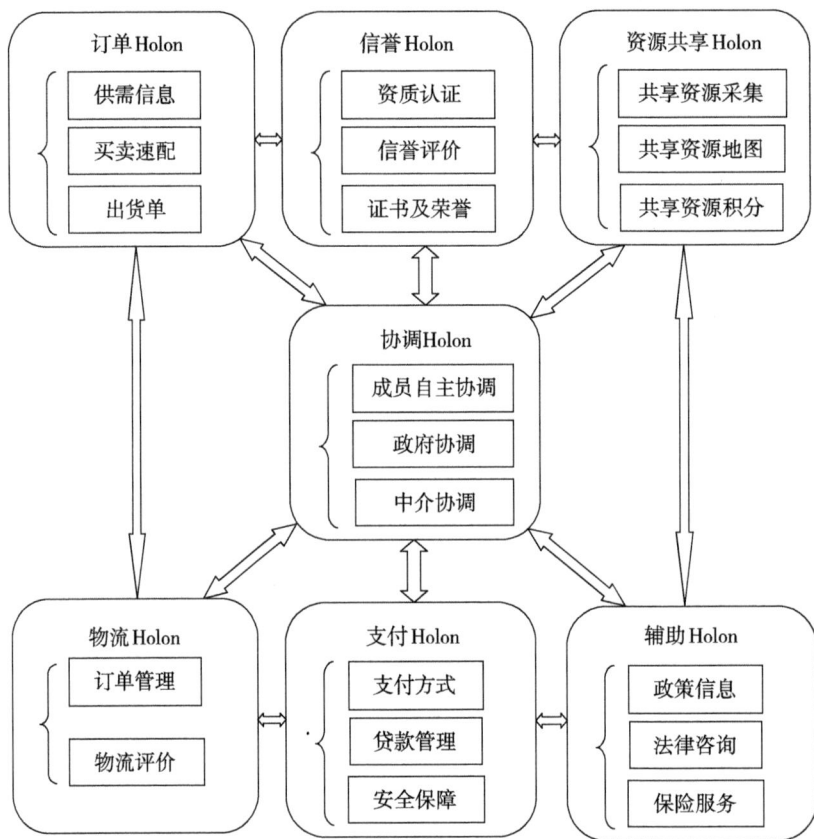

图 6-18 HTVIC Holon 协调模型

方认证机构对经营资质或身份进行核实和证明，集群中信誉互评系统对成员的信誉进行评价，同时集群信息系统还将成员的荣誉与证书进行展示，以增加成员的信誉度。在信誉 Holon 中，成员需要向第三方认证机构提供真实的企业资料，与其协调以对其企业资质进行验证；在信誉互评系统中，合作成员之间相互协调，公平、真实、公正地对彼此进行信誉评价；最后，成员需向信息系统系统提供成员的荣誉与证书。

资源共享 Holon 是体现高技术虚拟产业集群集群优势的一项重要内容。首先通过集群中的成员相互协调向集群资源采集系统提交共享的信息资源；其次，集群的信息共享系统将采集的共享性资源进行分类、整理形成集群资源共享地图，方便成员共享资源；最后，资源共享积分机制可以激励成员提供更多优质的共享性资源，增加共享性资源的利用率。

物流 Holon 对高技术虚拟产业集群跨地域成员之间的合作与竞争活动起到了很大的辅助作用。物流公司承担了跨地域成员间物流配送的工作；跨地域成员通过网络信息平台选择物流公司，经过与物流公司洽谈拟定订单，物流公司进行物流配送，配送完成后，合作双方会对物流公司进行评价，以保证物流公司的服务质量。

支付 Holon 是高技术虚拟产业集群成员间合作的重要保障。跨地域成员之间由于很难见面，彼此之间很难建立信任关系，因此跨地域的支付安全是合作的重要问题，因此选择哪种支付方式、如何进行融资以及如何保证支付安全是高技术虚拟产业集群支付 Holon 的重点问题。

辅助 Holon 包括政府以及集群内部的各项政策法规、律师事务提供法律咨询业务以及保险部门提供各项保险服务等。辅助 Holon 需要成员与政府部门、政府部门之间、成员与法律相关部门以及成员与保险部门之间相互协调。

协调 Holon 是高技术虚拟产业集群成员合作与竞争活动的重要枢纽。集群中成员间的各项合作活动都需要成员间、成员与中介、成员与政府之间以及政府与政府之间的相互协调。首先，集群成员洽谈业务，完成订单，信誉互评、资源共享、发货、收货、支付等活动都需要成员间相互协调，彼此协商，以保证合作活动顺利、高效的进行。其次，集群网络中心、第三方认证机构、金融部门、保险公司、物流公司等这些中介部门在整个集群成员合作协调工作中起了至关重要的作用。由于高技术虚拟产业集群独特的"虚拟"特性，成员间的大部分活动都需依赖集群网络中心，包括信息发布、订单管理、信誉互评、荣誉与证书展示、资源共享、物流、在线支付等都需与网络中心很好地沟通、协调，此外，金融部门、保险公司等中介机构，也起到很好的协调作用。最后，成员与政府、政府与政府之间也需要建立良好的协调渠道。跨地域成员之间的合作与竞争活动，引出了跨地域政府之间政策、政府建设等协调问题。

6.3　高技术虚拟产业集群竞争机制

6.3.1　成员间竞争机制内涵及框架设计

1. HTVIC 成员间协调机制的内涵及特征

第一，高技术虚拟产业集群成员间竞争机制的内涵。关于竞争，《现代汉语词典》的定义是，"为了自己方面的利益而跟人争胜"。高技术虚拟产业集群竞争机制则是指集群内成员在以集群整体平衡为目标的前提下，为自身利益和既定目标相互角逐的过程中所涉及的各个影响因素之间的结构、功能和联系。

第二，高技术虚拟产业集群成员间有效竞争的含义。有效竞争是由美国学者Clark(1940)相对于完全竞争非现实性提出的，他认为完全竞争在市场上不可能存在，提出了"有效竞争"的理论，对每个产业竞争的有效性进行了研究。而产业经济学家 Mason(1957)将有效竞争的含义进行拓展，认为实现有效竞争的条件可以归纳为两大类：①市场结构基准，即保证有效竞争的市场结构与市场条件。②市场效果基准，即从市场渴望的效果入手，使竞争更为有效。

基于 Mason(1957)的有效竞争的含义，本书认为高技术虚拟产业集群成员间有效竞争是指在高技术产品的市场上，高技术产品的供需相对平衡，集群成员既能形成竞争效应，又能产生集群规模经济优势，因此在集群内生成的一种竞争格局，并且新成员可进入市场参与合作与竞争活动，在集群内成员不断进行市场创新，高技术产品价格随着市场需求变化进行合理浮动。根据这一含义，为了保证成员间有效竞争的状态，高技术虚拟产业集群成员间竞争机制最关键的内容是如何对成员间的垄断与恶性竞争现象进行控制。

第三，高技术虚拟产业集群成员间有效竞争的影响因素主要体现在以下四个方面。

一是，高技术虚拟产业集群的竞争市场结构。高技术虚拟产业集群中，成员间专业化分工，进行合作与竞争活动，获取外部规模经济，形成了无中心型竞争市场结构、多中心型竞争市场结构、中心-卫星型竞争市场结构以及混合型竞争市场结构。

二是，高技术虚拟产业集群进入与退出壁垒。如图 6-19 所示，外圈表示高技术虚拟产业集群的准入与退出机制，内圈表示高技术虚拟产业集群技术进入与退出壁垒。

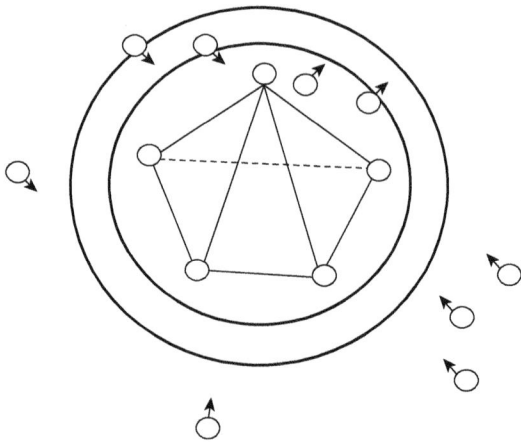

图 6-19　高技术虚拟产业集群进入与退出壁垒

高技术虚拟产业集群的准入与退出机制可以将信誉低及与该集群发展不相匹配的成员挡在门外，保障了集群内成员合作与竞争活动的稳定性，促进了集群整体竞争力的提高，保证了高技术虚拟产业集群成员经济活动安全、高效的进行。

在高技术虚拟产业集群内，存在着很多潜在进入者，这些成员已经参与高技术虚拟产业集群内，但还处于游离状态，还没有参与集群的某个基础 Value Net 内。潜在进入者只有比基础 Value Net 内的成员有一定的技术优势，才有可能进入基础 Value Net 中，甚至是取代原有的企业。因此基础 Value Net 本身的技术价值水平和技术梯度反映了潜在进入者的进入技术壁垒。与此同时，潜在进入企业为了能进入基础 Value Net 中，要增加自己的 R&D 投入来提高自身的技术创新能力，而这种投入成为了企业退出时的主要壁垒。

如图 6-20 所示，通过高技术虚拟产业集群进入壁垒与退出壁垒的关系矩阵分析可知，最理想的状态是进入壁垒较高而退出壁垒低，新进入者将受到抵制，而在集群经营不理想的成员会离开该行业。反之，进入壁垒低而退出壁垒高情况下，当该高技术领域发展较为理想时，企业纷纷进入该集群；当该高技术领域不景气时，集群内成员之间竞争激烈，相当多的成员会因竞争不利从而陷入困境。

退出壁垒

	高	低
进入壁垒 低	低利润高风险	稳定的低利润
进入壁垒 高	高利润高风险	稳定的高利润

图 6-20　进入壁垒与退出壁垒的关系矩阵

三是，竞争相关的法规。我国颁发的与竞争相关的法律主要有以下几种，分别是《中华人民共和国反垄断法》(简称《反垄断法》)、《反不正当竞争法》、《价格法》、《广告法》、《中华人民共和国产品质量法》、《中华人民共和国商标法》、《中华人民共和国专利法》和《中华人民共和国著作权法》。

在《反不正当竞争法》中，详细规定了不得假冒他人的注册商标、擅自使用注册商品的名称、擅自使用他人企业的名称，不得窃取企业商业机密，不得为了排挤对手以低于成本的价格销售商品。该法对恶性竞争企业的法律责任也进行了详细的规定，对规范市场行为，起到了很好的监督作用。

2008 年颁布的《反垄断法》，对垄断行为，即限制竞争，危害公共利益的行为进行了详细的法律规定，详细规定了行政性垄断和经济性垄断的内容和范围。

四是，竞争行为。结合高技术虚拟产业集群的市场结构和高技术虚拟产业集群中的进入退出壁垒分析可知，在高技术虚拟产业集群中成员的竞争行为有以下五种形式。

(1)合作式竞争(co-opetition)。高技术虚拟产业集群中成员之间的竞争越来越激烈，因为分工越来越细，单靠自身的能力很难在高技术虚拟产业集群环境中求得生存和发展，即使是在价值链某一环节上具有垄断优势成员也不例外。因此，高技术虚拟产业集群的成员开始对竞争战略进行调整，从以往对抗式竞争改为合作式竞争，即在竞争中有合作，在合作中有竞争的形式。在高技术虚拟产业集群成员间竞争的过程中，成员间会通过联合或并购的方式建立事实技术标准以限制其他成员与其竞争，容易形成技术标准垄断，从而严重阻碍集群成员竞争活动的正常进行，并进一步影响集群的技术创新。此外，对集群成员的不合作策略，即采取恶性竞争的策略，不计后果地采取价格战、窃取竞争方的商业机密等形式，集群管委会将会根据其行为的严重程度，对其进行警告乃至清退。

（2）分散式竞争。在高技术虚拟产业集群中成员分工越来越细，每个成员都有自身的技术特长，因此，成员都倾向于在自己擅长的技术领域分散竞争。

（3）个体式竞争。完全由成员个体参与竞争，不过这种竞争在高技术虚拟产业集群中较为少见。

（4）外部式竞争。成员在参加高技术虚拟产业集群之前，都具有各自的Value Net体系，因此，高技术虚拟产业集群的成员可利用其在集群外的关系增加成员在集群内的竞争力。

（5）网络效应性竞争。在集群技术标准的竞争中，使用该标准的成员数量对竞争起着十分重要的作用，因为使用该标准的成员数量与该标准产品的消费者相联系，而消费者会产生一定的网络效应，会对竞争结果产生很大的影响。

2. HTVIC 成员间竞争机制的总体框架

根据高技术虚拟产业集群成员间竞争机制的含义与影响因素的分析，集群为了达到有效竞争的状态，高技术虚拟产业集群成员间竞争机制最关键的内容是如何对成员间的垄断与恶性竞争现象进行控制，因此，高技术虚拟产业集群竞争机制总体框架设计如图 6-21 所示。

高技术虚拟产业集群成员间竞争机制主要由垄断控制机制与恶性竞争控制机制构成。其中，垄断控制机制主要由多中心型市场结构、中心-卫星型市场结构、高进入高退出集群壁垒、反垄断法、合作式竞争方式、外部式竞争方式以及网络效应性竞争方式的等因素的影响；恶性竞争控制机制则受无中心型市场结构、多中心型市场结构、低进入高退出集群壁垒、反不正当竞争法等因素的影响。高技术虚拟产业集群成员通过技术标准联合形成事实标准的形式进行技术标准垄断，对竞争产生先促进后抑制的作用。另外，部分成员采用严格的非合作的对抗性竞争策略，通过价格战、窃取商业机密等方式与其他成员进行竞争，严重影响了竞争秩序，进而阻碍了集群整体竞争力的提升。

6.3.2　HTVIC 成员间垄断控制机制

1. 垄断形成的动因

为了研究高技术虚拟产业集群垄断形成的动因，首先对高技术虚拟产业集群

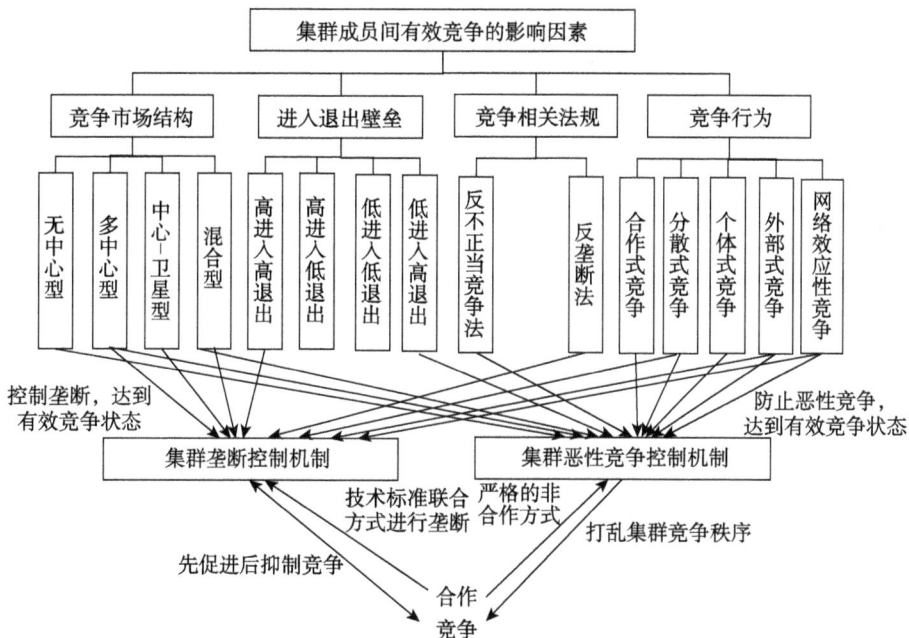

图 6-21　高技术虚拟产业集群成员间竞争机制的总体框架

垄断形成的过程进行分析如图 6-22 所示。

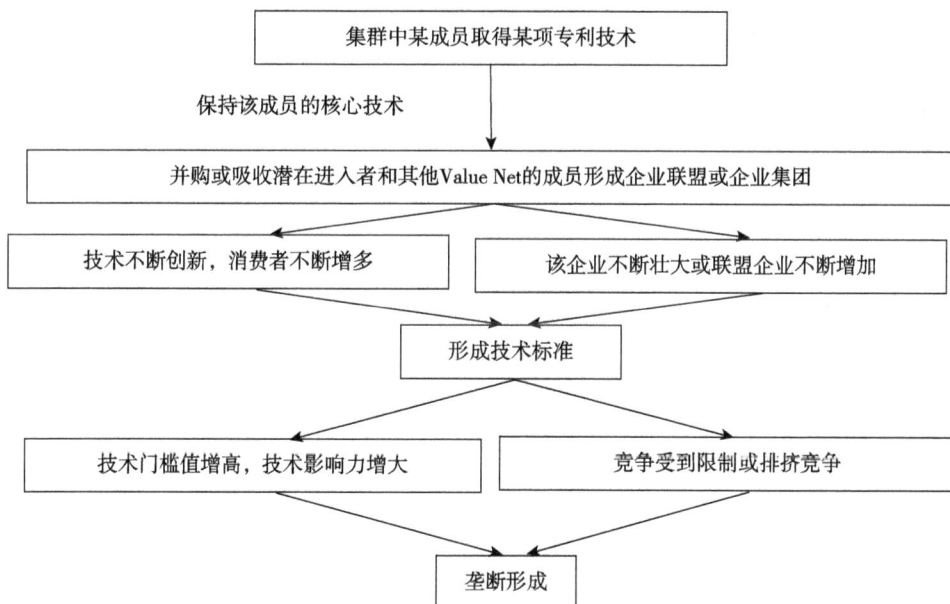

图 6-22　高技术虚拟产业集群垄断形成过程

根据我国《反垄断法》的规定，垄断是限制、排挤竞争的行为，而高技术虚拟产业集群是高技术领域内具有技术创新性的虚拟产业集群，其成员竞争活动都是与高技术价值链相关联的，因此，对集群内的成员来说，技术的领先地位，是使该成员在集群中处于主导位置的关键所在。集群中的成员在取得某项先进技术的知识产权时，为了充实该企业的力量，保持技术领先者的优越位置，会选择在保持核心技术的基础上，采取与其他公司联合或者并购其他公司的行为，以增强该企业的技术研发能力，同时起到推广该项先进技术的作用，使该项先进技术被越来越多的消费者接受。随着联合与并购的公司逐渐增多，该企业在集群中形成了企业联盟或者企业集团，该项技术不断得到创新与发展，技术的影响力在高技术领域内处于高端位置，无形中对企业联盟与企业集团以外的企业起到了竞争排挤作用。随着该企业联盟与企业集团的不断壮大，该项技术的消费者越来越多，该项技术逐渐形成技术事实标准，联盟或集团外的企业必须接受该项标准才能与该集团合作，技术标准的推广，又进一步加强了该企业联盟或集群的垄断位置。

技术标准垄断可从以下两方面进行分析。

第一，技术标准含义。依据国际标准化组织的定义，技术标准是指，"一种或一系列具有一定强制性要求或指导性功能，内容含有细节性技术要求和有关技术方案的文件，其目的是让相关的产品或服务达到一定的安全要求或进入市场的要求"。从法律的角度，根据标准制定人的不同，技术标准可以划分为法定标准和事实标准。法定标准是指经过标准化组织的法定程序选择、确定、公告、建立并管理的标准。事实标准是指没有任何官方或准官方标准设定机构批准的情况下成功地使产业界接受它而形成的标准。

第二，技术标准与知识产权结合。技术标准实质上属于公共资源，设定技术标准的初衷是为了保障技术的通用性与兼容性，与权利的独占性没有过多联系，但是随着高技术产业的迅猛发展，设定技术标准主要是为了保障产品的互换性和通用性，其本身是与独占性的权利没有关系的。但是随着高新技术产业的兴起，技术标准与知识产权（主要指专利权）相结合。标准的拥有方倾向于把技术标准注册为专利技术，技术的使用方若想达到该技术标准则必须以使用该项专利技术为前提，此外，尽管专利技术仅是技术标准内的技术方面的内容，但是，其专利是具有垄断性质的权利，因此，得到专利技术的使用许可就变成技术标准的许可。专利技术的拥有方利用专利控制技术标准，使其变成控制市场竞争的工具。

我国自 2008 年 8 月 1 日开始实行的《反垄断法》中第 55 条中规定，经营者按照相关知识产权的法律和行政法规的规定而实施知识产权的行为，均不适用该法；但经营者行为中，如滥用知识产权，采取排除或限制竞争的行为适用该法。这条法令是我国反垄断法规中唯一一条与知识产权相关的规定。显而易见，这样较为笼统的规定很难满足现实的需要,因此,很多企业将专利技术与技术标准相结合,起到限制或排除竞争的作用。

技术创新是高技术虚拟产业集群发展的动力,集群中成员垄断的实质是将自身的专利技术与技术标准相结合,通过与集群中的其他成员联合不断扩大企业的控制范围,以达到技术垄断的地位。本书将这种垄断称为高技术虚拟产业集群联合技术标准垄断,是在高技术虚拟产业集群中多个成员联合起来把各自的知识产权相结合,使其成为一个整体而形成某个领域的事实标准。在标准设定的过程中,成员间相互协调增加该专利技术的消费者数量,另外通过技术标准提高技术的门槛值,降低该技术的竞争风险,或者利用技术标准控制行业向自己有利的方向发展,来实现自身的垄断地位。

2. 垄断机制建模

首先,建模的基本思想和方法。高技术虚拟产业集群成员的联合技术标准垄断过程具有时间和空间离散的特性,并且通过集群中成员间局部的作用,对整个集群的演化产生了巨大影响,其作用过程与元胞自动机的作用过程具有很大的相似性,因此,本书以元胞自动机的建模理念为基础,通过分析高技术虚拟产业集群成员联合技术标准垄断的影响因素,构建高技术虚拟产业集群联合技术标准垄断模型(Gao and Du,2010)。

其次,模型的构建。高技术虚拟产业集群成员联合技术标准垄断能力主要受以下四个因素的影响。

(1)专利技术的 R&D 投入。

(2)专利技术的网络效应。网络效应是指消费者消费某产品获得的效用会随着购买这种产品的其他消费者的数量增加而不断增加。

(3)专利技术的技术价值。

(4)标准制定中技术标准联合的成员数。

基于以上分析,可将高技术虚拟产业集群中某一成员联合技术标准垄断的能力表示如下。

$$H_j = \sum_{i=1}^{m} \left(V_{(i,t)} + \delta C(I_{(R\&D)}(i,t), B_{(i,t)}) + \mu n^2 \frac{V_{(i,t)}}{\max\{V_{(i,t)}\}} \right) \quad (6\text{-}43)$$

$$B_{(i,t+1)} = B_{(i,t)} + \delta(I_{(R\&D)}) \quad (6\text{-}44)$$

$$C(I_{(R\&D)}(i,t), B_{(i,t)}) = I_{(R\&D)}(i,t) + B_{(i,t)} \quad (6\text{-}45)$$

其中,H_j 表示第 j 个联合技术标准的垄断能力;m 表示联合标准制定中联合的企业数;$V_{(i,t)}$ 表示成员 i 在 t 时刻的自身技术的价值;$B_{(i,t)}$ 表示 t 时刻成员 i 自身的技术创新能力基础,它由成员 i 在 j 时刻具备的技术研发设备和技术人员比例等决定;$I_{(R\&D)}(i,t)$ 表示成员 i 在 t 时刻的 R&D 投入;$C(I_{(R\&D)}(i,t), B_{(i,t)})$ 表示 t 时刻到 $t+1$ 时刻成员 i 创造出来的技术价值,$C(I_{(R\&D)}(i,t),$

$B_{(i,t)}$)由 $B_{(i,t)}$ 和 $I_{(R\&D)}(i,t)$ 决定，为了简化，本书不失一般性地用线性关系表示；μ 为网络效应价值系数；$\mu n^2 \dfrac{V_{(i,t)}}{\max\{V_{(i,t)}\}}$ 表示成员 i 提供的专利技术产生的网络效应价值；δ 为创新成功系数，可正可负，创新具有不确定性，也体现了高技术虚拟产业集群中高技术产品的风险性。

3. 垄断 CA 模型的仿真

第一，仿真流程分析。联合技术标准对某一成员的垄断作用过程可以分为以下两个阶段。仿真流程如图 6-23 所示。

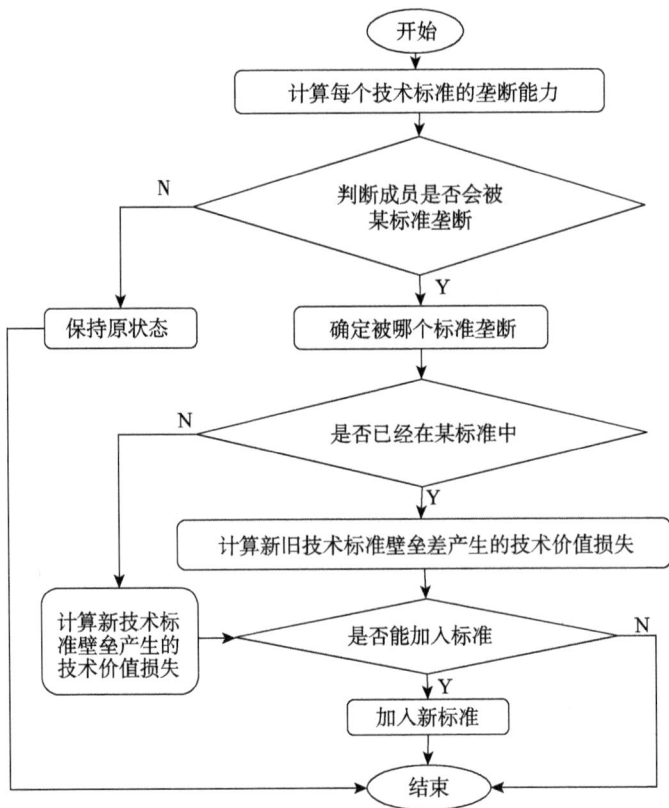

图 6-23　仿真流程

第一阶段：高技术虚拟产业集群成员判断是遵照集群内现有的技术标准还是保持原来状态，具体规则如下。

$$\frac{V_{(i,t)} + \mu n^2 \dfrac{V_{(i,t)}}{\max\{V_{(i,t)}\}}}{H_j} < 0 \qquad (6\text{-}46)$$

其中，$V_{(i,t)}$ 表示成员 i 在 t 时刻的自身技术的价值；$\mu n^2 \dfrac{V_{(i,t)}}{\max\{V_{(i,t)}\}}$ 表示成员 i 的专利技术具有的网络效应价值；H_j 表示联合技术标准 j 的垄断能力；θ 表示标准更换系数。

第二阶段：当成员决定选择遵照集群现有标准之后，则该成员将决策加入集群中哪个技术标准。成员 i 具体作用规则如下。

$$\frac{n_{(p)}(R_J + V_{(i,\,t)} - (\Delta L))}{\sum_{j=1}^{n} V_{(j,\,t)}} \geqslant \omega \tag{6-47}$$

其中，R_J 表示参与技术标准带来的技术价值；ΔL 表示不同技术标准间因技术壁垒导致的技术价值的损失；$n_{(p)}$ 表示标准的参与成员个数；$\dfrac{\sum_{j=1}^{n} V_{(j,\,t)}}{n_{(p)}}$ 为标准的平均技术价值；ω 为标准的壁垒系数。

第二，仿真实现。在高技术虚拟产业集群中，参与联合技术标准竞争的成员越多，集群的竞争就越激烈，竞争强度就越大。根据构建的仿真规则，本书通过 Matlab 实现对高技术虚拟产业集群联合技术标准垄断元胞自动机模型的仿真，并分析集群内联合技术标准垄断对竞争的作用。设高技术虚拟产业集群有 400 个成员，现有三个技术标准，参与三个标准的成员分别用白色、浅灰色、灰色表示，同时高技术虚拟产业集群中还有大量的潜在进入者，用黑色表示。图 6-24 表示随着技术标准垄断不断增加，集群内参与技术标准的成员不断变化过程。

4. 垄断对竞争的作用

如图 6-24(a)、图 6-24(b)所示，随着垄断的增加，黑色所表示的潜在进入者逐渐变少，加入不同的技术标准中，每个技术标准参与的成员数量增多，集群竞争强度增强；而当技术标准垄断达到某个值的时候，如图 6-24(c)～图 6-24(f)所示，三种技术标准在高技术虚拟产业集群处于垄断竞争的地位，同时集群内三个技术标准的成员数出现了稳定的波动状态，即集群内的竞争处于动态平衡状态；然而随着技术标准垄断继续增加，如图 6-24(g)、图 6-24(h)所示，此时技术标准中的成员总数量迅速地减少，即集群竞争强度在迅速地降低。以上实验的分析可用图 6-25 表示，即高技术虚拟产业集群成员的竞争强度随着联合技术标准垄断强度的增加呈现先促进再稳定最终抑制竞争三个状态。

（a）作用过程1　　　　　　　（b）作用过程2

（c）作用过程3　　　　　　　（d）作用过程4

（e）作用过程5　　　　　　　（f）作用过程6

（g）作用过程7　　　　　　　（h）作用过程8

图 6-24　技术标准垄断作用过程分析

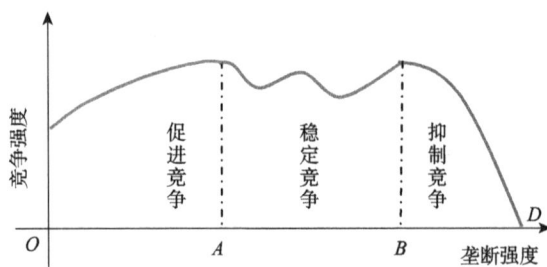

图 6-25　技术标准垄断强度对竞争作用

技术标准垄断强度对竞争的作用可从以下几个方面分析。

(1)技术标准的联合可以避免因为开发生产相类似但是不兼容的发明而造成投资上的浪费,并且技术标准可以协调各个竞争者之间的冲突,因此在技术标准联合的初期可以促进成员之间的竞争,同时随着垄断强度的增加,竞争处于相对稳定的波动状态。

(2)随着联合技术标准垄断程度的逐渐加深,联合技术标准的成员在一定的交易领域内限制竞争,通过签订技术标准垄断协议设定垄断价格或者设定技术壁垒以限制竞争者的加入,因此竞争强度逐渐降低。

5. 垄断控制策略

在高技术虚拟产业集群的发展过程中,适当的技术垄断在一定程度上可以促进集群的技术创新,而过度的垄断则会对技术创新起到阻碍作用,因此,对高技术虚拟产业集群来说,集群管委会以及成员应该对集群竞争状态进行实时监控,按照集群竞争的不同状态对技术标准垄断应进行适当控制。

首先,垄断促进竞争阶段。在此阶段掌握知识产权的成员联合其他成员形成企业联盟或企业集团,积极扩大该项技术的应用范围。此时,随着该项技术为消费者接受,该企业联盟或企业集团加大对该项技术研发投入,因此,企业联盟或企业集团将不断取得技术创新。其他竞争者看到该项技术广大的应用前景,也采取同样的方式,积极进行技术创新,参与该项技术的竞争中来,竞争较为剧烈。此阶段,集群管委会与集群成员自身应采取如下垄断应对策略。

(1)集群管委会应在集群范围内大力宣传《反垄断法》的相关内容,加强集群成员的法律意识,从成员意识上防范垄断现象的出现。

(2)建议政府将《反垄断法》中第 55 条知识产权相关的规定细化,加大对技术标准垄断控制的力度。

(3)集群管委会根据成员的意愿,吸引更多新成员加入集群,积极引进集群外先进的技术和标准,使集群内的技术多样化。

其次,垄断稳定竞争阶段。该阶段不同企业集团或企业联盟继续扩大技术的消费群,并通过将知识产权与技术标准相结合,形成技术事实标准,此时,集群内不同企业集团处于垄断竞争的相对稳定状态。集群管委会与集群成员自身应采取如下垄断应对策略。

(1)集群成员将专利技术与技术标准相结合时,集群管委会要积极跟踪集群竞争状态,对可能出现的垄断风险要提前预警,并对技术标准垄断给予适当监督和控制。一方面防止已有的技术标准具有更多的利己性和排他性,另一方面对尚未处于垄断阶段的技术标准进行引导。

(2)集群管委会应鼓励成员对新技术进行创新和使用。

(3)鼓励集群中成员建立可以相互兼容的标准,并且标准的制定要根据技术的不断发展而不断地改进和变化，以适应集群的发展。

最后，垄断抑制竞争阶段。随着技术标准垄断程度不断加深，集群内其他竞争者受到严重排挤，纷纷退出竞争，此时由于该企业集团或企业联盟牢牢占据了该项技术的垄断地位，因此，会放松对其技术的研发投入，阻碍了技术创新。集群管委会与集群成员自身应采取如下垄断应对策略。

(1)集群管委会针对目前垄断状况进行判断，一方面，对技术垄断者提出警告，劝导其应遵循市场竞争规则，保证市场竞争的正常秩序。另一方面，对集群新进成员进行垄断风险预警，提醒新成员需谨慎加入该项技术的竞争。

(2)集群管委会积极吸引更多新成员加入集群，引进集群外先进的技术和标准，使集群内的技术多样化，以改变目前集群技术垄断的状态。

(3)集群管委会组织召开集群技术峰会，讨论新技术的解决方案，以扭转目前集群内技术垄断的局势。

6.3.3 HTVIC 成员间恶性竞争控制机制

1. 恶性竞争的特征与起因

恶性竞争是过度竞争与不正当竞争的总称，其中不正当竞争是指以不正当手段从事市场交易，损害竞争对手利益的行为。

首先，高技术虚拟产业集群恶性竞争的特征。高技术虚拟产业集群的恶性竞争具备以下三个特征。

(1)高技术虚拟产业集群的恶性竞争体现了集群某一时刻的整体竞争状态，具有动态可变性，并非是单一成员的个体行为。

(2)高技术虚拟产业集群的恶性竞争由成员间不正当的竞争行为引发。

(3)高技术虚拟产业集群的恶性竞争危及集群的正常活动，集群内所有成员的动机和行为构成了集群内竞争活动的非理性，而不是讨论集群内某个成员的动机和行为是否理性。

其次，高技术虚拟产业集群恶性竞争的起因。高技术虚拟产业集群恶性竞争的起因主要从以下五方面进行分析。

(1)高技术虚拟产业集群进入壁垒低而退出壁垒相对较高的状态，是恶性竞争产生的条件。在高技术虚拟产业集群中，Value Net 为了争取吸纳潜在进入者的加入，会不断地给予潜在进入者一定的优惠政策和扶持，然而为了防止本Value Net 内成员退出，会通过技术标准把退出壁垒调高。如果集群中的每个Value Net 都采取了同样的竞争策略和行为，集群整体就会呈现一种恶性竞争的趋势。

(2)集群的竞争市场结构也对恶性竞争产生影响。如果集群的市场结构类型趋向于无中心型或者多中心型，则集群内 Value Net 数量过多且势均力敌，每个

Value Net 在集群中拥有的成员很少，获得的高技术价值也有限，并且因为在技术上势均力敌，为了获得更多的利润，Value Net 之间倾向于采用恶性竞争的方式进行竞争。

（3）高技术产品的易模仿性与高收益性是恶性竞争产生的又一重要原因。当高技术虚拟产业集群中某些新技术被创造出来并被市场所接受时，在巨大利益的驱使下，很多厂商蜂拥而至，对高技术产品在功能或服务上进行模仿。在没有更先进的技术的前提下，在利润最大化的动机支配下，集群中的成员会倾向于抢先采取损人利己的行为获取先行者优势，其他成员则相机而动，采取相似策略以取得尽可能多的利润。集群内这些成员的个体行为汇聚成集群内整个行业的非理性，从而诱发了恶性竞争。

（4）技术创新速度较慢是高技术虚拟产业集群恶性竞争的根源。只有技术不断创新，集群成员才能持续不断地获得利润，才能不断积累研发和市场推广的资本，而整个集群也能不断地提高竞争力吸引更多的成员使集群不断壮大。然而，当集群技术创新速度较慢或处于停滞状态时，集群成员因不能获得足够的研发资本和市场机会，只能获得较低的利润，因此，此时为了获得更多的利润，集群中的成员将会产生集体性的恶性竞争行为。

（5）集群成员采取严格的非合作的竞争方式是集群产生恶性竞争的又一重要原因。成员坚守传统对抗式竞争策略，认为竞争必为"你死我活"的状态，不顾后果地一味采取价格战、间谍战等方式进行竞争，从而使竞争双方两败俱伤。如果集群成员大规模地采取这种竞争方式，则集群极易形成恶性竞争的状态，阻碍集群的发展。

2. 恶性竞争的控制模型

第一，建模背景与方法。在高技术虚拟产业集群中，基础 Value Net 内部与基础 Value Net 间同样存在着竞争。基础 Value Net 间的竞争主要是为了争夺集群更多的成员参与自己的基础 Value Net 中，而基础 Value Net 内的竞争是成员争取一直留在基础 Value Net 中而不被淘汰或使自己处于基础 Value Net 的主导位置。

在生态学理论中，当生态系统中某类群体单独存在时，其种群数量的变化会按照 Logistic 曲线增长（Evans and Findley，1999）；当系统中同时存在两种竞争性种群时，每个种群数量的变化会因为生态系统中另一个种群的存在而受到抑制，且将按照 Lotka-Volterra 理论所描述的方式变化（陆小成和罗新星，2008；Alekseeb，2009）。高技术虚拟产业集群成员之间的竞争与物种间的相互作用有很大相似性，所以本书在 Lotka-Volterra 模型基础上，做出适当的改进，构建高技术虚拟产业集群成员间恶性竞争的控制模型。

第二，模型的构建主要从以下四个方面进行研究。

首先，基本假设。假设存在一个高技术虚拟产业集群 η，X 和 Y 是 η 中的两个基础 Value Net。

其次，竞争模型。如式(6-48)与式(6-49)所示。

$$\frac{\mathrm{d}x}{\mathrm{d}t} = x\left(A_x - B_x x - \frac{x}{K} + C_x + D_x\right) - \theta_x E_{xy} xy \tag{6-48}$$

$$\frac{\mathrm{d}y}{\mathrm{d}t} = y\left(A_y - B_y y - \frac{y}{K} + C_y + D_y\right) - \theta_y E_{yx} xy \tag{6-49}$$

再次，模型说明。x 和 y 分别为基础 Value Net X 和 Y 所拥有集群成员的市场占有率；而 $\frac{\mathrm{d}x}{\mathrm{d}t}$ 与 $\frac{\mathrm{d}y}{\mathrm{d}t}$ 分别为基础 Value Net X 和 Y 所拥有的市场占有率的变化率；t 为时间；A_x 和 A_y 分别表示基础 Value Net X 和 Y 在集群中成员占有率的自然变化率；B_x 和 B_y 分别为集群中基础 Value Net X 和 Y 的进入壁垒，进入壁垒的高低直接影响了参与基础 Value Net 中成员的数目；C_x 和 C_y 分别为基础 Value Net X 与 Y 的技术创新能力；K 为某阶段高技术虚拟产业集群中成员总数，这里假设进入集群和退出集群的成员数量是平衡的，即集群内成员总数目基本稳定；D_x 和 D_y 分别表示基础 Value Net X 与 Y 的退出壁垒，在恶性竞争过程中，每个基础 Value Net 为了限制基础 Value Net 内的成员退出该基础 Value Net，会通过各种方法提高退出壁垒；E_{xy} 与 E_{yx} 分别为两个基础 Value Net 间的相互影响系数，在高技术虚拟产业集群中存在着网络效应，基础 Value Net 拥有的成员的数目不同，所产生的网络效应也不同，因此基础 Value Net 的网络效应在一定程度上影响了 E_{xy} 与 E_{yx}；θ_x 与 θ_y 分别为集群本身对基础 Value Net 间的竞争活动所产生的作用系数。

最后，模型的分析。本书首先考虑 x 和 y 平衡的情况，令 $\frac{\mathrm{d}x}{\mathrm{d}t} = \frac{\mathrm{d}y}{\mathrm{d}t} = 0$，则有

$$\left(A_x - B_x x - \frac{x}{K} + C_x + D_x\right) - \theta_x E_{xy} y = 0 \tag{6-50}$$

$$\left(A_y - B_y y - \frac{y}{K} + C_y + D_y\right) - \theta_y E_{yx} x = 0 \tag{6-51}$$

x 为横轴，y 为纵轴，则 $\frac{\mathrm{d}x}{\mathrm{d}t}$ 和 $\frac{\mathrm{d}y}{\mathrm{d}t}$ 的等值线(为了便于讨论，不妨设 A_x、A_y、B_x、B_y、K、C_x、C_y、D_x、D_y、E_{xy} 与 E_{yx} 均大于零)如图 6-26 和图 6-27 所示。

图 6-26 中，当 $(x，y)$ 处于等值线的左下方时，则 $\frac{\mathrm{d}x}{\mathrm{d}t} > 0$，即 Value Net X 市场占有率的变化率为正；而当 $(x，y)$ 处于等值线右上方时，则 $\frac{\mathrm{d}x}{\mathrm{d}t} < 0$，即 X

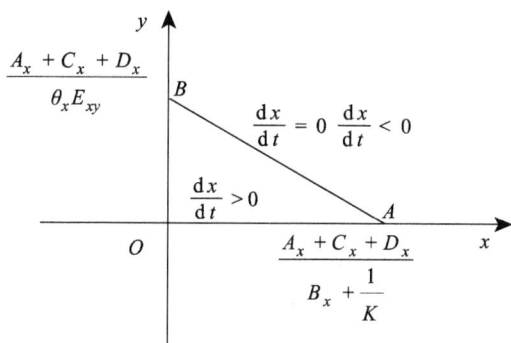

图 6-26　基础 Value Net X 市场占有率变化率等值线

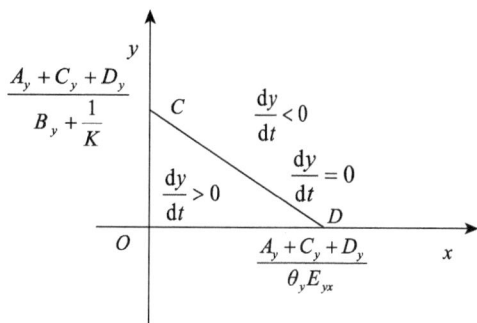

图 6-27　基础 Value Net Y 市场占有率变化率等值线

市场占有率变化率为负。

3. 恶性竞争模型分析

如图 6-28 所示，把 $\dfrac{\mathrm{d}x}{\mathrm{d}t}$ 和 $\dfrac{\mathrm{d}y}{\mathrm{d}t}$ 等值线在同一坐标系表示，可能出现如下四种情况。

出现图 6-28（a）情况时，当 $\dfrac{A_y+C_y+D_y}{B_y+\dfrac{1}{K}}>\dfrac{A_x+C_x+D_x}{\theta_x E_{xy}}$，$\dfrac{A_y+C_y+D_y}{\theta_y E_{yx}}>$

$\dfrac{A_x+C_x+D_x}{B_x+\dfrac{1}{K}}$时，$(x，y)$点处于基础 Value Net X 在等值线 AB 左下方时有

$\dfrac{\mathrm{d}y}{\mathrm{d}t}>0$，$\dfrac{\mathrm{d}x}{\mathrm{d}t}>0$，则$(x，y)$点在向上与向右的合力作用下向右上方方向移动；当

$(x，y)$点位于等值线 AB 与等值线 CD 之间时 $\dfrac{\mathrm{d}y}{\mathrm{d}t}>0$，$\dfrac{\mathrm{d}x}{\mathrm{d}t}<0$，在合力作用下，

$(x，y)$向左上方方向移动，最终移动到 C 点，此时基础 Value Net Y 最终在竞

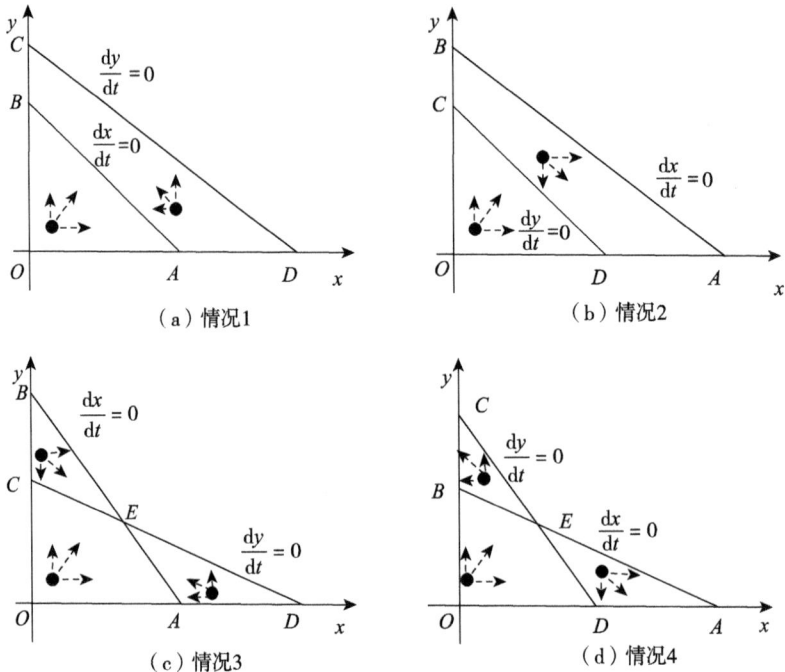

图 6-28　高技术虚拟产业集群内基础 Value Net 竞争四种可能情况

争中获胜。同理，出现图 6-28(b)情况时，基础 Value Net X 最终在竞争中获胜。出现图 6-28(c)情况时，$\dfrac{A_y + C_y + D_y}{B_y + \dfrac{1}{K}} < \dfrac{A_x + C_x + D_x}{\theta_x E_{xy}}$，$\dfrac{A_y + C_y + D_y}{\theta_y E_{yx}} > $

$\dfrac{A_x + C_x + D_x}{B_x + \dfrac{1}{K}}$，将这两个公式相乘得到：$\theta_x E_{xy} \times \theta_y E_{yx} < \left(B_x + \dfrac{1}{K_1}\right)\left(B_y + \dfrac{1}{K_1}\right)$，

由此可知，当初始值不变，在满足 $\theta_x E_{xy} \times \theta_y E_{yx} < \left(B_x + \dfrac{1}{K_1}\right)\left(B_y + \dfrac{1}{K_1}\right)$ 的情况下，基础 Value Net X 和 Y 能实现竞争下的均衡共生状态。但当市场总量一定时，随着竞争的不断加强，产品的生命周期出现衰落，使这种暂时平衡终被打破。出现图 6-28(d)情况时，基础 Value Net X 与 Y 也能达到某种竞争的共生状态，但这种状态是不稳定的，其最终竞争的结果是不确定的，主要取决于 x 和 y 的初始值。

在高技术虚拟产业集群中，为排挤其他基础 Value Net，每个基础 Value Net 经常会不断地降低自己的进入壁垒值而提高退出壁垒值，同时加大对其他基础 Value Net 的影响，而这种情况下必然产生恶性竞争。由上面的分析可知，如

果进入壁垒 B_x 和 B_y 降低而退出壁垒 D_x 和 D_y 提高，则必然会使 $\dfrac{A_x+C_x+D_x}{B_x+\dfrac{1}{K}}$

和 $\dfrac{A_y+C_y+D_y}{B_y+\dfrac{1}{K}}$ 逐渐变大。而恶性竞争时，基础 Value Net 都会不断地通过知识

溢出或其他的手段来降低进入门槛值，使基础 Value Net 间相互遏制和影响对

方，因素 E_{xy} 与 E_{yx} 的增长率会远大于退出壁垒的增大率，使 $\dfrac{A_x+C_x+D_x}{\theta_x E_{xy}}$ 和

$\dfrac{A_y+C_y+D_y}{\theta_y E_{yx}}$ 出现逐渐变小趋势，使高技术虚拟产业集群内基础 Value Net 间竞

争趋势如图 6-29 所示。

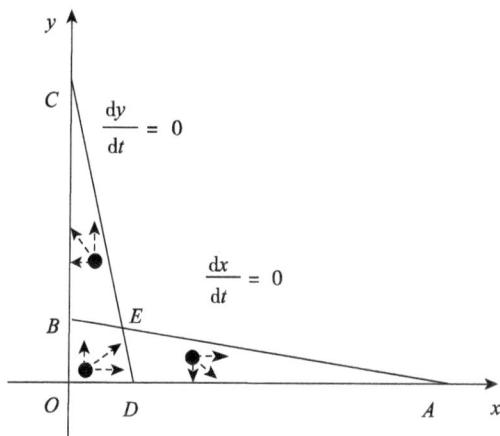

图 6-29　恶性竞争下 Value Net 等值线

从图 6-29 可以看出，在恶性竞争的情况下，Value Net 的等值线都会逐渐地逼近 x 轴，或者 y 轴，集群 Value Net 的市场成员占有率的变化率大于 0 的面积逐渐地趋近 0，最终，Value Net 的市场成员占有率的变化率都变成了小于 0，这种情况下在集群内的 Value Net 最终都会逐渐地消失。通过以上分析，恶性竞争对集群可产生以下两个方面的影响。

(1)恶性竞争使成员没有得到足够的资本积累并且部分资金用于盲目进行广告宣传、窃取商业机密，从而影响了技术创新的研发投入，同时由于有限的资金被分散使用，加剧了技术开发与改造资金的短缺。

(2)如高技术虚拟产业集群处于恶性竞争状态，很多成员都会处在非理智状态，成员为了获得短期利润，在恶性竞争中取得胜利，往往会不顾集群中的规章与秩序，这影响了集群整体竞争力的提升。

4. 恶性竞争防范策略

综上所述，恶性竞争可使集群技术创新处于停滞状态，并严重打乱集群正常的竞争秩序，所以对高技术虚拟产业集群来说，集群管委会与成员自身，应积极防止恶性竞争现象的发生。

(1)集群管委会应在集群范围内大力宣传与普及《反不正当竞争法》、《价格法》、《广告法》等与竞争相关的法律、法规，增强集群成员的法律意识，使成员从意识上遵守法律，倡导良性竞争。

(2)集群管委会要通过集群的准入与退出制度，及时跟踪集群竞争状态。邀请并吸纳拥有大量新技术的成员加入集群，并在集群网络首页上对拥有新技术的新成员进行免费广告推荐，保证集群内技术的差异性和多样性，避免过多成员竞争同一技术而导致过度竞争。

(3)在集群网站内集群成员可获取相同或相似技术成员的基本资料，使集群成员可随时把握集群目前的竞争状况，制订长远的技术创新计划和可扩展计划，以保证技术不断提升和完善，这样即使成员之间相互模仿，恶性竞争现象也不易产生。

(4)集群管委会应定期进行新技术的交流峰会，为集群成员技术交流提供平台，促进集群技术创新，鼓励集群成员在集群中不断进行技术突破，进行技术层面的竞争，而不是只从营销角度寻找竞争优势。

6.4 高技术虚拟产业集群合作竞争效应

6.4.1 技术创新效应分析

1. HTVIC 技术创新

技术知识分为显性技术知识与隐性技术知识。所谓显性技术知识即通过语言、文字、图像等方式准确、清晰地表示，且具有系统化、规范化的特点，如公式、说明书、市场调研报告等易于进行共享与沟通的信息。而隐性技术知识通常是极难规范表示和传播困难的高度个人化的信息，如经验、专长等，是个体长期积累和创造的结果，与个体的经历、年龄、修养等因素有关(Nonaka et al.，2000)。高技术虚拟产业集群的技术知识有如下三个特征(高长元和杜鹏，2010)。

(1)隐性技术知识显性化过程具有虚拟性的特征。与显性技术知识相比，隐性技术知识更难管理，因为只有小部分隐性技术知识可用语言表式，大部分隐性技术知识很难表示，只可意会不可言传，只能通过个体间的交互实现隐性技术知识的创新。然而，高技术虚拟产业集群中跨地域成员间面对面沟通困难，需靠现代化的通信方式，如邮件、电话以及视频会议等方式进行沟通，这种虚拟化的形式为隐性技术知识显性化的过程提供了媒介，因此，高技术虚拟产业集群的隐性技术知识显性化过程具有虚拟性的特征。

（2）外部依赖性和创新协作性。随着技术的飞速发展，高技术这种前沿技术其自身的高难度特征促使高技术企业单凭自身的技术能力很难应付外部技术市场突飞猛进的变化，因此，高技术企业必须通过在集群中获取共享技术知识资源，或者通过与其他成员合作共同进行技术创新以满足不断发展的高技术市场的需求。高技术产品的创新过程是需要多部门、多种知识、多类人员相互协调的过程，通过成员间的合作与竞争活动，形成横、纵向高技术价值链的技术创新相关活动。

（3）分散与聚集。高技术虚拟产业集群的成员打破地理限制以"组织接近"的形式在虚拟空间集聚，因此，集群的技术呈分散性特征。然而，分散的技术又会通过集群成员间的合作与竞争活动聚集在一起，产生新的技术。

按照市场需求把集群中产生的新技术传播、转化及引入经济系统内，使成员经营成功并促使集群良性动态发展的过程即为高技术虚拟产业集群技术创新过程。高技术虚拟产业集群技术创新过程分为技术创新过程和创新技术的经济化过程两个阶段。

技术创新过程包括成员与其他企业及组织通过合作和竞争共同进行技术创新的过程以及成员自主研发的过程。而高技术虚拟产业集群合作与竞争信息系统成为成员间各种合作与竞争活动以及技术共享的媒介。

创新技术的经济化过程是使技术创新过程阶段创新的新技术经济化的过程，是高技术虚拟产业集群中各种合作与竞争活动，促使成员创新出的新技术转化为科技产品和服务，并在市场中实现经济价值的过程。

2. HTVIC 合作与竞争对技术创新影响

SECI 知识创新模型由日本著名的知识管理专家 Nonaka（1999）提出。企业内知识的转化在 SECI 知识创新模型中分成了四个阶段，即社会化、外在化、组合化和内隐化。这些转化方式在企业内部具有动态性，在企业内个体之间、个人与团队间以及组织之间等交互方式中显性与隐性知识在不断地转换循环，一次循环完成伴随着新的循环开始，周而复始地进行。

第一，竞争对 SECI 技术创新过程影响。基于 SECI 模型，本书分别研究高技术虚拟产业集群成员间合作与竞争活动对技术创新的影响。图 6-30 为竞争对高技术虚拟产业集群成员技术创新过程的影响。

高技术虚拟产业集群中成员间各种竞争活动促进了成员加大 R&D 投入、维护自身技术库以及主动地从集群获取各种外部技术。高技术虚拟产业集群成员对某项高技术产品竞争的参与及新技术产品的生产，促进了基础 Value Net 的组成并实现创新技术经济化的过程，可从如下四个阶段进行分析。

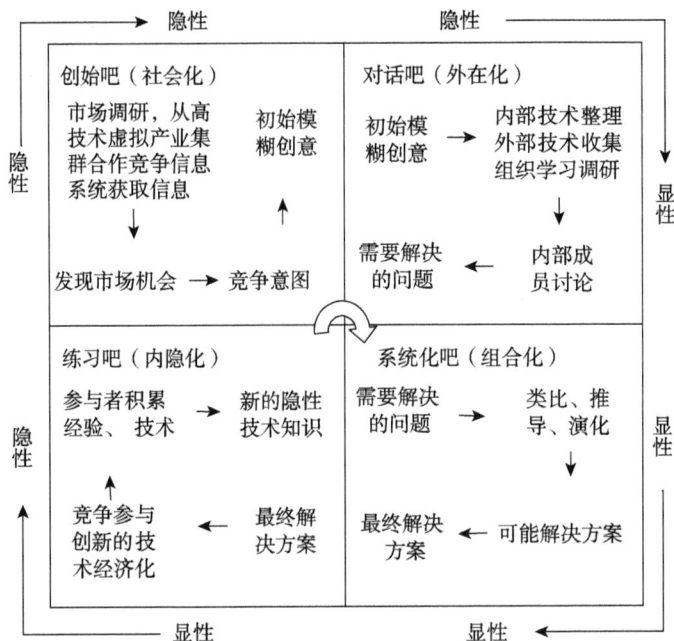

图 6-30   竞争对高技术虚拟产业集群成员技术创新过程的影响

（1）创始吧。创始吧表示隐性技术之间的相互转化。它是通过以共享现有经验为手段构建隐性技术的一个过程，而模仿、观察以及实践是获取隐性技术的关键。高技术企业通过市场调研、客户交流或从高技术虚拟产业集群合作与竞争信息系统获取各种商业信息，并按照自身现有经验对竞争意图进行初步确定。

（2）对话吧。对话吧是指由隐性技术到显性技术的转化过程，它是用显性化的概念和语言等方式清晰地将隐性技术表达的一个过程。由于受竞争意图驱使，高技术企业整理企业内部技术资源、组织学习调研并从高技术虚拟产业集群合作与竞争信息系统上搜集相关的技术资料，初步评估自身的技术水平，由企业内部成员讨论后明确需要攻关的技术难点。

（3）系统化吧。系统吧是指显性技术之间的组合，它是将各种显性概念通过各种沟通媒介产生的语言及数字符号等介质组合并系统化的过程。确定了在竞争中需要公关的技术问题后，成员组织科研技术人员进行技术的攻关，通过类比、推导、演化等方式提出攻关技术的最终解决方案。

（4）练习吧。练习吧指的是由显性技术转化到隐性技术的过程。这个过程是把成员在技术创新中取得的技术，形象化、具体化地表现出来，然后通过"汇总整理"产生新的显性技术，这些技术被组织内的成员学习、吸收、消化并最终成为自己的隐性技术。随着最终方案的确定产生新技术，竞争活动中成员把创造的技术经济化，并在整个竞争过程中成员经验得到积累，新的隐性技术也随之产生，最终实现了技术创新的整个过程。

第二，合作对 SECI 技术创新过程影响。成员间合作的过程增强了企业间的协作投资、合作研发、技术交流及资源重组，进而促进了集群的技术创新。图 6-31 为合作对高技术虚拟产业集群成员技术创新过程的影响。

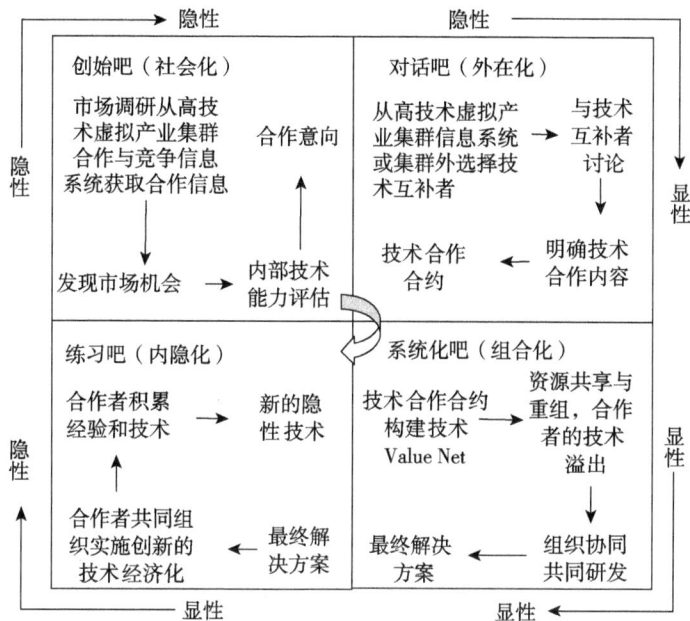

图 6-31　合作对高技术虚拟产业集群成员技术创新过程的影响

SECI 过程受合作的影响可分为如下四个阶段。

(1)创始吧。成员通过市场调研或从高技术虚拟产业集群合作与竞争信息系统获取各种合作信息，发现市场机会，或者得到其他公司的合作邀请之后，决策者对企业内部技术能力进行预评估并对合作意向做出初步确定。

(2)对话吧。成员通过"创始吧"确定初步合作意向之后，由企业内研发人员讨论，选择技术互补者。技术互补者可以通过高技术虚拟产业集群合作与竞争信息系统在集群内选择也可以通过其他方式在集群外选择。技术互补者选定后，通过电话、TV 会议以及网络等方式进行讨论，合作双方对合作内容达成共识，并签订合约，建立了技术创新的平台，同时使创造出的新技术在经济化过程中有了法律保证。

(3)系统化吧。按照合约，合作双方组建基础 Value Net，合作双方把技术资源进行共享和重组，共同研发，并提出最终解决方案。

(4)练习吧。合作双方对最终解决方案和科研成果进行整合、实施及测试，创造出了新技术。在此基础上，合作双方进一步合作，将新技术经济化。在整个技术创新及经济化的过程中，技术的创造得到延续，同时在这个过程中形成新的隐性技术，整个过程实现了技术创新的全过程。

第三，竞争与合作共同对技术创新的影响。如图 6-32 所示，由于竞争引起的技术创新和合作引起的技术创新会发生结合、渗透以及排斥等作用，技术创新受到竞争与合作的作用不只是简单叠加。在两种创新技术的交互作用下，竞争与合作共同对技术创新的作用较难确定。本书利用技术网络结点的演化规律，设竞争与合作分别引起的技术创新过程是组成一个技术结点的两个外力作用，建立高技术虚拟产业集群技术创新模型，模型中体现了合作与竞争对成员技术创新共同作用过程（T. C. Ambos and B. Ambos，2009；Hsieh et al. ，2009）。

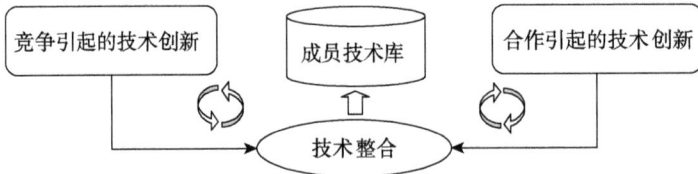

图 6-32　高技术虚拟产业集群成员合作与竞争对技术创新的影响

设技术创新受竞争的影响为 $x(t)$，受合作的影响为 $y(t)$，成员技术创新受合作与竞争共同的影响为 $z(t)$。则 $z(t)$ 可表示为

$$z(t)=(1-c_1)x(t)+k_1e^{b[x(t)-y(t)]}y(t)+(1-c_2)y(t)+k_2e^{b[y(t)-x(t)]}x(t)$$

(6-52)

当高技术虚拟产业集群成员的技术创新受到竞争与合作共同作用时，必然产生冲突，这种冲突对竞争技术创新作用和合作技术创新作用产生的损失率，本书分别用 c_1 和 c_2 表示；而合作与竞争的共同作用对竞争技术创新作用和合作技术创新作用的正向的影响系数分别用 k_1 和 k_2 表示；技术创新受到合作和竞争共同作用的参数用 b 表示。

3. 技术创新对合作与竞争的影响

在高技术虚拟产业集群中，技术创新是通过对高技术虚拟产业集群中合作与竞争的基础 Value Net 作用，实现对合作与竞争活动的影响。新技术和新产品在技术创新中产生，这使原有基础 Value Net 中成员间的合作与竞争关系发生变化，出现不匹配情况，主要表现为以下两个方面，如图 6-33 所示。

(1)随着对新技术和新产品的研发与生产，以某高技术企业为核心的基础 Value Net 中出现一些与原价值网不匹配的成员，如在新技术研发和新产品生产的基础 Value Net 中需要有与目前生产研发相匹配的新互补者和新供应商，而这个需求必然引起基础 Value Net 的重组。

(2)技术创新推动了高技术虚拟产业集群中技术的升级，而技术的升级使整个高技术市场发生了变化。高技术市场的变化使高技术企业面临新市场环境，高

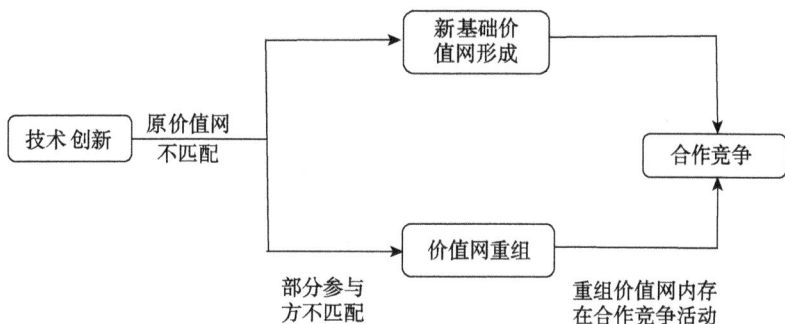

图 6-33　高技术虚拟产业集群技术创新对合作与竞争的影响模型

技术企业的顾客群、供应商及技术互补方等均发生了变化，因此必须形成新的合作与竞争的基础 Value Net，又使合作与竞争活动发生了变化。

4. HIVIC 合作竞争与技术创新关系模型

综上所述，高技术虚拟产业集群成员间合作与竞争推动了成员技术创新过程，而技术创新又促进了成员之间竞争与合作活动，高技术虚拟产业集群成员合作与竞争和技术创新的作用过程是相互正反馈并循环促进的：高技术虚拟产业集群的成员组成基础 Value Net 进行合作与竞争的各种活动，这些活动影响 SECI 的技术创新过程，而技术创新使原基础 Value Net 中参与方的合作与竞争关系不再匹配，在重组 Value Net 或建立新的基础 Value Net 的过程中产生新的合作与竞争活动，如图 6-34 所示。

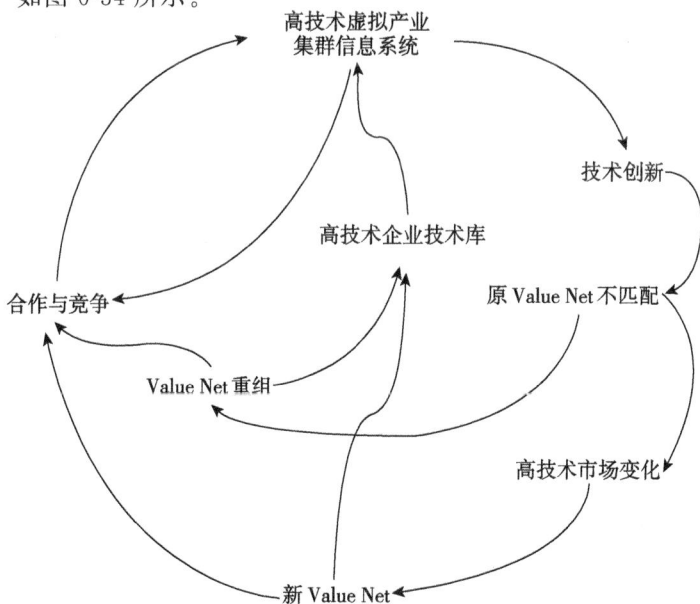

图 6-34　高技术虚拟产业集群合作与竞争与技术创新关系图

6.4.2 集群品牌效应分析

1. 集群品牌的含义及分类

首先，高技术虚拟产业集群集群品牌的含义。美国管理科学联合市场营销学会的 Kotler(2013)认为品牌是名词、名称、设计或符号，或将其组合，以识别某个或者某群销售方的产品和劳务，可使其与其他竞争者的产品和劳务区分开来。而高技术虚拟产业集群集群品牌则是指集群内部的高技术企业和与"高技术"相关的组织跨越地理限制在虚拟空间进行专业化分工合作和激烈竞争而逐渐形成区别于其他集群的声誉与影响力，是一个高技术虚拟产业集群区别于其他高技术虚拟产业集群的标志，反映集群产品的质量和档次，体现该高技术虚拟产业集群的市场竞争力。

其次，高技术虚拟产业集群集群品牌分类。可将高技术虚拟产业集群集群品牌做如下分类。

(1)国家或行业认证的高技术虚拟产业集群集群品牌。国家已经通过认证的形式对高技术虚拟产业集群集群品牌进行认证，以对集群品牌进行保护。

(2)未认证但获行业认可的品牌。某些集群品牌尽管并未获得国家认证，但是在行业知名度已经很高，随着集群的进一步发展，品牌将会进一步完善。

(3)核心企业品牌为主体的集群品牌。对于中心-卫星型高技术虚拟产业集群来说，集群内核心企业的品牌知名度要高于集群的品牌知名度，集群中的其他企业均围绕着该核心企业进行配套服务，通过不断发展该核心企业品牌，可逐渐延伸成集群品牌。

2. 合作与竞争对品牌演化的作用过程

在高技术虚拟产业集群集群品牌萌芽阶段，高技术企业打破地理限制，在虚拟空间集聚，企业与组织通过相互专业化分工合作和激烈的竞争，具有集群规模经济效应，形成了高技术虚拟产业集群，此时，集群品牌尚未形成。随着集群发展，集群中的成员通过品牌学习、品牌模仿及品牌之间相互激烈的竞争，促进集群品牌的萌芽，此时集群产品影响力较小，顾客忠诚度偏低。

随着高技术虚拟产业集群规模的扩大，集群内的成员专业化分工更加详细，联系也更为紧密，相互竞争也更加激烈，而在激烈的竞争过程中产生了大量企业知名品牌，集群品牌逐渐形成。高技术虚拟产业集群的集群品牌的形成经过高技术虚拟产业集群集群品牌主体选择、品牌定位和品牌形象设计三个阶段。随后在高技术虚拟产业集群集群品牌的成熟阶段，高技术虚拟产业集群集群品牌的推广与保护又成为该阶段的重点，如图 6-35 所示，根据合作与竞争对品牌深化作用过程的分析、构建了高技术虚拟产业集群品牌建设基本架构。

第一，高技术虚拟产业集群集群品牌的建设主体选择。高技术虚拟产业集群

```
┌─────────────────────────────────────────────────────┐
│  ┌───────────────────────────────┐                    │
│  │    高技术企业在虚拟空间集聚      │                    │
│  └───────────────────────────────┘                    │
│              ↓                                          │
│  ┌───────────────────────────────┐                    │
│  │  企业、组织间专业化分工合作      │                    │
│  │     相互间激烈竞争              │                    │
│  └───────────────────────────────┘                    │
│              ↓                                          │
│  ┌───────────────────────────────┐      ┌──────────────────────┐
│  │   高技术虚拟产业集群形成        │ ───▷ │  高技术虚拟产业集群     │
│  └───────────────────────────────┘      │  集群品牌萌芽阶段       │
│              ↓                            └──────────────────────┘
│  ┌───────────────────────────────┐                    │
│  │  企业、组织间通过品牌学习、      │                    │
│  │  品牌模仿以及品牌竞争促进        │                    │
│  │     集群品牌形成               │                    │
│  └───────────────────────────────┘                    │
└─────────────────────────────────────────────────────┘
              ↓
┌─────────────────────────────────────────────────────┐
│  ┌───────────────────────────────┐                    │
│  │ 高技术虚拟产业集群集群品牌主体选择│                    │
│  └───────────────────────────────┘                    │
│              ↓                            ┌──────────────────────┐
│  ┌───────────────────────────────┐ ───▷ │  高技术虚拟产业集群     │
│  │ 高技术虚拟产业集群集群品牌定位  │      │  集群品牌形成阶段       │
│  └───────────────────────────────┘      └──────────────────────┘
│              ↓                                          │
│  ┌───────────────────────────────┐                    │
│  │ 高技术虚拟产业集群集群品牌形象设计│                    │
│  └───────────────────────────────┘                    │
└─────────────────────────────────────────────────────┘
              ↓
┌─────────────────────────────────────────────────────┐
│  ┌───────────────────────────────┐                    │
│  │ 高技术虚拟产业集群集群品牌的推广 │      ┌──────────────────────┐
│  └───────────────────────────────┘ ───▷ │  高技术虚拟产业集群集     │
│              ↓                            │  群品牌成熟阶段         │
│  ┌───────────────────────────────┐      └──────────────────────┘
│  │ 高技术虚拟产业集群集群品牌的保护 │                    │
│  └───────────────────────────────┘                    │
└─────────────────────────────────────────────────────┘
```

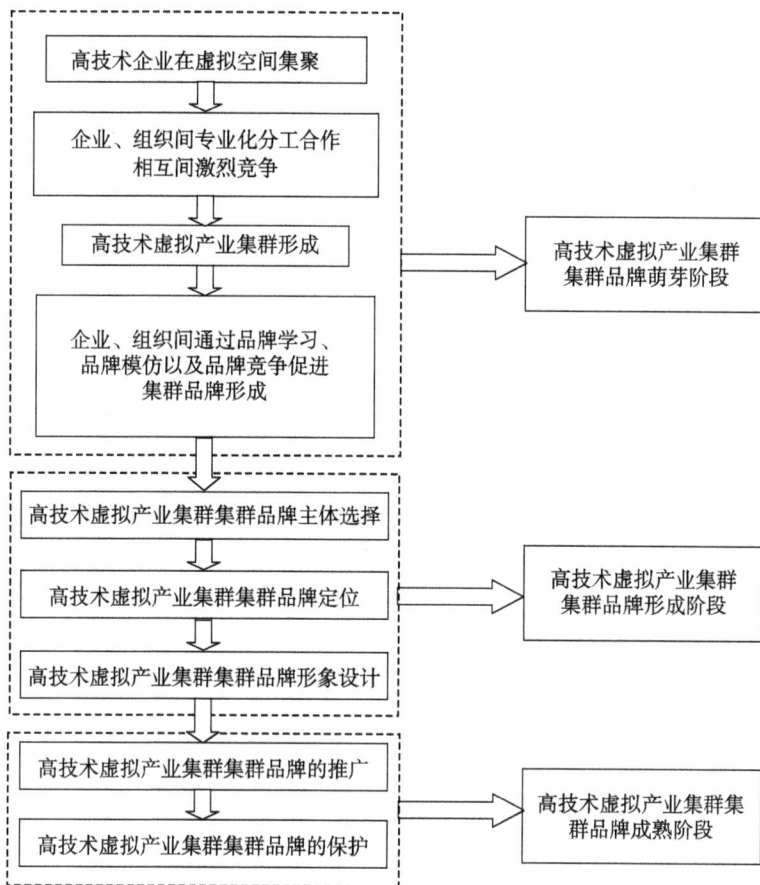

图 6-35　高技术虚拟产业集群的集群品牌建设基本架构

的成员主体包括高技术企业、科研院所、高校、传统企业、政府、行业协会以及中介机构等与"高技术"价值链相互关联的企业与组织，而高技术虚拟产业集群集群品牌的建设是集群中全体成员共同努力的结果，与此同时，集群成员共同享受集群品牌优势。在集群成员相互之间进行品牌合作和激烈竞争的过程中，高技术虚拟产业集群集群品牌的建设主体也会发生变化，本书将高技术虚拟产业集群集群品牌的建设主体进行如下分类。

首先，非核心企业为主体的高技术虚拟产业集群集群品牌。如图 6-36 所示，在高技术虚拟产业集群中，成员的规模较小，形成相互合作与竞争成正五面体的 Value Net 结构，Value Net 内与 Value Net 间进行与高技术相互关联的合作与竞争活动。在此类高技术虚拟产业集群中，并无明显核心优势的品牌，各企业品牌影响力水平持平，通过集群成员共同努力，共同形成供集群成员共享的高技术虚拟产业集群集群品牌。

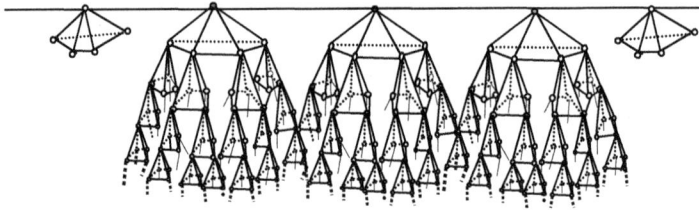

图 6-36　非核心企业为主体的高技术虚拟产业集群集群品牌

其次，核心企业为主体的高技术虚拟产业集群集群品牌。该种类型的高技术虚拟产业集群是以某一核心大企业为主导的高技术虚拟产业集群，该大企业具有绝对的主导作用，集群中的其他成员都与该核心大企业相配套，完全为其服务，如图 6-37 所示，因此该集群的品牌也以该大企业的品牌为主导。

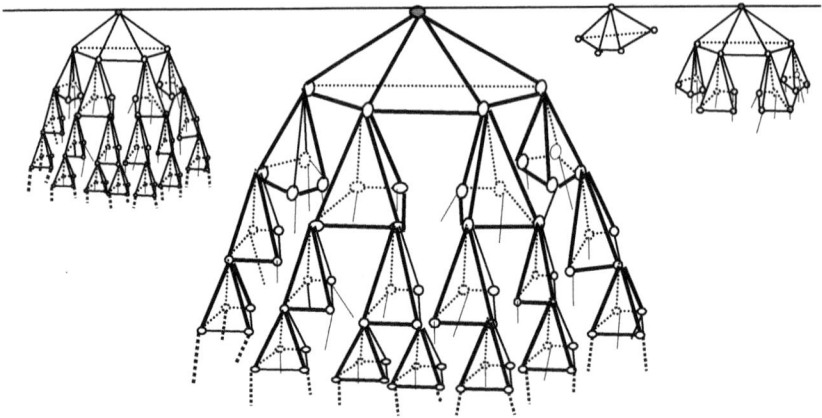

图 6-37　核心企业为主体的高技术虚拟产业集群集群品牌

第二，高技术虚拟产业集群集群品牌的定位即根据集群内企业经营主体产品的特点，在进行系统市场调查的基础上，结合集群客户与消费者的特点、市场状况以及结合集群内成员的竞争优势，进行市场定位，并在市场中建立一个独特且个性的品牌形象。高技术虚拟产业集群集群品牌的定位是集群品牌建立的基础，通过集群品牌特有的形象赢得集群消费者的认知与认可，提高集群产品的市场占有率和知名度，提高集群的竞争力。

第三，高技术虚拟产业集群集群品牌的形象设计。高技术虚拟产业集群集群品牌的形象设计包括集群品牌名称与集群品牌形象的识别。高技术虚拟产业集群集群品牌名称要突出集群产品的技术属性，展现集群的特征。而集群品牌形象识别，则可效仿企业识别系统(corporate identity system，CIS)，将高技术虚拟产业集群集群品牌识别系统分为视觉识别系统(visual identity system，VIS)、行为识别系统（behavior identity system，BIS）和理念识别系统（mind identity system，MIS），如图 6-38 所示。

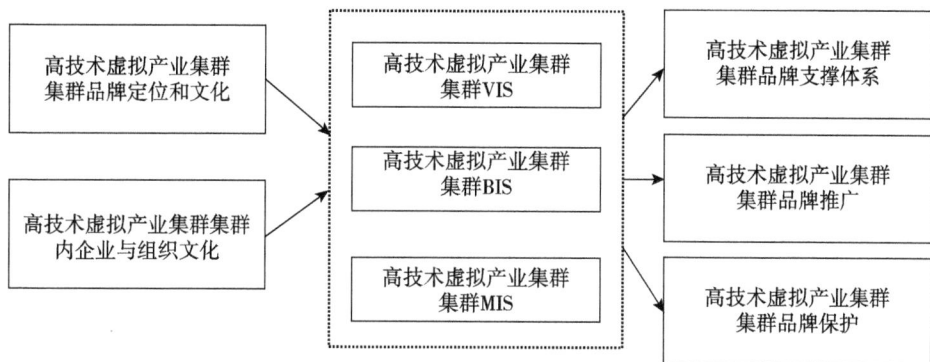

图 6-38　高技术虚拟产业集群集群品牌形象识别系统

　　VIS 是指高技术虚拟产业集群集群品牌的形象标志，是集群品牌视觉化的表达形式，主要包括集群品牌名称的文字、颜色、式样等基本要素的设计。视觉识别是将最具传播力和感染力的部分体现出来而被大众接受，运用统一的视觉符号系统，使受众实现对集群品牌形象的快速识别与认知，在集群对外宣传和集群识别上能产生最有效、最直接的作用。

　　BIS 是指将高技术虚拟产业集群集群品牌的理念具体化，通过不断调整集群成员的行为来统一表现集群整体品牌理念，包括体现集群品牌的管理制度、公关文化活动等。

　　MIS 属于集群品牌的意识范畴，体现了集群整体理念的统一性，包括集群统一的价值理念、道德规范等。

　　第四，高技术虚拟产业集群集群品牌的推广即在高技术虚拟产业集群集群品牌定位和形象设计的基础上，为了实现集群品牌的阶段性目标，综合利用品牌营销、营销推广和公共关系等形式进行推广传播，以树立集群品牌形象，促进集群产品的销售，在此过程中集群品牌的资产得到提升。由于集群品牌具有公共性特征，品牌推广将多数以集群整体形式出现，如集群信息平台、广告、交易会等，其推广形式主要体现在以下几个方面。

　　首先，广告。广告是品牌推广过程中最重要的方式之一，其较为常用的形式是广播电视、报纸杂志、户外标牌、互联网等。广告不仅能够打开知名度，促进销售，还能打造品牌，体现品牌的内涵与个性。

　　其次，营销推广。原有营销推广的手段有博览会、展会、项目洽谈会等，而现代的营销推广方式有了更大的突破，可通过和娱乐与选秀节目等结合，推广高技术虚拟产业集群集群品牌。

再次，公共关系。公共关系是高技术虚拟产业集群集群品牌推广的又一最重要的手段，主要包括公益活动、赞助活动、新闻发布会、庆典等，通过媒体的宣传推广集群品牌。

最后，集群信息平台推广方式。其主要包括搜索引擎加注、交换链接、行业门户网站注册。搜索引擎通过把世界亿万个网站进行分类、索引，使其有序易于查找。将高技术虚拟产业集群集群品牌排在搜索靠前的位置，增加信息平台的访问量，起到推广集群品牌的作用。交换链接是将不同集群信息平台网站的名称和网页地址链接互换，通常都是免费链接，平等交换。行业门户网站含有该行业专业内容与最新的咨讯，吸引该行业的企业登录、浏览。把高技术虚拟产业集群集群信息平台网址刊登在高技术行业门户网站上，可吸引高技术领域的客户关注，推广集群品牌。

第五，高技术虚拟产业集群集群品牌的保护。为了保护高技术虚拟产业集群集群品牌可采取以下相应的措施。

首先，扶持集群技术前沿品牌的建设。对高技术虚拟产业集群来说，技术创新是集群发展的生命力，因此，必须加强对集群技术前沿品牌的支持与建设。高技术虚拟产业集群应根据技术创新的发展形势，满足消费者个性化需求，大力扶持技术前沿品牌的建设，使集群保持长久的活力。

其次，对高技术虚拟产业集群集群品牌进行注册保护。

再次，加强保护性品牌的建设。保护性品牌即集群为了防御竞争对手，应对市场价格变动的品牌。在高技术虚拟产业集群中，根据不同层次消费者的需求，集群需要加强"物美价廉"的品牌的建设以满足购买力相对较弱消费者的需求。

最后，加强集群品牌的监督体系。集群应对申请使用高技术虚拟产业集群集群品牌的企业与组织进行严格审查，合格者方能准许使用集群品牌的称号。

3. 合作与竞争对品牌的影响机理

假设在高技术虚拟产业集群中有两个品牌的种群，用 F 和 K 表示。$S_1(t)$ 表示 F 品牌种群在 t 时刻的品牌数量，$S_2(t)$ 表示 K 品牌在 t 时刻的品牌数量；N_1 表示环境对 F 品牌种群的最大容量，N_2 表示环境对 K 品牌种群的最大容量；F 品牌种群的平均增长率为 $l_1(t)$，K 品牌种群的平均增长率为 $l_2(t)$；δ 代表种群间的影响系数，当系数为正时，说明是合作促进关系，当符号为负时，说明是竞争关系；$\dfrac{N_1-S_1(t)}{N_1}$ 表示种群 F 的限制项，$\dfrac{N_2-S_2(t)}{N_2}$ 表示种群 K 的限制项，这个限制项被称为 Logistic 系数，表示种群相对于最大环境负荷量的相对距离。下文用 Lotka-Volterra 方程分析高技术虚拟产业集群中合作与竞争对品牌的效应。

第一，萌芽期。高技术虚拟产业集群建立的初期，高技术虚拟产业集群中品牌建立所需的资源充足，相互之间没有资源上的竞争。高技术虚拟产业集群中同类品牌的出现不会相互限制，呈现自由扩大发展的阶段，这个阶段品牌之间的表现为学习和模仿。此阶段的 Lotka-Volterra 方程为

$$\begin{cases} \dfrac{dS_1(t)}{dt} = l_1(t)S_1(t) \\ \dfrac{dS_2(t)}{dt} = l_2(t)S_2(t) \end{cases} \tag{6-53}$$

因为这阶段的品牌建立需要的资源丰富，所以在这阶段品牌的建立和发展是自由化发展，品牌没有相互制约。

第二，形成期。随着高技术虚拟产业集群的发展，成员间开始相互影响和制约，这时合作和竞争对品牌的建立开始产生影响。高技术虚拟产业集群中成员间在技术、管理、营销等方面进行的合作，促进了品牌的建立。同时高技术虚拟产业集群个中成员开始对建立品牌需要的资源进行竞争，互相限制品牌的发展，这阶段的 Lotka-Volterra 方程为

$$\begin{cases} \dfrac{dS_1(t)}{dt} = l_1(t)S_1(t)\Big[\big(N_1-S_1(t)\big)/N_1 \pm \delta_1 S_2(t)\Big] \\ \dfrac{dS_2(t)}{dt} = l_2(t)S_2(t)\Big[\big(N_2-S_2(t)\big)/N_2 \pm \delta_2 S_1(t)\Big] \end{cases} \tag{6-54}$$

其中，$\delta_1 > 0$；$\delta_2 > 0$。式(6-54)有均衡解的必要条件：$\dfrac{dS_1(t)}{dt}=0$，$\dfrac{dS_2(t)}{dt}=0$，由此可得这阶段的高技术虚拟产业集群中品牌种群间能稳定发展的均衡点和稳定条件。

如果成员间合作互惠则均衡点是

$$\left(\frac{N_1(1+\delta_1 N_2)}{1-\delta_1\delta_2 N_1 N_2},\ \frac{N_2(1+\delta_2 N_1)}{1-\delta_1\delta_2 N_1 N_2} \right) \tag{6-55}$$

均衡点的稳定性可由该系统的雅可比矩阵的局部稳定性分析得到，成员间合作时系统的雅可比矩阵为

$$\begin{bmatrix} \dfrac{\left(\dfrac{dS_1(t)}{dt}\right)}{\partial S_1(t)} & \dfrac{\left(\dfrac{dS_1(t)}{dt}\right)}{\partial S_2(t)} \\ \dfrac{\left(\dfrac{dS_2(t)}{dt}\right)}{\partial S_1(t)} & \dfrac{\left(\dfrac{dS_2(t)}{dt}\right)}{\partial S_2(t)} \end{bmatrix} \tag{6-56}$$

计算得

$$\begin{bmatrix} l_1(t)[(N_1-2S_1(t))/N_1+\delta_1 S_2(t)] & l_1(t)\delta_1 S_1(t) \\ l_2(t)\delta_2 S_2(t) & l_2(t)[(N_2-2S_2(t))/N_2+\delta_2 S_1(t)] \end{bmatrix}$$

$$(6\text{-}57)$$

由矩阵特征值的和等于矩阵的迹以及特征值的积等于矩阵的行列式的特性有式(6-57)的特征值的乘积等于：

$$\left\{ l_1(t)[(N_1-2S_1(t))/N_1+\delta_1 S_2(t)] \right\} \times \left\{ l_2(t)[(N_2-2S_2(t))/N_2+\delta_2 S_1(t)] \right\} -$$

$$l_1(t)l_2(t)\Big(\delta_1 S_1(t)\Big) \times \Big(\delta_2 S_2(t)\Big)$$

$$(6\text{-}58)$$

特征值的和等于：

$$l_1(t)[N_1-2S_1(t)]/N_1+\delta_1 S_2(t)+l_2(t)[(N_2-2S_2(t))/N_2+\delta_2 S_1(t)]$$

$$(6\text{-}59)$$

因为雅克比矩阵特征值小于零，是系统稳定的必要条件，所以系统均衡点稳定时式（6-58）大于零，式（6-59）小于零。把均衡点 $\left(\dfrac{N_1(1+\delta_1 N_2)}{1-\delta_1\delta_2 N_1 N_2}, \right.$ $\left. \dfrac{N_2(1+\delta_2 N_1)}{1-\delta_1\delta_2 N_1 N_2} \right)$ 代入式(6-58)与式(6-59)，可知当 $(1-\delta_1\delta_2 N_1 N_1)>0$ 且 $\left(\dfrac{l_1(t)(1+\delta_1 N_2)}{1-\delta_1\delta_2 N_1 N_2}+\dfrac{l_2(t)(1+\delta_2 N_1)}{1-\delta_1\delta_2 N_1 N_2} \right)<0$ 是均衡点稳定的必要条件。

如果成员间相互竞争则均衡点是

$$\left(\frac{N_1(1-\delta_1 N_2)}{1-\delta_1\delta_2 N_1 N_2}, \frac{N_2(1-\delta_2 N_1)}{1-\delta_1\delta_2 N_1 N_2} \right)$$

$$(6\text{-}60)$$

同理，根据竞争的雅克比矩阵可知竞争时均衡点的稳定必要条件是 $(1-\delta_1\delta_2 N_1 N_2)>0$ 且 $\left(\dfrac{l_1(t)(1-\delta_1 N_2)}{1-\delta_1\delta_2 N_1 N_2}+\dfrac{l_2(t)(1-\delta_2 N_1)}{1-\delta_1\delta_2 N_1 N_2} \right)<0$。

高技术虚拟产业集群中品牌形成过程中会出现稳定发展的情况。而这种稳定可能是互惠合作的产生的稳定，也可能是相互竞争的品牌势均力敌产生的暂时稳定。但在高技术虚拟产业集群中，合作和竞争在这阶段是同时存在并不断变化的，在合作和竞争的过程中，品牌建立是一个动态变化的过程。

第三，成熟期。随着高技术虚拟产业集群中成员间合作和竞争的发展，集群中品牌种群逐渐成熟，最终达到了长时间的稳定。而在高技术虚拟产业集群的合作和竞争作用下，集群品牌种群在成熟期表现出来的状态是不同的：一种是品牌种群形成了长时间的共生；另一种是某个品牌种群在竞争中胜出，其他品牌种群被歼灭，或者成为寄生种群。设 T 表示进入成熟期时的时间。

这两种情况的品牌数量的变化方程是

$$
\begin{cases}
\dfrac{\mathrm{d}S_1(t)}{\mathrm{d}t} = 0 \\
S_1(t) = V \\
\dfrac{\mathrm{d}S_2(t)}{\mathrm{d}t} = 0 \\
S_2(t) = E \\
t > T
\end{cases}
\tag{6-61}
$$

式(6-61)表示 K 品牌种群和 F 品牌种群发展基本处于稳定状态,并且种群 K 的品牌数量维持在常量 V,而种群 F 的品牌数量维持在常量 E。

$$
\begin{cases}
\dfrac{\mathrm{d}S_1(t)}{\mathrm{d}t} = 0 \\
S_1(t) = M \\
\dfrac{\mathrm{d}S_2(t)}{\mathrm{d}t} = 0 \\
S_2(t) = E \\
t > T
\end{cases}
\tag{6-62}
$$

式(6-62)表示 K 品牌种群在高技术虚拟产业集群的竞争作用下,取得了主导地位,发展到了稳定状态,品牌数量为常数 M。而 F 品牌种群的数量已经减少到 0,且不再增长。

通过以上分析可知高技术虚拟产业集群中,合作与竞争对品牌影响如图 6-39 所示。

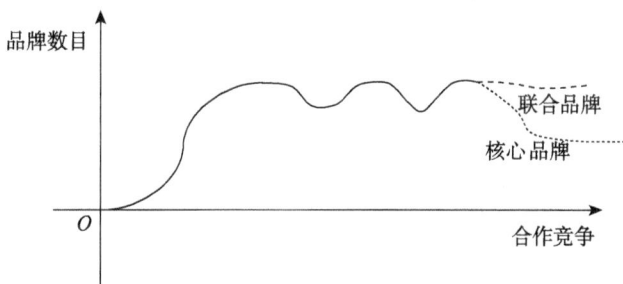

图 6-39　高技术虚拟产业集群合作与竞争对集群品牌的影响

在高技术虚拟产业集群中,合作和竞争在开始阶段促进了品牌数目的增加,但是随着合作和竞争的发展,品牌数目出现了稳定的动态变化的状态。接下来,高技术虚拟产业集群中品牌数目的发展会出现两种可能,一种是多个品牌共生,形成高技术虚拟产业集群的联合品牌,另一种是形成以某个品牌为核心的高技术虚拟产业集群核心品牌,而高技术虚拟产业集群中的合作和竞争决定了品牌的不同发展方向。

6.5　本　章　小　结

本章综合分析高技术虚拟产业集群成员间合作与竞争活动的特征，结合 Value Net 理论与演化博弈论的方法研究高技术虚拟产业集群成员间合作与竞争关系，从高技术虚拟产业集群成员间合作活动的影响因素出发，设计了由信任机制、资源共享机制和协调机制构成的高技术虚拟产业集群成员间合作机制总体框架。首先，在分析高技术虚拟产业集群信任源、信任特征的基础上，研究高技术虚拟产业集群信任对合作的影响，提出了信任保障策略。其次，在界定高技术虚拟产业集群共享性资源的含义，综合分析集群共享性资源来源与影响因素的基础上，提出由共享性资源地图、资源共享协议和共享性资源上传与下载组成的高技术虚拟产业集群资源共享策略。最后，基于 Holon 建模技术，建立了 Holon 协调模型。

同时，本章在界定高技术虚拟产业集群成员间竞争机制的含义的基础上，综合分析了高技术虚拟产业集群成员间竞争活动的影响因素，进而提出了由垄断控制机制与恶性竞争控制机制构成的高技术虚拟产业集群成员间竞争机制。首先，在对高技术虚拟产业集群垄断过程进行分析的基础上，研究垄断的影响因素，基于元胞自动机理论建立垄断控制模型，分析垄断对竞争的影响，进而提出高技术虚拟产业集群成员间垄断控制策略。其次，在对高技术虚拟产业集群恶性竞争的起因、特征分析的基础上，基于 Lotka-Volterra 理论建立高技术虚拟产业集群恶性竞争控制模型，进而提出高技术虚拟产业集群成员间恶性竞争控制策略。最后，对高技术虚拟产业集群合作与竞争的集群品牌效应进行分析。

第 7 章

高技术虚拟产业集群信息系统平台

　　传统产业集群的成员由于地域相对集中，成员间交流的主要方式有面谈、电话、信函等，并且其共同的地域成为成员活动行为的载体，成员可以很容易了解到集群发展状况和成员间的信息。高技术虚拟产业集群的成员打破了地理限制，实现了在虚拟空间的集聚，解决了跨地域的成员间沟通困难。因此，对高技术虚拟产业集群来说，必须要为跨地域成员之间建立沟通、合作的网络运行管理信息平台。该平台是高技术虚拟产业集群的基础，是成员合作交流的主要媒介和行为载体，是成员了解集群发展状况的主要途径。目前，还没有形成以高技术虚拟产业集群成员准入退出、成员信任关系管理、成员合作竞争经济活动以及集群公共信息服务为主体运作框架的，能够实时反映高技术虚拟产业集群发展运行状态的信息系统平台。因此，针对这一情况，本书建立了由集群管委会牵头进行开发与维护的高技术虚拟产业集群信息系统平台。该系统为跨地域成员之间提供沟通、合作的媒介，使集群成员能够通过系统平台进行合作交流以及协商集群内事物，为集群成员提供公共信息服务，为集群的健康发展提供信息保障。

7.1　信息系统平台需求分析

7.1.1　系统目标

　　高技术虚拟产业集群信息系统平台是为了满足集群成员参与集群运作，促进集群稳定发展而构建的基于互联网的集信息整合、存储、分析和共享于一体的信息资源整合与分析系统。该系统平台从集群组织成员管理、集群成员信任关系建立、合作与竞争活动展开及公共信息服务等方面辅助支持高技术虚拟产业集群的跨地域高效运作。因此高技术虚拟产业集群信息系统平台的开发目标是建立外部了解集群的展示窗口,支持集群跨地域虚拟化运作,同时对管理平台内各成员的资源进行有效整合及利用,为集群健康持续快速发展奠定技术基础。

7.1.2　信息系统平台总体需求

首先,集群组织成员管理需求。高技术虚拟产业集群是跨地域的空间经济组织,地理上的分散和管理制度以文化的差异使集群企业与机构之间的沟通变得复杂。高技术虚拟产业集群依靠信息系统平台运行,建立网络数据库存储所有企业和机构的信息。合作网络的起点是建立门户网站,它可供大、中、小企业和研究中心查询所有企业、机构和组织的信息。信息的提供可以在集群内发现潜在合作伙伴,寻找更多的商业机会。在高技术虚拟产业集群信息系统平台中,对集群组织成员管理的需求成为该平台运行的基础。因此,本书构建了高技术虚拟产业集群准入退出管理平台,使虚拟集群的跨地域网络化运作成为可能。

其次,集群成员间信任关系维护需求。传统产业集群受地域限制,企业及机构间合作发生在一个相对较小的嵌入性关系网络中,是基于身份特征的信任。这种信任结关系相对稳定,具有内敛性和较强的自我约束性。而高技术虚拟产业集群成员间的合作是基于网络的,具有异地性、动态开放性、知识技术复杂性等特点。传统集群的信任关系难以满足高技术虚拟产业集群网络空间多维信任关系的需求。因此,高技术虚拟产业集群需要一种完善的信任结构体系以支撑其有效运行,为成员间经济合作活动的开展提供必要的安全保障。因此,本书构建了高技术虚拟产业集群信任关系管理平台,实时记录高技术虚拟集群成员的信任记录,为成员间合作提供参考。

再次,集群成员间合作与竞争活动管理需求。高技术虚拟产业集群的“虚拟性”特征使其跨地域的成员之间出现了相互信任度低、冲突频繁以及资源共享效率低等问题,影响了成员间合作活动的顺利进行。此外,高技术虚拟产业集群的“高技术性”特征易使成员因掌握某项高技术而形成垄断,从而遏制集群竞争活动的进行,使集群缺乏竞争的活力;高技术的高收益性特征也使成员为了谋求高收益,盲目进行某项高技术产品的开发,形成过度竞争,或者由于成员之间采取的对抗性竞争策略,相互哄抬价格以致形成恶性竞争,从而造成生产过剩与资源浪费,影响整个集群竞争力的提升。因此,为了引导促进集群成员间的合作活动、鼓励适度竞争、遏制恶性竞争的产生,高技术虚拟产业集群信息系统平台应具有管理成员间合作与竞争活动的能力,是集群成员合作和交流的平台,为集群内成员的合作和竞争活动提供参考。

最后,集群公共信息服务需求。高技术虚拟产业集群是由不同类型成员组成的,各类型成员为了满足自身生存和发展需要,对高技术虚拟产业集群公共服务产生了不同需求。根据公共服务按提供水平，并结合需求主体特征，本书将高技术虚拟产业集群公共服务需求分为两类，一类是各主体都需要的共性需求，另一类是特定主体根据自身的实际情况和需要产生的个性需求。

7.2　信息系统平台的体系架构

针对上述高技术虚拟产业集群信息系统平台的需求分析，该信息系统平台共包含准入退出管理平台、信任关系管理平台、合作竞争管理平台、公共服务信息平台四大子平台，如图 7-1 所示。

图 7-1　信息系统平台功能结构

第一，准入退出管理平台。准入退出管理平台主要包括成员信息管理、准入评价、退出评价、集群信息管理、内部交流模块。

企业信息管理是集群内企业和机构的管理模块，主要包含企业信息发布与权限管理等功能：企业信息发布功能负责发布企业的基本资料、主要核心能力、联系方式和对欲寻求合作伙伴的要求。权限管理功能根据不同企业的实力和在集群中的地位，授予不同的访问权限。此外还有成员信息注册、信息修改、信息查询等功能。

准入评价模块负责企业和机构进入集群的资格审核，具体包括准入指标选取、专家打分、准入数据处理、准入综合评价等模块。评价结束后将结果反馈给企业或机构，如果评价合格则吸纳新成员进入集群。根据企业及机构的不同类型与评价结果的高低，按照集群设立的相应标准将企业及机构分成不同的等级存入数据库中，并将其信息发布在信息平台上，可以作为其他集群企业及机构选择合作伙伴的依据。

退出评价模块对企业退出进行审核和数据清理。根据成员在集群中的表现，以及与其他成员合作的情况，筛选指标进行退出评价。平台将主动退出及责令退出高技术虚拟产业集群成员的信息发布在平台上，告知集群中的其他企业及机构。平台将退出企业及机构的有关信息删除。

集群信息管理模块主要包含项目信息发布、集群信息发布及准入协议管理等功能。项目信息发布是指高技术虚拟产业集群在发现市场需求或接受项目订单后，发布相关信息在集群范围内寻求合作伙伴，以组建虚拟企业。集群信息发布是指在信息系统平台上发布集群及集群成员近期动态消息。准入协议管理是指制定集群与企业双方应遵守的保密规则和通信协议等。

内部交流模块为集群企业与机构之间提供联系和交流的平台。该模块主要从以下三方面展开构建。电子邮件服务是指用户可以通过发送电子邮件方式联系其他用户。即时通信系统是成员间使用集群内部专用即时通信软件来达到合作各方即时会晤与谈判的目的。集群交流论坛是开放式论坛，集群内成员及集群外的企业和机构均可使用，进行沟通与交流。

第二，信任关系管理平台。信任关系管理平台主要包含信任评价、信任查询、信任监督、成员信任投诉及信任沟通模块。

信任评价模块是针对高技术虚拟产业集群成员信任评价设计的，主要功能包含：①评价指标的制定，包括指标体系建立、指标内容的设置、指标体系更新、指标体系查询、指标体系打印、指标体系删除、选择评价的模型或方法；综合评价，是指依据所选的评价模型或方法对制定的评价指标计算得以评价的最终结果，也可以根据情况进行相应调整。②信任查询模块是指集群成员可以通过此功能对集群内的其他成员基本信息进行查询，包括成员的基本资料、成员的资信情况、荣誉记录、不良记录等。③信任监督模块是指对集群成员的信任状况进行动态的监控，一方面将高技术虚拟产业集群中表现优秀的成员，对其良好的行为进行公布，实际上是对其进行宣传，可以对集群内的其他成员起到激励作用。另一方面将高技术虚拟产业集群中表现恶劣的成员，对其恶劣行为进行公布，可以对集群内的其他成员起到约束作用。④成员信任投诉模块主要为集群成员提供了一个"申诉"的场所，集群中的某个成员可以揭露其合作伙伴的恶劣行为，包括投诉单位、投诉主题、投诉内容、投诉审核等内容。⑤信任沟通模块主要是为集群成员进行合作提供的信任交流平台，包括历史成功合作案例展示、企业成果展示、实时音频沟通、实时视频沟通等内容。

第三，合作竞争管理平台。高技术虚拟产业集群成员间合作竞争管理平台是为了满足高技术虚拟产业集群成员间更好的合作，防止垄断和恶性竞争，促进集群稳定发展而构建的基于互联网的集信息整合、存储、分析和共享于一体的信息资源整合与分析系统。高技术虚拟产业集群合作竞争管理平台为集群内成员提供了合作和交流的平台，结合集群的行业信息分析出集群内成员间的合作和竞争的信息。该系统是对集群内信息的数据挖掘，为集群内成员的合作和竞争活动提供参考。因此高技术虚拟产业集群合作竞争管理平台的目标是成为集群内成员合作与竞争交流的平台、外部了解集群的窗口，同时对系统内的数据进行整合及挖掘，以对成员间合作与竞争的活动进行计算机辅助。

管理平台的建立主要有两方面的任务：一方面是对合作与竞争信息系统日常事物、成员以及数据库和资源进行管理；另一方面是增加平台的灵活性和动态可扩展性。管理员只需要通过管理平台的配置，就可以随时进行动态信息发布以及配置分析平台的信息搜集规则等。高技术虚拟产业集群合作竞争管理平台包括了成员等级管理、合作竞争状态分析、合作信息管理、竞争信息管理方面的内容。

第四，公共服务信息平台。公共服务信息平台主要包含仪器共享、成果转化、信息发布、在线技术培训模块。其中，仪器共享模块是衔接提供仪器的企业与需要共享仪器服务的企业之间的桥梁，主要包括共享仪器展示和共享仪器详细信息查询功能。成果转化模块主要列示了高技术虚拟产业集群最新实现的科技成果的转化项目与转化信息的发布。信息发布模块是高技术虚拟产业集群公共服务信息平台与外界进行信息交互部分，其主要功能包括：行业公告及集群新闻的发布、服务信息的发布和高技术产业政策的发布等。在线技术培训模块主要用来满足集群成员对新技术学习与掌握的要求，提供高技术产业最新技术的培训资料等内容。

7.3 信息系统平台的设计

7.3.1 准入退出管理平台设计

由于高技术虚拟产业集群的跨地域性和成员间的独立自主,为满足集群和所有成员的不同需求,就要求高技术虚拟产业集群准入退出信息系统具有分布性、及时性、开放性、兼容性及辅助决策等特点,既为集群准入退出成员提供决策支持,又可搭建集群信息公共服务平台,使成员间的联系更加便捷,并降低成本。

当有新的技术需求提出时,高技术虚拟产业集群会在市场中寻找相关企业,邀请其加入集群,同时也有许多企业和机构被集群吸引想加入集群,所有这些企业必须被确定和邀请加入高技术虚拟产业集群。在明确每一个企业或机构专门技能的基础上,集群按照他们的能力、产品、服务、技术和其他重要方面如地理位置、企业规模等进行准入评价与分级,评价合格者可加入集群。

同时集群为了保持自己的竞争优势和保障集群中企业与机构的利益也会及时淘汰集群中有不良表现的企业和机构。

高技术虚拟产业集群准入退出业务流程如图 7-2、图 7-3 所示,数据流程如图 7-4 所示。

7.3.2 信任关系管理平台设计

由于高技术虚拟产业集群中的成员具有分散性、自治性、异构性等特征,高技术虚拟产业集群信任关系管理平台的设计应按照这些特征来进行,并以反映高技术虚拟产业集群中成员信任相关信息为主要工作内容及目标。因此,高技术虚拟产业集群信任关系管理平台应满足以下要求,即具有良好的安全性、集成性、实时性和可扩展性。安全性是保证平台可以正常运行,高效地为集群内的成员提供服务;集成性是指信任关系管理平台可以很好地与高技术虚拟产业集群其他平台集成在一起,为成员提供更广泛的服务;实时性是指集群信任关系管理平台可以及时对数据进行更新;可扩展性是指由于成员对平台的需求会越来越高,信任关系管理平台应具有良好的可扩充性,为日后满足成员更高的要求奠定基础。为了设计这样的信息系统平台,我们需要了解高技术虚拟产业集群中的成员是如何交往的、其主要的工作流程、时间约束以及协调活动的情况,分析高技术虚拟产业集群成员信任的相关因素及成员间的信任关系以及信任构建的过程。然后,针对高技术虚拟产业集群的特点,依据资源优化理论,采用结构化系统分析的思想,对平台的总体流程进行详细的分析和设计。

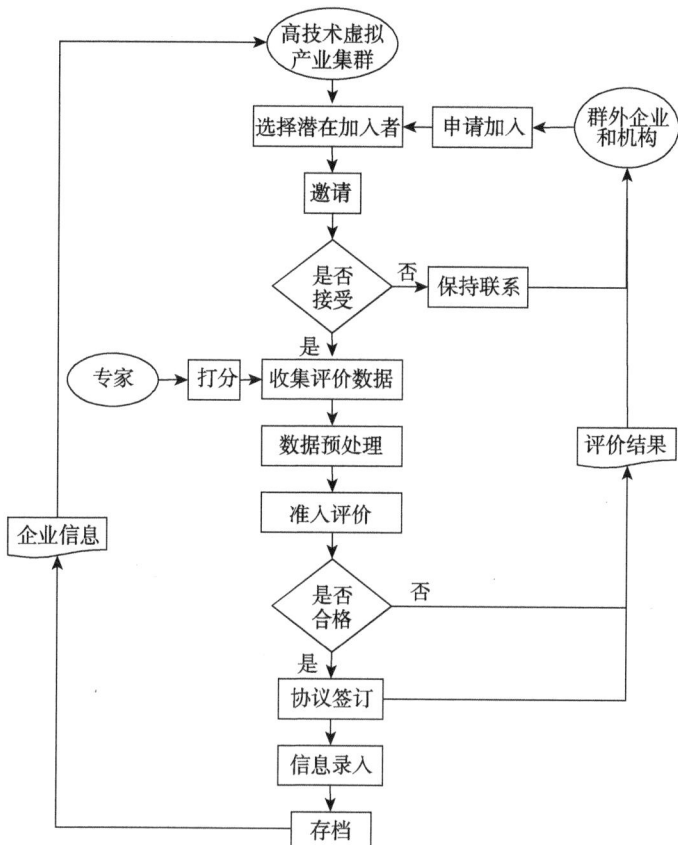

图 7-2　高技术虚拟产业集群准入业务流程图

在系统设计过程中，我们将高技术虚拟产业集群信任关系管理平台系统涉及的各种信息存放在数据库中进行集中管理，平台数据库反映了数据本身的内容及其相互之间的联系。在仔细分析了高技术虚拟产业集群信任关系管理平台的功能模块和数据的流动与传递情况之后，按照数据组织功能划分并设计出系统信息存储的数据库表结构。在此基础上，对表进行规范化，减少数据冗余量，同时，对数据库中的表结构进行优化，以提高整个平台的性能。

高技术虚拟产业集群信任关系管理平台后台数据库名称为 HTVIC-TRUST-DB，采用 SQL 数据库进行数据表设计，主要数据表包括系统用户表（admin）、系统功能类型表（classes）、成员基本信息表（mebinfo）、政策 & 制度表（policy）、动态信息表（newsinfo）、成员不良记录表（badrecord）、成员荣誉表（mebhorner）、成员资信表（zixin）、投诉表（complanit）等多张数据表。

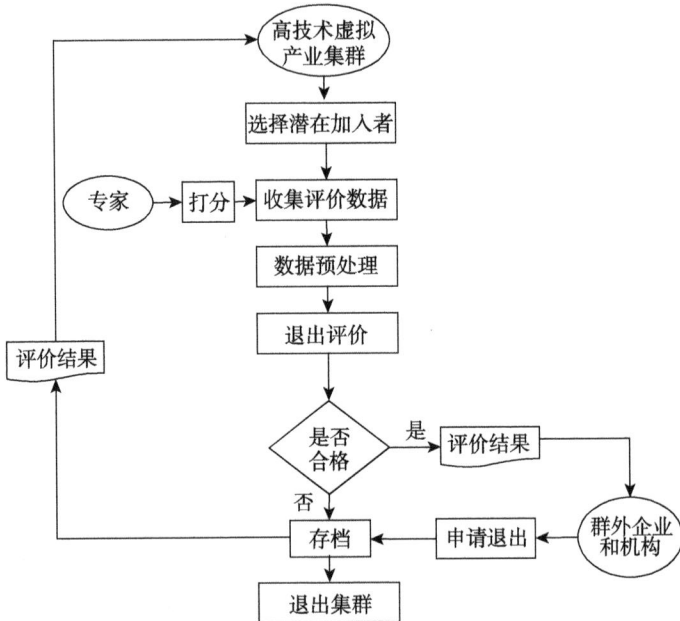

图 7-3　高技术虚拟产业集群退出业务流程图

7.3.3　合作竞争管理平台设计

高技术虚拟产业集群合作竞争管理平台主要由三个子平台组成，分别是业务平台、管理平台、数据整合分析平台。业务平台是高技术虚拟产业集群成员各种活动的载体，同时也是各种信息发布和展示的平台。管理平台完成高技术虚拟产业集群合作与竞争系统的各种信息管理，通过管理平台可以实现配置业务平台的栏目属性和显示方式，以及配置各种信息等相关管理功能。数据整合分析平台完成高技术虚拟产业集群集群内各种信息的整合与挖掘，为业务平台提供包括集群内合作和竞争信息。该系统包含了四个业务数据库，即配置信息数据库、行业信息数据库、业务平台数据库和分析系统数据库。高技术虚拟产业集群合作竞争管理平台的架构如图 7-5 所示。

业务平台是高技术虚拟产业集群合作与竞争信息系统的对外窗口，业务平台接受用户的注册、登录、合作交流等活动，并把这些活动产生的数据信息存储到业务平台数据库，业务平台从配置信息数据库中获得显示样式和栏目属性等信息，从分析系统数据库获得高技术虚拟产业集群中的合作与竞争的信息。管理平台接受业务平台的信息，给予处理和反馈，如注册用户的审批等。管理平台把对业务平台的配置信息存储到配置信息数据库，管理员可以获得行业信息并把这些

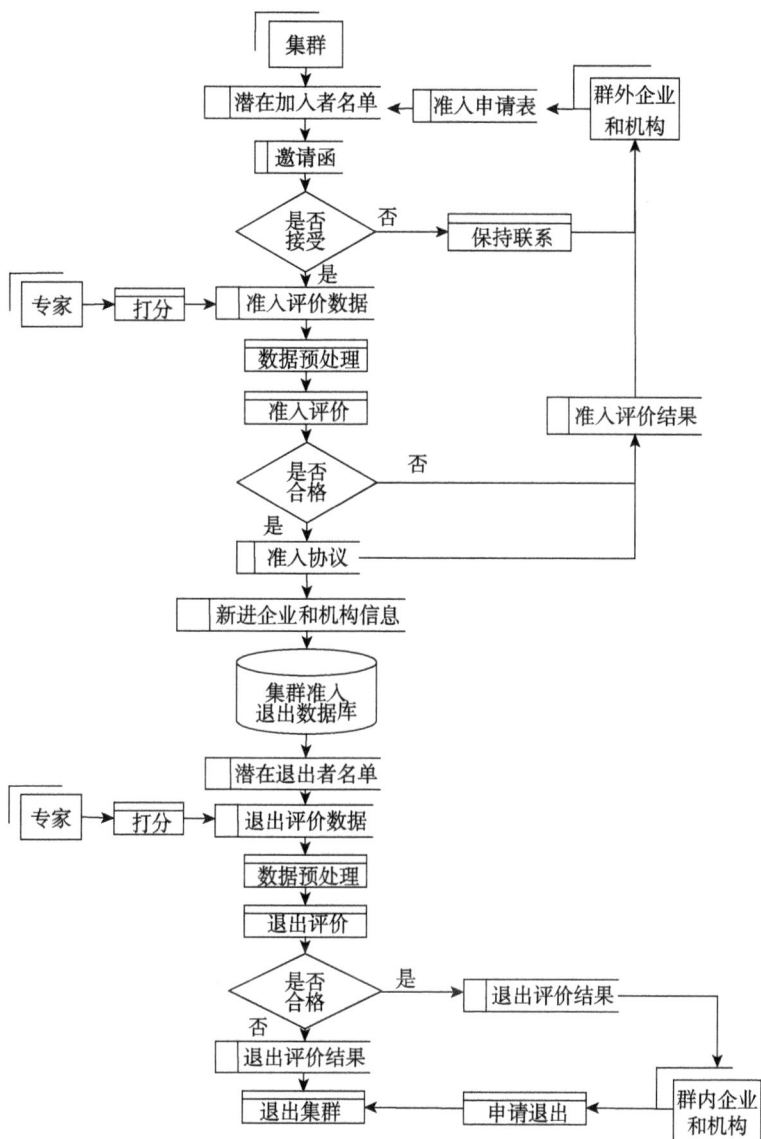

图 7-4 高技术虚拟产业集群准入退出数据流程图

信息添加到行业信息数据库中，同时管理员可以配置数据整合分析平台，如设定信息筛选的关键字和分析规则等。数据整合分析平台完成高技术虚拟产业集群合作竞争管理平台内的数据的整合挖掘，分析出高技术虚拟产业集群中合作和竞争的信息。

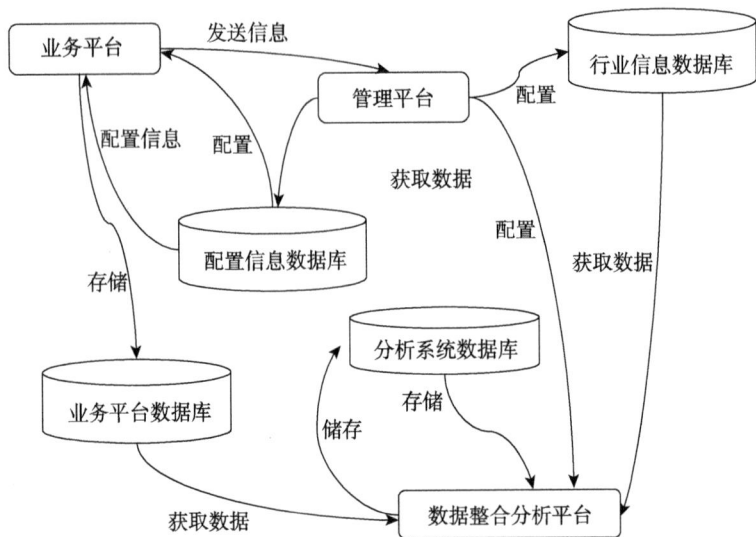

图 7-5　高技术虚拟产业集群合作竞争管理平台架构

1. 业务平台架构设计

高技术虚拟产业集群合作竞争管理平台业务平台结构图如图 7-6 所示。

高技术虚拟产业集群合作与竞争信息系统的业务平台的业务分为基础业务、成员业务和定制业务，而成员对平台的使用则分为体验平台、利用平台、建设平台。两种不同维度的划分形成了业务平台的二维业务结构。

在高技术虚拟产业集群业务平台上，体验平台阶段包括基础业务和成员业务两种业务，基础业务可以查看高技术虚拟产业集群合作与竞争信息平台的基本信息、行业动态信息、信息公告，注册成员等。准备进入高技术虚拟产业集群的企业首先在体验平台阶段了解高技术虚拟产业集群的相关信息，通过这些信息初步确定是否加入集群。当企业注册成功之后，在得到管理员确认前，企业的身份是高技术虚拟产业集群准成员，这时企业可以享受体验平台阶段的成员业务，在这阶段准成员可以参与集群的行业论坛、集群的业务体验和行业资料下载。

当准会员身份被确认后，即成为高技术虚拟产业集群合作与竞争系统的正式成员，这时是处于利用平台阶段，利用平台阶段包括了基础业务、成员业务、定制业务三种。利用平台阶段的基础业务有成员确认与高技术虚拟产业集群信息查询。而利用平台阶段的成员业务包括：成员可利用平台来实现订单生成、订单确认、共同协商议事等高技术虚拟产业集群成员业务。利用平台阶段的定制业务是高技术虚拟产业集群中的成员使用定制业务获得高技术虚拟产业集群合作信息、高技术虚拟产业集群竞争信息以及行业信息。

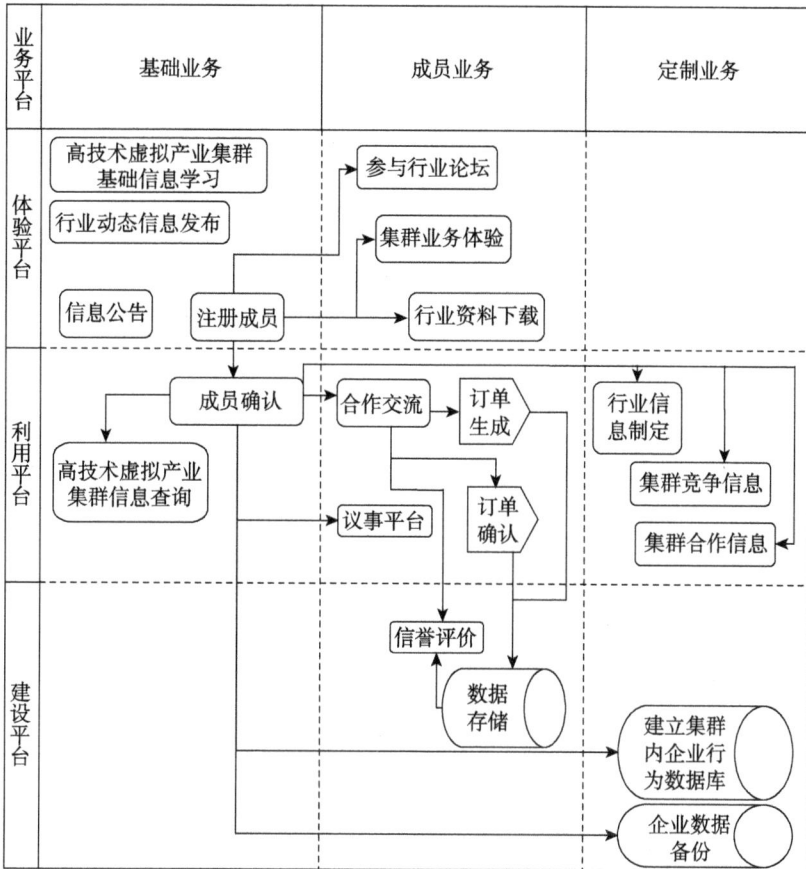

图 7-6　业务平台结构图

　　最后是建设平台阶段，这个阶段包括成员业务和定制业务两种，成员业务是通过对集群内的成员合作交流信息和成员信息的分析，对每个成员的信誉给予评价，并记录评价信息。建设平台的定制业务是成员可以利用平台定制业务，建立自己的企业数据库和企业行为数据库，成员通过这些信息对自己在集群中的各种活动进行指导。

　　2. 数据整合分析平台架构设计

　　如图 7-7 所示，分析平台把管理员提供的成员基本信息、成员交互信息以及高技术虚拟产业集群成员行为数据进行整合，形成分析合作与竞争基础数据，另外是把以往的决策经验、高技术虚拟产业集群行业专家的决策经验以及行业搜索获得的决策信息整合形成高技术虚拟产业集群决策知识库。在分析合作与竞争基础数据的基础上，依赖决策知识库建立具有预测分析的决策系统，即高技术虚拟产业集群的分析平台。分析决策模块包括了合作分析模块和竞争分析模块，它们对数据进行分析与挖掘，并转换为合作信息和竞争信息存储到数据库为其他平台使用。

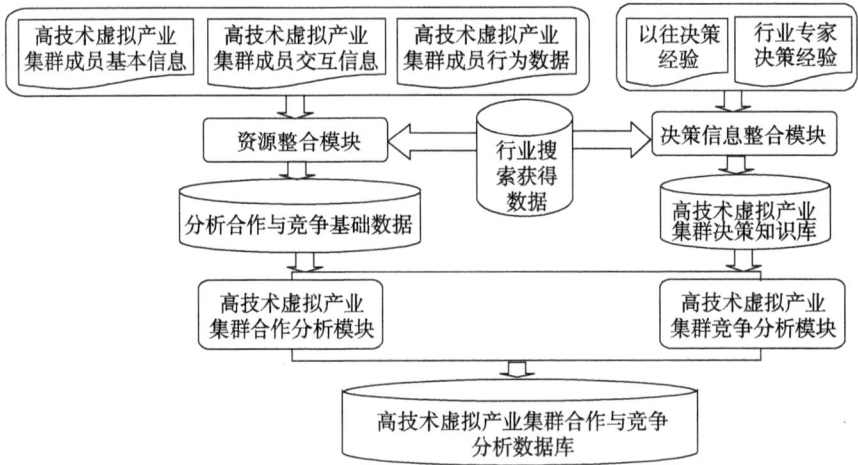

图 7-7　分析平台结构图

3. 合作竞争管理平台的时序设计

在高技术虚拟产业集群合作与竞争信息系统中管理平台和数据分析平台的时序都是相对简单的单向时序，而业务平台中的时序相对复杂，图 7-8 是业务平台中成员体验平台时序图，图 7-9 为成员利用平台时序图。

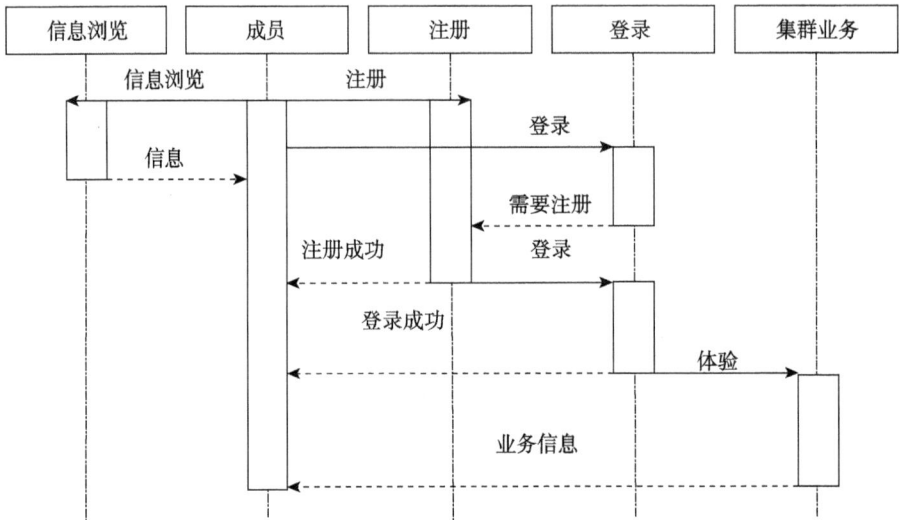

图 7-8　业务平台中成员体验平台时序图

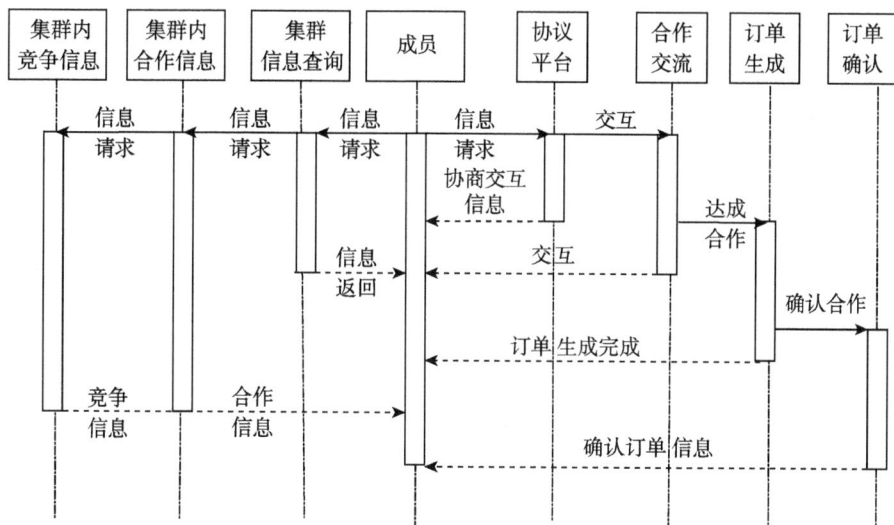

图 7-9 成员利用平台时序图

4. 合作竞争管理平台的流程设计

第一，高技术虚拟产业集群信誉评价。高技术虚拟产业集群合作与竞争信息系统中成员的信誉评价活动过程如图 7-10 所示。

对高技术虚拟产业集群成员的信誉评价分为两个阶段。

（1）成员信誉初评阶段，即根据成员的注册信息和管理员收集的信息，初步对企业的信誉进行评价。

（2）根据成员在高技术虚拟产业集群合作交流等活动的信息和业务平台信息数据库的信息，分析成员在高技术虚拟产业集群的信誉情况并给予评价，这个评价信息存储到信息分析数据库中，成员各种活动信息又会参照信息分析数据库中成员的信誉进行评价。

第二，高技术虚拟产业集群成员间协调活动。高技术虚拟产业集群成员间协调过程如图 7-11 所示，在协调过程中，成员在高技术虚拟产业集群合作与竞争信息系统中的议事平台提出需协调的问题，等待管理员的审批，审批合格后，系统向成员邮件群发邀请函，并在业务平台公布协调信息，商讨结束后，将协调结果存入行业信息数据库。管理员把政府、中介或者是集群要求的条例进行公告，等待成员反馈意见后形成条例在业务平台进行信息公告并存入数据库。

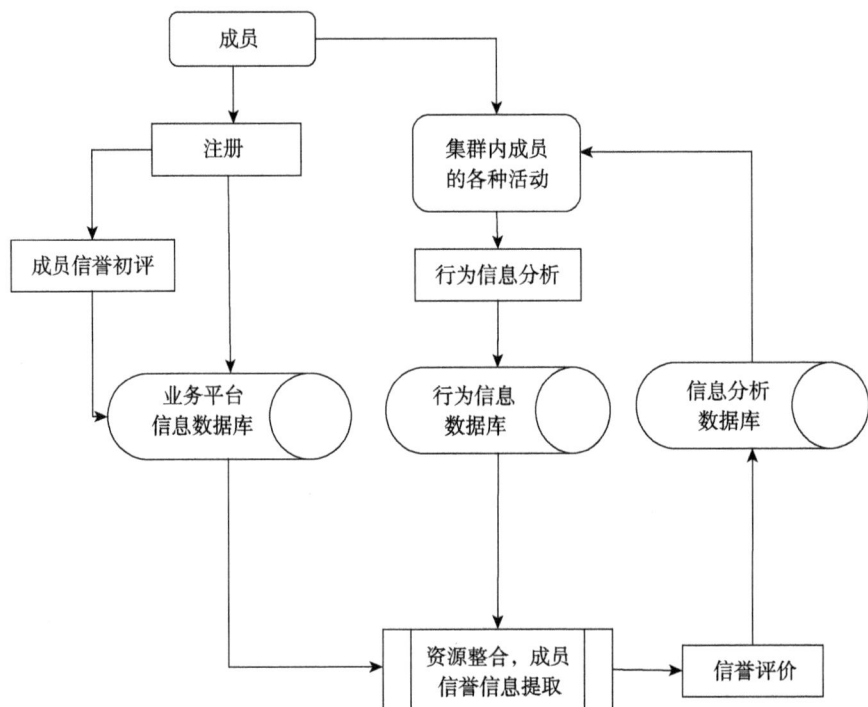

图 7-10 高技术虚拟产业集群合作与竞争信息系统中成员的信誉评价活动过程

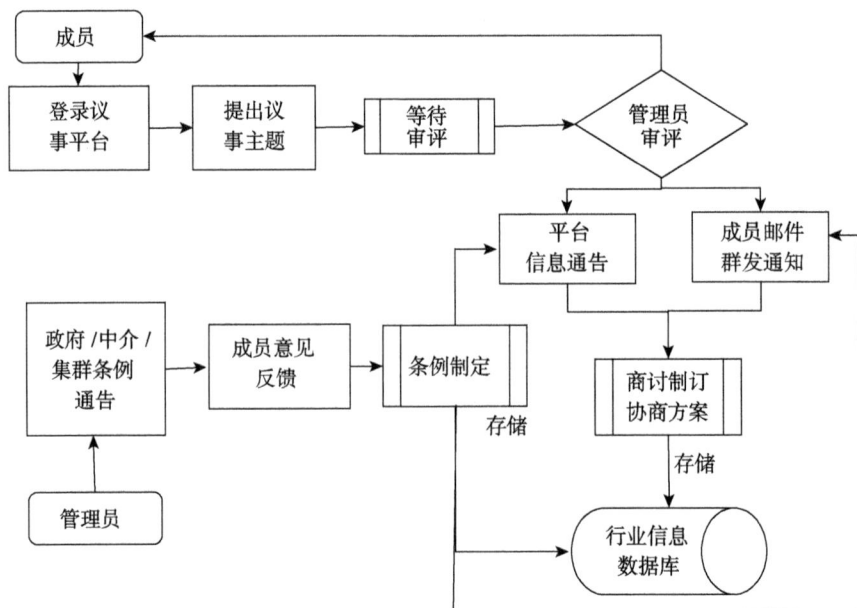

图 7-11 高技术虚拟产业集群成员间协调过程

第三，高技术虚拟产业集群合作信息的分析过程。高技术虚拟产业集群合作与竞争信息系统中合作信息的获取相对容易，成员在集群中的所有合作均有信息记录，而这些记录即可转为合作信息。但是潜在合作者的信息需要通过高技术虚拟产业集群中成员的活动行为信息数据库和业务平台信息数据库并依据潜在合作信息抽取的规则得到。高技术虚拟产业集群合作信息的分析过程如图 7-12所示。

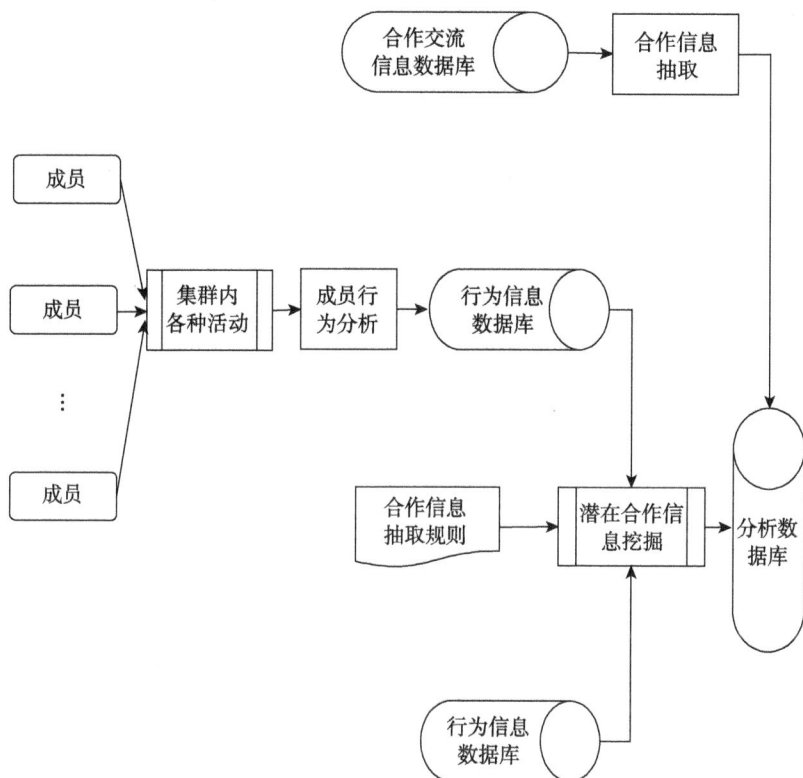

图 7-12　高技术虚拟产业集群合作信息的分析过程

第四，高技术虚拟产业集群竞争信息分析过程。高技术虚拟产业集群合作与竞争信息系统竞争信息的分析过程如图 7-13 所示。竞争信息的分析过程：首先收集高技术虚拟产业集群合作与竞争信息系统中成员的各种活动信息、注册信息以及人工收集的行业信息，把这些信息进行整合，在整合后的信息中挖掘出高技术虚拟产业集群的竞争信息，并把这些信息存储到竞争信息数据库，为其他平台使用。

7.3.4　公共服务管理平台设计

通过对高技术虚拟产业集群信息系统平台需求的相关分析，本书设计出高

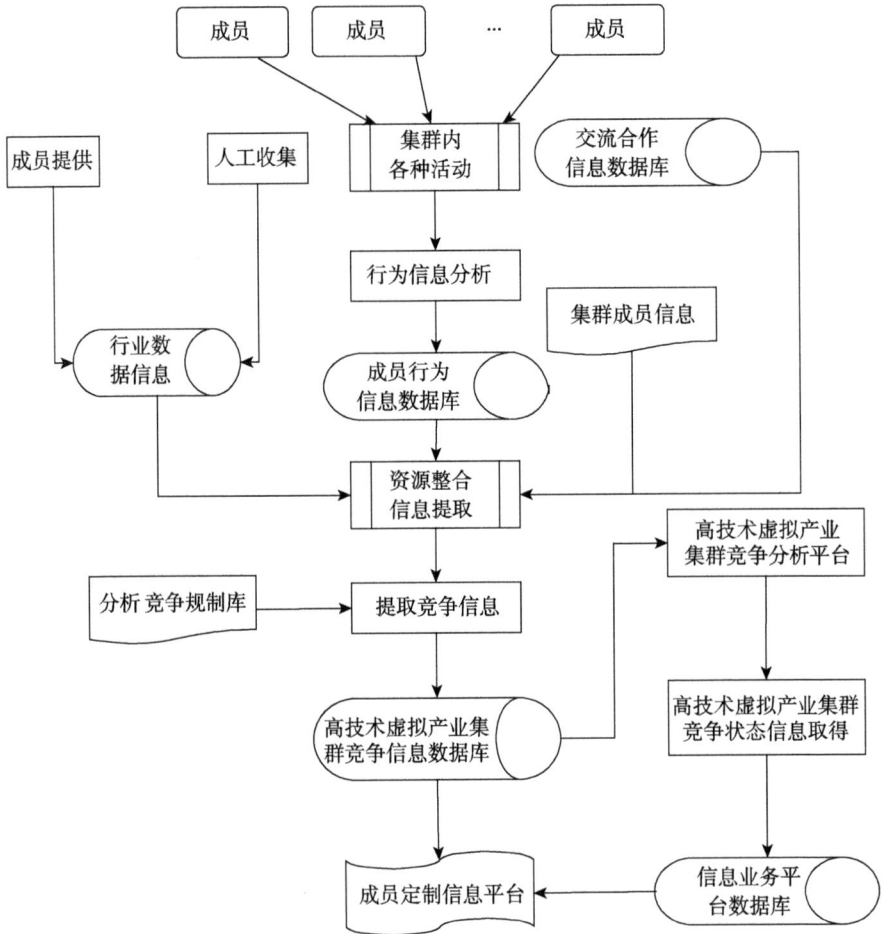

图 7-13 高技术虚拟产业集群合作与竞争信息系统竞争信息的分析过程

技术虚拟产业集群公共服务管理平台总体框架，如图 7-14 所示。系统在实现高技术虚拟产业集群公共服务信息平台的基本功能的同时，也实现了管理平台的扩展功能。扩展功能的接口又为公共服务信息平台新功能的扩充提供了便利条件。

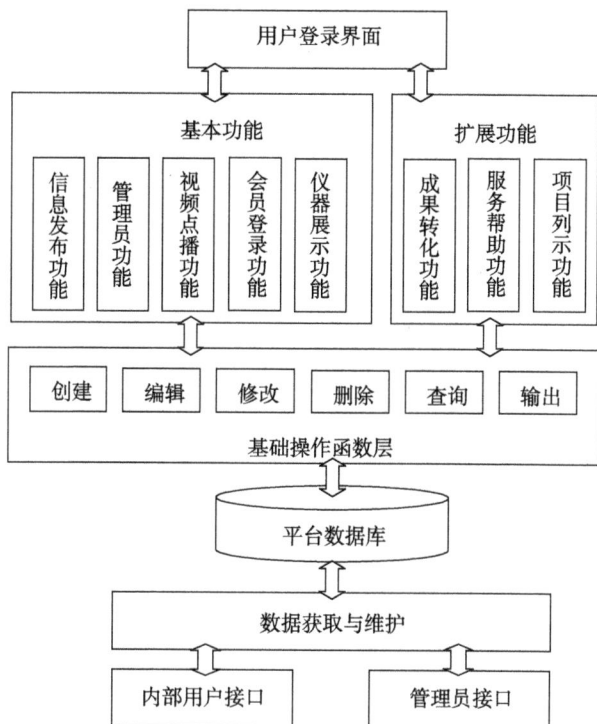

图 7-14　高技术虚拟产业集群公共服务管理平台总体框架

7.4　信息系统平台的搭建

7.4.1　网络组建

高技术虚拟产业集群为了满足新成员不断加入带来的负载问题，网络组建结构如图 7-15 所示。

高技术虚拟产业集群合作与竞争信息系统包括了成员间的各种合作和交流的信息，以及生成的订单，所以必须要有很好的信息安全保障。在网络组建时通过两道防火墙对互联网用户和负载均衡器给予防护，利用多台服务器群组服务，减缓负载压力。

7.4.2　服务器平台运行环境

服务器平台运行环境主要体现在以下几点。

(1)运行环境：WINNT＋(IIS)＋ASP＋ MSSQL SERVER。

(2)脚本语言：动态服务器页面(active server pages，ASP)脚本。

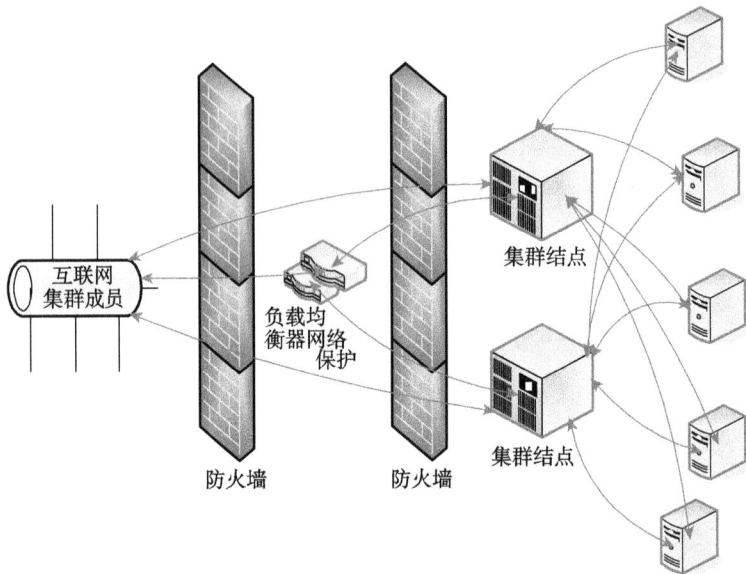

图 7-15   网络组建结构

(3)操作系统：Windows 2000 Server。

(4)脚本解释器：Vbscripts 5.6 以上版本，安装 Microsoft Internet。Explorer 5.5 以上版本即可获得。

(5)Web 服务器：IIS 5.0，Windows 2000 自带。

(6)数据引擎：Microsoft SQL Server 2000。

(7)权限要求：对 SQL Server 数据库具有建表、备份的权限。

(8)空间大小：初次安装至少 50M 可用空间。

(9)硬件要求：PIII 500 CPU 256M 内存或更高。

(10)带宽要求：10M 共享或更高。

7.4.3   客户端平台环境

安装 Microsoft Internet Explorer 5.5 以上版本的浏览器。

7.5   信息系统平台实现

7.5.1   运行环境及开发工具

首先，高技术虚拟产业集群信息系统平台在 Windows 操作系统上运行。Windows 不仅支持多处理功能，是高性能的可伸缩平台，而且可以有效处理海量数据。处理器能快速访问预加载到虚拟内存的数据，大大提高磁盘读写速度。此外，Windows 具有较强的兼容性和安全性，操作简单，界面美观，对硬件要求较低，运行速度较快。

其次，系统开发语言。高技术虚拟产业集群信息系统平台采用 ASP. NET 作为开发语言。ASP 是由微软公司开发的动态服务器端脚本技术，在 IIS 之中运行。它可以使嵌入网页中的脚本由互联网服务器执行。ASP. NET 是全新的服务器端 ASP 脚本，而且是一种基于通用语言的程序架构，能开发强大的 Web 应用程序。ASP. NET 优势如下。

（1）提高运行效率。ASP. NET 只编译首次在服务器端运行的程序，且再次调用时不需从新编译。ASP. NET 还拥有简单的编程模型和丰富的类框架，减轻了开发人员的工作，提高系统运行效率。

（2）可管理性。ASP. NET 可以采用特殊的无缝连接技术，提高多处理器运行时的效能。并且使用分级的配置系统，简化了服务器环境和应用程序的设置。ASP. NET 能够兼容多种语言，方便开发人员编程。

（3）易于调试。ASP. NET 提供了跟踪调试服务，并支持远程调试又不影响代码运行。

（4）安全性高。ASP. NET 提供了身份验证和默认授权方案，提高系统安全性，并且可以自动检测死锁和内存泄漏等错误，进行恢复以确保应用程序始终可用。

最后，数据库系统的选择。高技术虚拟产业集群信息系统平台采用是 Microsoft 公司推出的 SQL Server 2008 进行开发。SQL Server 2008 是一个功能完备的关系数据库管理系统，也是用来建立和管理数据库的引擎。它可以提供完整的可扩展标记语言（extensible markup language，XML）支持，具有易于安装、部署和使用、可伸缩性的特点及企业级数据库功能，能构造网络环境数据库乃至分布式数据库，并且与 Windows 操作系统完美结合。

7.5.2　准入退出管理平台实现

通过对高技术虚拟产业集群准入退出管理平台的详细分析与设计，运用 ASP. NET 编程语言和 SQL Server 2008 数据库开发了高技术虚拟产业集群准入退出管理平台。由于篇幅有限，只选取部分功能及界面进行说明。

（1）平台登录模块。管理员和集群成员通过输入用户名和密码，登录进入高技术虚拟产业集群准入退出管理平台。该平台也是高技术虚拟产业集群成员准入的门槛，第一次使用者需要进行注册，获得授权后再进行登录。系统登录模块如图 7-16 所示。

（2）系统主功能模块。在输入正确的用户名和密码后，进入主界面，如

高技术虚拟产业集群准入退出信息系统

用户名：[　　　　　　]　[登　录]

密　码：[　　　　　　]　[注　册]

图 7-16　系统登录模块

图 7-17所示。可以看到高技术虚拟产业集群准入退出信息系统的主要功能模块有成员信息管理模块、准入评价模块、退出评价模块、集群信息管理模块、内部交流模块、系统维护模块等如图 7-18 所示。

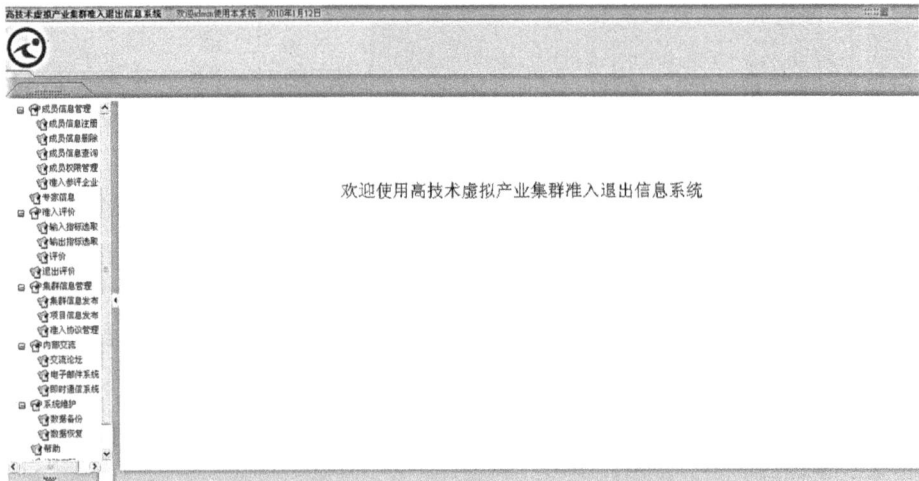

图 7-17　集群准入退出信息系统主界面

7.5.3　信任关系管理平台实现

第一，高技术虚拟产业集群信任关系管理平台主页面，如图 7-18 所示。该模块由信任评价、荣誉榜、曝光台、投诉、论坛、政策与制度和企业查询七个子模块组成。集群内的成员可以通过此页面进行相关操作。

第二，企业查询模块。在企业查询内输入要查询的成员，单击搜索，搜索结果如图 7-19 所示。该模块可以帮助成员搜索集群内其他成员的信息，包括基本

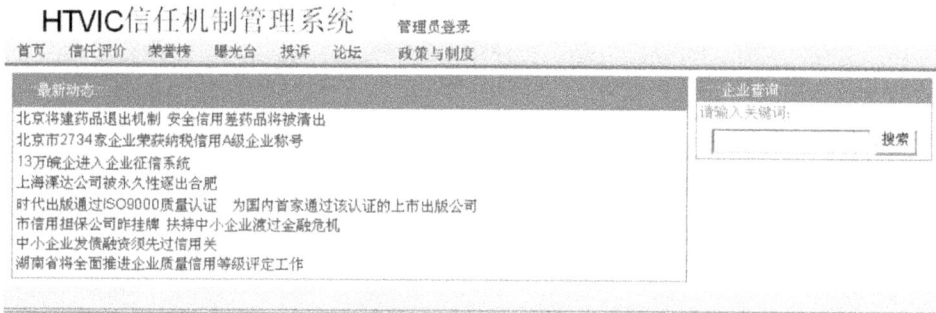

图 7-18　集群信任关系管理平台主页面

资料、财务状况、资信情况等。

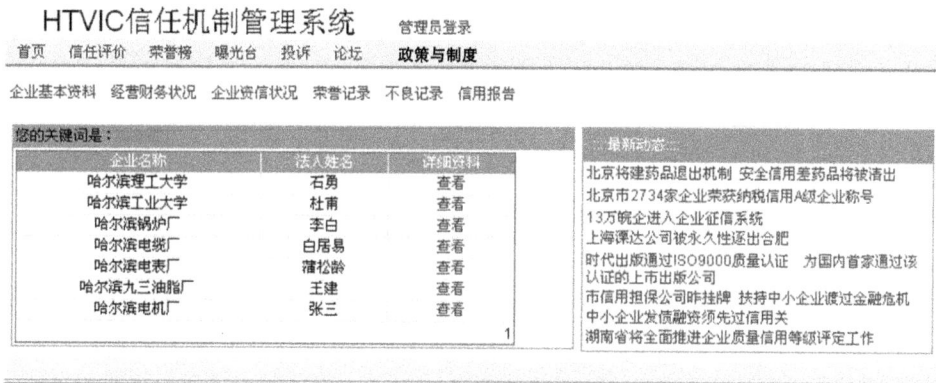

图 7-19　查询页面

　　点击查看选项，可以查看该成员的详细信息，如图 7-20 所示。

　　第三，投诉模块。该模块为成员提供了投诉功能，包括要投诉单位、投诉主题、投诉内容、投诉来源等，如图 7-21 所示。

7.5.4　合作竞争管理平台实现

　　高技术虚拟产业集群合作与竞争信息系统的主界面如图 7-22 所示。

　　合作竞争管理平台主界面包含以下主要功能。

　　(1)供应信息。由成员申请，管理员审核通过后在系统发布信息。系统为成员配备了完善的成员平台及发布修改、删除等功能。

　　(2)合作信息。由成员申请发布，管理员审核通过后在系统发布信息，分普

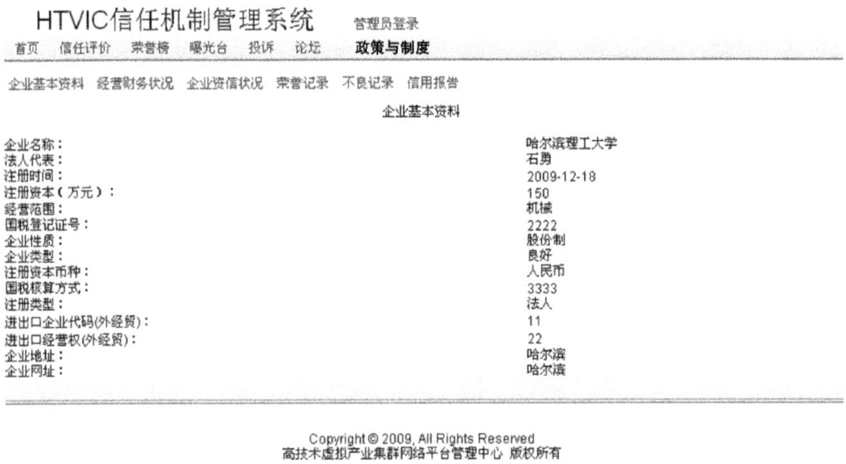

图 7-20　基本资料页面

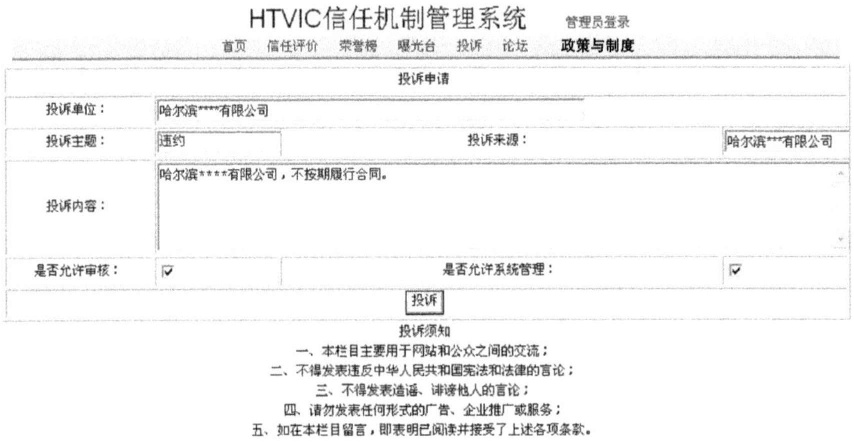

图 7-21　投诉页面

通合作信息及紧急合作信息。

(3)产品信息。付费成员可以发布，并可自行设置产品类别。

(4)信息订阅。可按关键字定制供应或求购信息。

(5)公司库。成员信息存入到公司库，方便查找。

(6)信誉档案。其包括证书及荣誉、成员评价等。

(7)商业伙伴及反馈信息管理。

(8)展会功能。管理员发布展会动态信息。

(9)商业资讯。其可自行添加、删除及修改，强大的可视化编辑器及远程文件自动保存功能。

图 7-22　高技术虚拟产业集群合作与竞争信息系统的主界面

(10)完善的成员二级域名功能及成员网站。

(11)成员发布公司图片及招聘信息。

　　管理平台界面如图 7-23 所示,对高技术虚拟产业集群合作与竞争信息系统每一项管理在管理平台的左边以树结构体现,详细信息在右边的信息栏中显示。数据分析平台是后台服务程序,通过管理平台对其分析模式进行设置。分析数据保存在分析数据库中,用户可以通过信息平台获得分析数据的结果。

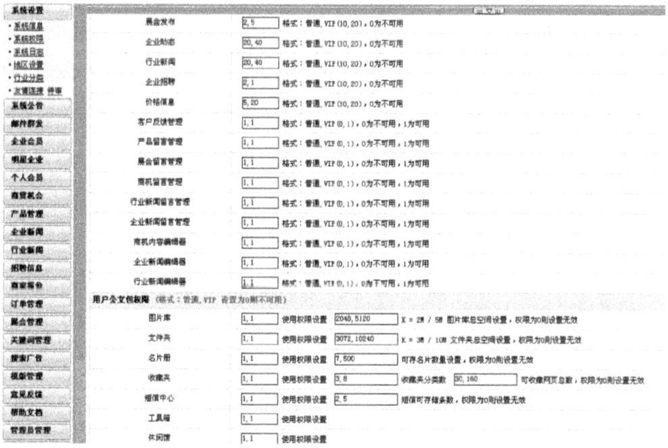

图 7-23　管理平台界面

7.5.5   公共服务管理平台实现

第一，公共服务管理平台首页。该模块由仪器共享、成果转化、信息发布、在线技术培训、服务帮助、会员登录、集群成员展示、合作项目列示和管理员入口九个子模块组成。高技术虚拟产业集群公共服务管理平台首页如图 7-24 所示。

图 7-24   高技术虚拟产业集群公共服务管理平台首页

第二，会员登录模块。该模块供高技术虚拟产业集群成员登录信息平台使用，登录后可修改和完善会员基本信息、获取平台发布的通知、查看最新合作需求信息与成果展示。会员修改并完善的基本信息包括登录名、企业名称等，如图 7-25 所示。

第三，管理员登录模块。该模块供平台管理员在登录系统和动态管理高技术

图 7-25　高技术虚拟产业集群公共服务信息平台会员中心

虚拟产业集群公共服务信息平台的发布内容时使用。在管理员输入了用户名和密码进行登录后，便进入了管理员中心，其主要包括内容管理、会员管理、仪器共享和培训视频上传四个主要功能。在点击内容管理选项后，可以对平台所展示的内容按标题或所属导航栏进行查询、修改和删除，并可根据需要增加内容，如图 7-26 所示。

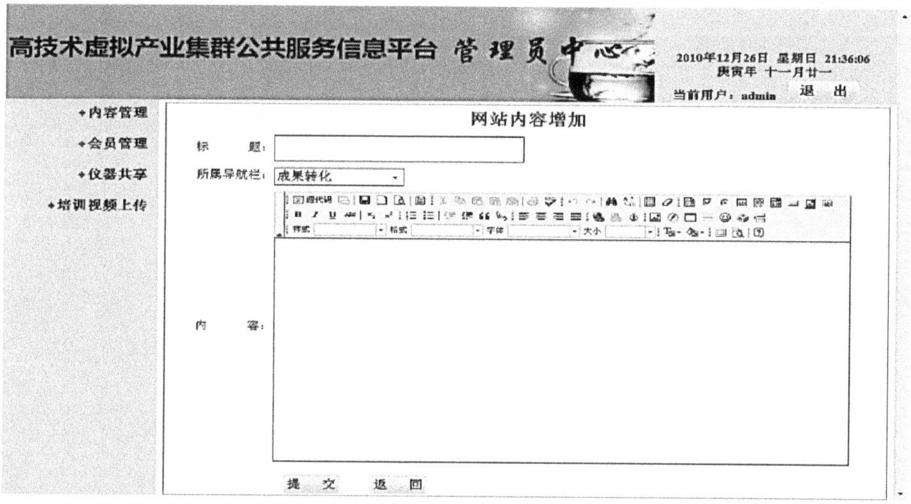

图 7-26　高技术虚拟产业集群公共服务信息平台管理员中心

点击会员管理选项后进入会员管理页面，可以通过企业名称来查询会员，并可以查看会员的详细信息，修改除会员登录名称和会员注册时间之外的其他会员信息和删除不在册会员，如图 7-27 所示。

图 7-27　高技术虚拟产业集群公共服务信息平台会员管理

7.6　本章小结

本章依据高技术虚拟产业集群信息系统平台的设计目标与总体需求，搭建平台总体体系架构，在此基础上对准入退出管理平台、信任关系管理平台、合作竞争管理平台及公共服务管理平台进行了详细设计，运用 ASP.NET 及 SQL 数据库等工具，对上述各管理平台进行了实现。

参考文献

柏丹 .2006. 企业价值导向的智力资本评估方法研究[D]. 大连理工大学博士学位论文 .

蔡莉，王新 .1997. 高技术产业的划分及发展分析[J]. 科学学与科学技术管理，(12)：34-35.

蔡宁，潘松挺 .2008. 网络关系强度与企业技术创新模式的耦合性及其协同演化——以海正药业技术创新网络为例[J]. 中国工业经济，(4)：137-144.

曹路宝，胡汉辉，陈金丹 .2011. 基于 U-I 关系的高技术产业集群创新网络分析[J]. 科学学与科学技术管理，(5)：28-33.

曹小红，蔡莉，苗淑娟 .2008. 基于高技术产业集群的模仿创业决策机理研究[J]. 科学学研究，26(4)：740-747.

丁栋虹 .2001. 从人力资本到异质型人力资本与同质型人力资本[J]. 理论前沿，(5)：12-14.

杜静，魏江 .2004. 知识存量的增长机理分析[J]. 科学学与科学技术管理，(1)：24-27.

杜漪，徐超，吴建租 .2009. 探索我国动漫产业虚拟集群的构建框架[J]. 科技管理研究，(2)：168-170.

段薇，宋宇 .2008. 激发企业家精神导向的高技术产业集群研究[J]. 中原工学院学报，19(4)：21-24.

付丹，刘拓，李柏洲 .2009. 高新技术产业集群与区域创新系统互动演化模型构建研究[J]. 科技进步与对策，26(14)：61-63.

高长元，程璐 .2010. 基于灰色关联分析的高技术虚拟产业集群知识创新绩效模型研究[J]. 图书情报工作，54(18)：72-75.

高长元，程璐 .2011a. 高技术虚拟产业集群的产生及组织模式研究[J]. 科技进步与对策，28(1)：52-55.

高长元，程璐 .2011b. 高技术虚拟产业集群知识溢出机制研究[J]. 科技进步与对策，28(6)：55-59.

高长元，杜鹏 .2009a. 高技术虚拟产业集群合作竞争复杂性分析[J]. 社会科学家，(10)：52-55.

高长元，杜鹏 .2009b. 基于 Lotka-Volterra 的高技术虚拟产业集群成员间合作与竞争模型[J]. 科技进步与对策，(23)：72-75.

高长元，杜鹏 .2010. 高技术虚拟产业集群成员企业合作竞争与知识创新的关系研究[J]. 管理学报，7(2)：212-217.

高长元，杜鹏 .2011. 高技术虚拟产业集群资源共享策略[J]. 华东经济管理，25(9)：85-87.

高长元，何晓燕 .2014. 基于 NK 模型的 HTVIC 知识创新适应性提升研究[J]. 科学学研究，32(11)：1732-1746.

高长元，刘蕾 .2010. 基于互助融资基金的高技术虚拟产业集群融资模式设计[J]. 科技进步与对策，5(27)：60-63.

高长元，刘蕾 .2012. 基于投资方视角的高技术虚拟产业集群投融资合作研究[J]. 科技进步与对策，29(5)：59-63.

高长元，王京．2011．基于耗散结构的高技术虚拟产业集群准入退出机制研究[J]．科技进步与对策，28(10)：41-45．

高长元，王京．2014a．虚拟产业集群合作博弈分析[J]．湘潭大学学报，38(1)：26-29．

高长元，王京．2014b．网络视角下软件产业虚拟集群创新扩散模型研究[J]．管理科学，27(4)：123-132．

高长元，张树臣．2012．基于复杂网络的高技术虚拟产业集群网络演化模型与仿真研究[J]．科学学与科学技术管理，33(3)：48-56．

顾志刚．2007．产业集群共享性资源动态演化机制研究[D]．浙江大学博士学位论文．

郭骁，夏洪胜．2007．企业代际路径可持续发展的演进机理——基于自组织理论的分析[J]．中国工业经济，(5)：96-104．

郭小蓉，靳共元．2009．山西省虚拟煤炭产业集群研究[J]．西部商学评论，(2)：39-48．

何传启，张凤．2001．知识创新－竞争的焦点[M]．北京：经济管理出版社．

何晓燕，高长元．2013a．高技术虚拟产业集群知识资本增值机制框架研究[J]．华东经济管理，27(8)：74-77．

何晓燕，高长元．2013b．基于CAS的高技术虚拟产业集群知识创新活动分析[J]．中国科技论坛，(11)：21-27．

胡学刚．2000．高技术企业的界定[J]．安徽农业大学学报，(4)：27-29．

胡振华，阳志梅．2010．知识网络与集群企业竞争优势研究——基于组织学习视角[J]．科技进步与对策，27(3)：101-104．

霍兰 J H．2011．隐秩序：适应性造就复杂[M]．周晓牧，韩晖译．上海：上海科技教育出版社．

霍苗，李凯，李世杰．2011．根植性、路径依赖性与产业集群发展[J]．科学学与科学技术管理，(11)：105-110．

姜翰，金占明．2008．企业间关系强度对关系价值机制影响的实证研究——基于企业间相互依赖性视角[J]．管理世界，(12)：114-127．

姜晓丽，高长元．2011．高技术虚拟产业集群资源共享平台研究[J]．社会科学家，5(169)：55-58．

姜晓丽，高长元．2012．基于资源计划的高技术虚拟产业集群资源配置研究[J]．科技与管理，14(3)：1-5．

姜晓丽，高长元，张睿．2013．高技术虚拟产业集群资源共享激励机制研究[J]．科技进步与对策，30(9)：60-65．

金潇明，陆小成．2008．基于网络效应经济的虚拟企业集群模式演进与策略[J]．系统工程，(7)：117-120．

科技部．2008-04-28．关于印发高新技术企业认定管理办法的通知[EB/OL]．http://www.most.gov.cn/zfwj/zfwj2008/200804/t20080428_61006.htm．

李柏洲，付丹．2008．高新技术产业集群竞争优势分析[J]．科技进步与对策，(2)：91-92．

李斌，韦传勇．2012．虚拟产业集群的构建与发展：模式及路径选择[J]．经济研究导刊，(4)：210-211．

李琳，韩宝龙．2011．地理与认知邻近对高技术产业集群创新影响——以我国软件产业集群为典型案例[J]. 地理研究，30(19)：1592-1604.

李守伟，程发新 .2009. 基于企业进入与退出的产业网络演化研究[J]. 科学学与科学技术管理，30(6)：135-138.

李帅，郭亚军，田可易，等 .2003. 虚拟产业集群运作管理：一个案例研究[J]. 工业工程与管理，(5)：68-71.

林菡密 .2007. 传统产业集群组织结构虚拟化研究[J]. 科技进步与对策，24(7)：77-78.

刘柯杰 .2002. 知识外溢、产业聚集与地区高科技产业政策选择[J]. 生产力研究，(1)：97-98.

刘蕾，高长元 .2011. 高技术虚拟产业集群成员投融资信用评级研究[J]. 科技与管理，13(5)：14-17.

刘蕾，高长元，鄢章华 .2011. 基于互助担保模式的高技术虚拟产业集群融资研究[J]. 科技进步与对策，28(19)：23-27.

陆小成，罗新星 .2008. 集群企业竞争演化的 Lotka-Volterra 模型及其对策研究[J]. 科技管理研究，(7)：544-545.

罗鸿铭，郝宇 .2004. 应用信息化整合高新技术企业集群[J]. 科学学与科学技术管理，(7)：101-103.

罗珉 .2006. 价值星系：理论解释与价值创造机制的构建[J]. 中国工业经济，(1)：80-89.

吕坚，孙林岩，马新莉 .2003. 产业集群与虚拟企业组织模式比较及发展研究[J]. 中国机械工程，14(13)：1111-1115.

潘松挺，郑亚莉 .2011. 网络关系强度与企业技术创新绩效——基于探索式学习和利用式学习的实证研究[J]. 科学学研究，29(11)：1736-1743.

潘文安 .2012. 关系强度、知识整合能力与供应链知识效率转移研究[J]. 科研管理，33(1)：147-153.

潘煜，张星，高丽 .2010. 网络零售中影响消费者购买意愿因素研究——基于信任与感知风险的分析[J]. 中国工业经济，(7)：115-123.

庞俊亭，游达明 .2011. 我国区域产业经济发展风险规避路径研究——基于虚拟产业集群视角[J]. 经济地理，31(5)：805-809.

彭澎，蔡莉 .2007. 基于协同学理论的高技术产业集群生成主要影响因素研究[J]. 山东大学学报，(1)：72-78.

彭澎，刘倩 .2006. 政府扶持型高技术产业集群生成分析[J]. 山东社会科学，(11)：116-119.

彭宇文 .2012. 产业集群创新动力机制研究评述[J]. 经济学动态，(7)：77-81.

冉翠玲，周永务 .2006. 用动态熵度量敏捷供应链的复杂性[C]. 中国运筹学会第八届学术交流会论文集 .

沙利文 P.2006. 智力资本管理：企业价值萃取的核心能力[M]. 陈劲译 . 北京：知识产权出版社 .

宋昱雯，于渤 .2008. 虚拟产业集群组织模式探析及政策建议[J]. 中国科技论坛，(11)：52-56.

宋昱雯，张云辉，高长元 .2007. 虚拟产业集群知识系统的自组织特性分析[J]. 商业研究，

(2)：10-13.

孙爱英，苏中锋．2008．资源冗余对企业技术创新选择的影响研究[J]．科学学与科学技术管理，(5)：60-65.

孙耀吾，韦海英，贺石中．2007．虚拟集群：经济全球化中集群的创新与发展[J]．科技管理研究，(2)：176-179.

王帆．2008．虚拟产业集群运作管理和信息平台研究[D]．浙江工业大学硕士学位论文．

王京，高长元．2013．软件产业虚拟集群三螺旋创新机理及模式研究[J]．自然辩证法研究，29(5)：68-75.

王娜．2010．虚拟产业集群演化的复杂网络研究[D]．北京邮电大学博士学位论文．

王纬，梁嘉骅．2007．基于实证研究的虚拟产业集群运行机理[J]．科技与管理，(1)：27-29.

王文平，谈正达，陈娟．2007．自主内生型产业集群中知识共享与创新资源投入关系研究[J]．中国软科学，(6)：44-49.

王文平，张兵．2013．动态关系强度下知识网络知识流动的涌现特性[J]．管理科学学报，16(2)：1-11.

魏红梅，鞠晓峰．2009．基于委托代理理论的企业型客户知识共享激励机制研究[J]．中国管理科学，(10)：478-480.

魏江．2003．产业集群——创新系统与技术学习[M]．北京：科学出版社．

魏江，郑小勇．2010．关系嵌入强度对企业技术创新绩效的影响机制研究——基于组织学习能力的中介性调节效应分析[J]．浙江大学学报，40(6)：168-180.

吴华明．2012．基于卢卡斯模型的人力资本贡献率测算[J]．管理世界，6：175-176.

吴秋明，李运强．2008．虚拟产业集群的管理创新[J]．经济管理，(3)：11-12.

夏亚民，翟运开．2007．基于虚拟产业集群的高新区产业发展与创新研究[J]．武汉理工大学学报，29(4)：106-109.

谢洪明，张霞蓉．2012．网络关系强度、企业学习能力对技术创新的影响研究[J]．科研管理，33(2)：55-63.

熊德勇，和金生．2004a．"融知-发酵"在质量管理中的应用[J]．中国地质大学学报(社会科学版)，2：10-14.

熊德勇，和金生．2004b．SECI过程与知识发酵模型[J]．研究与发展管理，16(2)：14-20.

徐玲．2011．基于价值星系的我国产业集群升级路径研究[J]．科学学与科学技术管理，32(9)：95-101.

薛伟贤，陈小辉，张月华．2009．高技术产业集群模式比较研究[J]．科学学与科学技术管理，(9)：130-136.

姚小涛，张田，席酉民．2008．强关系与弱关系：企业成长的社会关系依赖研究[J]．管理科学学报，11(1)：143-150.

叶峥，郑健壮．2007．高技术产业集群与传统产业集群的集群政策比较[J]．经济论坛，(4)：14-16.

殷剑宏，吴开亚．2003．图论及其算法[M]．安徽：中国科学技术大学出版社．

翟丽丽．2012．高技术虚拟企业演化机理与管理模式[M]．北京：科学出版社．

张峰，邱玮.2013.探索式和开发式市场创新的作用机理及其平衡[J].管理科学，26(1)：1-13.

张华，席酉民，曾宪聚.2009.网络结构与成员学习策略对组织绩效的影响研究[J].管理科学，22(2)：64-72.

张明龙.2004.产业聚集的溢出效应分析[J].经济学家，(3)：77-80.

张树臣，高长元.2013a.高技术虚拟产业集群社会网络信任模式研究[J].管理学报，10(9)：1301-1308.

张树臣，高长元.2013b.基于价值网的高技术虚拟产业产业集群合作与竞争协同演化研究[J].软科学，27(9)：13-18.

赵晖.2011.高技术企业不同创新类型下的知识转化机理研究[J].图书情报工作，55(12)：114-117.

赵卓慧.2008.基于微观创业的高技术企业集群形成机理[J].商场现代化，(13)：351-352.

郑健壮.2006.传统产业集群的风险和组织虚拟化的研究[J].技术经济，25(7)：45-46.

朱伟民.2009.高新技术产业集群的创新与学习：基于网络关系的视角[J].科技管理研究，(9)：279-287.

朱秀梅.2008.高技术产业集群创新路径与机理实证研究[J].中国工业经济，(2)：66-75.

Alekseeb D A. 2009. Investigation of parameters of a logistic function and their economic interpretation [J]. Cybernetics and Systems Analysis，(36)：208-210.

Alsleben C. 2006. Are there really high-tech clusters? The geographic concentration of German manufacturing industries and its determinants[J]. The Annals of Regional Science，(40)：19-22.

Ambos T C，Ambos B. 2009. The impact of distance on knowledge transfer effectiveness in multinational corporations [J]. Journal of International Management，(15)：1-14.

Amidon D M R. 1997. Innovation Strategy for the Knowledge Economy：The Ken Awakening [M]. Boston：Butterworth-Heinemann.

Amy C E. 2014. Teaming：How Organizations Learn，Innovate，and Compete in the Knowledge Economy[M]. San Francisco：Jossey-Bass.

Argyris C，Schon D A. 1978. Organizational Learning：A Theory of Action Perspective[M]. Reading：Addison-Wesley.

Bakioglu B S. 2013. The gray zone：networks of piracy，control，& resistance[J]. The Information Society，(12)：29.

Barabasi A L，Albert R. 1999. Emergence of scaling in random networks[J]. Science，286：509-512.

Bauer R A. 1967. Consumer behavior as risk taking[C]//Hancock R S. Risk Taking and Information Handling in Consumer Behavior[M]. Boston：Harvard University Press.

Beckmann M J. 1995. Economic Models of Knowledge Networks[M]. Berlin：Springer.

Blumstein P，Kollock P. 1988. Personal relationships[J]. Annual Review of Sociology，(14)：467-490.

Bontis N. 2002. Managing organizational knowledge by diagnosing intellectual capital: framing and advancing the state of the field[J]. International Journal of Technology Management, 18(8): 433-462.

Bremer C F, Molina A. 1999. Global virtual business a systematic approach for exploiting business opportunities in dynamic markets [J]. International Journal of Agile Manufacturing, 2(1): 1-11.

Brooks B C. 1980. The foundation of information science: part Ⅲ quantitative aspects: objective mpas and subjective landscapes[J]. Journal of Information Science, 2(6): 369-275.

Broser C, Fritsch C, Gmelch O. 2009. Analyzing requirements for virtual business alliances-the case of SPIKE[C]. Proceedings of the First International ICST Conference on Digital Business, London, UK: 35-44.

Chen R S. 2006. The policy of high-tech industry development: the case of location assessment for biotech industry parks in Taiwan[J]. Review of Policy Research, (23): 589-606.

Clark J M. 1940. Toward a concept of workable competition [J]. The American Economic Review, 30(2): 241-256.

Ettlie J E. 1983. Organizational policy and innovation among suppliers to the food processing sector[J]. Academy of Management Journal, 26(1): 27-44.

Evans C M, Findley G L. 1999. A new transformation for the lotka-volterra problem [J]. Mathematical Chemistry, (25): 105-110.

Galeano N, Molina A. 2005. Core competence management in virtual industry clusters [C]. Proceedings of 16th IFAC World Congress, Prague, Czech Republic, July: 1-6.

Gao C Y, Du P. 2010. Research on monopoly model of combined technical standard in high technology virtual industrial cluster[J]. International Conference on Management and Service Science (MASS 2010), (8): 1-4.

Gao C Y, He X Y. 2012. Research on self-organization evolution mechanism of knowledge capital in high-tech virtual industry cluster[C]. 19th International Conference on Industrial Engineering and Engineering Management, Changsha, China: 2450-2453.

Gao C Y, Liu M M, Wang J. 2013. Research on the resource map of software industrial virtual cluster based on resource sharing[C]. 2013 International Conference on Business Computing and Global Informatization, Changsha, China: 1027-1030.

Geoffrey G B. 2005. Clusters, networks, and firm innovativeness[J]. Strategic Management Journal, 26(3) : 287-295.

Goldberg D E, Richardson J. 1987. Genetic algorithms with sharing for multimodal function optimization[C]. Proceedings of the Second International Conference on Genetic Algorithms on Genetic Algorithms and Their Application: 41-49.

Grabher G. 1993. The Weakness of Strong Ties: The Lock-in of Regional Development in the Ruhr Area[M]. London: Rout-Ledge.

Granovetter M S. 1973. The strength of weak ties[J]. American Journal of Sociology, 78(6):

1360-1380.

Granovetter M. 1985. Economic action and social structure: the problem of embeddedness [J]. American Journal of Sociology, 91(3): 481-510.

Granovetter M. 2005. The impact of social structure on economic outcomes[J]. Journal of Economic Perspectives, 19(1): 33-50.

Griliches Z. 1984. R&D Patents and Productivity[M]. Chicago: University of Chicago Press.

Haider S. 2003. Organization knowledge gaps: concept and implications[C]. Druid Summer Conference 2003, Copenhagen, Demark: 100-125.

Hakansson H. 1987. Industrial Technological Development: A Network Approach[M]. London: Croom Helm.

Haken H. 1983. Synergetics, an Introduction: Nonequilibrium Phase Transitions and Self-Organization in Physics, Chemistry, and Biology[M]. New York: Springer-Verlag.

Hall J, Eckert K P. 2008. Business and technical workflows for e-business in a virtual cluster of ISPs[C]. International Conference on E-business, Porto, Portugal, July: 307-315.

Hendry C, Brown J. 2006. Organizational networking in UK biotechnology clusters[J]. British Journal of Management, 17(1): 55-73.

Hertzfeld H R, Link A N, Vonortas N S. 2006. Intellectual property protection mechanisms in research partnerships[J]. Research Policy, 35(6): 825-838.

Hsieh W T, Jay S, Chen Y L. 2009. A collaborative desktop tagging system for group knowledge management based on concept space [J]. Expert Systems with Application, (36): 9513-9523.

Huber G P. 1991. Organizational learning: the contributing processes and the literatures[J]. Organization Science, 2(1): 88-115

Inkpen A C, Tsang E W. 2005. Social capital, networks, and knowledge transfer[J]. Academy of Management Review, 30(1): 146-165.

Iuan Y L. 2007. Technology innovation and knowledge management in the high-tech industry [J]. International Journal of Technology Management, (39): 3-19.

Jiang X L, Gao C Y. 2011. High-tech virtual industrial cluster resource sharing platform based on grid technology[C]. International Conference on Management and Service Science(MASS 2011), Wuhan, China: 52-57.

Katja R. 2011. The strength of strong ties in the creation of innovation[J]. Research Policy, 40(4): 588-604.

Kauffman S A. 1993. The Origins of Order: Self-organization and Selection in Evolution[M]. Oxford: Oxford University Press.

Kindleberger C R. 2010. International public goods [J]. International Institutions, 1(1): 347-348.

Klaas B S, Gainey T W, Mcclendon J A, et al. 2005. Professional employer organizations and their impact on client satisfaction with human resource outcomes: a field study of human resource outsourcing in small and medium enterprises [J]. Journal of Management, 31: 234-254.

Koestler A . 1967. The Ghost in the Machine[M]. London: Hutchinson.

Kotler P. 2013. Marketing Management[M]. New York: Pearson Education.

Krackhardt D. 1992. The Strength of Strong Ties: The Importance of Philos in Networks and Organizations[M]. Cambridge: Harvard Business School Press.

Kuchiki A. 2005. A Flowchart approach to Asia's industrial cluster policy[J]. Industrial Clusters in Asia, (12): 30-35.

Levinthal D A. 1997. Adaptation on rugged landscapes [J]. Management Science, 43 (7): 934- 950.

Lucas R E. 1976. Econometric policy evaluation: a critique[J]. Carnegie-Rochester Conference Series on Public Policy, 1(1): 19-46.

Mason E. 1957. Workable competition versus workable monopoly[A]//MasonE. Economics Concentration and the Monopoly Problem[M]. Cambridge: Harvard University Press.

March J G. 1991. Exploration and exploitation in organizational learning [J] . Organization Science, 2(1): 71-87.

Mckee D. 1992. An organizational learning approach to product innovation[J]. Journal of Product Innovation Management, 9(3): 232-245.

Michael B. 2001. The New Competitive Advantage: The Renewal of American Industry [M]. London: Oxford University Press.

Michael H Z. 1999. Developing a knowledge strategy[J]. California Management Review, 41(3): 125-145.

Molina A, Bremer C F. 1998. Framework for global virtual business [J]. Global Competition, 2(3): 56-69.

Moorman C, Deshpande R, Zaltman G. 1993. Factors affecting trust in market research relationships[J]. The Journal of Marketing, (10): 81-101.

Murphy P J. 2007. Dealer trade group: high-tech venturing in a low-tech industry [J]. Theory & Practice, (31): 643-662.

Nalebuff B J, Brandenburger A M. 1996. Co-opetition [M]. Sydney: Currency.

Nonaka I. 1999. The knowledge-creating company [J] . Harvard Business Review, 69 (6): 96-104.

Nonaka I, Toyama R, Konno N. 2000. SECI, ba and leadership: a unified model of dynamic knowledge creation [J]. Long Range Planning, (33): 5-34.

Nonaka I, Umenoto K, Senoo D. 1996. From information processing to knowledge creation: a paradigm shift in business management[J]. Technology In Society, 18(2): 203-218.

Passiante G, Seeundo G. 2002. From geographical innovation clusters towards virtual innovation clusters: the innovation virtual system [C]. The 42th ERSA Congress, University of Dortmund: 1-22.

Polanyi M. 1958. Personal Knowledge[M]. London: Routledge.

Powell W, Koupt K, Smith D. 1996. Inter organizational collaboration and the locus of innovation: network of learning in biotechnology [J]. Administrative Science Quarterly, (41): 116-145.

Rees K. 2005. International collaboration and innovation in Vancouver's emerging high-tech cluster[J]. Journal of Economic & Social Geography, 96(3): 298-312.

Robin C, Nocp A J. 2004. Network structure and the diffusion of knowledge [J]. Journal of Economic Dynamics & Control, 28(8): 1557-1575.

Schultz T W. 1961. Investment in human capital[J]. The American Economic Review, 51(1): 1-17.

Shao P. 2010. Research on the development of internet-based virtual industry cluster: take Alibaba group as an example[C]. 2010 International Conference on Internet Technology and Applications, Wuhan, China: 1-4.

Smolinski A, Pichlak M. 2009. Innovation in polish industry: the cluster concept applied to clean coal technologies in Silesia[J]. Technology in Society, (31): 356-364.

Steven C. 2008. How do technology clusters emerge and become sustainable ? Social network formation and interfirm mobility within the San Diego biotechnology cluster[J]. Research Policy, (36): 438-455.

Tommaso M R D, Rubini L. 2007. Industrial policy for "new" industries in "old" Europe: virtual cluster in genetics in Italy [J]. International Journal of Healthcare Technology and Management, 8(5): 503 - 521.

Tracey P. 2003. Perspective-alliances, networks and competitive strategy, rethinking cluster of innovation [J]. Growth and Change, 34(8): 1-16.

Trevor B. 2007. Innovation performance and channels for international technology spillovers: evidence from Chinese high-tech industries[J]. Research Policy, (36): 355-366.

Uzzi B. 1997. Social structure and competition in interfirm network: the paradox of embeddedness[J]. Administrative Science Quarterly, 42(1): 1-35.

von Hippel E. 1988. The Sources of Innovation [M]. New York: Oxford University Press.

Watts D J, Strogatz S H. 1998. Collective dynamics of "small-world" network [J]. Nature, 393: 440-442.

Wright S. 1932. The roles of mutation, inbreeding, crossbreeding and selection in evolution [R]. Proceedings of the Sixth International Congress on Genetics: 356-366.

Zucker L G. 1986. Production of trust: institutional sources of economic structure [J]. Research in Organizational Behavior, 8: 53-111.